火星の旅人

パーシヴァル・ローエルと世紀転換期アメリカ思想史

入江哲朗

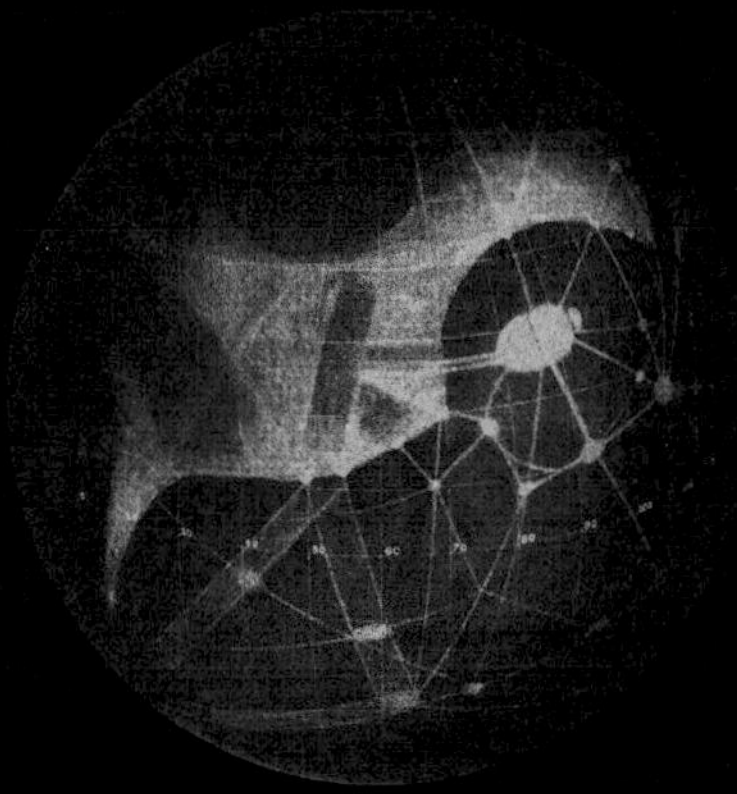

青土社

火星の旅人

パーシヴァル・ローエルと世紀転換期アメリカ思想史

目次

火星の旅人

パーシヴァル・ローエルと世紀転換期アメリカ思想史

はじめに

本書は、パーシヴァル・ローエル（図1［九頁］）という、一八五五年に生まれ一九一六年に亡くなったアメリカ人の伝記です。ローエルとはいったい何者でしょうか。ボストンの名家に生まれた彼は、一八八三年の春、二八歳のときにいきなり、父のビジネスを継ぐという将来を捨てて日本へ旅立ちました。そして、日本滞在の経験をもとに『極東の魂』（一八八八）や『能登——人に知られぬ日本の辺境』（一八九一）といった本を著したかと思いきや、一八九三年の末に米国へ帰るとすぐさま、今度はアリゾナにローエル天文台を建てるというプロジェクトに着手します。新しい天文台がもたらした成果である一八九五年の著書『火星』は、天文学者としてのローエルを一躍有名にしました。なぜならそこでは、火星表面に観測される何本もの直線は人工の運河の存在を示しているという説、すなわち「火星運河説」が展開されていたからです。H・G・ウェルズ（一八六六—一九四六）が『宇宙戦争』（一八九八）で活写した——そしてスティーヴン・スピルバーグが二〇〇五年に再映画化した——火星人たちが高度な文明を武器に地球を侵略するという物語の背景には、ローエルによって盛り上げられた火星ブームがあったのです。

パーシヴァル・ローエルという名前をいまはじめて目にした方でも、以上のごく短い要約から、彼の生涯のおもしろさをある程度感じていただけたのではないかと思います。しかし実のところ、おもしろいことはまだまだたくさんあります。ローエルについて調べているあいだ私は、興味深いエピソードや重要な論点が次々と見つかることに興奮し、それらが日本ではほとんど紹介されてこなかったことに驚いてばかりいました。当初の私の狙いは、たんなる伝記を書くこととは別のところにあったのですが、芋づる式に事実を発掘してゆくうちに本書は、ローエルの伝記として、日本で――それどころか世界的に見ても――もっとも詳しい本のひとつに仕上がりました。こう自負する根拠は、本書の序論において、先行研究を紹介しつつあらためて説明します。

他方で、「別のところにあった」といま述べた当初の狙いが断念されたわけでもありません。それは、「パーシヴァル・ローエルと世紀転換期アメリカ思想史」という本書の副題によって表されています。ローエルは、アメリカ思想史の主潮を牽引したとは言いがたく、その意味ではマイナーな存在でありつづけました。しかしながら、思想史上のさまざまな、しかも重要な局面にローエルが――あるいはローエル家の人びとが――顔を覗かせていることも事実であり、そのことに気づいた私は、ローエル（家）に焦点を据えた歴史を、背景にアメリカ思想史のスケッチを浮かび上がらせるようなかたちで記述できるはずだと考えたのです。本書の登場人物が多いのもこの狙いのゆえです。前景（ローエル）と背景（アメリカ思想史）との調和には最大限気を配りましたが、後者の比重がかなり増してしまった箇所もあります。各章のおおまかな内容と本書の読み方に関しても序論をご参照ください。

副題にもある「世紀転換期」という言葉は、本書ではつねに、一九世紀から二〇世紀への転換期を意味するものとして、日本へ旅立って以降のローエルの生涯（一八八三年から一九一六年まで）をカヴァーできるくらいゆるやかに使っています。また、本書の第2章のタイトルは「マサチューセッツ州ケンブリッジ」ですけれども、本文中の「ケンブリッジ」もすべて、イングランドではなくニューイングランド（米国北東部に位置するメイン、ニューハンプシャー、ヴァーモント、マサチューセッツ、ロードアイランド、コネティカットの六州の総称）のそれ、すなわちチャールズ川を挟んでボストンに隣接する都市を指しています。本書に登場する米国内の主な都市は、**図2**（一四頁）に掲げた地図で場所を示しました。

第2章に限らず、序論と結論に挟まれた五つの章のタイトルはすべて（広義の）地名になっています。これらの章題がそのまま、「火星の旅人」としてのローエルの軌跡を表しています。本書のページをめくることで進むみなさまの旅が、少しでも実り豊かなものとなるよう、旅路にはなるべく多くの種を蒔いておきました。そのせいで、膨大な量の註を付すことにもなってしまいました。とはいえ本文の記述は、巻末にまとめた註をいちいち参照せずとも支障なく辿れるはずです。ローエル自身の旅路にはいくつもの困難があり、そこから多方向に伸びる線は怪奇小説家H・P・ラヴクラフト（一八九〇—一九三七）という意外な人物に接続することともなりましたが、そうした驚きにまでみなさまを順調に、しかし飽きさせずに導くことが私の務めです。それでは、良い旅を！

図1｜パーシヴァル・ローエルの肖像写真（LOHP）

凡例

「ローエル」という表記

"Lowell"の日本語表記としては、これまで「ローウェル」、「ローエル」、「ロウエル」などが用いられてきたが、本書では「ローエル」と記している。

John K. Bollard, ed., *Pronouncing Dictionary of Proper Names*, 2nd ed.（一九九八）によれば、国際音声記号（IPA）による"Lowell"の音声表記は/ˈloːəl/であり、これに近い日本語表記は「ロール」か「ローエル」であろう。また、パーシヴァル・ローエルの祖先が自らの姓を"Lowle"や"Lole"などと綴っていた事実（第1章第2節参照）を鑑みれば「ロール」がもっともふさわしいようにも思えるのだが、本書では他の文献との整合性も勘案して「ローエル」を選んだ。以上の説明からも明らかなとおり、"Lowell"に「ウェ」という音が生じる余地はないため、「ローウェル」は原語の発音からかなり離れている。

引用と書誌情報

本書は引用に関して、以下の原則を採っている。

①欧語文献からの引用は、既訳の存在する場合はそれも参照したうえで、引用者が試訳したものである。

②引用中の強調は原文に基づく。欧語文献からの引用においては、傍点は原文中のイタリックを、**太字のゴシック体**は語ないしフレーズ全体の大文字化を再現している。草稿や書簡で使われる下線はイタリックと同様に扱った。ただし、原文中のイタリックや大文字化がすべて引用で再現されているわけではない。英語の文章に登場するラテン語のフレーズがイタリックになっている場合のように、イタ

リックや大文字化は強調以外の目的でも用いられるためである。
③引用中のブラケット［ ］による補足ないし中略は原文に基づく。
④引用中の亀甲括弧〔 〕による補足ないし中略は引用者が施したものである。
⑤欧語文献からの引用において、原文の構造が複雑な場合には、訳文をわかりやすくするためにしばしば原文にない二倍ダーシ——を挿入した。他方で原文中のダーシ（em dash）は、引用では二倍ダーシによって再現したが、必要以上の煩雑さを避けるために再現しなかったケースもある。
⑥敗戦以前に書かれた日本語の文章を引用する際には、読みやすさを考慮して、旧字体を新字体に改めたりルビをふったりといった若干の表記変更を施した。原文のルビは適宜取捨選択し、現代かなづかいに統一した。

以上の原則に当てはまらない例外においては、その旨を註に明記している。なお本書ではブラケットは、パーレン（ ）内にパーレンが再登場することを避けるためにも——たとえば「（一九四七［昭和二二］年五月三日）」のようなかたちで——用いられている。

本書で引用ないし参照した文献の書誌情報は、当該文献が最初に登場する註に記した。ただし頻出する文献などは巻末に掲げた略号によって指示している（図のキャプションにおいても同様）。書誌の表記法は*The Chicago Manual of Style*, 17th ed.（二〇一七）に則った。

人名と原語綴り

たとえばパーシヴァル・ローエルの弟のフルネームはアボット・ローレンス・ローエルである。しかし、第1章第5節でも述べるとおり、彼自身は自らの名前を「A・ローレンス・ローエル」と表記することを好み、親しい間柄の者たちが彼を呼ぶときはみな「アボット」ではなく「ローレンス」と呼んだ。このように、英語圏ではミドルネームがファーストネームとして使われることも決して珍しくない。

本書では原則として、人名は初出時にのみフルネームを記し、それ以降はラストネームのみを記すか、あるいは（本人が用いた）ファーストネーム・ラストネームというかたちで表記している。第2章第5節に登場する「ウィリアム・スタージス・ビゲロー」が第3章第2節では「スタージス・ビゲロー」になっているのもこのためである。

もっとも、この原則の例外も本書には多く含まれている。イニシャルを用いるのが一般的である場合（「ハーバート・ジョージ・ウェルズ」→「H・G・ウェルズ」）、本人がミドルネームをしばしば省略した場合（「チャールズ・ロバート・ダーウィン」→「チャールズ・ダーウィン」）、当該人物がローエルの死後に生まれている場合（「ジョン・フィッツジェラルド・ケネディ」→「ジョン・F・ケネディ」）などが主な例外である。「エドガー・アラン・ポー」や「バジル・ホール・チェンバレン」のように、ミドルネームを省略しないほうが通りが良いと思われる場合には初出時以外でもフルネームを記した。しかし判断は決して厳密ではない。

人名の日本語表記はなるべく原語の発音に忠実なものを選んだが、「クリストファー・コロンブス」のように慣例を優先させたケースもある。各人名の原語綴り——ただしギリシア文字やキリル文字はラテン文字へ転記した——は巻末の索引の当該項目に付記してある。ローエル家の人びとの名前に後続する「5」などの記号は、四六—四七頁の**図7**に掲げた家系図と対応している。

生歿年と年齢

本書に登場する人物の多くには、初出時に生歿年を付記した。生歿年を示さなかったのは、当該人物がローエルの死後に生まれている場合や、当該人物に関する資料が少なく生歿年の確定が難しい場合などである。また、明治の日本ではしばしば数え年によって年齢を数えたけれども、本書における年齢の記述はすべて満年齢での計算に基づいている。

たとえば第3章第2節に登場する宮岡恒次郎《つねじろう》の生年月日は慶応元年一一月二九日であり、これは現在の暦（グレゴリオ暦）においては一八六六年一月一五日にあたる。しかし本書では、他の多くの文献と同じく、宮岡の生年を一八六五年と記している。すなわち、慶応元年＝一八六五年という等式を原則とし、旧暦（天保暦）と新暦（グレゴリオ暦）の違いによる対応のずれは——あくまでも生歿年の表記においては——無視している。同様に、宮岡の満年齢を記す際には、毎年一一月二九日に一歳加齢するものとして計算している。ちなみに日本の暦が天保暦からグレゴリオ暦へ切り替わったのは明治五年の末であり、明治五年一二月二日（一八七二年一二月三一日）の翌日が明治六年一月一日（一八七三年一月一日）となった。

米国、アメリカ、合衆国

本書においては、たとえば「世紀転換期米国」というフレーズは“the turn-of-the-century US”と英訳されることを想定しており、同様に「アメリカ思想史」は“American intellectual history”との対応を想定している。

「アメリカ」（“America”）という語は、本来はアメリカ大陸（“the continent of America”ないし“the Americas”）を指すものであり、アメリカ合衆国というひとつの国家を指すために用いることは適切ではないという意見もある。しかし、“American”という、アメリカ合衆国に関する形容詞ないし名詞（「アメリカ人」）の使用までをも避けると表現の幅が著しく狭まるため、本書では原則として、英訳した際に“American”という語をあてることが想定される場合に「アメリカ」と表記している。ただし、アメリカ合衆国という国家が誕生する以前のいわゆる一三植民地を「アメリカ」と総称するなどの例外も存在する。

「合衆国海軍天文台」（“the United States Naval Observatory”）のように、固有名の原語などに登場する“the United States”には「合衆国」を対応させた。例外としては、“the Supreme Court of the United States”を慣例に即して「連邦最高裁判所」と表記したことなどがある。

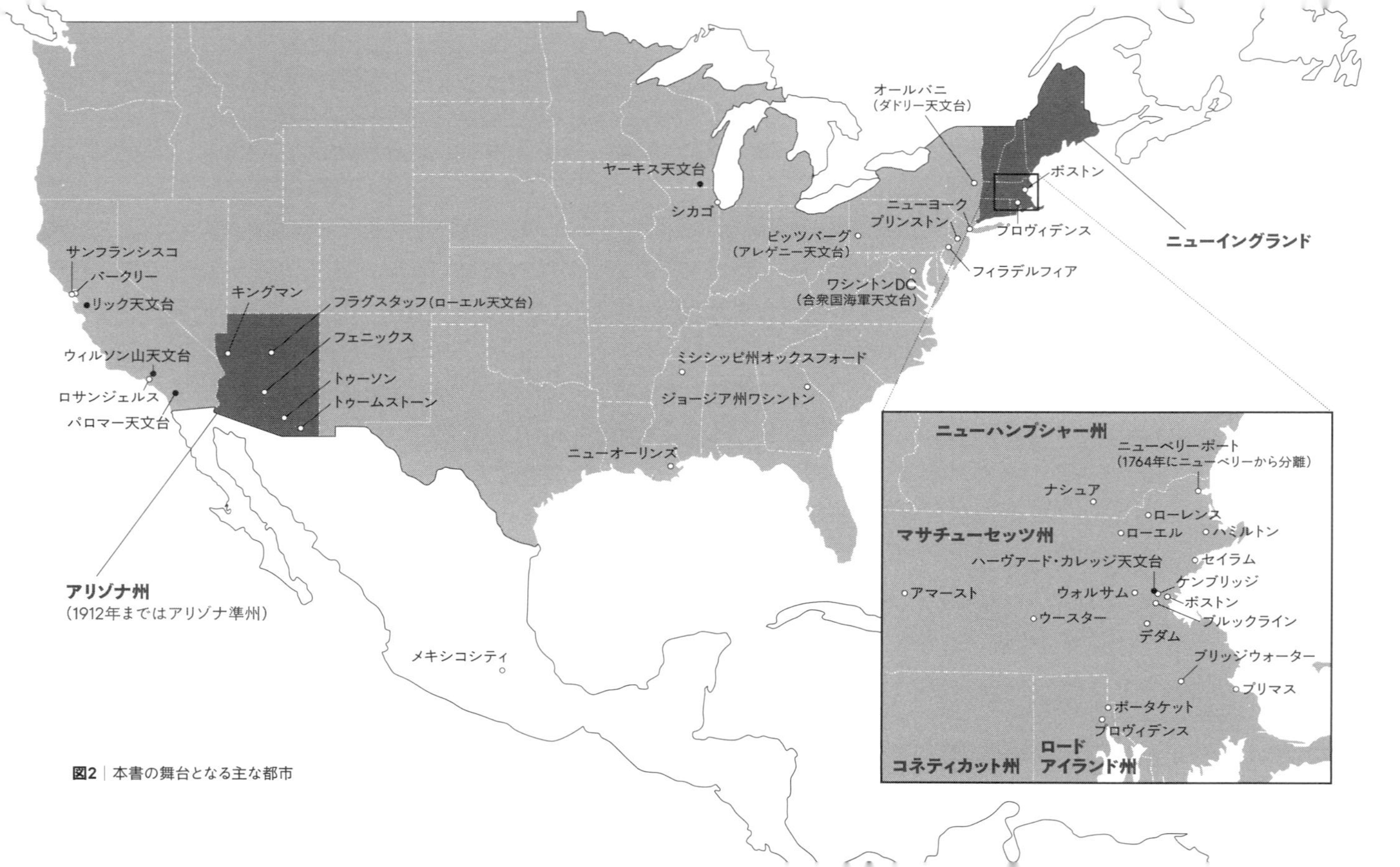

図2 | 本書の舞台となる主な都市

序論

消滅する媒介者

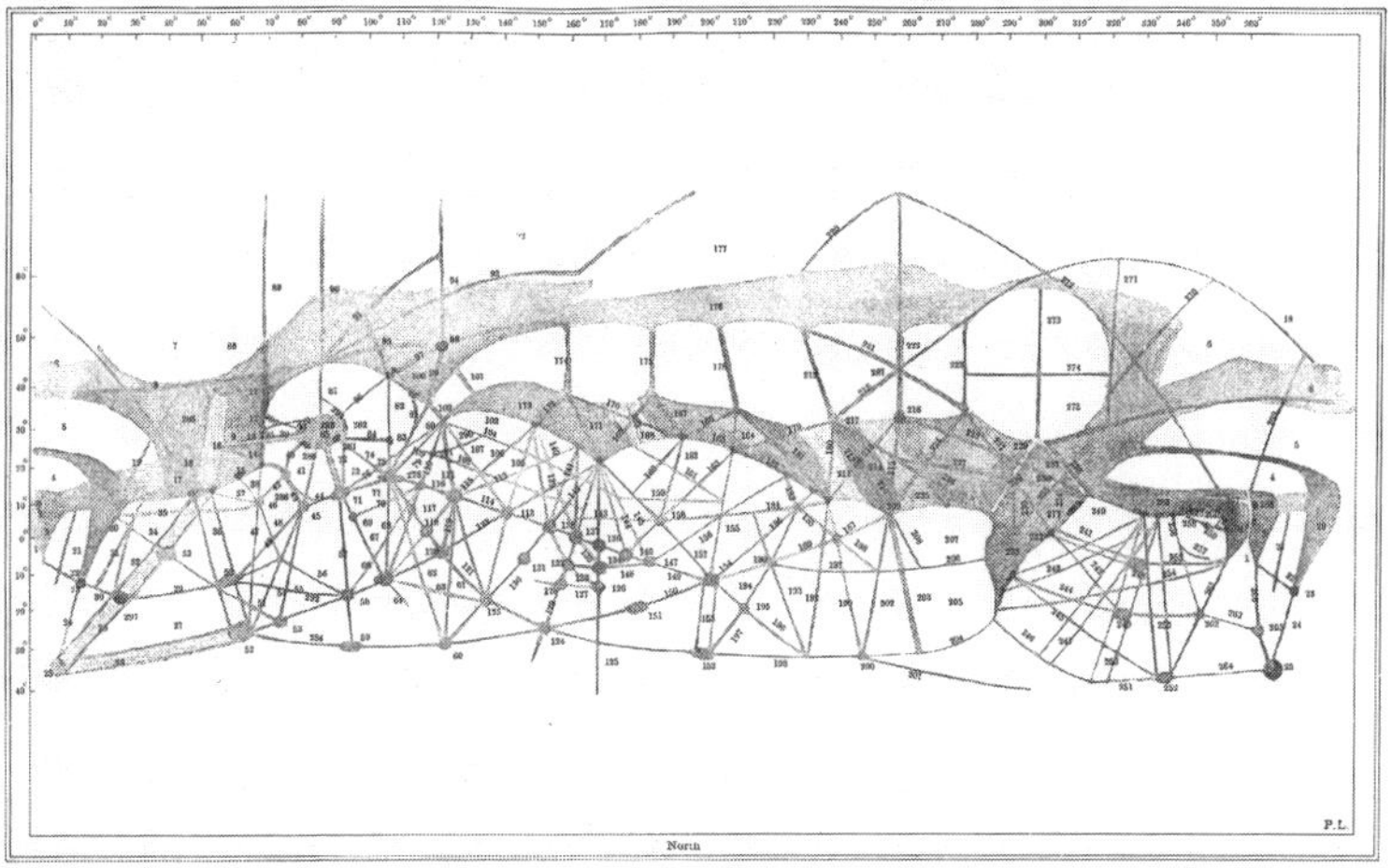

図3｜『火星』に掲載された火星の運河の地図（*Mars*, plate 24）

「はじめに」の最初の段落が例示するとおり、パーシヴァル・ローエルの生涯のおもしろさを手短にアピールするうえでは、たしかに、H・G・ウェルズの『宇宙戦争』(*The War of the Worlds*)に対するローエルの影響を引きあいに出すのがある程度効果的である。この戦術においてローエルに課されるのは、いわば〝消滅する媒介者〟(vanishing mediator)としての役割である。(1)

一八九七年に英国の雑誌『ピアソンズ』と米国の『コスモポリタン』で同時連載され、翌年に単行本化された『宇宙戦争』は、SFの黎明期を代表する小説のひとつとしてながらく読まれつづけている。一九三八年にオーソン・ウェルズ(一九一五—八五)が米国で『宇宙戦争』をラジオドラマ化した際には、火星人たちの襲来を本物のニュース番組ふうに報じるという演出を施したために聴取者たちのあいだでパニックが生じたというエピソードも、いまではよく知られている。ジョージ・パル(一九〇八—八〇)が製作を務めバイロン・ハスキン(一八九九—一九八四)が監督した一九五三年の映画『宇宙戦争』は、米国のSF映画史において重要な作品であるし、「はじめに」でも言及したスティーヴン・スピルバーグによる二〇〇五年の再映画化は全世界で六億ドル近い興行収入をあげた。(2)三つの世紀にまたがるこうした輝かしい歴史は、『宇宙戦争』の材料のひとつとされているローエルの『火星』(*Mars*)にとって、〝媒介者〟としての重要性を証《あか》すものであると同時に、〝消滅〟ぶりを劇的に際立たせるものでもある。なにしろ、現在ではローエルの名前はほとんど知られていないし、まして『火星』を実際に読んだことのある者は著しく少ないのだから。

しかし、かりにローエルが〝消滅する媒介者〟であったとして、彼はいったい何をウェルズへ媒介したのだろうか。それを確かめるためにも、まず、『宇宙戦争』の冒頭の段落——この小説のなかでもとりわけ印象的で、おそらくもっとも有名な箇所――を、長さを厭わずに引用してみよう。

一九世紀の末には誰も信じなかっただろう。人間の営みは、人間よりも優れた、しかし人間と同じく限られた命しか持たない知性体〔intelligences〕によって入念かつ仔細に観察されているのだということを。そして人間は、自分たちの営みにあくせくしているあいだにも、一滴の水のなかでうごめき繁殖するはかない生物を人間が顕微鏡で調査するのとほとんど同じ緻密さでもって、調査され研究されているのだということを。とめどない自己満足に浸った人間は、雑事に追われて地球上を動きまわりながらも、自分たちがすべての事柄を支配していること〔their empire over matter〕を確信して安閑としていた。ひょっとしたら、顕微鏡の下にいる滴虫類〔the infusoria〕も同様なのかもしれない。宇宙にあるより古い世界が人間の脅威になりうると考えた者はいなかったし、たとえそうした世界を思うことがあっても、そこに生命が存在するという考えは不可能だとかありそうもないことだとして一笑に付されていた。過ぎ去った日々の習慣的思考をこうして顧みるのは、不思議〔curious〕な感じのすることである。地球上の人間が空想しえたのはせいぜい、火星には別の人間がいるかもしれないとか、彼らはきっと自分たちよりも劣っているので伝道の企てを喜んで受け入れるだろうといったことであった。ところが、宇宙の深淵のかなた〔across the gulf of space〕では、我々の精神が滅びゆく獣たちの精神に対して立つのと同じ高みから我々を見下ろすような精神、遠大で冷酷で非情な知性が、この地球を羨望の眼で眺め、ゆっくりと、着実に、我々に対する計画を練っていた。そして二〇世紀の初め

に、大いなる幻滅〔the great disillusionment〕が出来《しゅったい》した。(3)

『宇宙戦争』初版のテクストを詳しく註解したレオン・ストーヴァーによれば、引用中の「宇宙の深淵のかなた」というフレーズはローエルの『火星』から採られたものであるという。(4) 一八九五年一二月にボストンのホートン・ミフリン社から刊行された『火星』は、翌年にロンドンのロングマンズ・グリーン社からも刊行されているため、たしかに一八九七年に『宇宙戦争』の連載を始めるうえでウェルズがあらかじめ『火星』を読んでいた可能性は高い。同時代の読者にとっても、『宇宙戦争』の物語からローエルの研究を連想することは決して難しくなかった。たとえば、『アカデミー』という英国の雑誌の一八九八年一月二九日号に載った匿名の書評は、「一八九四年に火星の網羅的な研究をおこなった」人物としてローエルの名前を挙げつつ、『宇宙戦争』の独創性を次のように讃えている。

火星人たち――火星に棲まう者たちがいる〔Mars is inhabited〕という考えは、いないという考えよりも非合理性が少ない――が我々の地球を憧憬の眼で眺めているという見解は、したがって、正当な思弁の境界〔the bounds of legitimate speculation〕内にすっかり収まっている。そして、ウェルズ氏がこの見解を、ローエル氏が現在の火星の大部分はみすぼらしい荒地である――あらゆる有機的な生命はそこから追われることとなった――と考えるべき理由へ英国の天文学者たちの注意を向けさせる以前に展開したという事実は、彼〔ウェルズ〕の洞察力の明白な証拠である。

言い換えれば、火星による地球の侵略に対して与えられているもろもろの理由は、科学的な観点から見て完全に妥当であり、惑星表面の本性に関する最新の観測によって支持されているのである。(5)

この一節から私たちは、『宇宙戦争』の「一九世紀の末には誰も信じなかっただろう」という書き出しが修辞的な誇張であったことを確かめることができる。要するに、一九世紀末の人びとが実際にはそれを信じえたという事実こそが、『宇宙戦争』のインパクトの重要な源泉なのである。匿名の書評者はおそらく、『宇宙戦争』を読んで〝言われてみればたしかに、それはありそうなことだ〟という驚きに囚われたのだろう。そして、〝ありそうなこと〟であるための条件を考えたすえに、「正当な思弁の境界」という言葉を案出したのだろう。「最新の観測によって支持されている」点においてそれは「正当」であり、「展開」するためにウェルズの「洞察力」を必要とした点においてそれは「思弁」である。しかしその「境界」は、「妥当」か否かを判断しうる「科学的な観点」なくしては、具体的には「最新の観測」なくしては、そもそも存在しえなかったものである。

ローエルが〝消滅する媒介者〟であることの意味は少しずつ明らかになりはじめている。ウェルズは『宇宙戦争』によって新しいフロンティアを開拓したが、それをフロンティアにしたのはローエルの『火星』であった――まだいかにも乱暴なこの要約を、しかしさしあたっての作業仮説としたうえで、本論に入るまえにもう少し、ドイツ文化研究者のカール・S・グートケによる先行研究の助けも借りつつこの仮説を掘り下げておこう。なお参照されるグートケの研究は、一九八三年に

『近代の神話』（*Der Mythos der Neuzeit*）というドイツ語の著書として出版されたが、一九九〇年に英訳が刊行された際に、著者自身によって『最後のフロンティア』（*The Last Frontier*）という新しいタイトルを与えられたのであった。[6]

E

一八九五年の『タイム・マシン』を皮切りに次々と作品を刊行したH・G・ウェルズは、しばしば、『地球から月へ』（一八六五）や『海底二万里』（一八六九―七〇）などを著したジュール・ヴェルヌ（一八二八―一九〇五）とともにSFの祖と並び称されている。ただし注意すべきは、「サイエンス・フィクション」（science fiction）という語が広く用いられだしたのは一九二〇年代だということである。この語の普及に与《あずか》って大いに力があったのは、一九二六年に米国で『アメイジング・ストーリーズ』という雑誌を創刊したヒューゴー・ガーンズバック（一八八四―一九六七）である。[7]

対してウェルズ自身は、一八九五年の夏に書かれたと推定される手紙のなかで、自らが「耕そうとしつつある」領域を「哲学的要素を備えたサイエンティフィック・ロマンス〔scientific romance with a philosophical element〕」と呼んでいた。[8] ゆえに、たとえば英文学研究者のパトリック・パリンダーは、サイエンティフィック・ロマンスの本質を「誇張されたロマンティック・フィクションにおける科学的（ないし、より多くの場合には擬似科学的）諸要素の使用」に見出し、その起源のひとつをメアリ・シェリー（一七九七―一八五一）の『フランケンシュタイン』（一八一八）に求めつつ、ウェルズを「サイエンティフィック・ロマンスから近代的なサイエンス・フィクションへの進化において枢要〔pivotal〕

な人物」と評している。[9] ロマンスという――小説（novel）と対比されることの多い――ジャンルの性質については本書の第3章で、ローエルとサイエンティフィック・ロマンスとの関係については結論で論じられるだろう。

『宇宙戦争』に関しても、火星人を登場させたことにのみその新しさが存していたわけではなく、先行する例はパーシー・グレッグ（一八三六―一八八九）の『黄道のかなた』（*Across the Zodiac*、一八八〇）をはじめいくつも存在した。さきに引いた『宇宙戦争』の書評では、「我々はすでに火星への旅物語を数多く手にしているが、これまで、我々が憶えているかぎりでは、火星の棲息者たちによる侵略というアイデアは開拓されてこなかった」と述べられていたけれども、[10] 書評者が「憶えている」範囲外には、一八九七年にドイツで刊行されたクルト・ラスヴィッツ（一八四八―一九一〇）の『両惑星物語』（*Auf zwei Planeten*）がある。この小説が描く、人間よりもはるかに進化した火星人たちは、太陽エネルギーなどの資源を求めて地球に降り立っている。彼らは最後に人間との友好を確立するものの、そこへ至る過程では圧倒的な武力によって地球を一時的に支配してもいる。言うなれば、人間を「栄養源」と見なす『宇宙戦争』の火星人たち――肥大した脳髄と一六本の触手を備え、しかし消化器官を持たない彼らは、人間から生き血を抜きとり「自分たちの血管にそれを注射」する――が地球を生物学的に侵略しようとしたのに対して、『両惑星物語』における侵略は帝国主義的である。[11]

『両惑星物語』と『宇宙戦争』は、グートケの『最後のフロンティア』の最終節で俎上に載せられる作品である。すなわち、「宇宙における人間の位置という哲学的な問い」――具体的には、地球外生命の存在をめぐる問い——がルネサンス以降の西洋でいかに探究されてきたかを論じる『最後のフロンティア』は、SF史の研究ではなく、「サイエンス・フィクションが、そしてサイエンス・フィクション以外のものも、そこから派生することになった主題的な伝統」を辿る「思想史の研究」であるため、「〔SFという〕ジャンルの発展に対して原型ないし範例として寄与したと言える」二作の検討をもって終わるのである。(12)

グートケの言うように『両惑星物語』と『宇宙戦争』が「新たな出発〔a new departure〕」を画しているのだとして、それはどこからの「出発」だったのか。地球外生命という主題を扱う一九〇〇年前後のもろもろの小説は、『最後のフロンティア』によれば、「三つの偉大な科学的および哲学的進展を、つまりラプラスの星雲仮説、ダーウィンの進化論、キルヒホフのスペクトル分析を反映しており、それらに直接、専門用語を用いて言及することも非常に多い」という特徴を有していた。ここに挙げられた「進展」は本書でも触れるため、解説はひとまず措いておこう（特に、星雲仮説については第3章第1節を、スペクトル分析については第4章第4節を参照のこと）。そうした小説のなかでも『両惑星物語』と『宇宙戦争』が「思想史家の観点から見てもっとも意義深い」のは、これら二作が「〔地球外生命との〕「遭遇」に内在する極限的な可能性を、文学としても哲学としても力強い方法で」提示したからである。「極限的な可能性」とはすなわち「退化と完成の両極性」であり、火星人たちをタコのような形態になるまで進化させた『宇宙戦争』——もちろん「退化」も進化のプロセスが選びうる道筋のひとつである——は前者の極に、彼らに人間の進歩の帰結でもありうるという印象をまとわせた『両惑星物語』——そこでは火星人たちは、外観においてもコミュニケーション能力においても人間的である――は後者の極に位置づけられる。[13]『宇宙戦争』で語られる「大いなる幻滅」はしたがって、グートケの言葉を借りるなら、「同時代の科学がホモ・サピエンスの地位を、自らの惑星系内部においてさえ、疑わしく不安定なものにしてしまった」という「認識の宇宙的ショック〔the cosmic shock of recognition〕」と表裏一体である。[14] 私たちはこれから、この「同時代の科学」のなかでローエルが果たした役割を詳しく考察することになるのだが、実はウェルズはすでに一八九一年――ローエルが天文学者へ転身するよりもまえ――に、科学と「大いなる幻滅」との関係を次のように、『宇宙戦争』の冒頭にも劣らぬほど印象的な書きぶりで説明していた。

科学とは、人間がたったいま点火したマッチである。彼は、自分はある部屋のなかに――祈りのときには、ある寺院のなかに――いると思っていて、彼の光が、驚くべき秘密の数々が刻まれた壁や、調和を成すもろもろの哲学体系が彫り込まれた列柱にはねかえされ、それらを明るみに出すだろうと考えていた。パチパチという前置き〔preliminary splutter〕を経て、炎が明るく燃えだしてから見えてきたのは、不思議な感覚を覚えさせるものであった。自分の手が、自分の姿の一端が、自分が立っている区画〔patch〕が照らされ、その周囲には、彼が予期していた人間的な慰めや美はいっさいなく、かわりにさらなる暗闇が広がっていた。[15]

これは、科学教師であった二四歳のウェルズが『フォートナイトリー・レビュー』という雑誌の一八九一年七月号に発表した、「ユニークなものの再発見」という文章の末尾の段落である。『タイム・マシン』によって文名を高めるまえのウェルズは科学ジャーナリズムの仕事も数多くこなしており、そのなかでも「ユニークなものの再発見」は最初期に属する。[16]『最後のフロンティア』ではこの一節は引かれていないが、「認識の宇宙的ショック」というグートケのフレーズはこの一節を見事に要約している。なぜなら、科学という「マッチ」の光が照らす範囲の、ショッキングなまでの小ささを認識することは、あくまでも宇宙的なスケールの視野を前提としているからである。照らされる「区画」までしか視野が届いていなければ、科学はひたすら明るいものとして、すなわち啓蒙的なものとして捉えられるだろう。

ウェルズ自身もまた、ローエルの『火星』を読んで「認識の宇宙的ショック」を感じたのだろうか――こうした素朴な問いに導かれつつ、議論の焦点をローエルへ移そうとすると、しかしすぐさま、私たちはもうひとつの困難な問いに直面させられてしまう。それは、望遠鏡をとおして火星の表面に運河を見たローエルはいったい何を「認識」していたのか、という問いである。

P

ローエルは、『火星』の序文をこう始めている。

本書は、かの惑星〔the planet〕の最近の衝《しょう》〔opposition〕のあいだに、アリゾナはフラグスタッフの、〔観測を〕実行可能なまでに良好な空気〔as good air as practicable〕を得るという目的で建てられた天文台においてなされた特別な研究の成果である。安定した大気〔a steady atmosphere〕は、惑星のディテールの研究に欠かせないものである。機器のサイズは副次的な重要性しか持たない。粗末な空気のもとに置かれた大きな機器は、良好な空気のもとに置かれたより小さな機器が見せるはずのものを見せようとはしないだろう。このことが認識されるとき、いずれ訪れるそのときには、見られるための場所にではなく見るための場所に天文台を建てることが流行となるだろう。(17)

「衝」や「機器のサイズ」が意味するところは第4章で説明しよう。ほかの箇所も補足すべきかもしれないが、いまはひとまず、ローエルの修辞がやや空回りぎみであることが伝われば十分である。彼は続けて、「大気の次に来るのは体系的な研究であ」り、フラグスタッフでの観測は「一八九四年五月二四日から一八九五年四月三日まで」なされ、その間に「九一七枚のドローイングとスケッチ」が描かれたと述べている。実は本文には、「安定した空気〔a steady air〕」の次に重要なのは観測者の「注意深い知覚〔attentive perception〕」だとも書かれているので、まとめるなら、『火星』に収められたローエル自身の手になる二四枚の火星のドローイング——**図4**と**5**はそのうちのふたつ——は、「注意深い知覚」を備えたローエルがフラグスタッフの「安定した空気」のもとでおこなった「体系的な研究」の産物だということになる。(18)

二一二ページまで続く『火星』の本文は、一ページあたりの単語数が少ないため見かけよりも短い。しかもその議論は、第六章「結論」の冒頭で以下のとおり簡潔に要約されている。

我々が火星の表面上に、現地の知能〔local intelligence〕による効果を見るというのはありそうな〔probable〕ことである――この考えへ我々を導いてきた推理の連鎖〔the chain of reasoning〕を、いまいちどふりかえっておこう。我々は次のことを見出している。第一に、かの惑星の広汎な物理的状態は、ある形態の生命にとっては敵対的なものではないこと。第二に、惑星の表面には水不足が認められるため、かりに十分な知能の持ち主たちがそこに棲息しているならば、彼ら

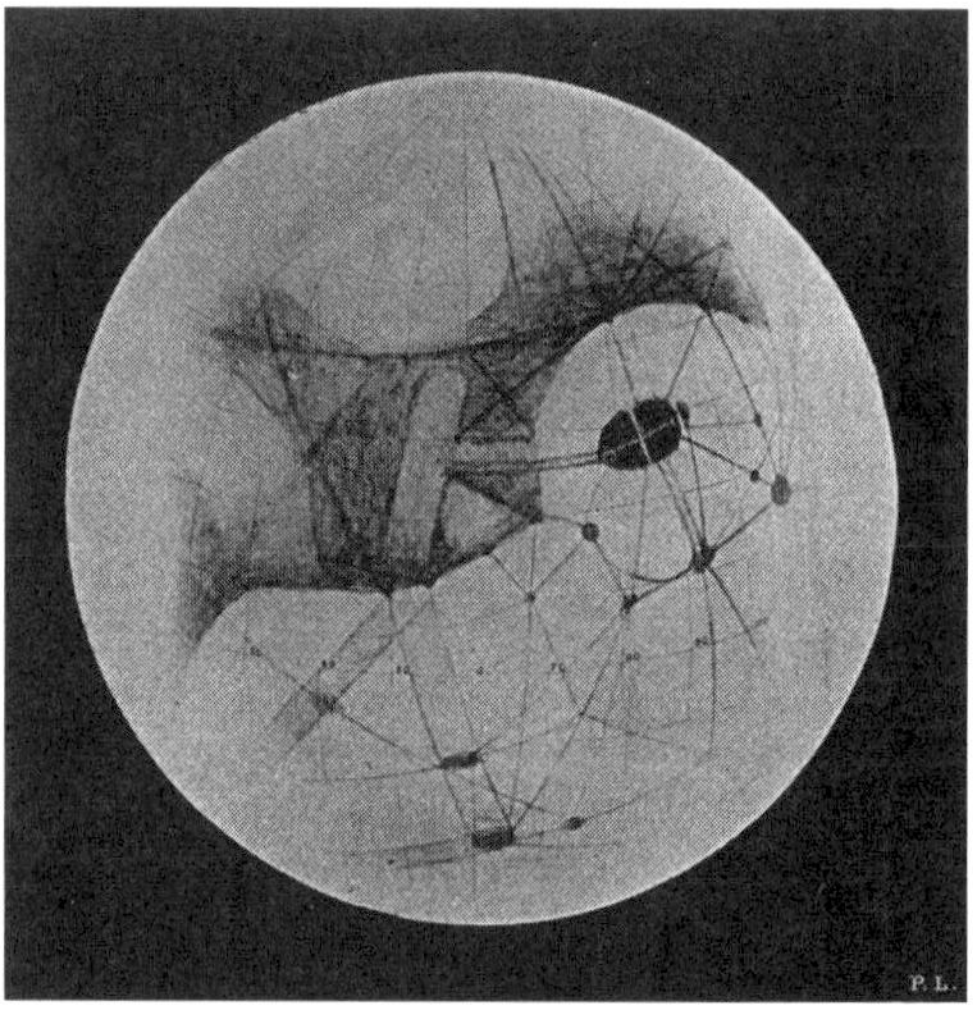

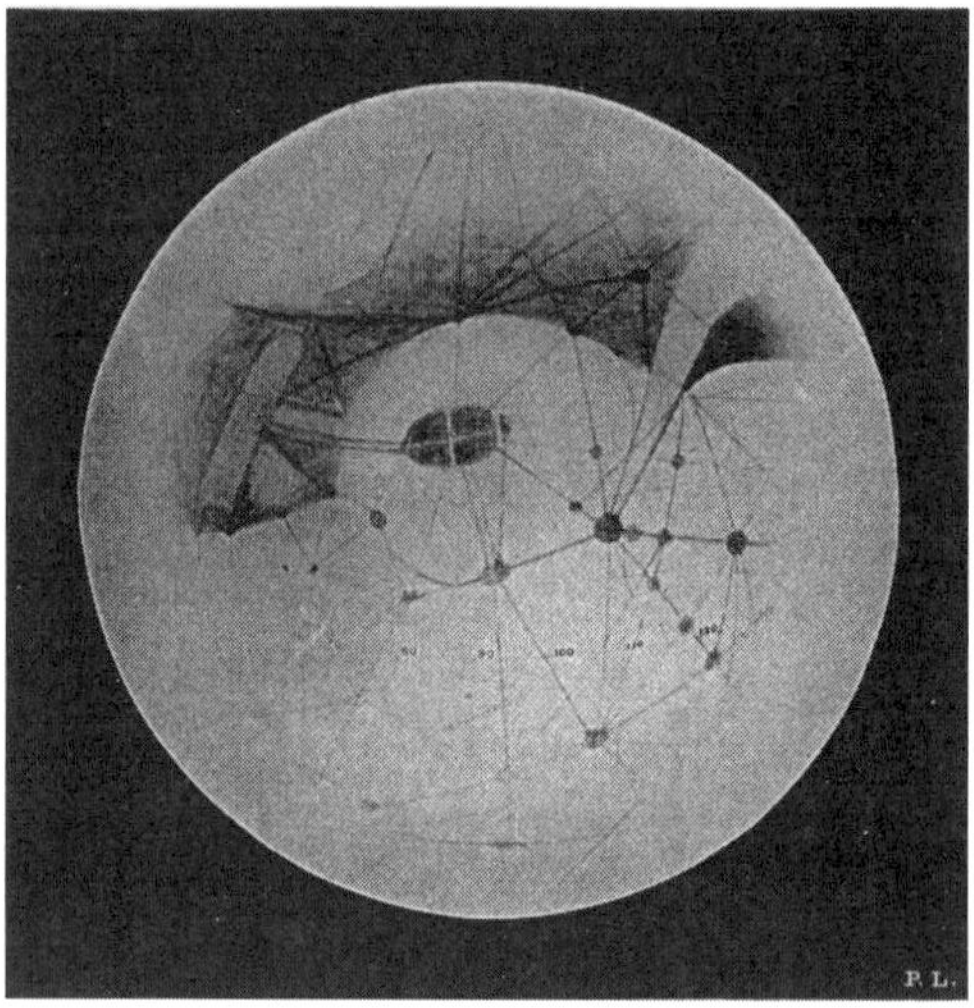

図4（上）、**5**（下）｜『火星』に掲載されたローエルによる火星のドローイング（*Mars*, plates 5–6）

は生命を維持するために灌漑に頼らざるをえないだろうということ。第三に、灌漑のシステムが呈しうる外観にまさしく相当するような、表面〔disk〕を覆う網目状の模様の存在が明らかになったこと。そして最後に、一群の斑点が、我々が陸地を発見して然るべき場所に存在しているため、それらは人為的に肥沃化されており、人工のオアシスのような機能を果たしているということ。これらのことすべては、むろん偶然の集積かもしれず、何も意味していないのかもしれない。しかしながら、蓋然性〔the probability〕は別の方向を指し示している。[19]

「一群の斑点」、すなわち「オアシス」――これは『火星』第五章の章題でもある――は、**図4**と**5**の直線の交点にもいくつか描かれている。またその直線に関してローエルは、「我々が見ているもの、そして省略して運河〔the canal〕と呼んでいるもの」は、実際には「それ〔運河〕を縁《ふち》どる肥沃化された土地の帯」であり、中心にある「運河そのもの」は「〔地球の観測者が〕知覚するにはあまりに小さすぎる」ことに注意を促している。[20] もっとも、第4章でも述べるように、一九世紀の最後の四半世紀には何人もの天文学者たちが火星表面の「網目状の模様」を観測していたし、それを「省略して運河と呼」ぶこと自体は、一八九五年においては決して奇矯なふるまいではなかった。つまるところ、ローエルは火星運河説の生みの親ではなく、そのもっとも強力なポピュラライザー（大衆化の推進者）だったのである。

　さきの引用中の「別の方向」は、具体的にはどこを「指し示している」のか。ローエル曰《いわ》く、火星が「地球よりもずっと古い世界」であること――惑星の進化において火星が地球に先んじていること——は、「その大陸はすべて均《なら》され、その海はすべて干上がってしまっている」という火星表面の様子から明らかである。火星自体がかくも古いのなら、「地表での進化も同様に先へ進んでいるはずである」。両極の雪どけ水を引くために整備されたと思しき灌漑のシステムも、その「まことに驚くべき数学的適合性」によって「高度に知的な精神」の存在を示唆している。またそれが「惑星全土にわたっている」ことは、「党派政治は〔…〕彼らには無縁のものだ」と告げている。ゆえに「大いにありうるのは、こうした火星の民が、我々が夢見たこともないような発明の数々を手にしていて、彼らにとっては電信〔electrophones〕もキネトスコープ〔kinetoscopes〕も遠い過去に属しており、それらは種族が無知であった幼年期に生み出された不格好な装置の遺物として博物館に大切に保管されているということである」(21)。

このように想像をたくましくしながらも、ローエルはただちに、観測結果に基づく推理がふたつの極端な方向へ偏らないよう読者を戒める。そのひとつは、「同輩たち〔peers〕の可能性を認めることに対する人間の本能的な抵抗〔reluctance〕」がもたらす「保守主義」であり、もうひとつは、「火星の生命体〔beings〕について話すこと」を「火星の人間を意味すること」と安易に同一視してしまうような「純粋にローカルな産物〔outgrowth〕からの演繹」である(22)。それらの中道を進むために必要な心構えを、ローエルは最後にこう説いている。

火星が棲まわれている〔inhabited〕ように見えるということは、この主題に関して口にすべき最後の言葉ではなく、最初の言葉である。そこに棲む生命体の存在というたんなる事実以上に重要なのは、彼らはどんなふうなのかという問いである。むろん、我々がそれを生きているあいだに知りうるか否かを予言することはできない。しかしながら、我々にできること、いますぐおこなえることがひとつある。ローカルな視点を離れた高い見地から物事を見ること。我々の精神を、少なくとも、身体をやむをえず束縛している鎖から解き放つこと。他なるもの〔others〕の可能性を、自分たちの確かさに対するときと同じ光のもとで認識すること。我々が宇宙の諸能力〔the capabilities of the cosmos〕の総体にして実体であるというのは、このうえなく滑稽とさえ言えるほどにばかげた考えである。(23)

ここで言われていることと「認識の宇宙的ショック」とを結ぶ距離はほんの一歩である。じじつ、グートケの『最後のフロンティア』も、ローエルの著作のなかに「思想史にとっての重要性を有し、しかもいまなお適切〔relevant〕な」要素を見出しており、それを「宇宙的＝人類学的リアリズム」といった言葉で表現していた。(24)「宇宙的＝人類学的リアリズム」から「認識の宇宙的ショック」へ――グートケのこの図式は、しかしやはり、私たちが直面している問いにはまったく答えていない。はたしていかなる「リアリズム」が、火星の表面に運河を「認識」しうるのだろうか。

P

「宇宙的＝人類学的リアリズム」のなかの「人類学的」を、グートケは「非形而上学的〔nonmeta-physical〕」の類義語として用いているようである。「科学者ならざる者たち〔nonscientists〕を含む幅広い読者層に語りかけていたローエルは、人類学の領域――そこからはあらゆる形而上学が排除されている――のうちにしっかり留まることによって自らの時代を代表していた」とも彼は言う。たしかに、地球外生命の可能性を科学的に探る術《すべ》がほとんどなかったころには、この主題はもっぱら「世界の複数性という観念〔the idea of a plurality of worlds〕」を受け入れるか否かという宗教的ないし哲学的な問いへ変換されていた。(25)『宇宙戦争』の原題 "The War of the Worlds" にも「世界の複数性という観念」が反映している。ローエルの意義は、『最後のフロンティア』によれば、世界の複数性の非形而上学化を力強く推しすすめたことにあった。しかしそれを「リアリズム」と呼んでしまうと、たとえば、ガリレオ・ガリレイ〔一五六四―一六四二〕の偉業と相似を成す貢献をローエルが果したかのような印象が生まれる。

一六〇九年に、望遠鏡がオランダで発明されたという噂を耳にしたガリレオは、実物を見るまえに望遠鏡を自作し、同年末からそれを夜空に向けて天体観測をおこないだした。このとき彼は四五歳で、ヴェネツィア近郊のパドヴァ大学で数学の教授を務めていた。そして、天体観測の結果を翌年に『星界の報告』〔*Sidereus Nuncius*〕として出版したのちに、彼はトスカナ大公付き哲学者兼数学者へ転身しフィレンツェに移り住む。(26)ベルトルト・ブレヒト〔一八九八―一九五六〕の戯曲『ガリレイの生涯』〔*Leben des Galilei*、一九五五〕においては、より快適な研究環境を求めたことが転身の理由になっており、「修道士たち〔die Mönche〕」に支配されたフィレンツェの宮廷との軋轢を心配する友人ザグレドに対して、主人公は自らの決意をこう語っている。

僕はやつらの頭をひっつかまえて筒〔望遠鏡〕の前へ引きずっていってやる。修道士たちだって人間だよ、ザグレド。やつらも証拠の誘惑には負けちまうさ。あのコペルニクスは、いいか、忘れるなよ、彼はやつらに彼の数字を信じろと要求したんだ。だが僕が要求するのは、ただ自分たちの眼を信じろということだけだ。真理は、あまりに弱くて己《おのれ》を守れないときには、攻撃に転じなければならない。僕はやつらの頭をひっつかまえて、無理やりこの筒を覗かせてやるさ。[27]

ガリレオが望遠鏡をとおして見た月のクレーター――『星界の報告』にそのドローイングが載っている――は、天上界は神聖な場所であるから天体はなめらかな球という完全な形状をまとっているはずだという「修道士たち」の考えにそぐわなかった。また、彼が望遠鏡で発見した木星の四つの衛星は、太陽のまわりを公転する地球のまわりを月が公転するという地動説の想定が（「修道士たち」が思うほど）不自然なわけではないことを告げていた。こうした「証拠の誘惑」は、しかし結局、一六三三年の宗教裁判において有罪判決を下されるという運命からガリレオを救うことはなかった。

もちろん、さきに引いたのは脚色されたガリレオの言葉であって、歴史上のガリレオとのあいだには相当な隔たりがある。[28] ただ、いま問題にしたいのは、さきのセリフはローエルが口にしてもおかしくないものだったということである。彼は、自らの「眼を信じ」ることにかけてはガリレオに劣らなかったはずだが、火星の運河は月のクレーターとは異なり実在しなかった。ガリレオと同様にローエルも、「あまりに弱くて己を守れない」ものを守るべく果敢に「攻撃」したが、火星運河説は地動説とは異なり「真理」ではなかった。科学はガリレオに媒介されて興隆し、ＳＦはローエルに媒介されて花開いたにもかかわらず、前者は偉人として記憶された一方で後者は〝消滅〟した。この差はいったい何に由来しているのか。

　ガリレオに関してここまで「偉業」とか「偉人」といった言葉を用いてきたけれども、ブレヒトの戯曲は決して、頑迷な教会権力の犠牲となった偉大な科学者という単純な構図にガリレオを収めているわけではない。一九五六年に亡くなる直前までブレヒトが重ねた改稿には、広島および長崎への原爆投下という出来事がとりわけ重大な影響を及ぼしており、残された『ガリレイの生涯』という作品はあくまでも、科学と権力との関係をめぐる問いの難しさを、複数の意味へ開かれたままの状態で観客ないし読者につきつけている。[29] これは言い換えれば、この難しさとブレヒト自身が格闘するうえでガリレオの〝生涯〟が必要とされたということでもあろう。そして、率直に言えば私にとっても、すでに掲げたもろもろの問いに取り組むことはローエルの〝生涯〟を辿ることと不可分の営みであった。結果として生まれたのが本書である。

　ローエルは何を「認識」していたのか。ローエルの著作はいかにしてウェルズにフロンティアを切り拓かせたのか。ローエルがガリレオに並びえなかったのはなぜなのか。これらの問いは、そこに流れ込む多彩な文脈をローエルの〝生涯〟が照明するにつれてますます難しくなる。しかしもちろん、私なりの答えは〝生涯〟を語りおえたあとの結論において提示されている。

日本語で読めるローエルの伝記は、私の知るかぎりでは、本書以外に二冊存在する。ひとつは宮崎正明『知られざるジャパノロジスト――ローエルの生涯』（一九九五）であり、もうひとつはデイヴィッド・シュトラウス『パーシヴァル・ローエル――ボストン・ブラーミンの文化と科学』（原著の刊行は二〇〇一年、邦訳は二〇〇七年）である。前者は新書であり、ローエルの生涯を時系列に沿って簡潔にまとめているが、その内容の大半はローエルの弟のアボット・ローレンス・ローエル（一八五六―一九四三）が一九三五年に著した『パーシヴァル・ローエルの伝記』に依拠している。宮崎の記述がもっとも手厚いのは、タイトルから察せられるように、「ジャパノロジスト」すなわち日本研究者としてのローエルの足跡に関する部分である。(30)

後者のシュトラウスによるローエル伝は、包括的かつ学術的な伝記本（book-length biography）としてはいまのところ、英語圏において唯一の文献である。シュトラウスの詳細な研究から本書が得た裨益の大きさははかりしれない。ただし彼はローエルの生涯を、本書のように時系列順にではなく、主題ごとに綴っている。たしかに、そのアプローチが十分な効果を発揮するくらいローエルのキャリアは多面的かつ重層的なのだが、全体像を事前にある程度把握していないと読みづらい書き方になっていることも否めない。加えて、原著に付された五〇ページを超える註が邦訳では省かれていることにも注意する必要がある。

本書の最大の特徴は、「はじめに」でも述べたとおり、ローエルの生涯をアメリカ思想史という背景のなかに位置づけていることである。もっとも、さきほど言及したローエルの弟のローレンスはハーヴァード大学の学長を務めた弁護士であり、妹のエイミー・ローエル（一八七四―一九二五）はイマジズムという運動を米国で精力的に唱道した詩人であったのだから、こうしたカラフルな背景を完全に無視してローエルを論じることはむしろ著しく不自然である。シュトラウスによる伝記の「ボストン・ブラーミンの文化と科学」という副題も、世紀転換期のニューイングランドという背景を指し示している（「ブラーミン」の意味は第1章第4節で説明される）。

しかし実のところ、ローエルの伝記的研究においてもっとも難しい課題は、世紀転換期のニューイングランドに焦点を据えることで見えてくる、きわめて複雑に絡みあったローカルな文脈（ローエルはそれを捨象しうるほど傑出した人物ではなかった）と、グートケの『最後のフロンティア』が論じるような（ルネサンスにまで、あるいは広げようと思えば古代にまで広がる）マクロな思想史的文脈という、スケールの異なる二種類の背景をどう架橋するかである。シュトラウスによる伝記も架橋のために苦心した跡を随所に留めているが、力点はやはり前者の解明に置かれており、対して本書は後者をより重視する。本書が副題で標榜する「世紀転換期アメリカ思想史」には、したがって、架橋を助ける中間層としての役割も託されている。[31]

本書の第1章は、ローエルの生涯としてはハーヴァードへの進学以前を扱っており、より多くの紙幅がボストンを拠点とするローエル家の——すなわちパーシヴァル・ローエルの先祖たちの——歴史に割かれている。第2章は、日本への旅を決断するまでのローエルの歩みのみならず、一九世紀後半のハーヴァードという特異な知的環境にも光を当てている。「はじめに」で述べた前景（ローエル）と背景（アメリカ思想史）との調和という観点から見るなら、最初の二章は後者の比重が相当大きい。もちろん、比重を大きくせざるをえないほどに背景が重要でありかつおもしろいと思われたためである。このアンバランスが正当化されるか否かは読者に判断していただくほかないが、ローエルのジャパノロジストとしての側面にもっぱら関心を抱く読者は、最初の二章を飛ばして第3章から読んでいただいても構わない。一八八三（明治一六）年にローエルがはじめて日本を訪れてから一八九三（明治二六）年に日本を永久に去るまでを追う第3章は、史料調査によってこのたび明らかになった新事実がもっとも多く含まれる章でもある。

天文学者へ転身したあとのローエルを視野に収める最後の二章は、『火星』の出版以前の第4章と以後の第5章というふうに分けられる。一九世紀米国の天文学史も概観している第4章はやはり背景の比重が大きいけれども、最初の二章とは異なり、第4章を飛ばしていきなり第5章へ進むという読み方はお勧めできない。なぜなら、天文学者としてのローエルが担った意義を理解するにはまず彼をとりまく「入れ子構造のドラマ」を把握する必要があるというのが本書の主張であり、その「入れ子構造」の説明に第4章の大半が費やされているためである。ほかにも、第4章と第5章は多くの伏線を共有している。最後の結論は、本論の全五章の内容を踏まえたうえで、この序論に掲げたもろもろの問いをあらためて取り上げている。

本書においてローエルのすべての業績が論じられているわけではない。特に、本書が「プラネトロジー三部作」と呼ぶローエルの著書三冊、すなわち『太陽系』（一九〇三）と『生命の棲処《すみか》としての火星』（一九〇八）と『諸世界の進化』（一九〇九）は、第5章で触れてはいるものの扱いをかなり小さくせざるをえなかった（その理由も第5章第4節に記されている）。本書の主軸はあくまでも、序論で直面した問いを解くことを目指して、ローエルの生涯をアメリカ思想史という背景に照らしつつ辿ることにある。そして、この主軸が揺らがない範囲のなかで本書は最大限網羅的であろうと努めている。少なくとも情報の量や密度においては、本書はシュトラウスによる伝記にも引けをとらないであろう。とはいえ、むしろ注目すべきは、これら二冊の学術的な伝記をあわせてもなお、ローエルの生涯に論じるべき事柄がまだ数多く残されていることのほうである。読者が本書の向こう側に豊かなフロンティアを垣間見ることを、私は願ってやまない。

第1章

マサチューセッツ州
ボストン

図6｜ローエル家の家紋（FG, title page）

1　ここは古き良きボストン

パーシヴァル・ローエルは、一八五五年三月一三日、ボストンの名家に生まれた――彼の生涯を要約しようとすれば、一行目にはほぼ必ず、これに類する表現が現れることになる。しかしそもそも、「ボストンの名家」とはいったい何だろうか。

このフレーズを、たとえば「スコットランドの名家」や「鹿児島の名家」のような表現に完全に重ねることはできない。英国の場合には、「名家」といういくぶん曖昧な概念の境界を、何らかの爵位を継承しているか否かという基準によってひとまず定めることができる。日本の文脈においては「名家」や「旧家」といった言葉は隠微なイメージを帯びがちであるが、実際にそう呼びうる家柄のうちの多くも、一八八四（明治一七）年に公布された華族令によって五つの爵位（公爵、侯爵、伯爵、子爵、男爵）のいずれかを授けられている。周知のとおり日本の華族制度は、「華族その他の貴族の制度は、これを認めない」という条項を含む日本国憲法の施行（一九四七〔昭和二二〕年五月三日）をもって廃止された。第二次世界大戦後の日本占領の民政面を担った連合国最高司令官総司令部（GHQ／SCAP）からすれば、この制度は、ポツダム宣言に言われる「日本国国民ノ間ニ於ケル民主主義的傾向ノ復活強化ニ対スル〔…〕障礙《がい》」のひとつにほかならなかった。(1)

では、民主主義を建国の理念に掲げているはずの米国において、「ボストンの名家」というフレーズはいかなる意味あいを持っているのだろうか。というよりそもそも、一七七六年に米国の独立が宣言されてから一八五五年にパーシヴァル・ローエルが生まれるまでの、七九年という比較的短い期間のなかで、ローエル家はいったいどのようにして〝アメリカの貴族〟とでも呼ぶべき地位を確固たるものとしたのか。

これらふたつの問いのうち、前者に答えるうえで参考になるのは、クリーヴランド・エイモリーという作家が一九四七年に著して人気を博した『プロパー・ボストニアンズ』という本である。たとえばその第一章には、以下の詩がボストンの社会を諷刺した一種の狂歌として引かれている。

ここは古き良きボストン
　豆と鱈《たら》の豊かな里
ここではローエル家がキャボット家に話しかけ
　そしてキャボット家は神にのみ話しかける(2)

エイモリーによれば、一九一〇年にボストンの眼科医ジョン・コリンズ・ボシディ(一八六〇―一九二八)が披露したことをきっかけに世に広まったこの狂歌は、もともとは、一九〇五年に催されたハーヴァードの卒業生たちの晩餐会において、「西部の男」("Western man")と称する匿名の人物がトーストに焼きつけた詩に由来するものであるという。(3) 詩的に優れているとは言いがたいにせよ、ここからは少なくとも、農業(「豆」)と漁業(「鱈」)を営む人びと→ローエル家→キャボット家→神というかたちで段階的に上昇してゆくボストンのヒエラルヒーを、西部の荒野で民主主義を実践している辺境開拓者《フロンティアズマン》が嗤《わら》うという構図が読みとれる。

もちろん、これはいくつもの偽善を内包した嗤いである。一九〇五年の同窓会に供されたトーストのうえでこの詩を読んだ元ハーヴァード生たちのなかに、先住民に多大な犠牲を強いた米国の西部開拓ははたしてボストンのヒエラルヒーを嗤いうるほどに民主主義的なものだったのかという根本的な疑問を抱いた者は、おそらくほとんどいなかっただろう。この詩が彼らの談笑を盛り上げたとすれば、そこで語られていたのはもっぱら、ボストンの上流階級におけるローエル家とキャボット家とのあいだの微妙な関係をめぐる議論だったのだろう。実際のところは、ボストン近郊で豆を栽培し鱈を獲っている人びとを起点に考えれば、ローエル家までの距離とキャボット家までの距離との違いは誤差と呼びうるほどに小さなものでしかなく、しかしそうであるがゆえにこそ、そのわずかな差異をめぐって、ハーヴァードを卒業したエリートたちはトーストを食しながら喧々《けんけん》と意見を交えていたのだろう。

PL

こんなふうに想像される同窓会の光景が、一九〇五年のボストンに本当に現れていたのか否かは、ここではさほど重要な問題ではない。いま注意を払うべきなのは、さきの狂歌が人口に膾炙《かいしゃ》したという事実のほうであり、すなわち、ローエル家とキャボット家のどちらがより偉いかという（外部の者にとってはほとんどどうでもいい）内輪の話題に終始している貴族的なエリートたちの姿が、ボストンの上流階級を諷刺的に捉えたイメージとして広く共有されたという事実である。『プロパー・ボストニアンズ』の冒頭で紹介されている次のエピソードは、ボストンのカリカチュアとしてはトースト上の詩よりもずっとわかりやすい。

二〇年代のあの輝かしき日々に、シカゴのとある銀行が、ボストンの投資会社であるリー・ヒギンソン社へ相談を持ちかけた。現在採用を検討中のあるボストンの青年についてよく知りたいので、推薦状を書いてはもらえないだろうか、と。リー・ヒギンソン社には、その青年に関して言えることはあまりなかった。結局こう書かれることとなった。彼の父はキャボット家の者で、彼の母はローエル家の生まれです。彼の父方の系譜には、ソルトンストール家やアプルトン家やピーボディ家など、ボストンの第一級の家柄《ファースト・ファミリーズ》の血筋が見事に織り込まれています。したがいまして、いっさいのためらいなく推薦させていただく次第です。

数日後、シカゴから簡素な礼状が届いた。その文面は、リー・ヒギンソン社の労をねぎらいつつも、青年に関して提供されたものは残念ながら銀行の求めるものではなかったことを告げていた。「私どもは、〇〇氏を品種改良のために用いようなどとは考えておりません」[4]。

もっとも、『プロパー・ボストニアンズ』は決して、こうしたエピソードを並べたててボストンの上流階級を嗤うことを目的に書かれた本ではない。クリーヴランド・エイモリーがこの本を著したのは、彼が「ファースト・ファミリーズ」と呼ぶボストンの名家の数々が、〝アメリカの貴族〟としてのイメージの背後で実際にはどのような歴史を歩んできたのかを、いくばくかの皮肉を交えながら描き出すためであった。より正確には、皮肉というよりもむしろ、ユーモラスな自己批判がこの本の基調を成していると言うべきだろう。なぜなら、著者が属するエイモリー家もまた、ボストンのファースト・ファミリーズの一角を占める名家にほかならないからである。

　自らもその一員であるはずの〝アメリカの貴族〟に対する自己批判は、実のところ、パーシヴァル・ローエルの生涯に取り憑いていたテーマのひとつでもあった。後半生の彼が、アリゾナという辺境に自らの拠点を築き、結局その地で生涯を終えたことを鑑みるならば、彼の自己批判は、自らを西部の男《ウェスタン・マン》へ変貌させようとするほどにまでラディカルなものだったと言えるかもしれない。あるいは、爵位という制度を持たない米国において〝アメリカの貴族〟は決して本物の貴族たりえない以上、生まれながらにそうしたレッテルを貼られた者たちは誰しも、自己批判的な意識に多少なりとも苛まれたのかもしれない。いずれにせよ、ここからさらに議論を深めるには、まず、さきほど挙げた問いのふたつめに答えなくてはならない。

　ボストンのファースト・ファミリーズはそもそもいかにして〝アメリカの貴族〟となったのか。そのなかでローエル家が占めていた地位とはいかなるものだったのか。そうした地位と、パーシヴァル・ローエルの遍歴とのあいだには、いったいどのような関係があるのだろうか。

2 ローエル王朝

ローエル家の系譜を〝新世界〟の地に開いた人物は、私たちの主人公と名前を同じくしている。一六三九年にジョナサンという名の船に乗ってイングランドを発ち、大西洋を渡り、ニューイングランドへと降り立ったパーシヴァル・ローエル（Percival Lowle、一五七一—一六六四）は、後世からは「老パーシヴァル」（Old Percival）と呼びならわされている。メイフラワー号の到着の一九年後にあたる一六三九年は、彼が六八歳になる年でもある。その年齢は、一七世紀においては、母国を去って新天地で第二の人生を切り拓くのに十分なほど若いとは決して言えなかった。しかし老パーシヴァルは、ジョナサン号に同乗した彼の一行——妻のレベッカ（一五七五—一六四五）、息子や娘とその家族、および彼の仕事仲間から成る——を引き連れて、創設されてまもないマサチューセッツ湾植民地の北辺に位置するニューベリーに新たな家を建てた。この逸話はすでにして、ローエルの血に流れる開拓者精神を物語って余りあるものである。(5)

老パーシヴァルはもともと、一一世紀のノルマン・コンクェストの時代からその名が記録されているという旧家の跡取りとしてイングランド南西部のノースサマセット（のおそらくはキングストン・シーモア）に生まれ、のちにブリストルへ移って富を築いた卸売貿易商であった。水利に恵まれているため貿易が盛んなブリストルを彼が離れたのは、チャールズ一世（一六〇〇—四九）の親政下においてトン税、ポンド税、船舶税などの徴収が強行され、イングランド内にあっては深刻な経済的打撃を避けえなかったためである（こうしたチャールズ一世の政策が一因となって、一六四〇年代にピューリタン革命が起こった）。すなわち老パーシヴァルを大西洋の対岸へ衝《つ》き動かしたものとは、「ピルグリム・ファーザーズ」のイメージとともに連想される宗教的情熱ではなく、あくまでも世俗的な野心であった。[6]

老パーシヴァルの一行はなぜ、マサチューセッツ湾植民地の中心であるボストンで船を降りずに、そこから五〇キロメートル以上離れたニューベリーまで北上したのか。入植者たちによるニューベリーの開拓が始まったのは一六三五年であり、おそらく老パーシヴァルは、植民地の北辺を拡充してほしいという求めに応えるかたちで移住先を決めたのだろう。ローエル家の歴史を研究したフェリス・グリーンズレット（一八七五―一九五九）は、老パーシヴァルが大西洋を渡る以前からすでにジョン・ウィンスロップ（一五八八―一六四九）――マサチューセッツ湾植民地の指導者――と知りあっていた可能性を指摘したうえで、ニューベリーへの移住にはウィンスロップの意向が反映しているはずだと推測している。[7] 一六四九年にウィンスロップが歿した際には、老パーシヴァルは一〇〇行近くに及ぶ哀歌《エレジー》を詠んでおり、その詩はのちにハーヴァードの出版物に掲載された。[8] 老パーシヴァル自身は、ウィンスロップよりも一五年ほど長生きし、一六六四年一月八日に亡くなった。彼が生まれた月日が明らかではないので、享年は九二ないし九三ということになるが、いずれにせよ当時としては驚くべき数字である。

ニューベリーのローエル家は、主に農業を営みながら自給的な暮らしを続けており、生活の水準は年々向上したものの、ブリストルで暮らしていたころに匹敵するとはまだ言えなかった。老パーシヴァルは長男ジョン（一五九五―一六四七）を一六四七年に失ったため、経済的な成功という夢を孫の代に託さざるをえなかったが、幸いジョンの息子たち――ジョン（一六二九―九四）とジョゼフ（一六三九―一七〇五）――は早くからボストンへ出て商いに励んでいた。老パーシヴァルには夢想だにできなかった繁栄ぶりの端緒が開かれたのは、彼の曾孫（孫のジョンの子）であるエベネザー（一六七五―一七一二）がボストンの革職人（cordwainer）として財を築いて以降のことである。

なお、ここからさきの記述は、ローエル家の人びとが（というより「ジョン」というファースト・ネームが）多数登場していささかややこしくなっている。生歿年表記の前に配した「5」などの記号は、次頁の**図7**に掲げた家系図と対応しているので、そちらも参照しながら読みすすめていただきたい。

エベネザーの息子ジョン（5一七〇四―六七）は、ローエル家のなかではじめてハーヴァードの教育を受けた人物である。とはいえ、そもそもハーヴァードはニューイングランドの入植者たちに説教をおこなう牧師の供給源となることを期して一六三六年に設立された学校であり、牧師養成学校としての性格は一八世紀初めにおいてもまだ保たれていた。ジョンは一七一七年に一三歳でハーヴァードに入学し、一七二四年まで在籍して修士号を得たのち、一七二六年の初め、二一歳のときに、ニューベリーに新設された第三教区教会（会衆派）の牧師に任じられている。こうした経歴は、当時のハーヴァードに入学した者が歩む道としては珍しいものではなかった。しかしその後ジョンは、先代の牧師たちが経験したことのない巨大な嵐に遭遇する。一七三九年一一月から一年以上かけてアメリカ各地を説教してまわったイングランドの牧師、ジョージ・ホイットフィールド（一七一四―

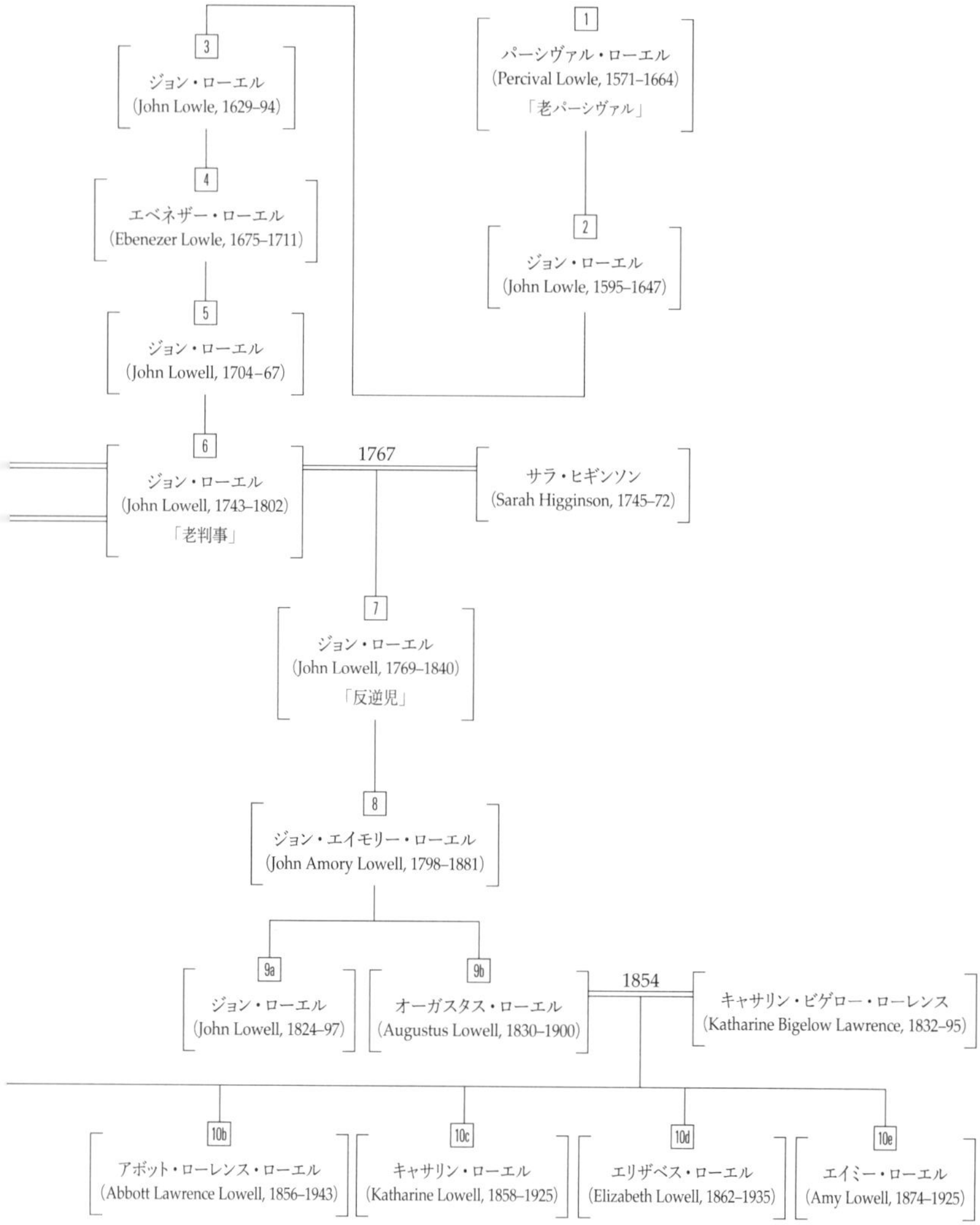
1
パーシヴァル・ローエル
(Percival Lowle, 1571–1664)
「老パーシヴァル」
2
ジョン・ローエル
(John Lowle, 1595–1647)
3
ジョン・ローエル
(John Lowle, 1629–94)
4
エベネザー・ローエル
(Ebenezer Lowle, 1675–1711)
5
ジョン・ローエル
(John Lowell, 1704–67)
6
ジョン・ローエル
(John Lowell, 1743–1802)
「老判事」
1767
サラ・ヒギンソン
(Sarah Higginson, 1745–72)
7
ジョン・ローエル
(John Lowell, 1769–1840)
「反逆児」
8
ジョン・エイモリー・ローエル
(John Amory Lowell, 1798–1881)
9a
ジョン・ローエル
(John Lowell, 1824–97)
9b
オーガスタス・ローエル
(Augustus Lowell, 1830–1900)
1854
キャサリン・ビゲロー・ローレンス
(Katharine Bigelow Lawrence, 1832–95)
10b
アボット・ローレンス・ローエル
(Abbott Lawrence Lowell, 1856–1943)
10c
キャサリン・ローエル
(Katharine Lowell, 1858–1925)
10d
エリザベス・ローエル
(Elizabeth Lowell, 1862–1935)
10e
エイミー・ローエル
(Amy Lowell, 1874–1925)

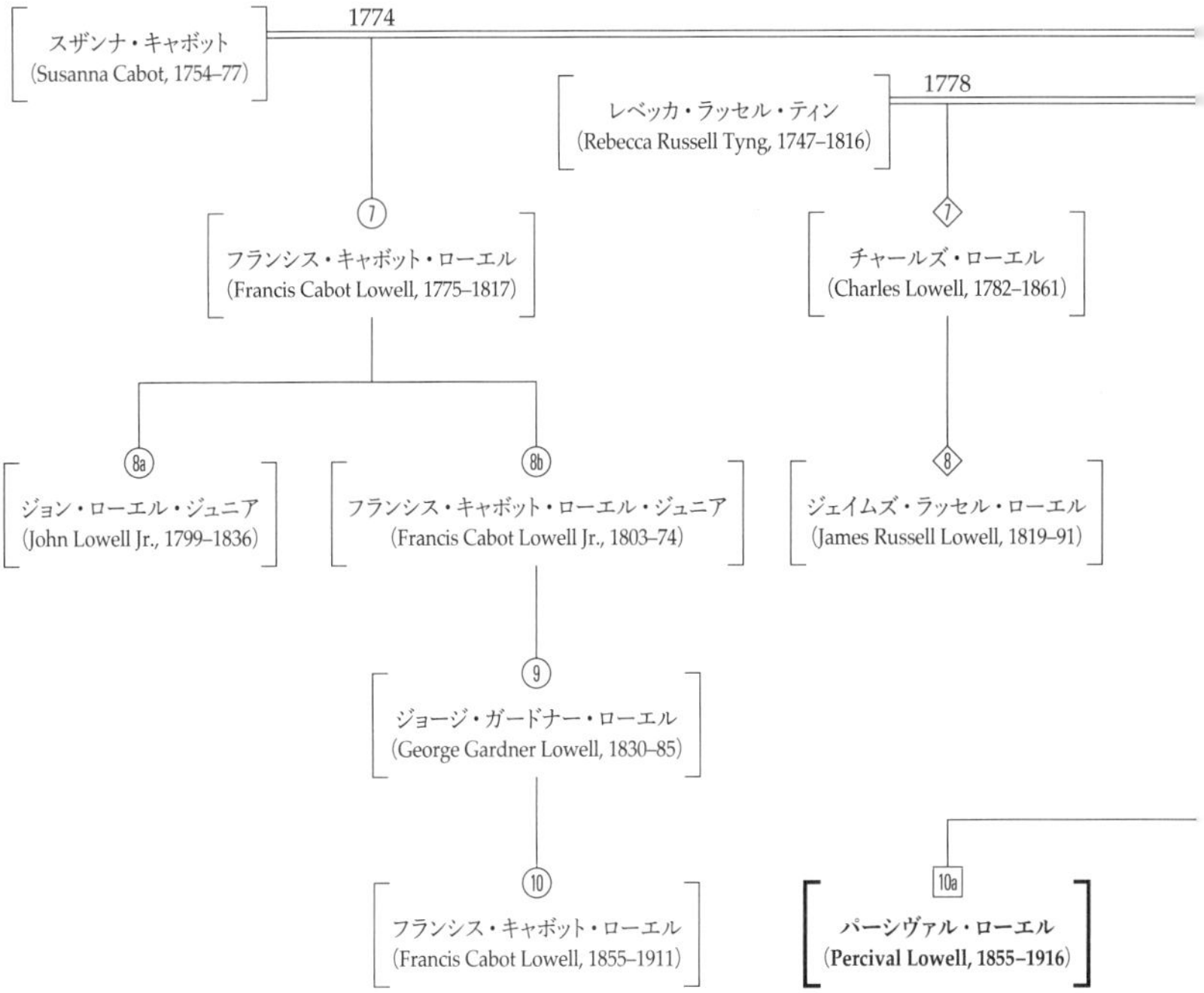

図7 | アメリカのローエル家の系譜略図（作成協力：寺内暁）
これはあくまでも略図であり、多くの情報を省いている。この図を作成するうえで以下の文献を参照した。
Delmar R. Lowell, *The Historic Genealogy of the Lowells of America from 1639 to 1899* (Rutland, VT: Tuttle, 1899); FG; NS.

七〇）が巻き起こした「大覚醒」（the Great Awakening）の嵐である。[9]

ホイットフィールドは、一七四〇年九月にニューベリーの第三教区教会を訪れている。ジョン・ローエルは決して人気の低い牧師ではなかったのだが、ホイットフィールドがこのときおこなった説教は、集まった聴衆の数においても彼らの興奮ぶりにおいても、ジョンの説教とは較べものにならなかった。この出来事はしかし、巨視的に見れば、一八世紀半ばに生じた大規模な信仰復興運動（revivalism）――いわゆる第一次大覚醒――のひとこまにすぎない。すなわち当時のアメリカでは、宗教心の劇的な高揚が人びとのあいだで急速に伝播してゆく現象――「リヴァイヴァル」と呼ばれる――が、ジョンのような高等教育を受けたオーソドックスな牧師には理解も制御もできない勢いで同時多発的に広まっていたのである。この嵐にはいくつもの要因が絡みあっており、ホイットフィールドの説教は、信仰復興《リヴァイヴァル》のトリガーとしてかなり強力に働いたとはいえ、大覚醒の唯一の原因だったわけではない。

信仰復興運動に垣間見える、〝ハーヴァードのお墨つきを得た知性的な信仰〟対〝熱狂を伴いながら大衆に広まる感情的な信仰〟という構図は、知性主義（Intellectualism）対反知性主義（Anti-intellectualism）という言葉で表現することのできるものである。[10] 読者は第5章で、世紀転換期のニューイングランドの文化を批判的に論じる者たちの言説を検討する際に、これと似た構図にふたたび出くわすだろう。

ジョン・ローエル牧師は、ホイットフィールドがニューベリーで最初に説教してからしばらくのあいだは、リヴァイヴァルという経験に熱狂する人びとの気持ちになるべく寄り添おうと努めていた。しかし、彼らがしばしば社会に混乱をもたらすことを知るに及んで、ジョンは信仰復興運動に対してはっきりと異を唱えるようになった。その結果、一七四五年には彼の教会から一〇〇人以上の会衆が一気に離脱してしまう。この事実はジョンの心に深い傷を負わせたが、以後も彼は、一七五四年に始まるフレンチ・インディアン戦争の動乱さえ乗り越えて、一七六七年に六三歳で亡くなるまで牧師としての任を全うした。

牧師ジョンがローエル家に残した半永久的な遺産は、彼の名声と血筋のほかに実はもうふたつある。ひとつめは、彼の時代に、それまで“Lowle”、“Lole”、“Louel”などさまざまに揺れていた「ローエル」の綴りが“Lowell”へと統一されたことである。また、一族のシンボルとして、老パーシヴァルがイングランドから持ち込んだローエル家の家紋（**図6**［本章扉］）に加えて、“Occasionem cognosce”というラテン語のモットーを新たに取り入れたのも彼である。[11]「好機を知れ」というその教えを、彼の息子のジョン[6]（一七四三―一八〇二）は忠実に実行し、そしてここに至っていよいよ、ニューイングランドにおける〝ローエル王朝〟は不動の礎を築きはじめる。

III

老パーシヴァルから数えて六代目にあたるこのジョン――後世からは「老判事」(the Old Judge)の異名を与えられている――は、父に倣《なら》って一七五六年にハーヴァードに入学し、卒業後には、父とは異なりボストンの法律事務所に入って法律の勉強を続けた。一七六三年に弁護士の資格を得た彼は、故郷に戻って自らの法律事務所を立ち上げたが、その故郷は一七六四年にニューベリーから

分離してニューベリーポートとなっていた。(12)

このころは、英国が植民地への規制を強化しはじめた時期でもあった。新たな課税を導入する法律が英国議会で制定されるたびにアメリカの各植民地は英国への反発を強め、とうとう一七七五年には独立戦争の幕が切って落とされた。ここで興味深いのは、戦時下の一七七七年に、ニューベリーポートでの地位を磐石なものとしつつあったはずのジョン・ローエルが自らの事務所をボストンへ移していることである。たしかにボストンには、前年の三月に英国軍が追い出されたこともあって、さまざまな「好機」が転がっていた。彼がつかんだのはたとえば、鹵獲《ろかく》した英国船およびその積荷の所有権に関する法律上の手続きをおこなうという仕事であり、彼はこれを大量にこなした。かくして有能な弁護士としての評判を得た彼は、その後、合衆国建国の歴史と平仄《ひょうそく》を合わせるようにして着実にキャリアを積み上げてゆく。

一七七九年にマサチューセッツ憲法制定会議が開かれると、ジョン・ローエルはボストンを代表して参加し、州憲法の起草に携わった。一七八二年から翌年にかけての連合会議、すなわち一三州の代表が集う会議においても、彼はマサチューセッツ州の代表のひとりを務めた。一七八三年には米英間でパリ条約が締結され、アメリカ合衆国の独立が正式に認められる。一七八八年に合衆国憲法が発効し、翌年に司法制度を機能させるための法律(一七八九年裁判所法)が制定されると、ジョンは初代大統領ジョージ・ワシントン(一七三二—九九)からマサチューセッツの連邦地区裁判所の判事に指名され、上院の承認を受けて一八〇一年までその職を担った。のみならず彼は、第二代大統領ジョン・アダムズ(一七三五—一八二六)の指名によって連邦巡回裁判所の第一巡回区判事へと昇進してもいる。

もっとも、アダムズ大統領がこのときおこなった一連の判事指名は、「真夜中の判事たち」（the "midnight judges"）という言葉を生み出したいわくつきのものである。背景には、アダムズの属する連邦派が一八〇〇年の大統領選挙および議会選挙で共和派に大敗したという事実があり、共和派のトマス・ジェファソン（一七四三―一八二六）への政権交代によって連邦派の勢力が衰微することを怖れたアダムズは、大統領の任期終了間際に新たに一八〇一年裁判所法とコロンビア特別区基本法を成立させ、大量に増設された連邦裁判所のポストに連邦派のメンバーを次々と指名していった。こうして「真夜中の判事たち」が誕生したわけであるが、なぜ「真夜中」なのかといえば、彼らへ宛てた辞令にアダムズが署名し国務長官のジョン・マーシャル（一七五五―一八三五）が国璽を押して発送するという作業が、新大統領就任の前日である一八〇一年三月三日の深夜まで続いたと言われるためである。

実はこのとき、マーシャルらが駆け込みの作業に焦りすぎたせいで、辞令のうちの数通が発送されないまま国務省の机の上に残されてしまった。翌日に大統領となったジェファソンは、前政権が送りそこねた辞令の存在を知ると即座にそれらの発送を禁じた。いつまで待っても辞令が届かない指名者たちは困惑し、こうして、マーベリー対マディソン事件という、アメリカ法の教科書に必ず載っている重要な訴訟が提起されることになるのだが、[13] 老判事ジョンに関して言えば、任命のプロセスが早めに完了していたため、二月二〇日に無事に連邦巡回裁判所判事への就任を果たしている。

結局、ジェファソン政権下の連邦議会は一八〇一年裁判所法の廃止を決定し、老判事ジョンが占めていたポストそのものが一八〇二年七月一日をもって消滅してしまう。しかし彼自身は、幸か不幸か、そのごく短い任期の終わりを待たずして、同年五月六日に五九歳で亡くなっている。

P

老判事ジョンは、ローエル家の歴史において特別な位置を占めている。それは、彼が獲得した赫々《かっかく》たる名声のためばかりではない。彼は生涯において二度妻を亡くし、ゆえに三人の女性と結婚し、そのそれぞれとのあいだに子供をもうけた。こうして家系図に描き加えられた三本の系譜はのちに、法曹界やビジネスや文壇など、実にさまざまな領域におけるローエル家の活躍をもたらすこととなる。三人目の妻レベッカ（一七四七―一八一六）が老判事に嫁いだとき、彼にはすでに五人の子供がおり、ひとり目の妻サラ（一七四五―七二）が生んだ長男ジョン[7]（一七六九―一八四〇）はそのとき九歳であったが、レベッカは分け隔てのない愛情をもって子供たちを育て上げ、家族のみなから慕われるようになったという。教育という面から見れば、老判事から始まる輝かしい三本の系譜は、レベッカなくしてはありえないものであった。[14]

そんな彼女が老判事とのあいだに生んだチャールズ◇7（一七八二―一八六二）は、一八〇〇年にハーヴァードを卒業したのち、すでに弁護士となっていた腹違いの兄ジョンの法律事務所で働きはじめた。しかしながら、兄のほうは、自らを「反逆児」（the Rebel）と称し、連邦派としての政治的な意見を――多くは匿名のパンフレットというかたちで――精力的に発表するなど、父と同じ方向へ父に劣らぬ勢いで邁進していたのに対して、弟のほうは、法律や政治への関心を持続させることができなかった。法律事務所を一年で辞めたチャールズは、家族で話しあったすえに、聖職者になることを、すなわち祖父と同じ道を歩むことを決意した。彼は英国のエディンバラへ留学し、スコットランド常識学派の中心人物であった哲学者ドゥガルド・ステュアート（一七五三―一八二八）の教えを受けている。帰国後の一八〇六年に、ボストンのケンブリッジ・ストリートに建つウェスト・チャーチ（会衆派）の牧師に任じられたチャールズは、同年にハリエット・ブラケット・スペンス（一七八五―一八五〇）と結婚し、六人の子供をもうけた。その六人目こそは、詩人および批評家として高い人気を誇り、「ニューイングランドの三巨頭」（the New England Triumvirate）の一角を占めるとのちに言われもした文壇の大御所、ジェイムズ・ラッセル・ローエル（⑧一八一九―九一）である。[15]

このようにふたりの（腹違いの）兄弟がそれぞれ法廷と教会を舞台に活躍していた一方で、老判事とふたり目の妻スザンナ（一七五四―七七）とのあいだに生まれたフランシス・キャボット・ローエル（⑦一七七五―一八一七）は、あくまでもビジネスを自らの土俵としていた。そして実は、現在の知名度という点では、フランシスは他の兄弟をはるかに凌駕している。彼は不幸にも、一八一七年に四二歳の若さでこの世を去っているのだが、決して長くはないその生涯において彼は、ヨーロッパやアジアの産品を輸入する貿易商から、米国の綿工業にイノヴェーションをもたらした辣腕の企業家へと変貌を遂げていた。この変貌の過程は、たんにドラマティックであるのみならず、一九世紀のローエル家の財政を理解するうえで鍵となるものでもある。したがってフランシスの生涯については次節であらためて語ることとしよう。

結局のところ、ボストンの上流階級のなかでローエル家が押しも押されもせぬ地位を占めるに至ったのは、何よりもまず、ジェイムズ・ラッセル・ローエルがその身にまとった文学的権威と、フランシス・キャボット・ローエルに始まる新たなビジネスがもたらした莫大な富とのたまものであった。フランシスの事業は彼の死後、息子のジョン・ローエル・ジュニア⑧a（一七九九—一八三六）とフランシス・キャボット・ローエル・ジュニア⑧b（一八〇三—七四）、およびフランシスの甥であり反逆児ジョンの息子であるジョン・エイモリー・ローエル⑧（一七九八—一八八一）に引き継がれた。彼らの資産運用によって一族の財はみるみる膨らみ、またいまや十分に広がったその家系は、縁戚同士の——あるいはクリーヴランド・エイモリーの言う「ファースト・ファミリーズ」のあいだでの——結婚を重ねて富を集中させることをも可能にした。なかでもジョン・エイモリー・ローエルは経営や投資において優れた才能を示し、彼の次男のオーガスタス⑨b（一八三〇—一九〇〇）が事業を引き継ぐころには、一族の経済的繁栄は頂点を極めつつあった。[16]

オーガスタスは一八五四年に、父のビジネスパートナーであったアボット・ローレンス（一七九二—一八五五）の娘、キャサリン・ビゲロー・ローレンス（一八三二—九五）と結婚した。そして翌年三月一三日、ボストンのまさしく中心に位置するトレモント・ストリート一三一番地の家でキャサリンは第一子の男児を生んだ。アメリカにローエルの血が根づいてから二世紀を越えて生まれた長男に両親は、輝かしい父祖たちのなかからもっともふさわしい名前を選んで与えた。このようにしてパーシヴァル・ローエルは生まれた。彼は、同じ名前を持つ祖から数えて一〇代目にあたる子孫であり、そして世紀転換期の激動を貫くその人生において、偉大なる老パーシヴァルの名にし負う開拓者精神を発揮しつづけることとなった。

3 視覚的記憶

フランシス・キャボット・ローエル――この名前には、神への近さの違いがのちに詠《うた》われるふたつの一族の名が並んでいる。フランシスを生んだスザンナ・キャボット・ローエルは、マサチューセッツ州セイラムの貿易商として財を成した富豪フランシス・キャボット（一七一七―一八六）の娘であり、つまり彼女は父の名前を息子に与えたことになる。しかし、老判事ジョンとキャボット家の娘スザンナとの結婚は、シカゴの銀行家が「品種改良」と揶揄できるほど政略的なものではおそらくなかった。なにしろふたりが結婚したのは一七七四年であり、この時点ではアメリカ合衆国さえ存在しておらず、あらゆる階級の土台となるべき社会そのものがきわめて流動的な状態にあったからである。

フランシスは一七八九年に一四歳でハーヴァードに入学した（この年齢は当時としては異例なものではない）。しかし四年生のときに、構内で焚き火をしてはならないという学則を破ったために停学処分を受けてしまう。停学中には彼は、ボストンの南約四〇キロメートルのブリッジウォーターにて、牧師のゼデキアー・サンガー（一七四八―一八二〇）の教えを受けながら勉強を続けていた。サンガーは老判事ジョンに対して、フランシスの優秀さを手紙で次のように報告している。「彼には稀有な数学の才能があります。彼の学年には、数学と天文学の成績で彼に敵う者はほとんどいないでしょう。彼は天体の食《しょく》の予測を実に正確にやってのけます」。[17] 停学期間を終えたのち、フランシス

は一七九三年にハーヴァードを卒業した。(18)

卒業後のフランシスは、当初は貿易船の積荷を監督する「上乗り」(supercargo)として働き、のちにはインディア・ウォーフという巨大な埠頭の建設にも携わってよりシステマティックに貿易を差配するようになった。しかし彼は体が丈夫ではなく、その点は一七九八年に彼と結婚したハンナ・ジャクソン(一七七六―一八一五)も同様であったため、一八一〇年に彼は、夫婦の療養と子供たちの教育を理由に、しばらく――結果的には二年間――英国に滞在することを決めた。

このころのヨーロッパはナポレオン戦争のさなかにあった。米国はあくまでも中立の立場をとっていたが、一八〇六年にフランスが大陸封鎖令――同盟国に英国との貿易を禁じる勅令――を発したことで生まれた空白に米国が入り込もうとしたところ、英仏両国は米国商船を拿捕《だほ》の対象と見なしはじめた。ジェファソン政権下の連邦議会はこれを受けて、一八〇七年一二月に出港禁止法を制定した。米国商船の国外への出港を禁じるこの法律の狙いは、特に英国に経済的打撃を与え不当な介入を戒めることにあった。しかしながら、英国がこれに痛痒を感じた様子はさほど見受けられず、むしろ出港禁止法によって多大な経済的打撃をこうむったのは米国のほうであり、ニューイングランドの貿易商たちも深い傷を負うこととなった。(19)

フランシスの兄の反逆児ジョン(7)は、この法律の制定後の数年間に、ジェファソンら共和派の政策を糾弾する内容の匿名パンフレットを一四冊も出版した。フランシスが一八一〇年に健康を害した原因のひとつは、貿易をとりまくこうした厳しい状況がもたらすストレスにあったのだろう。しかし同時に、その後の二年間を英国での療養にあてることができたという事実は、それだけの余裕がフランシスにはあったという意味において、彼のビジネスマンとしての有能さを示してもいる。[20]

P

英国へ渡ったフランシスの一家は、スコットランドのエディンバラに家を借りた。エディンバラといえば、彼の弟のチャールズ⑦がかつて留学していた地である。実はフランシスは、渡英に際して、チャールズが四ページにわたってぴっちりと書き込んだ「エディンバラの人びとに関するメモ」と題する書類を携えており、このメモはフランシスがエディンバラの有力者たちと知りあううえで大いに役立った。[21]とはいえ彼はエディンバラで社交を営んでばかりいたわけでもなく、しばしば子供たちを知人に預けて妻とふたりで英国各地を旅してもいる。そのときに彼が目にしたもののうち、もっとも強烈な印象を彼に与えたのは、一七八〇年代から加速しはじめた産業革命によって誕生した大規模な繊維工場の数々であった。フランシスと同じくボストンの裕福な貿易商であるネイサン・アプルトン（一七七九―一八六一）は、一八一一年にエディンバラでフランシスに会ったときのことを、のちに次のように回想している。「我々の会話は、綿工業についての話題で持ちきりだった。彼は、改良されたマニュファクチュア〔製造業〕を合衆国にも導入できないか探るべく、帰国するまえにマンチェスターへ行って、この件に関する最大限の情報を集めてみるつもりだと語っていた。私は彼にそうするよう促し、自分も協力すると約束した」。[22]

「改良されたマニュファクチュア」という言葉はもちろん、具体的には、サミュエル・クロンプトン（一七五三―一八二七）が一七七九年ごろに発明したミュール紡績機やエドマンド・カートライト

（一七四三―一八二三）が一七八〇年代末に特許を取得した力織機など、工場にひしめくもろもろの機械を指している。しかし、それらの機械に関する「最大限の情報」を米国へ持ち帰るのは容易なことではなかった。なぜなら、英国政府は一七八六年から半世紀以上にわたって、綿工業の新技術の国外流出を法律によって阻止しようとしていたからである。当時は、綿工業に従事する熟練工の移住や機械本体の輸出はおろか、機械のスケッチのたぐいを国外へ持ち出すことも固く禁じられていた。したがってフランシスは、工場を訪れた際には可能なかぎり長時間居座り、従業員にいくつも質問を投げかけ、「改良されたマニュファクチュア」の仕組みをそっくり脳内に記録することに力を注いだ。(23)

一八一二年にフランシスの一家は米国への帰途に就いたが、その航海中に、彼らの乗る船は英国艦に拿捕されてしまい、フランシスは取り調べを受けた。しかしながら、「改良されたマニュファクチュア」の重要な情報はいまやフランシスの視覚的記憶へと変換されており、彼が産業スパイであることを示す証拠など見つかるはずもなかった。無事にボストンに帰り着いたフランシスは、妻の弟であり以前からのビジネスパートナーでもあるパトリック・トレイシー・ジャクソン（一七八〇―一八四七）を仲間に引き入れて、視覚的記憶のなかにある力織機を実際に組み立ててみるという作業に取り組んだ。そのときのフランシスの姿を、アプルトンはこう語っている。

彼は数か月間、ブロード・ストリートの倉庫で実験をおこなっていた。〔…〕ローエル氏は、それ〔力織機〕が完成するまでは私に見せたくないのだと言い、完成したら私に伝えるとも言っていた。長いあいだかかって、ようやくその時が訪れた。彼は一緒に出かけようと私を誘い、織機が動くところを見せてくれた。あのときに抱いた感嘆の念と満足感を、私はいまでもありありと思い出す。我々は一時間近く座って、この新しい、素晴らしい機械が華麗に動くのをずっと眺めていた。これがあらゆる繊維産業の性格を変えるべく運命づけられたものであることは一目瞭然であった。[24]

この文章が書かれたのは一八五八年であり、アプルトンがここで思い出しているのは、一八一四年秋の出来事である。そこに横たわる四四年という時を経て、米国の「あらゆる繊維産業の性格」はいったいどのように変わったのだろうか。

P

実のところ、英国が産業革命をとおして手に入れた新技術の数々は、政府の努力も空しく、早くも一八世紀末には世界各地へ伝播しはじめていた。米国に話を限っても、一七九〇年一二月にはすでに、イングランド出身のサミュエル・スレイター（一七六八―一八三五）の尽力によって、ロードアイランド州ポタケットの工場に水力紡績機が導入されている。英国にいたころのスレイターは、リチャード・アークライト（一七三二―九二）が一七六〇年代末に発明した水力紡績機を工場で日々駆使していた。先述のとおり熟練工の国外への移住は法律で禁じられていたのだが、彼は一七八九年に、機械の設計を視覚的に記憶したうえで、農民と身分を偽って渡米を断行した。そして到着したニューヨークで、ロードアイランド州プロヴィデンスの豪商モーゼズ・ブラウン（一七三八―一八三六）の噂を聞き、さっそくブラウンへ手紙を書いて自分を売り込んだ。翌年にはスレイターは、ブラウン家の人びとともに、プロヴィデンスの北東に隣接する町ポタケットにアルミー・ブラウン・アンド・スレイター社を設立し、機械化された工場において綿糸の生産を開始した。[25]

かくして、スレイターはいまでは「アメリカ製造業の父」とも称されている。しかしここで注意すべきなのは、彼の貢献によって機械化されたのはあくまでも紡績の工程であり、織布はこの時点ではまだ手織りの作業に頼っていたことである。他方で、フランシス・キャボット・ローエルが一八一四年秋に完成させたのは力織機であり、これによって織布の機械化も可能になる。これが、スレイターとフランシスがそれぞれ米国の綿工業にもたらしたイノヴェーションの第一の違いである。

第二の違いは工場の規模である。スレイターらの工場は、紡績を機械化した一方で、織布に関しては近隣の農家などに糸を前貸しして手織りで布を生産させるという問屋制を営んでいた。したがって工場の規模は比較的小さくて済み、その後ロードアイランド州に同様の形態の工場が多く現れたことから、このような経営方式は「ロードアイランド型」と呼ばれている。[26] 対してフランシスは、一八一三年に、ボストンからチャールズ川を約一七キロメートル遡ったところにあるウォルサムにボストン製造会社（the Boston Manufacturing Company）という名の株式会社を設立した。この会社の授権資本（発行可能株式総数）は四〇万ドルという膨大な金額であり、これは平均的なロードアイランド型企業の二〇倍以上の規模である。[27] フランシスの巨大な構想の核にあったのは、チャールズ川の水力を動力源として、原綿→紡績→織布→仕上げというすべての工程を一貫しておこなう工場を建設するというヴィジョンであった。こちらのタイプの経営方式は、のちに「ウォルサム型」と呼ばれることになる。

もっとも、フランシスがビジネスパートナーのジャクソンとともに練った構想はあまりに巨大だったため、当初は周囲の理解者も少なかった。ボストン製造会社の設立にはまず、授権資本の四分の一にあたる一〇万ドルの資本を調達しなくてはならなかったのだが、出資者は容易には集まらなかった。エディンバラで協力を約束したはずのアプルトンも、フランシスとジャクソンのふたりから一万ドルの出資を求められると、半分の五〇〇〇ドル分にのみ応じている。「理論的に言えばこのビジネスは成功するはずだが、実際の操業に関して私が目にしえたものは、好ましい状況にあるとは言えなかった」というのが、そのときの彼の正直な気持ちであった。[28] なにしろ、肝腎の力織機が会社設立時にはまだ完成していなかったのだから、アプルトンが不安を抱くのも無理からぬことである。相対的に見れば、彼の不安は小さなものだった。ジャクソンの妹の夫にあたるヘンリー・リー（一七八二―一八六七）によれば、フランシスが自らの野心を明かしたとき、近親者の多くはそれを「夢想的で危険な計画」であると考え、彼の冒険を「最大限の影響力を駆使して思いとどまらせようとした」のだという。[29]

ボストン製造会社の設立時の資本一〇万ドルは結局、一二名の出資者によって分担された。そのうち五名がフランシスの親戚（義兄弟）であり、他のメンバーもフランシスの友人や知人によって占められていた。フランシスとジャクソンに頼まれて出資した者たちはおそらく、投下した資本を回収できない事態もある程度覚悟していたのだろう。しかし結果的には、ウォルサムに無事に完成した巨大な工場は、事前の想定を凌駕する水準の成功を収めた。ボストン製造会社の綿布生産高は、一八一五年には一五〇〇ヤード強、一八一六年には七万四〇〇〇ヤード強、一八一七年には三二万ヤード強と、最初の数年間で飛躍的に上昇している。[30]

工場の経営はジャクソンが会計役《トレジャラー》として管理し（この役職は実態としては現在のCEOに近い）、操業の技術的な側面に関しては、工場長として雇用されたポール・ムーディー（一七七九—一八三一）が責任を負っていた。ムーディーはきわめて有能な技術者であり、経糸《たていと》の強度を高める糊付機や緯糸《よこいと》をより簡単な工程で生産する紡績機といった、彼が発明したさまざまな新技術なくしては会社の急速な成長はありえなかった。[31] しかし、「綿工業に新しいシステムを導入したことの功績」は、あくまでもフランシスに帰せられるべきだとアプルトンは言う。「ジャクソン氏とムーディー氏は、このうえない才能およびエネルギーを彼らなりの仕方で発揮していたが、全体の成りゆきに方向と形を与えたのはローエル氏であり、彼こそはまさに、息吹をもたらす魂〔the informing soul〕であった」。[32]

フランシスが一八一七年に亡くなってからも成長を続けたボストン製造会社は、しばらくすると、工場の動力源であるチャールズ川の水力の限界という思わぬ壁に行きあたった。ジャクソンとアプルトンは検討を重ねたすえに、一八二二年二月、ボストンの北西約四〇キロメートルに位置するメリマック川沿いの土地に、メリマック製造会社という新会社を設立した。渓谷を流れる豊富な水流を活用できるこの土地は、綿工業の関係者たちによってまたたく間に活気づき、一八二六年一月には、ここにひとつの町が誕生することとなる。新しい町は、米国の綿工業に息吹をもたらした魂に敬意を表して「ローエル」と名づけられた。自らの姓を冠する町が、一九世紀半ばのアメリカ経済を牽引する主要な工場町のひとつになろうとは、さすがのフランシスも生前には予想できなかっただろう。

4　ボストン・ブラーミン

マサチューセッツ州ローエルには、メリマック製造会社の跡を追うかたちで、ウォルサム型の大規模な繊維会社が相次いで設立された。これらの会社において特徴的だったのは、同一人物が複数の会社の経営に参加するというケースがよく見られたことであり、生涯で一九の繊維会社の取締役（director）と九社の社長（president）を務めたネイサン・アプルトンなどはそのもっとも顕著な例である。これは言い換えれば、それぞれの会社の経営者を重ねると比較的小さな集団へ収束するということでもある。この企業家集団は、正式に何らかの組織を形成していたわけではないのだが、いまではしばしば「ボストン・アソシエイツ」（the Boston Associates）と総称されている。(33)

クリーヴランド・エイモリーが「ファースト・ファミリーズ」という言葉で指し示そうとした世界に、「ボストン・アソシエイツ」というキーワードを得た私たちはいまや、経済という切り口からより深く入り込むことができる。しかし、ボストン・アソシエイツが一九世紀半ばのニューイングランドに築いた体制は次節で瞥見するとして、そのまえにここでもうひとつ、ファースト・ファミリーズの世界に文化的な側面からアプローチするための言葉も導入しておこう。それは「ボストン・ブラーミン」(the Boston Brahmins) である。

P

本来はインドのカースト制において学問と祭祀をつかさどる最高位の身分を指す語であった「ブラーミン」——原語はサンスクリットであり、日本語では一般に「バラモン」と表記される——を、ボストンの上流階級に与えられた特別な名前として人口に膾炙《かいしゃ》させたのは、「ニューイングランドの三巨頭」と呼ばれた作家たちのひとり、オリヴァー・ウェンデル・ホームズ博士(一八〇九—九四)である。「博士」とここで呼ぶのは、彼にはハーヴァード・メディカル・スクールで解剖学と生理学を教える医師としての顔もあったからであり、また次章に登場する同名の息子と区別するためでもある。さらに言えば、彼の文章の端々《はしばし》から感じられる衒学的な態度は、「博士」という日本語がキャラクターのあだ名として用いられる際に喚起しがちなイメージにぴったりはまるようにも思われる。このことは、のちに引用する彼の小説の一節を読むことによって確かめられるだろう。

第2節で述べたとおり、「ニューイングランドの三巨頭」という称号はジェイムズ・ラッセル・ローエル(8)に与えられたものでもあった。ローエル家の名声を文壇にまで轟かせたこの詩人は、一八四四年に『詩集』(*Poems*)とのみ題する本を出版しており、その巻頭に収められた「ブルターニュの伝説」という長詩はエドガー・アラン・ポー(一八〇九—四九)から「この国がいままでに生み出した同等の長さの詩のなかでも、傑出して優れた作品である」との評価を受けていた。[34] さらに一八四八年には、同時代の作家たちを韻文で諷刺した『批評家のための寓話』（*A Fable for Critics*）や、ホセア・ビグローなる人物が方言を用いて書き残したさまざまな文書という架空の体裁に米墨戦争（一八四六―四八）への批判を仮託した『ビグロー・ペーパーズ』（*The Biglow Papers*）など、四冊の本をたてつづけに出版している。『批評家のための寓話』で槍玉に挙げられたポーは、この本の書評に「ローエル氏のよろめき〔*faux pas*〕はとりかえしのつかないものであり、これによって彼は自らの文名を少なくとも五〇パーセントは低めてしまった」と記した。[35] しかし実際には、ここに挙げた三冊はどれも国内外で好評を博しており、ジェイムズ・ラッセル・ローエルの文名は高まるばかりであった。[36]

もっとも、ニューイングランドの三巨頭のなかで、当時の人気においても現在の評価においても一頭地を抜くのは、ローエルでもホームズでもなく、ハーヴァードのフランス語およびスペイン語の教授を一八五四年まで務めたヘンリー・ワズワース・ロングフェロー（一八〇七―八二）である。彼の著書の総売り上げは代表作『ハイアワサ』（一八五七）の上梓によって三〇万部を突破しており、対して、現在では彼よりも有名なヘンリー・デイヴィッド・ソロー（一八一七―六二）の『コンコード川とメリマック川の一週間』（一八四九）は出版から四年経っても二一九部しか売れていなかった――という逸話は、第二次世界大戦後のアメリカ文学研究の基軸を据えたと言われるF・O・マシーセン（一九〇二―五〇）の記念碑的な著書『アメリカン・ルネサンス』（一九四一）の冒頭で紹介されている。[37]

マシーセンは同書において、ソローの『ウォールデン』（一八五四）、ラルフ・ウォルド・エマソン

（一八〇三—八二）の『代表的人間』（一八五〇）、ナサニエル・ホーソーン（一八〇四—六四）の『緋文字《ひもじ》』（一八五〇）と『七破風《しちはふ》の屋敷』（一八五一）、ハーマン・メルヴィル（一八一九—九一）の『白鯨』（一八五一）と『ピエール』（一八五二）、ウォルト・ホイットマン（一八一九—九二）の『草の葉』（一八五五）といった、きわめて重要な文学作品の数々が一八五〇年から五五年までの五年間に集中して現れている事実に注目したうえで、この期間を「アメリカン・ルネサンス」と呼び、ここに挙げた五人の作家たちがアメリカ文学史に——のみならず世界文学史に——刻んだ功績について六〇〇ページ以上を費やして論じている。現在の知名度から考えれば、一九世紀半ばの米国の作家たちからこの五人を選ぶことはきわめてオーソドックスな選択であるように見えるけれども、(38)実際には、マシーセン自身も注意を促しているように、彼らは必ずしも当時の米国の文壇で支配的な地位を占めていたわけではなかった。では誰がそこを占めたのかといえば、もちろん三巨頭の面々である。

三巨頭を含む、一九世紀半ばに人気が高かったニューイングランドの詩人たちは、「炉辺詩人《ろべ》」(the Fireside Poets) と総称されることもある。この呼び名は、家庭で（すなわち文字どおり「炉辺」で）広く読まれるほどに彼らの詩が人気だったという事実に由来しており、さらに言えば、彼らの詩の内容および形式が、家庭や学校でも安心して読めるくらい素朴で保守的だったことも含意している。(39)ゆえに彼らの詩風はいまでは「お上品な伝統」(the genteel tradition) というラベルのもとに括られることが多い（この言葉は第5章第2節でふたたび取り上げる）。マシーセンがアメリカ文学の正典《キャノン》を定めなおしたことで炉辺詩人の作品はしばらく閑却されるに至ったけれども、残念ながらその「アメリカン・ルネサンス」の範囲からも漏れてしまったエドガー・アラン・ポーは生前、ロングフェローに対して、彼の作品には他の詩人からの剽窃がいくつもあるという旨の攻撃を雑誌上でくりかえしていた。この騒動は同時代人から「ロングフェロー小戦争」（the Little Longfellow War）と呼ばれた。ポーのあまりにも執拗な攻撃に、三巨頭の頂点に君臨するロングフェローの圧倒的な文名への嫉妬がまったく含まれていないと判断することは難しい。[40]

さて、そんな三巨頭の面々は、一八五七年に『アトランティック・マンスリー』という雑誌の創刊に携わっている（この雑誌は現在も『アトランティック』というタイトルで発行を継続中である）。初代編集長を務めたのはジェイムズ・ラッセル・ローエルであり、ホームズ博士も創刊号から「朝の食卓の独裁者」（"The Autocrat of the Breakfast-Table"）というエッセイの連載を始め、また一八六〇年一月号からは小説も連載している。エッセイのほうはその後「朝の食卓の教授」、「朝の食卓の詩人」と続いて「朝の食卓」シリーズをかたちづくるほどの人気連載となり、小説のほうは、一八六一年に『エルシー・ヴェナー――運命のロマンス』（*Elsie Venner: A Romance of Destiny*）というタイトルで単行本化された。一八八三年の第二版の序文で博士自ら「薬用小説」[41]と呼ぶこの小説の第一章には、「ニューイングランドのブラーミン・カースト」（"The Brahmin Caste of New England"）という章題が付されている。それはこんなふうに始まる。

ニューイングランドには、旧世界の封建的な貴族階級に相当するものはまったく存在しない。

そのことが、我々が由来している血筋に負うものなのか、自分たちの境遇における実際的な働きに負うのか、テクニカルな「礼儀作法〔law of honor〕」――それこそが、「紳士」という責任感の強い人格を備えた階級と、自分たちの生活を抽象概念の危険に晒すことを期待されていない名もなき大衆とを、截然と分かつものなのであるが――を廃したことによるのか、原因がいずれであるにせよ、ここでは我々は、中世の軍事制度から発展してきたたぐいの貴族階級は持っていないのである。〔…〕

しかしながらニューイングランドには、ある貴族階級――あえてそう呼ぶとすれば――が、永続性というはるかに偉大な特性を備えたものとして存在している。それは、不愉快な意味を込めて言うのでなしに、ひとつのカーストへと発展したのであり、同じ影響を何世代にもわたってくりかえしてきたことで、明瞭な組織および人相を獲得するに至ったのである。(42)

そして語り手は、その「人相」を描写するために、教室に見られる若者のふたつの対照的な類型を引きあいに出している。曰く、一方の若者は、体格は「がっしりして」いるものの、ふるまいや着こなしは「洗練されておらず」、顔のつくりは「繊細さを欠き」、その眼はよしんば明るいにしても「共感を拒む」ものであり、声は「非音楽的」で、単語を「ざらざらした鋳物」のように発音する。対して、他方の若者はたいてい「すらっとして」おり、その顔は「すべすべして」いるが「青白くなりがち」であり、「明るく利発な眼」をしていて、何か考えを述べるときには彼の唇は「ピアニストの指が自らの音楽にあわせて踊るように」音を奏でる。彼の態度は、「おどおど」していたり「ぎこちな」かったりすることがあるにせよ、決して「野暮」であることはない。教室では、かりに両者が同程度のやる気を持っていたとしても、「前者は呑み込みが遅いだろうし、後者は、猟犬で言えばポインターかセッターのように、自らのフィールドにおいて読書に意識を集中するだろう」[43]。説明はさらに続く。

> 前者の若者は、ありふれた田舎者であり、その家系は肉体労働によって養われてきた。〔…〕この種の若者は、洗練へと至る最初の段階に位置する生《なま》の素材である。彼らにそうした洗練を過度に期待してはいけない。彼らの多くには意志力と持ち味があり、実務的な生活において成功するかもしれないが、しかし彼らのなかで偉大な学者となる者はほとんどいない。学者というのは、その実例の大部分において、学者かあるいは学者肌の人物の息子なのである。
>
> これがまさしく、後者の若者がそうであるところのものなのだ。彼はニューイングランドのブラーミン・カーストの出身である。この言葉は、無害で当たり障りのない、爵位なしの貴族階級を表すものであり、多くの読者はすぐにこの階級をそれとして認めるだろう。我々のなかには学者の種族〔races〕が存在しており、彼らには学問への適性と、すでに述べたさまざまなしるしのすべてが、生来で親譲りのものとして備わっている[44]。

これが小説のなかの一節である事実を差し引くにしても、「お上品」と言うにはいささか尊大にすぎるこうした書きぶりに、うんざりさせられるところがないとは言えない[45]。このブラーミン像を要約すれば「学者の子は学者」のひとことに尽きるけれども、一九世紀半ばまでのニューイングランド社会の現実がそうした単純さからはほど遠いものであったことを、ローエル家の系譜を概観した私たちはすでに確かめている。ここで興味深いのはむしろ、産業の発展と文化の隆盛とに後押しされて登場した新しい階級を、〝旧世界〟の〝本物〟の貴族たちから差異化しつつも同時に、揺るぎない権威を備えたものとして理解しようとする欲望のほうである。また、ブラーミンに備わる自己保存の原理として、教養や礼儀作法といったいわゆる文化資本ではなく、遺伝という〝科学的〟要因がくりかえし強調されている点も見逃せない。(46)

E

ともあれ、こうしたホームズ博士の自信に満ちあふれた調子が、当時の多くの読者に好評をもって受け入れられたことは事実であった。特に人気が高かったのは、さきにも言及した『アトランティック・マンスリー』の定番連載「朝の食卓」シリーズである。その人気ぶりはたとえば、一八九〇年代半ばにある婦人が述べたとされる次の言葉からも窺える。「シャーロック・ホームズが亡くなったとき、私は胸が張り裂けるような思いに駆られました。彼の著書『朝の食卓の独裁者』を私はこよなく愛読しておりましたので」。(47)言うまでもなくこの婦人は、ライヘンバッハの滝でのモリアーティ教授との格闘のすえに亡くなった——と、一八九三年発表の短篇小説「最後の事件」においてアーサー・コナン・ドイル（一八五九—一九三〇）がほのめかした——シャーロック・ホームズと、一八九四年にボストンで息を引きとったホームズ博士とが同一人物であると思い込んでいる。この逸話は、ホームズ博士の当時の知名度が（探偵のホームズには遠く及ばずとも、ある程度は）高くなければ、そもそも逸話として流布することもなかっただろう。

「朝の食卓」シリーズを「こよなく愛読して」いる者はいまやほとんど存在しないと思われるけれども、ホームズ博士がそのなかに記した、ボストンは「この大陸の、つまりはこの惑星の思考をつかさどる中心であ」り、「ボストンの州議事堂こそは、太陽系の中心《ハブ》である」という言葉は現在でもよく知られている。[48] 少なからぬ辞書の"hub"の項目に「ボストンの愛称」という語義が載っているのは、博士のこの——ガリレオが聞けば間違いなく眉をひそめる——言葉のゆえである。もっとも、ここに見られるボストンの中華思想は、一九世紀半ばの米国においては決して、ホームズ博士に特有のものだったわけではない。たとえばラルフ・ウォルド・エマソンも、一八六一年の講演のなかで、「私はひいき目からではなく、このうえなく冷ややかな歴史の言葉を用いて申し上げるのですが、ボストンは、北米の文明を導くという諸国民〔nations〕の運命を担わされた町として注意を払われるべきです」と述べている。[49]

エマソンとホームズ博士は当時、知識人たちの晩餐の集いである土曜クラブ（the Saturday Club）の会合でしょっちゅう顔を合わせていた。このクラブは一八五五年にボストンで発足したものであり、初期のメンバーとして名を連ねたのは、三巨頭の面々とエマソンに加えて、世界的に著名な動物学者兼地質学者であるルイ・アガシ（一八〇七—七三）、ハーヴァードで「天文学および数学のパーキンズ・プロフェッサー」というポストに就いていたベンジャミン・パース（一八〇九—八〇）、反奴隷制を強固に主張した上院議員のチャールズ・サムナー（一八一一—七四）、反奴隷制の弁護士にして小説家でもあったリチャード・ヘンリー・デイナ・ジュニア（一八一五―八二）、のちにハーヴァードに採用されて米国初の美術史教授となる批評家チャールズ・エリオット・ノートン（一八二七―一九〇八）、そしてナサニエル・ホーソーン……といった、錚々《そうそう》たる顔ぶれであった。(50) エマソンのさきの発言が一八六一年には多少なりとも真実味を帯びて響いたゆえんがここから窺えるだろう。また、土曜クラブのメンバーが「ハブ」というボストンの愛称を喜んで受け入れている姿も容易に想像できるだろう。厳密に言えば、名づけ親であるホームズ博士の生地はボストンではなく、チャールズ川の対岸に位置する隣町のケンブリッジなのだが、一九世紀半ばにおいてはまだ、ケンブリッジの中心に聳《そび》えるハーヴァードの知的環境は、ボストン・ブラーミンたちの世界と見分けのつかないものであった。

Ⅲ

実は、私たちの主人公パーシヴァル・ローエルは、一八九四年に八五歳で亡くなったホームズ博士の追悼文をアメリカ芸術科学アカデミー（この学術団体については第4章第3節で説明する）の紀要に寄せている。彼はそこで、二〇代のころにパリへ留学して以降はほとんどボストン周辺から出ないまま生涯を終えたホームズ博士を評するにあたり、古代ローマの詩人ホラティウスの「海を越えて帆走する者たちは精神ではなく空を変える」という格言――西洋古典学者の鈴木一郎によれば、その趣旨は「たとえ海を越え駆け回っていても、変わるのはその「場所」だけで、「根性」はちっとも変わらない」(51)――を引きあいに出している。この格言が「彼〔ホームズ〕以上に当てはまる者はいまだかつて」おらず、「かりにホラティウスがこの詩句を残さなかったとすれば、ホームズこそがこれを書くにふさわしい人物であっただろう」と。[52] そして、ホームズ博士の精神の核に見出したものをローエルは、「寛大なローカリズム〔broad-minded localism〕」というフレーズ——“localism”は「郷土愛」や「地方主義」とも訳せる——で表現した。

ホームズの才能は、寛大なローカリズムのそれであった。〔…〕個人は、何者になるにせよ、まず自分自身であらねばならない。同様に、何らかの場所を代表する者は、はじめにその場所の精神を自らの身体に染みわたらせなくてはならない。この意味においてその者はローカルであらねばならず、この意味においてホームズはローカルであった。ローカルなものこそがホームズの本質をかたちづくったのであり、そして寛大さこそが、それを普遍的な土台のうえにしっかりと据えつけ、それを部分的な真理〔a part-truth〕ではなく、全真理の一部〔a part of all truth〕としたのである。〔…〕かくしてホームズは、一九世紀半ばにおいてニューイングランドを代表するに至った。彼は根っからのニューイングランド人であり、彼がそうであるというのはあまりに本質的なことだったため、よそ者が彼をニューイングランド人の代表と見なしたばかりでなく、ニューイングランド人自身もまた、自分たちの何たるかのほとんどすべてを彼が表象しているかのように感じた。かりにひとりの人間がひとつの共同体でもあったと言うことが許されるならば、ホームズはニューイングランドそのものであった。[53]

このいささか謎めいた一節は、これを記したときのローエルが、足かけ一〇年の日本滞在をすでに終え、火星観測という新たなプロジェクトのためにアリゾナ準州フラグスタッフの天文台とボストンとを行き来する日々を過ごしていたことを鑑みるとき、ますます奇妙なものとなる。ニューイングランドから脱出することを選択したローエルは、その地に留まりつづけたホームズ博士のどの部分に「全真理の一部」を見てとったのだろうか。「寛大なローカリズム」とは、ローエル自身にとって、いったいいかなる意味を持つものだったのか。

次章以降に見るように、火星という半生を賭けるに値する新たなフロンティアを発見するまでのローエルの歩みには、父たちの（したがってホームズ博士の）属した世代の価値観――言うなればブラーミニズム――に対する反抗という側面が備わっていた。ボストンを去って日本へ渡る決意を固めたローエルが選んだのは、終わりなき旅人としての生きざまであり、ゆえにいっけん、ガートルード・スタイン（一八七四―一九四六）やエズラ・パウンド（一八八五―一九七二）といった、炉辺詩人を完全に過去へと追いやった後世の作家たちが体現したコスモポリタニズムの先駆的な姿が、ローエルのなかに見出されるようにも思われる。しかしそれでは、ローエルのコスモポリタニズムは、人はもっともローカルであるときにこそもっとも普遍的な存在になりうるという一種の矛盾を孕んだ「寛大なローカリズム」と両立しうるものなのだろうか。ホームズ博士の追悼文において表明された価値観は、どれほど旅を続けたとしても結局のところはひとりのボストニアンでしかなかったというローエルの限界を示しているのか。あるいは、まさにこの「寛大なローカリズム」こそが、ローエルに火星への旅路を切り拓かせた当のものだったのではないか。こうした問いが、以後の論述を導くガイドのひとつとなるだろう。

ホームズ博士にとってはおそらく残念なことに、彼の「寛大なローカリズム」を支えたボストンの栄華は、彼が歿した一八九四年にはすでに過去のものとなりつつあった。一九〇六年にはじめて米国を旅したH・G・ウェルズは、同年に出版した『アメリカにおける未来――さまざまな現実を求めて』(*The Future in America: A Search after Realities*)という示唆的なタイトルの旅行記のなかで、ボストンについてこう記している。「ボストンの終局は、量的な結果である。ボストンの収容力は、言うなれば紀元一八七五年までに人間の知性が打ち立てた業績すべてを内包するのにちょうど十分であり、それ以上の余裕を持たなかったように見受けられる。そこで平衡が記録された。この年かその前後に、ボストンは満杯になったのである」(54)。いまや米国のビジネスと文化の中心は、誰の目から見てもニューヨークにあった(第5章第2節参照)。

一九世紀後半の米国の勢力図がこのように大きく塗り替えられたことには、当然ながら、同時代に進行したさまざまな社会的変動が複雑に作用している。しかし最大の変動が何であったかは明白である。それは、一八六一年に始まり六五年に終わった南北戦争である。この戦争によって米国は六二万人を失った。これは当時の米国の人口の約二パーセントであり、アメリカ独立戦争、一八一二年戦争、米墨戦争、米西戦争、第一次世界大戦、第二次世界大戦、朝鮮戦争における米国の戦死者の合計とほぼ等しいという(55)。すなわち、パーシヴァル・ローエルの青年時代の遍歴は、何よりもまず、米国史上最大の戦争を経て生まれた時代のうねりのなかから始まったのであった。

5　断崖からの転落

工場町ローエルの急成長によって工業地帯としてのポテンシャルが明らかとなったメリマック渓谷では、一九世紀半ばまでに、ナシュアやローレンスといったいくつもの町が相次いで綿工業へ参入していた。なかでもローレンスは、アボット・ローレンスとジョン・エイモリー・ローエル（8）が新しい工場の拠点として一八四〇年代に開発し、のちに前者にちなんだ名を与えられた町であった。機械化された大規模な工場における綿布生産は、価格を大幅に引き下げ、広汎な需要に応え、薄利多売によって巨額の収益を上げることを可能にした。メリマック渓谷の工場で大量生産される品質の低い綿布は米国南部の奴隷たちが着る衣服にも用いられており、ゆえに奴隷たちはしばしば、機械で織られた粗悪な綿布全般を、代表的な産地の名前を転用して「ローエル」と呼んでいた。[56]言うまでもなく、彼らが着ていたその「ローエル」の原料は、奴隷制プランテーションを拡大させつづけて「綿花王国」と呼ばれるほどの繁栄を謳歌していた米国南部から供給されたものであった。[57]

一八四八年にカリフォルニアで金が発見されたことによって生じたいわゆるゴールド・ラッシュは、西部の土地への投機というブームにも火をつけた。また、一八五三年に勃発し五六年まで続いたクリミア戦争は、ロシアからヨーロッパへの穀物の流れを途絶えさせたことなどにより、米国の輸出産業を発展させ、国内の投機をさらに加熱し、ひいてはちょっとしたバブル経済を米国にもたらした。こうした状況に呼応して、ボストン・アソシエイツが差配するビジネスの領域も、一九世紀半ばには鉄道や金融や保険などにまで広がっていった。創業者の世代からその子供たちの世代へ中心メンバーが移行しつつあったボストン・アソシエイツにおいて、経営の才能にもっとも恵まれていた者のひとりがジョン・エイモリー・ローエルである（パーシヴァル・ローエルの祖父である彼は、『プロパー・ボストニアンズ』を著したクリーヴランド・エイモリーの曾祖父の祖父の弟の孫でもある）。彼は少なくとも六つの繊維会社の経営を担い、一八一八年にボストンに設立されたサフォーク銀行の取締役を半世紀以上にわたって務め、ほかにもプロヴィデント貯蓄銀行、ボストン・アンド・ローエル鉄道、マサチューセッツ病院生命保険、マサチューセッツ相互火災保険といった会社の経営に参加していた。一八五七年にバブルがはじけ、大規模な経済恐慌がニューイングランドを襲うことになっても、彼は巧みな立ちまわりによって恐慌のダメージを比較的小さな範囲に抑えた。しかし、無傷というわけにはいかなかった。[58]

ジョン・エイモリー・ローエルは、一八二二年にいとこ――フランシス・キャボット・ローエル（7）の娘――のスーザン・キャボット・ローエル（一八〇一―二七）と結婚し、彼女とのあいだに長男ジョン（9a）（一八二四―九七）をもうけた。一八二七年にスーザンが夭折すると、ジョン・エイモリー・ローエルは彼女のさらにいとこであるエリザベス・キャボット・パトナム（一八〇七―八一）と一八二九年に再婚し、翌年には次男オーガスタス（9b）が生まれている。ふたりの息子は当然のようにハーヴァードへ進学し、卒業後には、長男は法曹界へ進み、次男は主に東南アジアとの貿易に携わった。しかし、一八五七年の恐慌が貿易を停滞させたため、オーガスタスはその年から父の経営の補佐に専念するようになった。[59]

一八五〇年代末の米国で混迷を深めていたのは、もちろん経済だけではなかった。建国当初からくすぶりつづけていた南部の奴隷州（奴隷制を認める州）と北部の自由州（奴隷制を禁止した州）とのあいだの対立は、米国の領土が拡大するたびに顕在化し、そしてそのたびに政治的な妥協を結んで辛うじて均衡を保ってきたのだが、根本的な問題を先送りするこうした戦術は一八五〇年代半ばの時点ですでに破綻しかけていた。たとえば、恐慌の三年前の一八五四年には、ラルフ・ウォルド・エマソンがニューヨークで逃亡奴隷法に反対する旨の演説をおこなっている。他州へ逃亡した奴隷の返還に関して規定するこの法律は、「一八五〇年の妥協」と呼ばれる高度に政治的な取り引きの一環としてより厳しい新法へと改められており、これは奴隷制廃止論者たち（Abolitionists）を大いに憤激させた。[60]トランセンデンタリズム（超越主義）と呼ばれる思想を唱えたエマソンが、逃亡奴隷法のような、世俗を超越するところの少ない政治的な主題をめぐって演説するというのは珍しいことである。それほどまでに、奴隷制をめぐる対立の渦中に置かれた知識人たちはこのとき熱気を帯びていた。加えて興味深いのは、この演説のなかの、当時のブラーミンたちの政治的な立場を窺わせる次の一節である。

ご存じのように、マサチューセッツはいつだって、保守的な精神によって広く覆われています。我々はほかの土地の人びとよりも多くの資産を持ち、あらゆる種類の価値あるものに恵まれていて、いつまでもこのままでありたいと願っています。「連邦〔Union〕」という口実のもとに自由を阻んでもきました。私は、ほかの者に較べて少しは理性のある何人かのまじめな人びとのもとを訪ねて、どうしてこういう立場をとったのかと訊いてみました。すると彼らは答えて、民主党に抵抗する力が自分たちにあるのか自信が持てない、何もかもが放縦《ほうしょう》のきわみにまで突っ走ろうとしているのがはっきりと見える、誰もがそれぞれに隣人と競いあい、最悪の方策を提案することによって党の指導者になろうとしている、だから車輪の歯止めのつもりで、自分たちは極端な保守主義に身を投じるのだ、と言いました。さらに、自分たちはキューバが手に入り、メキシコも手に入ることを知っており、だから車が断崖に向かって走ってゆく速度を少しでも緩めたい、ただそのことだけを願って、頑なに保守主義に固執し、できるかぎり君主制に近い立場をとっているのだとも言いました。要するに彼らの言い分は、絶望しているということでした。(61)

この一節と較べてしまうと、さきに引いた『エルシー・ヴェナー』の一節が——小説とはいえなにしろ初出が一八六〇年である以上——現実逃避的な側面を持っていることはもはや否定しがたいだろう。ニューイングランドに生じた階層的な社会構造をホームズ博士が「ブラーミン」という大仰な言葉を用いて誇張的に描写したのは、もしかしたら、いままさに巻き起こっている政治的かつ社会的かつ経済的な混乱を「極端な保守主義に身を投じる」ことでやりすごそうという防衛機制が彼のなかで働いていたからかもしれない。

いずれにせよ、南部一一州の連邦からの離脱と四年に及ぶ内戦の勃発とを「断崖」からの転落と呼ぶとすれば、それはキューバへの軍事介入を待つまでもなく、一八六一年には早くも現実のものとなった。ボストン・アソシエイツのビジネスにとって南北戦争の始まりは、当然ながら、奴隷制という問題を直視することなく築かれた南部との蜜月の終わりを意味していた。

E

一八五七年の恐慌をきっかけに次男に自らの仕事を手伝わせるようになったジョン・エイモリー・ローエルは、経営の才能がきちんと継承されていることを知って安心し、恐慌への対処が一段落した一八六〇年には、より多くの業務を次男に託したうえで妻とともに長期のヨーロッパ滞在へ出かけた。オーガスタスが引き継いだメリマック渓谷の数々の繊維会社の経営は、父がそれに携わりはじめたころとはだいぶ勝手が異なっていた。たとえば、かつての繊維工場では近郊の農村出身の若い女性たちが数多く働いていたのだが、一九世紀半ばの工場において彼女たちは、当時急増していたアイルランドからの移民に取って代わられつつあった。[62] また南北戦争が始まると、原料の綿を南部以外の産地から調達するという課題も生じた。こうした状況下においてもオーガスタスは如才なく経営の手腕をふるったものの、一八六四年には妻のキャサリンが健康を害し、外国での療養を余儀なくされてしまった。ゆえに彼はこの年の五月に、二年前に帰国したジョン・エイモリー・ローエルと入れ替わるかたちで、妻と四人の子供たちを連れてヨーロッパへ旅立った。[63]

子供たちのうちのひとりはもちろん、長男のパーシヴァル・ローエル〔10a〕であり、このとき九歳であった。もうひとりは、パーシヴァルの一歳下の弟アボット・ローレンス・ローエル〔10b〕である。彼の名前は、母方の祖父であり、父方の祖父のビジネスパートナーであり、マサチューセッツ州ローレンスという地名の由来でもあるアボット・ローレンスにちなんでつけられた。彼自身は自らの名前を「A・ローレンス・ローエル」と綴ることを好み、彼のことをファースト・ネームで呼ぶときはみな「アボット」ではなく「ローレンス」と呼んだ。ヨーロッパへはこの兄弟に加えて、五歳のキャサリン（[10c] 一八五八―一九二五）と二歳のエリザベス（[10d] 一八六二―一九三五）というふたりの妹も渡った。

一家は結局、一八六六年の秋までの二年半をヨーロッパで過ごした。そして帰国後にオーガスタスは、一家の新しい住まいとして、ボストンに隣接する町ブルックラインの土地と家を購入し、のちにそこを「セヴェネルズ」（"Sevenels"）と名づけた。"Seven Ls"、すなわちLを冠する七人が住む場所という意味である。七人目にあたるエイミー（[10e]）――パーシヴァルの末の妹――が生まれたのは一八七四年であった。[64]

一家がヨーロッパにいるあいだパーシヴァルは、弟のローレンスとともにパリの寄宿学校に入り、後年の自慢の種となる流暢なフランス語をそこで身につけた。彼にはまた、一二歳のときに、紙の船が庭の池に沈んでしまったという出来事をラテン語で、一〇〇行の六歩格（hexameter）の詩にして詠んだという逸話もある。パーシヴァルがラテン語を学んだのはノーブルズ・クラシカル・スクールというボストンの学校においてであり、彼はそこに通いながら進学の準備を進めていた。[65] 本章で概観したローエル家の系譜が十分に物語るように、偉大な伝統を背負った長男が選ぶべき進学先は、ひとつしかありえなかった。

パーシヴァル・ローエルは一八七二年九月、一七歳のときに無事にハーヴァードへ入学する。このことにオーガスタスは安堵したかもしれないし、あるいは、あまりに自明な道筋であるため安堵さえしなかったかもしれない。しかしいずれにせよ、当時のハーヴァードは実のところ、オーガスタスが入学したときのハーヴァードと同じものではなくなりつつあった。その変化の中心には、一八六九年に三五歳の若さでハーヴァードの学長に就任したチャールズ・ウィリアム・エリオット（一八三四―一九二六）がいた。米国の高等教育史における最重要人物のひとりとのちに見なされる彼が、南北戦争後のハーヴァードにもたらした数々の改革は、まさしく劇的なものであった。

第2章

マサチューセッツ州ケンブリッジ

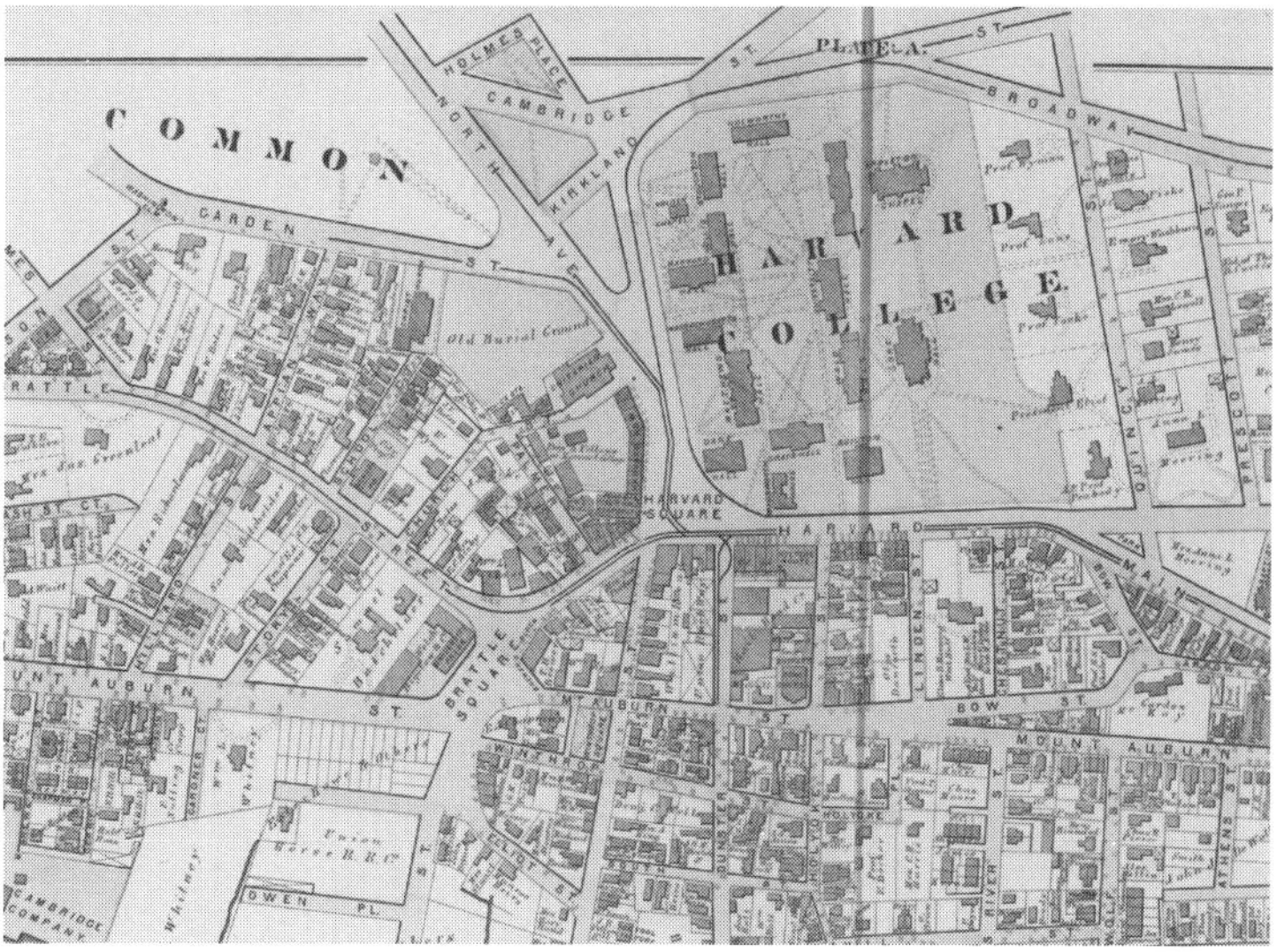

図8｜1873年のハーヴァード・カレッジ周辺の地図
（G. M. Hopkins, *Atlas of the City of Cambridge, Middlesex Co., Massachusetts* [Philadelphia: G. M. Hopkins, 1873], 10–11）

1　城と戦争

「全く大学は「城」であった」と、批評家の江藤淳は一九六二年のプリンストン大学について記している。「つまり、それは、カフカの小説に出て来るあの不思議な「城」に似ていた」。ロックフェラー財団の支援によって米国へ渡った二九歳の江藤は、当初はプリンストン大学の客員研究員として、のちには日本文学の授業を担当する客員講師として、一九六二年から六四年までの二年間をニュージャージー州プリンストンで暮らし、そのときの経験をもとに『アメリカと私』（一九六五）という本を著した。さきに引いたのはそのなかの一節であり、続く箇所で江藤は「城」の姿をこう表現している。

> ゴシックの多い建物を散在させた緑の豊かなキャンパスは、私のアパートから歩いてわずか五分のところに存在し、そこには三千人余りの学生と千人余りの大学院生、それに研究職員を含めれば千三百人足らずの教職員がいて、朝の七時四十分から深夜の十二時にいたるまで、毎日忙しく何かをしている。しかし、私には、その何がどうつながっているのかが、どうしてもわからないのである。それだけではなく、そのつながりの内容をなしているらしい複雑かつ微妙な大学の階層秩序の端に、どうしても自分を結びつけられないのである。(1)

ハーヴァードと同じくいわゆる「アイヴィー・リーグ」のひとつに数えられる米国屈指の名門大学が、一七四六年の創立以来の長い歴史をとおして築き上げた威容と、かくも大規模な組織が、全貌がまったく窺えない官僚的な機構によって日々運営されていることとの不気味さとを、ひとりの異邦人としての視点から描写した――そんな一節であるようにこの引用はいっけん見える。しかし実際には、たとえば江藤の出身校である慶應義塾大学の場合、『アメリカと私』が出版された一九六五年の学部生の数は二万三五〇〇人強、大学院生は八〇〇人強、教職員は二六〇〇人弱と、全体の規模においては江藤が挙げる数字をはるかに上回っている。[2] したがって、プリンストン大学に身を置いた江藤が感じたカフカ的な不安が、米国の大学ならではの巨大さに由来しているとは必ずしも言えない。そもそも、大学という機関が「つながり」の見えにくい諸部分が織りなす階層秩序によって統《す》べられているという感覚、あるいは自分が所属する大学のことであっても他の学部で日々何がおこなわれているのかはほとんどわからないという感覚は、わざわざアイヴィー・リーグの例を持ち出さずとも、複数の学部から成る大学に通った経験があれば誰しも共有できるものではないのか。

こうした問いを経ると、もしかしたら、さきの引用の印象は一転して、ほとんどの大学に当てはまる常識をおおげさに述べただけの箇所であるように思えてくるかもしれない。しかしもちろん、この印象もまた誤っている。まずなにより、そのような〝常識〟は、米国においては一九世紀末までは決して支配的なものではなかった。とりわけプリンストンは、実のところ、「複雑かつ微妙な大学の階層秩序」が縦割りの組織を生み出しつつある趨勢に対してかつてははっきりと抗っていたはずであった。

たとえば、一八六八年から八八年までカレッジ・オヴ・ニュージャージー――プリンストン大学の前身――の学長を務めたスコットランド生まれの牧師、ジェイムズ・マコッシュ（一八一一―一九四）は、一八八五年になされたある有名な論争において、学生には何を学ぶかを自分で決める自由があるという意見に反対した。曰く、「教育とは本質的に、精神の鍛錬であり〔…〕、神が我々にお与えになった諸能力を開花させることである」。「諸能力」には感覚力や記憶力や判断力などさまざまなものが含まれるけれども、「これらはすべて涵養されなくてはならない」。そうした全人的な教育を学生に与えるためにも、「ラテン語、ギリシア語、数学、修辞学、物理学、論理学、倫理学、政治経済〔Political Economy〕」などを必修科目とする伝統的なカリキュラムを、学生の自由の名のもとに安易に捨て去ってはならない。このカリキュラムにおいて成り立つ、文芸と科学と哲学という三つの領域を結びあわせる「三位一体《トリニティ》」の価値を、「プリンストンにおいて我々は固く信じている」。(3) マコッシュが力説する信念がそのままのかたちで一九六二年まで維持されていれば、おそらく江藤も「つながり」を見出せずにとまどうことはなかっただろう。

マコッシュの論争の相手は、ハーヴァードに選択科目という制度を大々的に導入し、ラテン語とギリシア語を必修科目からはずすという改革を実行したチャールズ・ウィリアム・エリオット学長であった。一八六九年から一九〇九年まで四〇年にもわたる任期をとおしてエリオットがおこなったのは、ハーヴァードの規模を拡大し、営みを専門職化《プロフェッショナライズ》し、組織を近代化することであった。そして、江藤の観察からも示唆されるように、マコッシュ学長の時代にはエリオットの急進性を非難していたはずのプリンストンもまた、一九〇二年から一〇年まで学長を務めたウッドロー・ウィルソン（一八五六―一九二四）――のちの第二八代大統領である――が任期を終えるころには、ハーヴァードと同じ方向に、もはや引きかえせないほど深く進んでしまっていた。(4) マコッシュが学長を退任した直後の一八八八年度には、大学院生も含めて総勢六六七人の学生がプリンストンに在籍していたが、ウィルソン学長の最終年度である一九〇九年度にはその数は一四〇〇人にまで増加している。ちなみに同じ期間中に、ハーヴァードの学生総数は二〇〇〇人強から五五〇〇人強へ変化した。(5)

パーシヴァル・ローエルがハーヴァードに在籍した一八七二年から七六年までというのはまさに、エリオット学長が、マサチューセッツ州ケンブリッジに建つ学校をひとつの「城」へと変貌させる作業を開始した時期でもある。そして、のちにローエルがアマチュアの天文学者として世に名乗り出るころには、米国各地の――さらには世界各地の――「城」に所属するプロフェッショナルの天文学者たちは、いわば水平方向の「複雑かつ微妙な」連携体制を構築しつつあった。この両者のあいだで繰り広げられた戦いは第５章の主題のひとつであるが、本章ではその前段階として、ローエルの青年時代にハーヴァード周辺で生じた制度的および思想的な変化を論じることとしよう。エリオットがこうした変化の強力な推進者であったことは間違いなく、しかし他方で、彼のみに変化の原因を帰することはもちろんできない以上、本章はしばしば、南北戦争前後のニューイングランドにおける思想的状況という大局的な視点にも立ちかえることになる。南北戦争は米国の思想に何をもたらしたのか。実は、プリンストンの「城」のなかに居場所を見つけられずにいた江藤は、まさしくこの問いを発見したことをきっかけに、「自分が何であり、今どこにいるのか、という感覚」

を蘇らせてゆくであった。(6)

P

江藤は、本章冒頭の引用の少しあとで、「私は、プリンストンに着いてから一ヵ月ないし二ヵ月のあいだ、確かに社会的な死を体験していた」と述べている。この時点の江藤には、F・スコット・フィッツジェラルド（一八九六―一九四〇）の小説を彼がかつて通ったプリンストン大学の空気のなかで読みなおすという漠然とした計画があったのだが、「この二流の放蕩作家を後生大事に「研究」している日本の青年、というイメージの毛皮に快適にくるまっているためには、かなりの芝居気が必要であった」とのことである。現在の感覚からすれば、そもそもフィッツジェラルドは「二流」の作家などではありえず、この述懐もいささか自意識過剰であるように思われるけれども、いずれにせよ、フィッツジェラルドの再読が江藤に「知識に焦点をあたえてくれる「発見」」をもたらさなかったことは確かなようである。プリンストンにおける彼の居場所のなさも、大学という組織の問題である以上に、彼自身のなかにある「焦点のあわぬ感じ」に由来していると考えるべきだろう。(7)

江藤が「「死んでいる」状態から徐々に回復しはじめ」たのは、「三つ、ないしは四つの大小の事件が、たてつづけに」生じたからであった。(8) そのなかでいま注目したいのは、筆頭に挙げられている、いわゆるミシシッピ大学事件である。「深南部」（Deep South）と呼ばれる諸州のなかでも人種分離制度がとりわけ徹底していたミシシッピ州において、黒人であるジェイムズ・メレディスはミシシッピ大学への入学を求めて一年以上法廷で争っていた。そして、とうとう一九六二年九月三〇日に、彼の入学を大学に認めさせる連邦控訴裁判所の命令に基づき、数百人もの連邦保安官補に守られながら、彼は同州のオックスフォードに位置する大学の構内へ足を踏み入れる。この措置は州知事ロス・バーネットの強固な反対を押し切るかたちでなされたものであり、メレディスを護衛していた部隊はまもなく白人の暴徒の攻撃を受け、騒動はたちまち流血の惨事へと発展する。ジョン・F・ケネディ大統領は、事態の沈静化のために合衆国陸軍の派遣を余儀なくされたのであった[9]。

この事件について江藤は、「米国の理念とその現実との、あるいは精神と肉体との、正面衝突からおこっ」たものだと記している。「理念」ないし「精神」とは、独立宣言に謳《うた》われている万民の平等という原則であり、「現実」ないし「肉体」とは、「適者生存の法則」が支配する熾烈な競争のもとでさまざまな「人種」が合衆国というひとつの「集合体」を作り上げているという「移民国家の特殊な成立事情」である。そして江藤はこう続ける。

> それは、また、法的には一種抽象的な権力である連邦政府と、具体的権力である州政府との激突でもあった。私は、合衆国の州というものが、連邦から分離《セシード》しようとするこれほど根強い遠心力を秘めているとは、ついぞ考えてもみなかった。それは、もちろん、逆にいえば、この遠心力に抗して法の執行のためには大学と町の軍事占領も辞さないという連邦政府の、強力な求心的意志の存在を証明してもいたのである。人種問題に関していうなら、合衆国の革命はまだつづいていた。そして、連邦政府と州権との抗争についていえば、南北戦争はいまだに終結し

ているとはいえなかった。米国という強力な巨人は、人種問題という傷口から鮮血を滴らせながら、その精神と肉体との、あるいは分離しようとする力と集中しようとする力との、ダイナミックな劇を生きていた。(10)

この「発見」は、「私の米国に対する視線に、はじめて焦点ができた」という「昂奮」を江藤にもたらした。彼はすぐさま、「フィッツジェラルドもほうり出して」、批評家のエドマンド・ウィルソン(一八九五―一九七二)が同年に上梓したばかりの『愛国の血糊』(*Patriotic Gore*)という、南北戦争期の文学の研究書を「耽読しはじめ」る。「私は、ウィルソンの犀利《さいり》な筆によって描き出された南北戦争という米国史の裂け目から、この国の奥深くにはいっていけるような充実感を感じて、身震いした」。(11)その「裂け目」のなかには、いったい何があったのか。

この問いに駆られて『アメリカと私』を読みすすめても、明確な答えを得ることはできない。かわりに読者が見つけるのは、江藤の視野の中心がやがて目の前の〝アメリカ〟から自らの内なる〝日本〟へ移ってゆくという、奇妙なねじれである。そここそが『アメリカと私』の興味深い点なのだが、ともあれ、そもそもさきの問いはあまりに巨大なものではあり、それに正面から取り組むには、江藤にせよ私にせよ、別の一書を著さなくてはならないはずである。そのことを承知しつつ、本章では、ローエルの生涯に関わる範囲において「米国史の裂け目」へのアプローチをも試みることとしよう。たしかに、北部のブルジョワ家庭で生まれ育った白人であるローエルに、江藤の言う「適者生存の法則」の苛酷さに対する十分な理解があったわけではなく、社会進化論(第3章第1節参照）の影響を強く受けた彼の思想も決して平等主義的とは言えなかった。しかし他方で、天文学者へ転身したあとのローエルが辿った軌跡が、「強力な求心的意志」に抗する勝ち目のない戦いという様相を徐々に帯びだしたこともまた事実である。その戦いはまさしく、「分離しようとする力と集中しようとする力との、ダイナミックな劇」の一場面を成していた。

南北戦争直後の米国、すなわち歴史家が「再建の時代」（the Reconstruction era）と呼ぶ時期の米国においては、ひとつの国家を支える強固な基盤を再構築しようとする力が複数の水準で働いていた。言い換えれば、この時期の米国は政治、経済、軍事、教育、文化などさまざまな領域で統合（consolidation）のプロセスを進行させつつあった。[12] ボストン・ブラーミン（第1章第4節参照）を代表する一家の御曹司という出自を考えれば、ローエルは統合へと向かう流れの先頭に立っていてもおかしくはなかった。にもかかわらず彼はなぜ、いかにして、そこからはずれていったのか。そして、青年期のローエルが成長するかたわらにおいて、のちに彼が相手どることになる「求心的意志」は、いったいどのような布陣を固めつつあったのか。

2　カレッジとユニテリアニズム

一八七二年九月に一七歳でハーヴァードへ入学したときのローエルは、家族からの期待という点では、ヘンリー・アダムズ（一八三八―一九一八）がかつて立たされたのと近い状況に置かれていた。アダムズは、あの「真夜中の判事たち」（第1章第2節参照）を指名した第二代大統領ジョン・アダムズを曾祖父に、そして第六代大統領ジョン・クインジー・アダムズ（一七六七―一八四八）を祖父に持つ家系に生まれた正真正銘のボストン・ブラーミンであり、彼の父チャールズ・フランシス・アダムズ（一八〇七―一八八六）は、南北戦争中の駐英大使として、南部連合に対する英国の援助を最小限に抑えるという外交上の重要な成果を挙げていた。[13] しかしながら、世紀転換期という時代の荒波に放り込まれたヘンリー・アダムズにとって、そうした父祖たちのまばゆい威光は、誇りであると同時に、断ち切るべき旧時代のくびきであるとも感じられた。そんな苦闘の軌跡をふりかえりながら彼が綴ったのが、『ヘンリー・アダムズの教育』という有名な自伝である。一九〇七年に一〇〇部のみが私家版として知人たちに配られ、彼の死後の一九一八年にようやく公刊されたこの本のなかには、彼が一八五四年から四年間通ったハーヴァードについての次のような記述が見られる。

ハーヴァード・カレッジは、はたしてそれを教育と呼べるのかはひとまず措くとしても、のどかで自由な学校ではあって、立派な市民となるのに必要なもののいっさいと、有用な市民となるうえで望まれるもののいくつかを持たせて青年たちを世界へ送り出していた。ハーヴァードは指導者を育てようとはしなかった。その理想はまったく異なっていた。ユニテリアンの牧師がカレッジに与えた性格は、穏健、バランス、分別、抑制、フランス語で言うところの mesure〔節度〕といったものであった。それら優良な特性の獲得においてカレッジは並はずれた成功を収めたため、卒業生はその刻印によって認められるのがつねであった。しかし、こうした型〔type〕の性格は、自伝にはほとんど何の加えるところもなかった。実際、この学校は型は創造したが、意志は創造しなかった。ハーヴァード・カレッジでの四年間は、成功裡に過ごされたとしても、自伝における空白を、ただ透かし模様のみが刷られた精神をもたらすばかりであった。(14)

アダムズならではの韜晦《とうかい》が窺える一節ではあるが、これを素直に読んで、ニューイングランドの三巨頭（第1章第4節参照）が代表していた知的流儀はおおむねここに書かれているとおりのものだったと言うこともできる。続く箇所にアダムズは、「おそらくハーヴァード・カレッジは、当時存在していた他の大学に較べれば害は少なかったのだろう」と記している。「教えられたことは少なかったし、そのわずかな教えにも感心しなかった。しかしそれは精神を開かれたものに、偏見に囚われないものに、知識はなくとも従順なものにした」。(15) すなわち、医師であり教師であり詩人でありエッセイストであったホームズ博士が身をもって示したように、好奇心の赴くままにあらゆるものに手を伸ばす柔軟な精神こそがボストン・ブラーミンの美徳であり、そしてアダムズの通ったハーヴァードが学生に身につけさせようとしていた「型」なのであって、「自伝における空白」に何を書き込むかはさほど重要ではないということになる。もっとも、私たちはすでに前章で、その「型」が「偏見」と無縁であるとは言えないことを『エルシー・ヴェナー』から読みとったのであった。

では、アダムズが回顧するハーヴァードの教育は、具体的にはどのようなかたちでなされていたのか。そして、アダムズの卒業とローエルの入学とに挟まれた一八六九年に学長に就任したエリオットは、そんなハーヴァードをどう変えてしまったのか。これらの問いに答えるには、まず、さきの引用に登場するふたつの単語を手短に解説する必要があるだろう。そのひとつは「カレッジ」であり、もうひとつは「ユニテリアン」である。

ε

ハーヴァードは、一六三六年に設立された、米国でもっとも古い高等教育機関である。「設立」が意味するのは、マサチューセッツ湾植民地の総会議が学校の建設費用の支出を議決したということであり（すなわち当初は公立の学校だった）、設置場所が決まったのは一六三七年、開校したのは一六三八年、この学校へ多額の遺産を寄付したジョン・ハーヴァード（一六〇七―三八）を記念する名前が与えられたのは一六三九年、学校を法人化するための特許状を総会議が発行したのは一六五〇年のことであった。この特許状は、学校の名前を「ハーヴァード・カレッジ」（Harvard College）と記しており、学校の運営を「コーポレーション」（the Corporation）と「監督会」（the Board of Overseers）というふたつの機関が管理することを規定している。(16)

コーポレーションと監督会は、機能に即して訳せばそれぞれ理事会と評議会と呼べるような機関として、現在もハーヴァード大学（Harvard University）の運営を担いつづけている。また、ハーヴァード・カレッジも大学内に現存しており、一九九九年以後はハーヴァードの学部生は全員ここに所属している。その年以前は、男子学生はハーヴァード・カレッジに、女子学生はラドクリフ・カレッジに所属することになっていた。ラドクリフがハーヴァードのシステムに組み込まれた女子カレッジとして正式に誕生したのは一八九四年であり、ローエルが通っていたころのハーヴァードはまだ完全な男子校であった。[17]

現在ではハーヴァード・カレッジは大学の一部を成すにすぎないけれども、設立後一世紀半近くのあいだは、ハーヴァードにはカレッジ以外のものは存在しなかった。ホームズ博士が所属していたハーヴァード・メディカル・スクールは、一七八二年に設立された、ハーヴァードにおける最初のプロフェッショナル・スクール（専門職の従事者を養成する高等教育機関）である。一八〇〇年時点のハーヴァードはカレッジとメディカル・スクールのふたつで構成され、寄付によって六つの教授ポストが設置されており、建物は六棟、資産は約二五万ドル、カレッジの図書館の蔵書数は約一万五〇〇〇冊という状態であった。ところがこれが一八五〇年になると、プロフェッショナル・スクールは新たに三つ加わっており、寄付に基づく教授ポストは二一、建物は二〇棟、資産は約一二五万ドル、蔵書数は約六万五〇〇〇冊にまで増えている。要するに、エリオットが学長に就任するまえから、ハーヴァードは一九世紀前半をとおしてすでに飛躍的に拡大していたのである。しかし他方で、いささか不思議なことに、カレッジそのものは同じ期間中にほとんど規模を変えなかった。一八〇一年から一〇年までの各年の卒業生数の平均は四七人であり、一八四一年から五〇年までの平均は五五人である。[18]

一学年五〇人前後という数字は、現在の大学のイメージからかけ離れている。そして実際のところ、一九世紀前半の米国のカレッジにおける授業風景は、現在の日本にあえて重ねれば、大学よりもはるかに高校に近いものであった。たとえば一八二五年度のハーヴァード・カレッジの授業案内を見てみると、四年間の授業内容はほとんど必修科目によって埋められており、わずかに存在する選択科目のために用意されたレパートリーもきわめて限定的である。カリキュラムの内容は、二年生まではラテン語、ギリシア語、数学、修辞学が大部分を占め、三年生以降に道徳哲学や天文学や政治経済といった科目が現れはじめる。(19) これはつまり、のちのエリオット学長との論争においてプリンストンのマコッシュ学長が声高に擁護していた伝統的なカリキュラムとほぼ同じものである。ではそれらの科目はどう教えられたのかといえば、特にラテン語とギリシア語の授業においては、学生はテキストの暗唱(recitation)と翻訳をひたすらくりかえす一方で教師はたまにコメントを加えるだけという、独創性にほとんど余地を与えない方法がながらく採用されていた。(20)

以上の特徴は一九世紀前半の米国のカレッジ全般に多かれ少なかれ当てはまるが、ハーヴァードに関しては、他のカレッジとは異なるふたつの重要な点に注意を払う必要がある。第一に、一八二〇年代のハーヴァードには、ジョージ・ティクナー(一七九一―一八七一)の主導による先駆的な改革の試みがあった。ハーヴァードに新設されたフランス語およびスペイン語の教授ポストに二八歳の若さで就いたティクナーは、ゲッティンゲン大学への留学中に接したドイツ式の高等教育をハーヴァードにも導入しようとさまざまな改革案を提起するものの、議論の紛糾を経て実現に至った案はわずかに留まり、保守派に敗北したことを悟った彼は一八三五年にハーヴァードを辞めてしまう(かくして二年後に彼の後任に収まったのが、ヘンリー・ワズワース・ロングフェローである)。とはいえ、ティクナーの改革の余波として、一時期はハーヴァードの二年生以降のカリキュラムにおける選択科目の比重が大幅に増していた。その状態は長続きしなかったにせよ、ティクナーの試みがエリオット学長の改革の露払いになったという側面は見逃してはならない。(21)

ハーヴァードに関する第二の特殊な事情は、マコッシュが伝統的なカリキュラムを称揚する際に挙げていた「倫理学」という科目をめぐるものである。一九世紀前半においては「道徳哲学」と呼ばれることのほうが多かったこの科目は、現在の倫理学よりもはるかに広い範囲をカヴァーしており、多くのカレッジでは学長自らが担当する四年生向けの必修科目となっていた。すなわち、ラテン語とギリシア語の暗唱をみっちり続けた学生は最終学年に至ると、道徳哲学の授業をとおして、紳士として世に出るための教育の最後の仕上げを学長から施されるというのが、ひとつのパターンを成していたわけである。(22)

ところがハーヴァードにおいては、原則として、この科目を担当するのは学長ではなく、「自然宗教、道徳哲学、および市民政〔Civil Polity〕のアルフォード・プロフェッサー」という長い名前のポストに就く教授であった。(23) 加えてより重要なのは、このポストは一八一七年の設置以来ながらく、「ユニテリアニズム」と呼ばれる神学思想の信奉者によって占められていたということである。ユニテリアニズムは、一九世紀初めから半ばにかけて、ハーヴァードの公式教義とも言える地位を守りつづけたのだが、その支配体制の裏側では、主にコーポレーションと監督会とのあいだで、ハーヴァードのゆくすえをめぐる争いが何度もくりかえされていた。この争いにはローエル家の人びとも密接に関わっており、なかでも特に重要な役割を果したのが、パーシヴァルの祖父のジョン・エイモリー・ローエルであった。

「ユニテリアン」(Unitarian)という教派の名前は、本来は「トリニテリアン」(Trinitarian)と対を成す言葉である。すなわちユニテリアニズムとは、父と子(キリスト)と聖霊との三位一体(Trinity)を否定し、キリストを神としてではなくひとりの道徳的人間として捉え、人間の全的堕落(total depravity)というカルヴィニズムにおける重要な教理を退けるという、啓蒙的な色彩の強い神学思想であった。マサチューセッツにおいては植民地の創設時からずっと会衆派が公定教会となっていたのだが、一八世紀末にユニテリアンが登場して以降は、この新しい教派がボストン周辺で急速に普及し、のちには「ボストン教」(the "Boston religion")と呼ばれさえした。[24] もちろん、その普及に与《あずか》って大いに力があったのがハーヴァードである。

ハーヴァードにおけるユニテリアニズムの支配は、ユニテリアンの牧師であるヘンリー・ウェア(一七六四―一八四五)が一八〇五年に「神学のホリス・プロフェッサー」に就任し、また翌年に学長が会衆派寄りのエリファレット・ピアソン(一七五二―一八二六)からユニテリアン寄りのサミュエル・ウェバー(一七五九―一八一〇)へ交代したことをもってほぼ確立した。これらの人事をめぐっては学内でも激しい議論が交わされ、メンバーの多くが州議会と会衆派教会から供給されていた監督会においては特に反発が強く、教員のなかにはこの人事に抗議して辞職する者さえいた。ちなみに、こうしたユニテリアニズムの優勢に不満を抱く人びとが一八〇八年に建てたのが、マサチューセッツ州の北部に位置するアンドーヴァー神学校である。[25] この神学校は日本では、同志社大学の創始者

も知られている。である新島襄《じょう》（一八四三―九〇）や日本女子大学を興した成瀬仁蔵（一八五八―一九一九）の留学先として

「正統派」を自任する会衆派と相対的にリベラルなユニテリアンとの争いはその後もしばらく収まらず、ハーヴァードは多方面からの攻撃を受けつづけた。正統派の急先鋒は、監督会の元メンバーの牧師ジェディディア・モース（一七六一―一八二六）である。彼は一八一五年に、英国のある牧師が書いたユニテリアニズムの歴史に関する文章をパンフレットとして出版し、直後に、それを攻撃する自らの書評を自らが主宰する雑誌『パノプリスト』に掲載するというマッチポンプのようなことをおこない、これによって論争はいよいよ白熱しはじめた。リベラル陣営は反撃としてすぐさま、『あなたはクリスチャンか、あるいはカルヴィニストか？　あなたはキリストの威信をジュネーヴ人の改革者の威信よりも尊重しているか？』という挑発的なタイトルのパンフレットを出版している。これを著したのは、牧師ではないけれども論争的なパンフレットの執筆はお手のものだった、あの反逆児ジョン・ローエル⑦〔第1章第2節参照〕である。彼は当時、学長とトレジャラーに加えて五人のフェローから成るハーヴァード・コーポレーションの一席を占めていた（一八一〇年から二二年まで）。ローエル家のなかでその地位に就いたのは、一七八四年にフェローに選ばれた老判事ジョン⑥に続いて彼がふたりめであった。[26]

反逆児ジョンが飛び込んでいった戦いは、彼の死後半世紀近くが経ってもなおくすぶりつづけていた。彼の論争の七〇年後になされたハーヴァードとプリンストンの両学長の論争において、ジェイムズ・マコッシュがプリンストンのカリキュラムを擁護するためにわざわざ「三位一体《トリニティ》」という

言葉を持ち出したのはもちろん、ハーヴァードの〝公式教義〟に対する当てつけである。とはいえ実状としては、一八八五年のハーヴァードは、一八五三年からアルフォード・プロフェッサーを務めるフランシス・ボーエン（一八一一—九〇）がユニテリアニズムの最後の砦を守っているという観を呈しており、マコッシュが多少の燃料を投下したところで戦火が勢いを回復する心配はほとんどなかった。こうした変化はいかにして訪れたのか。

少なくとも、ボーエンが教授に昇進した当初は、事態はかつてなく紛糾していた。彼はもともと、一八五〇年にコーポレーションから「古代史および近代史のマクリーン・プロフェッサー」への指名を受けていたのだが、彼が編集する『ノース・アメリカン・レビュー』での保守主義的な発言——彼はそこで、一八四八年のハンガリー革命の意義を否定したり一八五〇年の妥協（第1章第5節参照）への支持を表明したりしていた——を問題視した監督会は、この指名に対する拒否を翌年に僅差で議決した。これへの対抗措置としてコーポレーションは、アルフォード・プロフェッサーのジェイムズ・ウォーカー（一七九四—一八七四）が一八五三年に学長に就任することで生じる空席にボーエンをねじこむという力業《ちからわざ》を行使することとなった。(27)

この経緯には、合理的な神学思想として台頭したユニテリアニズムは奴隷制に対していかなる態度をとるべきかという思想上の問題から、監督会というパイプを介してハーヴァードをコントロールしようとする州議会と大学の自治を守ろうとするコーポレーションとの主導権争いまで、さまざまな水準における対立が複雑に絡みあっていた。したがってボーエンの人事が決着したあとも、ハーヴァードには新たな火種が次から次へと降りかかった。一八三七年以来の古参フェローとしてコーポレーションの舵取りを担いつづけたジョン・エイモリー・ローエルは、一八五六年に健康上の理由からフェローを辞めようとしたのだが、ウォーカー学長は「我々はいま危機的な局面にある」と手紙で訴えて思いとどまるよう彼を説得し、結果的に辞任は一八七七年まで延期された。[28] コーポレーションの当面の目標は、監督会に関する規定の全面的な改正によって州議会がハーヴァードの運営に介入する道筋を断つことであり、案の定、そのための準備が少しずつ進んでゆくかたわらで、政治の領域における混乱は致命的なまでに深まっていった。そして一八六一年には、とうとう文字どおりの戦争が始まってしまった。

3 新しい教育

江藤淳がプリンストンで「耽読」していたエドマンド・ウィルソンの『愛国の血糊』は、南北戦争期を生きた作家や政治家や軍人など約三〇人の文章を一六の章にわたって論じ、この未曾有の内戦が米国の文学と思想に何をもたらしたのかを明らかにしようとする浩瀚な研究書である。その最後の章で取り上げられるのは、オリヴァー・ウェンデル・ホームズ・ジュニア（一八四一―一九三五）である。同名の父から「ウェンデル」と呼ばれた彼は、一九〇二年から三二年まで連邦最高裁判所の判事を務め、「明白かつ現在の危険」（"clear and present danger"）という言論の自由に関する重要な法理を提唱するなど、アメリカ法の歴史に数々の偉大な功績を残した。[29] 一九五〇年には、彼の生涯を題材にした『マグニフィセント・ヤンキー』（ジョン・スタージェス監督）という映画が公開されるほど、二〇世紀前半の米国においてホームズ判事の名前は広く知られていた（念のため付記すれば、英語における「ヤンキー」［Yankee］とは「ニューイングランド人」を第一の意味とする言葉である）。ちなみにウィルソンは、この映画を「ゴミのような」作品と評している。[30]

ウェンデル・ホームズは、一八六一年四月に南北戦争の火蓋が切られたときにはまだハーヴァード・カレッジの四年生であったが、以前から奴隷制廃止論者たちの運動に協力していたこともあって、自ら志願して北軍の将校となった。マサチューセッツ志願歩兵第二〇連隊に配属された彼は、一八六一年一〇月のボールズ・ブラフの戦い（戦争初期に北軍が軍事的無能を示した戦いのひとつ）では胸を撃ち抜かれ、翌年九月のアンティータムの戦い（両軍の死傷者が約二万三〇〇〇人にまで及んだ激戦）では頸部を撃ち抜かれ、さらに翌一八六三年五月に起こったフレデリックスバーグの第二の戦い（南軍が大胆な戦術によって勝利したことで有名なチャンセラーズヴィルの戦いの一部）では踵《かかと》に被弾した。三度目の負傷ののち約半年間ボストンの自宅で傷を癒やしたホームズは、一八六四年初めに北軍に復帰し、今度は第六軍団付きの参謀として同年五月に始まる新たな作戦に参加している。五月五―七日のウィルダネスの戦いを皮切りに一か月以上も続いたこの作戦において彼は、酸鼻をきわめた銃撃戦と累々たる死傷者の山を日々まのあたりにしつづけた。[31]

こうした凄絶な体験を戦地で経てきたことを思えば、一八六四年七月に兵役を全うしてボストンに帰り着いたホームズが、以前の彼とは別の人間になっていたとしても決して不思議ではなかった。

では彼は、南北戦争の前後で具体的にどう変わったのか。エドマンド・ウィルソンによれば、南北戦争は、北軍へ志願したときには「ロマンティックな騎士道精神」を燃やしていたホームズから、「社会に対する黙示録的な諸幻想」を完全に除去してしまった。兵役を終えた二か月後にハーヴァード・ロー・スクールへ進学した彼は、周囲の誰もが驚くほどの集中力をもって法律の勉強に打ち込んだ。しかし他方で、「のちには新聞を読むことさえ意識的に避けるようになるホームズは、このころからすでに、現在進行中のもろもろの出来事から自らを切り離すというポリシーを採用していたようである」。[32]

法曹界におけるホームズの輝かしい経歴が、社会を生まれ変わらせようというロマンティックな信念にまったく裏打ちされていないのだとすれば、他のいったい何が、リベラルな判事という評判に伴われた彼のたゆみない歩みを支えていたというのか。ホームズが独自に発展させた概念としてウィルソンが注目する「ジョビスト」(“jobbist”)という言葉が、この問いの答えへと繋がっている。「ジョビストとは、自らの仕事《ジョブ》に、世界を改善しようとか世間に良い印象を示そうなどといっさい考えることなく取り組める者のことである」。[33] ウィルソンによるこの定義は、プロフェッショナリズムに身を捧げることのできる者、とも言い換えられるだろう。

Ⅲ

ロマンティシズムからプロフェッショナリズムへ。ウィルソンがホームズ論を『愛国の血糊』の最終章に配したのは、この変化が、ホームズ個人にとってのみならず、アメリカ思想史という大きな枠組みにおいても決定的に重要だと彼が考えたからこそのはずである。そして、『愛国の血糊』以後に現れた、南北戦争という経験の意味を思想史的に考察する研究書の数々においても、オリヴァー・ウェンデル・ホームズ・ジュニアにはしばしばスポットライトが当てられ、ウィルソンが論じた変化をより精緻に、あるいは批判的に検討する試みがなされつづけている。そのような本のうち、もっとも大きな注目を集めたもののひとつが、二〇〇二年にピューリッツァー賞を受賞したルイ・メナンドの『メタフィジカル・クラブ』(二〇〇一)である。(34)

メナンドは、ウィルソンと同じく、一八六四年四月に——すなわちウィルダネスの戦いの直前に——ホームズが送ったチャールズ・エリオット・ノートン宛ての手紙を、完全に変貌しきるまえのホームズのロマンティックな信念を伝える貴重な史料として引用している。土曜クラブ(第1章第4節参照)の一員であるノートンはこのとき、ジェイムズ・ラッセル・ローエルとともに編集を担っていた『ノース・アメリカン・レビュー』に十字軍についての論考を——フランスで出版された歴史書の書評という体裁で——発表したばかりであった。ホームズの手紙はこの論考への讃辞として書かれたものであり、たとえば彼がこれから赴こうとしている前線を「パレスチナ」と呼んでいる箇所などは、ウィルソンの言う「社会に対する黙示録的な諸幻想」の恰好の例であるようにも思える。(35)

しかしながらメナンドは、ホームズの変化の起点を位置づけるにあたり、ロマンティシズムに加えて、ホームズの父を特徴づけていた「万能主義《ジェネラリズム》」にも注目している。要するに、南北戦争がホームズに強いた変化は必然的に、父であるホームズ博士が、あるいは土曜クラブの面々が体現した知的流儀との断絶として、のちの連邦最高裁判事の思想の根底に刻まれたというわけである。ハーヴァード・カレッジの学生だったころのウェンデル・ホームズは、「書物」というタイトルの、ラルフ・ウォルド・エマソンを賞讃する文章を発表したことがあった。そこに描かれたのは、メナンドによれば、「あらゆるタイプの、またあらゆる文化に由来する文学作品および哲学的著作を、自らの仕事へ転用できそうなアイデアや言いまわしを求めて拾い読みする」という、ジェネラリストとしてのエマソンの姿であり、そうした知的流儀の基礎にあったのは、「組織化された研究は精神を鈍くするという確信、あるいは本物の洞察は個人の魂からおのずと湧き起こってくるものだという確信であった」。ところが、とメナンドは続ける。

戦争から戻ったウェンデル・ホームズにとって、ジェネラリズムは真剣さの敵であった。戦争は彼に、専門知識の大切さを教えた。戦闘の仕組みを理解している兵士は、大義への熱烈な思い入れを持つ兵士に較べてよりよく——より効果的に、さらにはより勇敢に——戦った。南北戦争に十字軍を重ねながらチャールズ・ノートン宛ての手紙を書いていたときには、ホームズはなお自分を大義への感情で鼓舞しようとしていた。三か月後、ウィルダネスの戦いから抜け出してきたときには、その感情は人びとを自滅にしか導かないように思えた。

戦前のボストンの知的流儀をホームズが拒んだことには、世代交代が反映していた。戦争を通過した多くの人びとにとって、プロフェッショナリズムおよび専門知識の価値には魅力があった。それらは、非人格性〔impersonality〕、事業を有効に組織する諸制度の尊重、近代的かつ科学的な態度——つまり個人主義、人道主義、道徳主義といった戦前の北部における知的生活の特徴の対蹠物——を伴っていたからである。(36)

したがって、ホームズ父子のあいだに横たわる溝は、南北戦争がアメリカ思想史に画した一線の典型的な例だということになる。言い換えれば、ウェンデル・ホームズにかぎらず、南北戦争がもたらした価値観の変化に身をさらしたニューイングランドの若者たちはおしなべて、親の世代が自明視していた規範をそのまま受け入れることができなくなりつつあった。ゆえに、ホームズ父子の差異に類するものは、オーガスタス・ローエルとパーシヴァル・ローエルとのあいだにも、アダムズ家の偉大な父祖たちとヘンリー・アダムズとのあいだにも、そして、宗教思想家のヘンリー・ジェイムズ・シニア（一八一一―一八八二）と彼の息子たち——兄ウィリアム・ジェイムズ（一八四二―一九一〇）および弟ヘンリー・ジェイムズ（一八四三―一九一六）——とのあいだにも、見出すことができた。もっとも最後に挙げたジェイムズ家は、ヘンリー・シニアの父がアイルランドからの移民であったため、他の三家族とは異なりボストン・ブラーミンの成員とは見なされなかった。(37)

言うまでもなく、アメリカ思想史におけるジェイムズ家の重要性は群を抜いている。なにしろ、南北戦争後の米国で台頭した重要な思潮としてしばしば挙げられるのは、哲学においてウィリアム・ジェイムズが牽引したプラグマティズムと、文学においてヘンリー・ジェイムズが大成したリアリズムなのだから。メナンドの『メタフィジカル・クラブ』もまた、プラグマティズムが米国の新たな知的流儀として確立するまでの過程を、オリヴァー・ウェンデル・ホームズ・ジュニア、ウィリアム・ジェイムズ、チャールズ・サンダース・パース（一八三九―一九一四）、ジョン・デューイ（一八五九―一九五二）という四人の生涯に焦点を据えながら、一九世紀後半から二〇世紀前半までを眺めわたす広汎な視野のもとに綿密に跡づけている。その過程には大きな振幅があり、ジェネラリズムからプロフェッショナリズムへという図式は振幅の一極を説明するためのものである。[38]

他方でローエルは、プラグマティストでもリアリストでもなかった。では例外的だったのかと言えば、ある面ではむしろあまりに典型的であった。つまり、序論でも示唆したとおり、世紀転換期のニューイングランド、アメリカ思想史、世界の複数性の観念史という三層のいずれに定位するかによって、ローエルに下すべき評価は大きく異なってくる。彼は、プラグマティズムを芽吹かせリアリズムを育てたのと同じ土壌、すなわち世紀転換期のニューイングランドという文脈に、ジェイムズ兄弟よりもずっと深く囚われていた。この意味で彼は典型的であったが、そこからの脱出方法は良くも悪くも型破りであった。こうした抽象的な記述を具体的に論じなおすための材料は、第5章においてようやく出揃うことになる。

E

いま述べた「土壌」の小さからぬ部分は、チャールズ・ウィリアム・エリオットによって耕された。ただし、前節の議論からも明らかなように、エリオットがそのうえを邁進することになる改革のレールの一部は、すでに南北戦争以前から敷かれていた。学問および教育におけるプロフェッショナリズムの普及に関して言えば、戦時下の一八六二年にも、モリル国有地譲与《ランドグラント》法という重要な法律が連邦議会で可決されている。これは農業および機械工学の教育を主軸に据えた大学の設立を――各州への国有地の譲与をとおして――支援するための法律であり、制定後には、「ランドグラント大学」(land-grant universities) と総称される新しい大学が各州に続々と誕生した。ランドグラント大学は実に多様な姿をまとったけれども、その大半は、当然ながら、プリンストンのマコッシュ学長がのちに称揚する全人的な教育よりも、プロフェッショナリズムと専門知識とに価値を置く実務的な教育を優先することとなった。[39]

マサチューセッツ州においては、実はモリル法が制定される前年の一八六一年に、マサチューセッツ工科大学 (MIT) をボストンに設立することを州議会が認可していた。したがって同州は、モリル法に由来する資金の一部をMITに与え、残りをマサチューセッツ農科大学 (現マサチューセッツ大学アマースト校) の設立のために使った。MITは南北戦争が終結した一八六五年に授業を開始し、一九一六年にキャンパスが隣町のケンブリッジへ移転するまでは「ボストン・テック」という愛称で呼ばれた。他方でハーヴァードは、前節に記した監督会と州議会との切り離しという念願を一八六五年にようやく果たし晴れて私立大学となったけれども、その努力のかたわらで進行していた、一八四七年にハーヴァードに (新たなプロフェッショナル・スクールとして) 付設されたローレンス・サイエンティフィック・スクールにもモリル法の恩恵を受けさせようとするいささか図々しいもくろみは、さすがに州議会を通過することはなかった。[40]

一八五三年にハーヴァード・カレッジを卒業したチャールズ・ウィリアム・エリオットは、母校にとってはライヴァルであるはずのMITで開校時から化学の教授を務めている。加えて、驚くべきことに、このときのＭＩＴの副学長はあのジョン・エイモリー・ローエルであった。(41) 当時彼はハーヴァード・コーポレーションのフェローでもあったのだから、同一人物が双方の運営に深く関わっているという意味では、ハーヴァードとＭＩＴはいまだ本当の意味でのライヴァルではなかったとも言える。とはいえ、これらふたつの大学を往復するかたちとなったエリオットのキャリアが既定路線だったわけではない。

エリオットの父のサミュエル・アトキンズ・エリオット（一七九八―一八六二）は、一八三七年から四〇年までボストン市長を務めた政治家であり、一八四二年から五三年までハーヴァード・コーポレーションのトレジャラーに就いていた。また、一八二〇年代にハーヴァードを改革しようとしたジョージ・ティクナーはエリオットの叔母の夫であり、チャールズ・エリオット・ノートンはいとこ（もうひとりの叔母の子）であった。つまるところ生粋のボストン・ブラーミンであるエリオットは、有能な化学教師としてハーヴァードで順調に出世してゆくかに思われたのだが、一八六三年に、ローレンス・サイエンティフィック・スクールのランフォード・プロフェッサーというポスト（正式名称は「有用な技芸への科学の応用のランフォード・プロフェッサー」）をニューヨーク出身の化学者オリヴァー・ウォルコット・ギブズ（一八二二―一九〇八）と争い、敗れてしまう。この人事は主に、ローレンス・サイエンティフィック・スクールをめぐる学内政治によって導かれたものである（その経緯の一端は第4章第3節で説明しよう）。しかし同時に、持てる時間のほとんどを教育の改善――具体的には筆記試験の導入から教室へのガス灯設置まで――に捧げていた二九歳のエリオットは化学者としての業績においてギブズに遠く及ばなかったという皮肉な事情のゆえであるとも、非妥協的な彼の性格

が学内に少なからぬ敵を生んだためであるとも言えた。(42)

　敗北したエリオットはハーヴァードを去り、一八六五年までの二年間をヨーロッパの教育機関の視察に費やした。その後、滞欧中に接したMITの招きを受諾して帰国し、新設の大学でふたたび教育の改善に努める一方で、一八六八年七月にはハーヴァードの監督会のメンバーに選ばれるという栄誉にも浴した。こうしたエリオットの足跡に、教育者としての彼の能力を高く評価したジョン・エイモリー・ローエルの計らいが多少なりとも寄与したことは言うまでもない。(43) しかしながら、ユニテリアンの牧師であるトマス・ヒル（一八一八―九一）が一八六八年九月にハーヴァードの学長を退任したあと半年近い模索期間を経て、ついに翌年三月にコーポレーションがエリオットを次期学長に指名するに至ってもなお、状況はいまだ予断を許さなかった。一八六五年の改革によって監督会の州議会勢力はすべてハーヴァードの卒業生に置き換えられたとはいえ、当時のメンバーには、三五歳の化学者よりも五八歳のユニテリアンの牧師アンドリュー・プレストン・ピーボディ（一八一一―九三）のほうが学長にふさわしいと考える保守的な意見の持ち主が多く、コーポレーションの指名は監督会での僅差の議決によって差し戻されてしまった。

　エリオットは、あたかもこうした展開を見越していたかのように、すでに『アトランティック・マンスリー』の一八六九年二月号と三月号に「新しい教育」（"The New Education"）と題する論文を二部にわたって発表していた。そこに見られる「人間の探究のいかなる主題《サブジェクト》も、本物の大学のプログラムから締め出されることなどありえない」という力強い言葉は、当時まさに興隆しつつあったにもかかわらず伝統的なカリキュラムのもとでは劣位に置かれざるをえない科目《サブジェクト》に携わる者たちを大いに勇気づけただろう。(44) もっとも、この言葉の実行が、三〇年後のハーヴァードのカリキュラムにおいて一年生の英語および外国語（独仏いずれか）のほかはすべて選択科目になるという極端な帰結を伴おうとは、一八六九年の時点ではエリオット以外の誰にも予想できなかったはずである。(45) いずれにせよ、「新しい教育」が（執筆時のエリオットの意図はどうあれ）学長選のマニフェストとして機能した一方で、ランフォード・プロフェッサーの件ではエリオットと敵対していた教授たちを説得するといった根回しに尽力したのは、やはりジョン・エイモリー・ローエルであった。(46)

コーポレーションは、監督会から差し戻された指名をふたたびエリオットに与えた。監督会における二度目の投票では、元学長のジェイムズ・ウォーカーの熱心な推薦なども功を奏し、コーポレーションの決定が無事に承認された。エリオット新学長の就任式が催されたのは一八六九年一〇月一九日である。

4　よく燃える知性

パーシヴァル・ローエルがその一員となったハーヴァード・カレッジの一八七六年クラス（the Class of 1876）——各学年を卒業（予定）の年で名指すのは現在まで続くならわしである——は、一四二名の卒業生を世に送り出した。そこには、ローエルと長い親交を結ぶことになる画家のラルフ・ワーメリー・カーティス（一八五四―一九二二）や、企業家フランシス・キャボット・ローエル（⑦）の曾孫でありのちに連邦巡回裁判所の判事となるフランシス・キャボット・ローエル（⑩一八五五―一九一二）――系譜上は「三世」をつけるべきだが本人はこの接尾辞を用いなかった――や、炉辺詩人ロングフェローの甥にあたる建築家アレグザンダー・ワズワース・ロングフェロー・ジュニア（一八五四―一九三四）などが含まれていた。そんな一八七六年クラスのいまひとりは、卒業の二五年後に、学生時代をふりかえりながら次のように記した。「エリオット学長の就任のわずか三年後に入学した我々は、古い基礎のうえに新しい上部構造を築こうとする彼のエネルギーがまさに発揮されるところを目にすることとなった。一年生のあいだは、自分で選ぶ必要性に煩わされることなく必修科目だけを勉強することを許されたけれども、その後の三年間で我々は、手綱からはずれるよう追い立てられた」。[47] 批判的な語調がほとんどあからさまなこの文章が書かれているとき、エリオットはまだ学長の座に留まっていた。

たしかに、ローエルが入学した一八七二年度の授業案内を覗いてみると、一年生の授業はすべて必修科目（ギリシア語、ラテン語、数学、ドイツ語、倫理学、化学）で埋まっている一方で、学年が上がると必修科目は一気に減り、四年生はフランシス・ボーエンの弁論術（Forensics）ひとつだけである。選択科目のほうは、古典語、近代語、哲学、歴史、政治学、数学、物理学（化学を含む）、自然史、音楽という九つのカテゴリーにわたる七五の授業が列挙されていて、その充実ぶりは一八二〇年代とは較べものにならない。また翌年度の授業案内を見ると、「必修ギリシア語」（プラトン、ヘロドトス、ホメロスなど）に飽きたらない一年生は「ギリシア語1」（アイスキュロス、ホメロス、プラトン）ないし「ギリシア語2」（デモステネス、エウリピデス、アリストパネス）を取れるようになっており、一年単位でカリキュラムがめまぐるしく変化していたことが窺える。[48] そもそも、一年生全員が「必修ギリシア語」の内容を理解できる（と見なせる）のは入学要件にギリシア語が含まれているからなのだが、一八八六年にはエリオットはとうとう、ギリシア語の知識がまったくなくてもハーヴァードに入学できる道を切り拓いた。もちろん「必修ギリシア語」はこのときすでに、「必修ラテン語」とともども選択科目へ置き換わっていた。[49]

現在の感覚からすれば十分予想できる帰結ではあるが、かくも劇的な変化を遂げていたこの時期のハーヴァードには、学習意欲の向上を期して導入されたはずの選択科目制を、初学者向けの授業や自分の得意科目の授業だけを受講して最大限の楽をしながら卒業するための制度として活用する学生が数多くいた。エリオットに敵対する勢力が、こうした事例を恰好の武器としてしばしば引きあいに出すのも当然であろう。[50] そうした多方面からの攻撃に耐えつつ、あくまでも学生の自由を追求しつづけたエリオットは、いったいどのような信念に支えられていたのか。この問いに答えるには、本来なら、エリオットの考えが四〇年間の学長在任中にこうむった段階的な変化を丹念に辿る必要がある。しかしここでは、次章以降の議論に関わる論点として、一直線に邁進しているようにも見えるエリオットの歩みに潜むゆらぎを、彼の学長就任前後の文章から取り出すに留めておこう。

たとえば彼は、一八六九年一〇月の学長就任演説の冒頭でこう力説している。

言語か、哲学か、数学か、科学か、これらのいずれがもっとも優れた精神の鍛錬を提供するのかという論争、あるいは、一般教育〔general education〕は主として文学的であるべきか科学的であるべきかという際限のない論争は、こんにちの我々にいかなる実践的な教訓も与えはしません。この大学は、文学と科学とのあいだにいっさいの抗争の存在を認めず、数学か古典かとか、科学か形而上学かとかいった狭い選択肢に甘んじることもありません。我々はこれらすべてを、しかも最高水準のものを手にするでしょう〔would have〕。鋭く観察すること、堅実に推理すること、生き生きと想像すること——これらは、明確で力強い表現を与えることと同じくらい本質的な作業です。こうした諸能力のうちのひとつを伸ばすために残りの発達を妨げ抑制する必要などありません。大学は、一般教育がプロフェッショナルの領域へと枝を伸ばすに至るまでは、知識の応用に密接に関わることはないのです。[51]

この箇所だけを引くと、第1節で参照した、一八八五年の論争におけるプリンストンのマコッシュ学長の主張とほとんど同じことをエリオットが言っているようにも見える。マコッシュの場合は、全人的な教育を施すには伝統的なカリキュラムがもっとも有効であるという前提のもとで議論が進んでいた。ところがエリオットは、「一般教育」が対象とすべき学生の諸能力、すなわちマコッシュが「神が我々にお与えになった諸能力」と呼ぶものに関して、前節で言及した論文「新しい教育」においてマコッシュの議論を先取り的に封じるかのようなことを述べている。曰く、「諸能力は神から満遍なく与えられているわけではない」。したがって、「カレッジの授業の目標は円熟した人間〔a rounded man〕を作ることにある」といった言い方で、人間の魂を諸能力を均等に配合した

「錠剤」のようなものとして捉えていると、「あらゆる男子の精神」には「生来の傾き〔natural bent〕と独特の性質」が備わっている以上、いつかは「メタファーによって裏切られる」ことになる。むしろ「切削工具、すなわちドリルや錐《きり》のほうが、精神のシンボルとしてよりふさわしいだろう」。(52)

「ドリル」のような精神と「一般教育」とは、はたして容易に共存できるのか。これらの理念はいずれ、エリオットに二者択一を迫ることになるのではないか。結果だけを見れば、エリオットが二〇世紀初めまでに作り上げたものとは、多種多様なドリルによって武装したひとつの巨大な「城」にほかならなかった。彼の歩みは、当初は〝円熟した人間〟と〝ドリルのような精神〟という二種類の表現のあいだで揺れながらも、南北戦争後のウェンデル・ホームズが辿った道筋に沿う方向へ収束していった。このことは、エリオットの学長就任演説にある「我々は、数年にわたるもっとも苦い経験を経たあとでようやく、兵士のプロフェッショナルなトレーニングが戦争において価値を持つのだと信じるに至ったのです」という言葉によっても予見されていた。(53) では、パーシヴァル・ローエルは、エリオット学長がまだゆらぎを見せていた時期のハーヴァードから、いったい何を学びとったのだろうか。

Ⅲ

ローエルはハーヴァード在学中に、選択科目制という新しいシステムを活用して、数学と物理学から八つ、古典語（主にラテン語）と歴史から六つの授業を選択した。彼の成績の年度ごとの順位は二一位→二六位→一九位→一六位と推移しているので、一八七六年クラスの卒業生一四二名のなかでは優秀であり、また学年が上がって選択科目の比重が増すにつれて成績が伸びていることがここから窺える。特に、四年生のときに選択したベンジャミン・パースの「数学9」では、一〇〇点満点中九五点という高い成績を収めた。「天文学および数学のパーキンズ・プロフェッサー」を務めるパース——前章で述べたとおり彼は土曜クラブの一員であり、またプラグマティズムを生んだチャールズ・サンダース・パースの父でもある——に目をかけられていた四年生のローエルは、彼から受けた教えを踏まえて「星雲仮説」（"The Nebular Hypothesis"）と題する天文学の論文を書いており、それとは別に「エリザベスの死からアンの死までにおける、ヨーロッパ列強のひとつとしてのイングランドの地位について」という論文も書いてボードイン賞という名誉ある賞を授けられた。かくして卒業時には、ファイ・ベータ・カッパという、成績優秀者にのみ参加が認められる社交クラブのメンバーに選ばれていた。(54)

これらの事実をもって、ハーヴァードの教育はローエルを、人文科学と自然科学というふたつの領域を股にかける傑物として鍛え上げたのだと結論づけることは不可能ではない。しかしそれは、彼をホームズ博士のようなジェネラリストに、すなわち「円熟した」紳士に仕立てたという意味ではなかった。言い換えれば、ローエルがジェネラリストとなるにはすでに、文学と科学はそれぞれ、南北戦争前の姿からあまりにも変わりつつあった。たしかに彼は、のちに東アジアの紹介者として名を挙げ、火星運河説を主張する天文学者として後世に記憶されたけれども、結局のところは東アジアに関しても天文学に関してもひとりのアマチュアでしかなかった。ゆえに彼の経歴はほぼつねに、プロフェッショナリズムとの戦いという側面を伴っており、そしてその戦いは彼の後半生において、二本の不完全なドリルを手に完全武装の城と戦うという、ドン・キホーテ的な様相さえ呈することになる。

しかしそれでは、ローエルはいかなる名のもとでプロフェッショナリズムと戦ったと言えるのか。世紀転換期の激動のなかに生きたローエルが、南北戦争前のニューイングランドで培われた伝統から受け継ぐことになったこの何かを見さだめることが、ローエルの思想史的な意義を論じるうえでの要《かなめ》となるはずであるが、それは決して容易な作業ではない。たとえば、弟のローレンスが一九三五年に著したローエルの伝記の序文に見られる、奥歯に物の挟まったような筆致は、その難しさを間接的に物語っている。この序文は、さきに引いたエリオットの学長就任演説の一節と並べると興味深い対照を成すため、やや長めに引用しておこう。

> かりに天才が、終わりなき痛みを引き受ける能力のことを意味するならば、パーシヴァル・ローエルこそは、日本での前半生における神道の秘義の研究から、海王星の外側を回る未知の惑星の位置と軌道を計算するという晩年の偉業に至るまで、天才というものを豊かに持ちつづけた人物であった。〔…〕
>
> しかし彼には、その勤勉さに加えて、あらゆる示唆や観察によってたやすく点火されるような、よく燃える知性も備わっていた。それはひとたび火がつくと、仕事がなされるまで強く輝きつづけた。彼はまた、研究をより慎重に進める多くの科学者たちにはないような、非常に生き生きとした想像力も持っていた。したがって彼は、たんに新事実を確かめるだけでなく、そ

こから、その種の専門家たちによる従来のやり方よりもずっと自由に結論を引き出すべく探究しつづけた。こうしたことは、科学的な思考に進展をもたらした者たちにしばしば当てはまると彼は感じており、また、その領域に属する多くの者たちからはいくらか離れた時間を自分は代表しているとも考えていた。このような態度と、人生半ばの彼がいかなる研究機関とも繋がりのない立場から観測天文学に乗り出したという事実とのゆえに、プロフェッショナルの天文学者たちの多くは彼のことをしばしば不信の目で眺めてきた。だからこそ彼は、自らの耕地をほとんど独力で、開拓者の精神によって耕したのであり、この小著は、そんな彼がいったい何を成し遂げたのかを語るための試みである。(55)

ここで注目すべきなのは、書き手が、ローエルのなかの重要な資質を取り出すために、どのような線に沿って彼をプロフェッショナルの天文学者たちから差異化しているかという点である。専門家たちの慎重な研究に対置される「非常に生き生きとした想像力」。彼らの厳密な推論と較べてより「自由」であり、むしろ彼らの科学的な思考を「開拓者の精神によって」拡張するような思考。こうした言葉遣いは、エリオットの学長就任演説とは異なる前提に基づいている。

「鋭く観察すること、堅実に推理すること、生き生きと想像すること」――このエリオットの言葉がかりにローエルの脳裡にあれば、火星をめぐる論争において彼は、自分はまさにこれらの作業をおこなっているのだと主張したに違いない。火星の表面に直線の模様があることを望遠鏡で観察し、それが自然の産物ではないことを推理し、その推理をもとに火星に棲む者たちの世界を想像する。ローエルが辿ったこのプロセスはしかしながら、主流派の天文学者たちには受け入れられなかった。エリオットが挙げた諸能力が、もとを辿れば同じひとつの根――〝円熟した人間〟の魂――に行き着くということは、世紀転換期の天文学者たちの論争においてはもはや自明の前提とはなりえず、そして実のところ、ローエルの人生の転調は、いっけん滑らかに繋がっているように見えるこれらの作業のどこかに生じた亀裂によってもたらされたのであった。

繋がりが自明ではなく、実際に繋がってもいない事柄の繋がりを主張するには、〝円熟した人間〟のような穏当な一般論ではなく、より強力な理念を持ち出さなくてはならない。ゆえにローエルの言説もまた、たとえば一八九五年の著書『火星』と一九〇六年の『火星とその運河』を較べると、後者において思想的な傾きが増していることがすぐに読みとれる。ほかならぬその傾きこそが、ローエルが二〇世紀の文化に与えた影響の源泉であるはずだと私は考えるのだが、ではそれはいったい何に向かって傾いているのか。

ここからさきはのちに論じるとして、いまはさしあたり、南北戦争を経たウェンデル・ホームズが過去へ捨て去ったはずのロマンティシズムが、あるいは（序論でも触れた）ロマンスというジャンルが鍵になると述べるに留めよう。『火星とその運河』へ進むまえに、まずは次章で、日本に関するローエルの著作から独特のロマンスが読みとられるだろう。そして第5章で読者は、ローエルの「開拓者の精神」が一八九四年にあるトラブルをもたらし、チャールズ・ウィリアム・エリオットを激怒させたことを知るだろう。

ところで、学長就任演説冒頭の「言語か、哲学か、数学か、科学か」という問いに対してエリオットは「我々はこれらすべてを、しかも最高水準のものを手にするでしょう」と答えていたが、この宣言は少なくとも一九世紀のあいだは成就しなかった。たとえば一八九三年度のハーヴァードには、のちに三六式無線電信機――日露戦争中の日本海海戦で重要な役割を担った――を開発する木村駿吉《しゅんきち》（一八六六―一九三八）が大学院生として在籍しているけれども、彼はハーヴァードの数理物理学の水準が低くて失望した旨を恩師の田中舘愛橘《たなかだてあいきつ》（一八五六―一九五二）に手紙で吐露している。[56] この事実から窺えるのは、かりに一九世紀末に世界大学ランキングのようなものが存在したとして、その上位を占めるのはおしなべてヨーロッパの大学であり、一八六九年のエリオット学長就任を契機に本格的な近代化が始まったハーヴァード大学と、木村や田中の母校である一八七七年設立の東京大学（木村が在学中の一八八六年に「帝国大学」へ改称される）とは、順位において雲泥の差と言えるほど離れていたわけでもなさそうだということである。

要するに、エリオットの改革によって生まれ変わったハーヴァード大学の諸学科は、世界的に見ればいまだに水準はまちまちであった。そこからの飛躍的な底上げがなされ、私たちがなじんでいる最高峰の大学というイメージに実態が近づくのは、二〇世紀に入ってから、特にカーネギー・コーポレーション（一九一一年設立）やロックフェラー財団（一九一三年設立）などの慈善団体が大学の研究に巨額の資金を提供するようになって以降のことである。[57] もちろん、一九世紀末のハーヴァードにおいても、いくつかの学科はすでにヨーロッパにまで名声を轟かせつつあった。そのうちの筆頭は哲学科であり、この学科の隆盛にもっとも貢献したのはウィリアム・ジェイムズである。

そもそも、エリオット学長の就任当初のハーヴァードは、哲学に関していかなる状況にあったのか。それを知るために一八七二年度の授業案内をふたたび覗くと、選択科目の「哲学」のカテゴリーに並ぶ六つの授業のうちの、「心理学」、「古代哲学」、「デカルト派およびカント派」、「近代ドイツ哲学」の四つをフランシス・ボーエンが担当していることがまず目につく。(58) 実のところボーエンは、一八五三年にアルフォード・プロフェッサーに就任してからしばらくのあいだハーヴァードの哲学教育をほとんどひとりで担っていたのであり、さらには、授業のかたわらで政治経済の本をいくつも著し、ウェルギリウスの詩を編纂し、アレクシ・ド・トクヴィル（一八〇五―五九）の『アメリカのデモクラシー』（一八三五―四〇）をフランス語から翻訳するなど、ホームズ博士にも引けをとらないジェネラリストぶりを発揮していた。彼はまた、ユニテリアニズムの擁護者として、この思想に反旗を翻しトランセンデンタリズムという新しい思想を唱えたエマソンを公然と批判してははばからず、そのことに我慢がならなかった学生時代のウェンデル・ホームズは、ボーエンの授業を著しく妨害したためにカレッジから訓戒処分を下されていた。(59) こうした状況を念頭に置けば、エリオットが学長就任演説で述べた「哲学の諸科目は、決して権威によって教えられるべきではありません」という言葉が、ハーヴァードの哲学をユニテリアニズムの抹香臭《まっこう》さから解放するという決意の表れであることも明らかになる。(60)

ウィリアム・ジェイムズは、ウェンデル・ホームズがハーヴァード・カレッジを卒業した直後の一八六一年九月にローレンス・サイエンティフィック・スクールに入学し、当時同校の助教授であったエリオットから化学を学んだ。[61] のちに彼はハーヴァード・メディカル・スクールへ移って生理学などを学び、ベルリン大学への留学を挿みつつ、一八六九年にハーヴァードから医学博士（MD）の学位を授与されている。一八七二年には、翌年春の学部生向けの生理学の授業を担当しないかというエリオット学長からのオファーがあり、ジェイムズはこれを受諾した。かくして彼はハーヴァードの教壇に立ちはじめ、一八七六年に生理学の助教授となった。翌年エリオットは、ボーエンの反対意見に耳を貸すことなく、新たに「心理学」と名づけられたジェイムズの授業を哲学科へ移管した。一八八〇年にはジェイムズは哲学科の助教授となり、同じ地位に一八七三年から就いていたジョージ・ハーバート・パルマー（一八四二—一九三三）とともに、哲学科の教員としてジョサイア・ロイス（一八五五—一九一六）を迎えるべきであることをエリオットに説いた。カリフォルニアにいたロイスは一八八二年にハーヴァードへ（当初は非常勤講師として）招かれ、三年後に助教授となった。[62]

ジェイムズのこうした前半生が際立たせるのは、プラグマティズムの創始および普及に貢献した哲学者という現在のイメージとのあいだの距離であろう。ジェイムズは一八七〇年代半ばには、実験をとおして生理学と心理学の関係を探るという先駆的な授業をおこなっており、彼の最初の記念碑的な業績は、一八九〇年に出版された『心理学原理』（*The Principles of Psychology*）という全二巻の大著であった。この本の完成をひとつの区切りと見なしたジェイムズは研究の重心をより哲学的な問題へ移しはじめ、自らがハーヴァードに築いた心理学実験室の牽引を、エリオットが（もちろんジェイムズの薦めに応えて）一八九二年にドイツのフライブルク大学から招いたヒューゴー・ミュンスターバーグ（一八六三―一九一六）に託すようになる。ボーエンはすでに一八九〇年に亡くなっており、ミュンスターバーグが（母国での二年間の検討期間を経て）一八九七年に正式にハーヴァードの教授に就任したことをもって、後世が「黄金期」（the Golden Age）と形容する哲学科の強力な新体制はほぼ完成した。しかしそこでの哲学者たちの営みは、哲学と心理学が未分化であることからも窺えるように現在の哲学研究の姿とはいささか異なっており、この点について歴史家のブルース・ククリックは、彼らは科学と宗教の対立を観念論によって調停するというヴィジョンを――純粋に形而上学的なアプローチに頼るのではなく――心理学という科学的な方法をとおして探究していたのだと要約している。(63)

以上の概観からは、さらに深めるべき重要な問いをいくつも取り出せるけれども、本章のここまでの議論を経た私たちとしては、何よりもまず、生理学と心理学と哲学という三つの領域を渡り歩いている点ではジェネラリスト的でありながら、ハーヴァードの他の学科と同様にプロフェッショナライズされつつあった哲学科において頂点まできっちり登りつめてもいるという、ジェイムズの特異にして華麗なキャリアに注意を払わないわけにはいかない。第5章で述べるように、ローエルとジェイムズは一九〇〇年に意外な場所で遭遇し、意気投合することになる。私たちの主人公は、プロフェッショナリズムに身を捧げるウェンデル・ホームズの道を進めなかったのは仕方がないにせよ、いったいなぜ、ジェイムズに見られるバランス感覚を獲得することができなかったのだろうか。

5　生まれながらの旅人

一八七六年六月にハーヴァード・カレッジを卒業したローエルは、ほどなくして、同窓のハーコート・エイモリー（一八五五―一九二五）――彼はジョン・エイモリー・ローエルの祖父の兄の曾孫であり、クリーヴランド・エイモリー（第1章第1節に登場）の祖父の弟である――とともに約一年間のヨーロッパ旅行へと出発した。これはいわゆる「グランドツアー」であり、当時の米国の上流階級において子弟の教育の総仕上げとしてよくおこなわれていたものである。グランドツアーはもともと一八世紀英国の貴族の慣習であったが、この時期には、鉄道の敷設（米国初の大陸横断鉄道が完成したのは一八六九年）やスエズ運河の開通（こちらも一八六九年）といった移動手段の整備と、トマス・クック（一八〇八―九二）に始まる観光産業の発展とによって、旅行者の負担は大幅に軽減され青年の自由な長旅がより容易になっていた。そんななかでもローエルは、既存のパターンに収まることに飽きたらず、ひとりでドナウ川を下ってセルビアとオスマン帝国の戦争の前線に赴こうとしたり（この試みは不首尾に終わった）、当時は訪れる欧米人も少なかったパレスチナやシリアまでエイモリーとともに足を延ばしたりしている。(64)

こうした事実は、のちのローエルの歩みを知る者には、彼の生涯を彩ることになる開拓者精神の萌芽を示しているように映るだろう。しかしおそらく当時のローエルはまだ、自らの胸に宿る旅への衝動が、青年ゆえの一時的な冒険心とは異なるものだという確信を十分に抱いてはいなかった。

というのも、一八七七年の夏にボストンに戻った彼はジョン・エイモリー・ローエルのオフィスに入り、その後の約六年間を祖父と父の事業に捧げているからである。このときは周囲の誰からも、そのまま彼が長男として家督を継ぐものと思われていた。

ローエルにとってこの六年間は、ブラーミンの規範を体現する厳格な父オーガスタスとの断絶を覚悟するまでに要した時間であった。たとえ父のその厳格さが、一八五七年の恐慌から南北戦争までの激動のなかで家族の事業および財産を守り抜こうとする努力の産物であったとしても、南北戦争後のニューイングランドに生きるローエルには、それはあまりに保守的で抑圧的な態度であると感じられた。法曹界へ進んだ弟のローレンスは一八七九年に結婚しボストンのマールボロー・ストリートに家も持っていたのに対し、実家暮らしの兄は独身者としての気ままな生活を続けており、もちろんオーガスタスはそれを喜ばなかった。しかしそもそも、ローエルがそうした気ままさをながらく享受できたという事実は、彼の同世代のあいだでは独身主義者のライフスタイルがさほど例外的ではなかったことを意味してもいる。独身男性の増加を看過すべからざる傾向と見なした合衆国国勢調査局が一八九〇年に統計を取りはじめると、全国の一五歳以上の男性に占める未婚者の割合は四一・七パーセントと算出された。都市別に見れば、一八九〇年のボストンの男性（一五歳以上）未婚率は四六・三パーセントにまで達している。(65)

オーガスタスが長男に対して抱いた〝社会〟への適応という期待は、したがって、こうした社会自体の変容のゆえに現実から乖離しつつあった。ローエルと父のあいだの距離は、もはやローエルの〝成長〟によって埋められるたぐいのものではなくなっており、その溝の深さは、一九〇〇年の父の死後にローエルがアメリカ芸術科学アカデミーの会合で読み上げた追悼文にも影を落としている。彼はそこで、父が両親から受け継いだ価値観を、「二倍に煎じつめられた」ピューリタニズムと表現した。

彼〔オーガスタス・ローエル〕が偉大だったのは、理論的な事柄においてではなく実際的な事柄においてです。幅広く読書してはいましたが、彼は理論化への関心をいっさい抱かなかったように見受けられます。彼が自分以外の者の理論から高度な楽しみを得るのは、その理論が、〔…〕彼が――二倍に煎じつめられたかたちで――受け継いだピューリタニズムと衝突しないかぎりにおいてのことでした。しかしこれは多分に、彼が育った社会のせいでもありました。彼が教育を受けたのは、思想が近代的な変化をこうむる以前のことであり、淀んだ水をかきまわすようなこの変化において、六〇年前のボストンは世界に遅れをとっていたのです。(66)

とは言うものの、ローエルが父のピューリタニズムを相続することを拒んだにせよ、「実際的な事柄において」発揮される父の力量は、彼にもたしかに受け継がれていた。祖父と父のもとで繊維会社の経営や投資による資産運用に携わった六年間は、したがって無駄であるどころかむしろ、ビジネスマンとしてのローエルの優れた才能を開花させた点において有意義であった。(67) 一八九四年以後のローエル天文台の運営にもこの才能が役立てられたことは言うまでもない。

PL

ローエルは、一八八三年の春、二八歳のときにボストンを離れ、日本への旅に出発した。その選択を彼に決意させた要因には少なくとも、一八八一年一〇月三一日に祖父ジョン・エイモリー・ローエルを亡くしたことや、翌年に訪米中のオスカー・ワイルド（一八五四—一九〇〇）がボストンでおこなった講演を聴いて大いに感化されたことなどが含まれていた。また、同じく一八八二年に彼が、あるブラーミン女性との婚約をいったん受け入れたものの、苦渋のすえに婚約を破棄したという事実も重要である。両親とともに旅行中の妹エリザベス（10d）へ送った同年九月九日付の手紙に見られる、自分は「生まれながらの旅人なのだ」という彼の言葉からも、この時点でローエルがボストン脱出の意志を固めていたことが窺える。(68) それほどまでに強まったローエルとボストンのブラーミン社会との軋轢については、第5章であらためて論じられるだろう。

しかし、そんな旅の目的地として彼がほかならぬ日本を選んだのは、一八八一年末から翌年初めにかけてボストンでおこなわれた、エドワード・シルヴェスター・モース（一八三八—一九二五）の日本についての連続講演を聴いたためであった。日本ではもっぱら大森貝塚の発見者として知られるモースは、一八七七（明治一〇）年に、シャミセンガイなどの腕足《わんそく》動物を採集し研究するという目的で来日し、その後二年間（約五か月間の一時帰国も挿みつつ）東京大学で動物学を教えていた。この講演のいまひとりの参加者、ウィリアム・スタージス・ビゲロー（一八五〇—一九二六）は、モースの言葉によって未知なる日本のイメージに心を奪われ、すでに一八八二（明治一五）年五月には、今度は日本の陶器や民具を収集しようとしていたモースに随行するかたちで日本へ発っていた。のちに日本美術のコレクターとなる彼は——ローエルの母のミドルネームが「ビゲロー」であることからも窺えるように——ローエルの遠い親戚であった。かくしてローエルは、ビゲローの跡を追うかのごとく、サンフランシスコから英国船コプティックに乗り、一八八三（明治一六）年五月二五日に横浜へと降り立ったのである。[69]

ところで、実はこのモースの連続講演を催したのは、「ローエル・インスティテュート」という名前の組織であった。これは、フランシス・キャボット・ローエル[7]の長男ジョン・ローエル[8a]——ローエル家にはすでに数多くのジョンがいたにもかかわらず、家族は彼のことを「ジョン・ジュニア」という紛らわしい名で呼んだ——の遺言と遺産に基づいてボストンに設立された一種の成人教育機関である。旅行家のジョン・ジュニアが亡くなる前年の一八三五年にナイル川のほとりで書いたこの遺言は、組織が単独の理事によって運営されることを規定し、最初の理事としていとこのジョン・エイモリー・ローエルを指名していた。初代理事は期待を裏切ることなく、一八三九年末に最初の講演を主催して以来、ローエル・インスティテュートの運営においても見事な腕前をふるいつづけた。さまざまな分野から卓越した学者を招き、ボストニアンたちに無料の講演を提供するこの組織は、ローエルの名をさらに高からしめることに貢献した。一八八一年にジョン・エイモリー・ローエルが亡くなると、オーガスタスが理事を引き継いだ。当然ながらその次の理事は、長男のパーシヴァルが担うものと当初は思われていた。しかしながら、彼のボストンからの脱出は結果的に、一九〇〇年の父の死後の新理事を弟のローレンスに定めさせた。ローエル家の

総領息子としての地位はいまや、長男から次男へ移されていた。(70)

ローレンス・ローエルの前半生には、兄のような派手さはまったく伴われていなかった。彼は一八七七年にハーヴァード・カレッジを卒業するとそのままハーヴァード・ロー・スクールへ進学し、一八八〇年にマサチューセッツ州の弁護士資格を獲得し、同年にフランシス・キャボット・ローエル(10)と共同で法律事務所を立ち上げた。一八八九年に『政府論』(*Essays on Government*)という本を著したことで自らの適性をより深く理解した彼は、一八九七年にハーヴァードから声をかけられたのを機に法律事務所を辞め、四〇歳の非常勤講師として母校の教壇に立ちはじめた。そして、早くも三年後には政治学の教授(Professor of the Science of Government)への昇進を果たした。(71)

一九〇八年に、七四歳のエリオット学長がまもなく四〇年に達するその任期に幕を引く旨を表明すると、すでに前年に教授を退任していたウィリアム・ジェイムズは弟ヘンリーへの手紙に「エリオット学長の辞任は僕たちの大事件だ」と書き、こう続けた。「「お気に入り」の〔次期学長〕候補はローレンス・ローエルだね。彼の考えに僕はなじみつつあるよ」。(72) ハーヴァード・コーポレーションは一九〇九年一月一三日にローレンスを次期学長として指名し、監督会もただちにそれを承認した。(73) こうして、ローエル家の歴史にまたひとつ輝かしい誉《ほま》れが加えられた。同年六月三〇日、エリオット学長の正式な退任の翌月に催されたハーヴァードの卒業式に名誉教授として出席したジェイムズは、その日の日記に次のように記した。「卒業式！ ローエルはローマ皇帝のごとく見え、かくのごとく語った――エリオットを打ち破ったのだ」。(74)

第3章

石川県
鳳至《ふげし》郡穴水村

図9｜おそらく1889（明治22）年に、麹町の家の庭で撮られた写真（LOHP）
左から順に、アーネスト・フランシスコ・フェノロサ、バジル・ホール・チェンバレン、スタージス・ビゲロー、ローエル、岡倉覚三（天心）と推定される。

1　神のような本

ジャパノロジスト（日本研究者）としてのパーシヴァル・ローエルが語られる際には、これまでしばしば、一八八九年にラフカディオ・ハーン（一八五〇―一九〇四）が文通仲間の眼科医ジョージ・ミルブリー・グールド（一八四八―一九二二）へ送った以下の手紙が引きあいに出されてきた。日本へ行くことをハーンが決意したきっかけのひとつを記録するものとして、グールドがのちに著したハーンの伝記において公表された手紙である。

グーリイ！　僕は驚くべき本を見つけた。本のなかの本だ！　とてつもない、華麗なる、神のような本だ。すべての行を読まなくちゃだめだ。君にも送るから送り先を教えてくれ。頼むから一語だって読み飛ばさないでくれ。『極東の魂』という本だけど、タイトルは中身に較べれば慎ましいよ。(1)

ローエルが一八八八年に出版した『極東の魂』はたしかに、彼の著書のなかでもっとも多くの読者を獲得したもののひとつである。この本は彼の生前に六回版を重ね、また一九一一年にはドイツ語訳も刊行されている。(2) しかしながら、読者の誰もが「神のような本だ」と思ったわけではなかった。というより現在の読者にとっては、あのラフカディオ・ハーンが『極東の魂』のいったいどの部分にそれほど感動したのかいささか理解しがたいはずである。たとえば日米関係の研究者であるジョゼフ・M・ヘニングは、ローエルの日本論を次のように評している。「日本文化を理解するための枠組みに関して言えば、一九世紀の日本について書いたアメリカ人のなかで、もっとも手が込んでいてもっとも恩着せがましい枠組みをこしらえたのがパーシヴァル・ローエルであった。詩人のエイミー・ローエルを妹に持つ彼は、人種、文明、進歩に対するアメリカ人の考えを抽出し、それをスペンサーの総合哲学〔Synthetic Philosophy〕と共鳴させたうえで、自らの観察としてまとめあげたのである」(3)(「スペンサーの総合哲学」についてはすこしあとで解説される)。

対してハーンの場合は、『極東の魂』を読んだ一八八九年は三九歳になる年でもあり(ローエルより五歳年上)、このときにはニューオーリンズでの一〇年間のジャーナリスト生活とカリブ海のマルティニーク島での二年間の滞在をすでに終えていて、フィラデルフィアで『仏領西インド諸島での二年間』(一八九〇)などの刊行を準備しているところであった。そして早くも翌年四月には彼は日本へ渡っている。その後は、松江の島根県尋常中学校および尋常師範学校の英語教師を務め、松江の士族の血を引く小泉セツ(一八六八—一九三二)と一八九一年から同棲しはじめ(一八九六年に正式に結婚)、熊本の第五高等中学校への転任などを経て一八九六年に帝国大学の英文学講師となり、また同年に日本へ帰化して「小泉八雲」を名乗るようになった。『知られざる日本の面影』(*Glimpses of Unfamiliar Japan*、一八九四)を皮切りに次々と出版された彼の日本に関する著書は、繊細な感性をもって明治の日本を観察しその文化の機微を見事に掬い上げた成果として、当時の米国においても『極東の魂』を上回る人気を博した。(4) したがって、かりにローエルが『極東の魂』以後もそれに類する大仰な文明論を書きつづけたとすれば、彼の名前は間違いなく、後続のライヴァルであるハーンの影に隠れて人びとの記憶から消し去られていただろう。

しかしながらローエルは、のちにジャパノロジストから天文学者へというドラスティックな転身を果たすばかりでなく、東アジアに関する著書においても同じテーマをくりかえすことは決してなかった。『朝鮮《チョソン》――朝の静けさの国』（*Chosön: The Land of the Morning Calm*、一八八六）、『極東の魂』（*The Soul of the Far East*、一八八八）、『能登――人に知られぬ日本の辺境』（*Noto: An Unexplored Corner of Japan*、一八九一）、『神秘の日本、あるいは神々の道――日本人のパーソナリティおよび憑霊に関する秘教研究』（*Occult Japan, or The Way of the Gods: An Esoteric Study of Japanese Personality and Possession*、一八九四）――本章で俎上に載せるこれら四冊が、『火星』（一八九五）に先立つローエルの著書のすべてであるけれども、ここからも明らかなとおり、そもそも彼のデビュー作は『極東の魂』ではなく、一八七六年の日朝修好条規によって開国した朝鮮（いわゆる「李氏朝鮮」）での滞在の記録であった。一八八三年に来日したローエルがいったいなぜ朝鮮へ赴くことになったのかは、次節で明らかになるだろう。また、天文学者へ転身しつつあるさなかにローエルが著した『神秘の日本』が、その怪しげなタイトルとは裏腹に、学術的な研究として独自の価値を備えていることも第5節で説明されるだろう。

もっとも、結論から言えば、著書ごとに異なるテーマに取り組んだローエルの努力は必ずしも、「恩着せがましい」枠組みをとおして東アジアの文化を眺めているという根本的な問題から彼を脱却させたわけではなかった。この問題は一八九三年に日本を永久に去るまで彼につきまといつづけたのであり、しかし少なくとも三冊目の著書『能登』からはそれを超えようとするモメントが読みとれるため、本章の論述においても『能登』がもっとも重視されることになる。ともあれそうした具体的な検討へ進むまえに、まず、さきに引いたヘニングのローエル批判で持ち出されていた「スペンサーの総合哲学」について補足しておかなくてはならない。なぜなら、そこで言及されている英国の思想家ハーバート・スペンサー（一八二〇—一九〇三）は、ローエルのみならずハーンにも、それどころか一九世紀後半の米国のあらゆる知識人に対して、多かれ少なかれ影響を及ぼしているからである。

P

「総合哲学」とは、『社会静学』（一八五一）や『心理学原理』（一八五五）などの著書によって頭角を現していたスペンサーが一八五八年に構想した計画のタイトルである。二年後に出まわった広告では、「総合哲学体系」（"A System of Synthetic Philosophy"）の名のもとに全一〇巻の著書の刊行が予告されていた。[5] そしてスペンサーは実際に、四〇年近くかけて、『第一原理』（一八六二）、『生物学原理』全二巻（一八六四—六七）、改訂版の『心理学原理』全二巻（一八七〇—七二）、『社会学原理』全三巻（一八七七—九六）、『倫理学原理』全二巻（一八九二—九三）を上梓している。かくも広汎な体系を築き上げたにもかかわらず、現在においてはスペンサーの「総合哲学」が顧みられることは少ない。彼の思想はしばしば、英語では"Social Darwinism"、日本語では「社会進化論」というラベルによってひとくくりにされている。

　ダーウィニズムと進化論は決して同じものではない。なぜなら、生物が進化するという説自体は、チャールズ・ダーウィン（一八〇九―一八八二）が一八五九年に『種の起源』を出版する以前にも、たとえばフランスのナチュラリスト――あえて訳せば「博物学者」――のジャン＝バティスト・ラマルク（一七四四―一八二九）によって唱えられていたからである。スペンサーの「総合哲学」の構想もまた『種の起源』の刊行に先んじており、ゆえに彼を「ダーウィニスト」と呼ぶのが適切か否かに関しては研究者のあいだで意見が分かれている。幸い、「社会進化論」という日本語であれば、生物の進化と社会の発展がともに「適者生存」（"the survival of the fittest"）の法則によってつかさどられているという考えが「総合哲学」に含まれている以上、スペンサーの思想に当てはめてもさほど問題はないであろう。(6)

ローエルはハーヴァード・カレッジ在学中に、スペンサーの著書に収められた「星雲仮説」（"The Nebular Hypothesis"）という論文――一八五八年の初出時のタイトルは「近年の天文学および星雲仮説」――を読んでいる。(7) 前章で述べたとおり、四年生のときにローエルが書いた論文も「星雲仮説」と題されていた。星雲とは宇宙における塵やガスの塊のことであるが、一九世紀半ばにおいては、天体望遠鏡で雲や煙のように見えたものはほとんど星雲に分類されており、たとえばアンドロメダ銀河も当時は「アンドロメダ星雲」と呼ばれていた。アンドロメダ星雲の正体が塵やガスではなく無数の星々であることが確かめられたのは一八六〇年代であり、それが天の川銀河（太陽系の属する銀河）よりもはるか遠くに位置すること――すなわち、天の川銀河とは別の銀河であること――が明らかになったのは一九二〇年代である。(8) そうした発見がなされる以前に書かれたスペンサーの論文には、「星雲は、我々の星系を織りなす諸部分よりも遠いところにあるわけではなく、〔…〕それを別々の物質に分解することが可能な場合においても、その個々の物質を星――語の通常の意味でそう呼ばれるもの――と見なすことはできない」と記されている。[9]

では星雲仮説とはいったい何か。それが提起された経緯をスペンサーはこう説明している。「太陽と惑星と衛星はいずれも共通の発生プロセスによって形成されたという考えをラプラスが最初に抱いたのは、それらの動きから垣間見える驚くべき調和ゆえのことであった。サー・ウィリアム・ハーシェルが星雲の観測によって、星は拡散物質〔diffused matter〕の凝集によって形成されたという結論へ導かれたのと同じように、ラプラスは太陽系の構造の観測によって、その特殊性を説明できるのは凝集しつつある物質の回転だけであるという結論へ導かれた」。[10] ここで言及されているのは、英国の天文学者ウィリアム・ハーシェル（一七三八―一八二二）が一七九一年の論文に記した仮説と、フランスの数学者にして天文学者のピエール＝シモン・ラプラス（一七四九―一八二七）が一七九六年の著書『世界体系解説』（*Exposition du système du monde*）で――ハーシェルのアイデアとは独立に――繰り広げた太陽系の起源に関する仮説である。[11]

スペンサーは、「近年の天文学および星雲仮説」の前年に発表した有名な論文「進歩――その法則と原因」（一八五七）において、生物学者のカール・エルンスト・フォン・ベーア（一七九二―一八七六）などが唱えた胚発生に関する説を紹介したうえで次のように述べていた。

我々の議論によって以下のことが疑いの余地なく示されたかと思う。ドイツの生理学者たちが発見した有機体の発展の法則は、すべての発展の法則でもある。単純なものから、継続的な差異化のプロセスを経て、複雑なものへ――こうした前進は、我々が回顧的に推理したり帰納的に立証したりすることのできる最初期の宇宙の変化にも認められる。その前進は、地球の地質的ないし気候的な進化にも、地球上のあらゆる有機体の進化にも見られる。それは、文明化された個人における、あるいは諸人種の集合〔the aggregation of races〕における人間性の進化にも見られる。それは社会の政治的ないし経済的機構の進化にも見られる。〔…〕科学が見とおしうるもっとも遠い過去から、つい昨日の目新しい事柄――すなわち、進歩を本質的に内在させたもの――までを貫くのは、同種性から異種性への変容〔the transformation of the homogeneous into the heterogeneous〕である。(12)

スペンサーにとって星雲仮説は、「最初期の宇宙の変化」を「同種性から異種性への変容」という「すべての発展の法則」によって説明するために必要なものであった。とはいえ、万物を包括する彼の進化論において、星雲仮説は不可欠なピースではあっても決して中心を占めていたわけではなく（もしそうであれば、彼は「総合哲学」に『天文学原理』を含めていたはずである）、一八五八年の論文も星雲仮説の本格的な展開にまでは踏み込んでいない。しかしたとえば、米国でスペンサーの思想をいち早く受容したジョン・フィスク（一八四二―一九〇一）は、一八七四年に上梓した『宇宙哲学概論』のなかで、星雲仮説を応用してスペンサーの宇宙論を彼なりに敷衍している。「木星および土星の強烈な熱と盛んな火山活動、月の著しい低温化と火山活動の停止、火星の適度な温度と棲息可能な様相〔habitable aspect〕――これらもすべて、星雲仮説から演繹することが可能である」と。(13) フィスクの『宇

宙哲学概論』は、ローエルも日本へ渡るまえにすでに読んでいた。(14)

Ⅳ

『宇宙哲学概論』のもととなったのは、フィスクがハーヴァードに依頼されて一八六九年一〇月からおこなった連続講演である。このときのハーヴァードの学長は、同年に任命されたばかりのチャールズ・ウィリアム・エリオットであった。実はフィスクはハーヴァード・カレッジの一八六三年の卒業生なのだが、在学中の彼は、早くもスペンサーの思想にのめりこむ一方で、無神論的な思想を吹聴しているという印象を教授陣に与えたために一時は退学処分を下されかけていた。そんな彼が卒業の六年後には母校からスペンサーの思想の解説を頼まれているという事実に、南北戦争前後のニューイングランドにおける思潮の変化が表れていることは言うまでもない。フィスクの講演は翌年度にもくりかえされることになったため、それまで物書きとして生計を立てていた彼は、遠からずハーヴァードの教授になれるだろうと考え、風采に教授らしい威厳を加えるべく顎髭を生やしはじめた。しかし残念ながら、彼が実際に教授のポストに就くことはなかった。(15)

フィスクの期待が裏切られるに至った経緯は例によって複雑であり、ここでは詳述しないけれども、のちにハーヴァードの哲学科に加わるジョサイア・ロイスからすれば、エリオットがあのときフィスクを採用しなかったのは英断だったということにおそらくなるだろう。なぜならロイスは一九〇四年の論文で、スペンサーの思想の過渡的な性格を「美しき論理的素朴さ」とか「ありとあらゆる事実を収納できるくらい大きな鞄」といった言葉で表現しているからである。スペンサーの進化論は「進化におけるもろもろの本質的プロセスがどのような相互関係を結んでいるのかを決定しているわけでもないし、それらの内的な統一を定義しているわけでもないし、さまざまなタイプの進化プロセスの関係を整然と理解する術《すべ》を我々に提供しているわけでもない」――要するに、がばがばすぎて肝腎なことは何ひとつ説明できていないとロイスは言う。(16)

たしかに、万物の変化を共通の法則によって説明するスペンサーの進化論は、目的論に訴える宗教的な世界観の支配を終わらせるうえでは有効に機能した。エリオットも、まさにその可能性を感じとったからこそ、一八六九年のハーヴァードにおいてはいまだにユニテリアンたち（第2章第2節参照）の発言力が強かったにもかかわらずあえてフィスクを講師に選んだのだろう。しかしながら、星雲仮説への論及をとおしてすでに確かめたように、あまりに包括的なスペンサーの思想を支える柱のなかにはかなり脆弱なものも含まれていた。〝円熟した人間〟ではなく〝ドリルのような精神〟を鍛える場としてカレッジを捉えていたエリオット（第2章第4節参照）にとっては、理論の包括性が土台の堅固さよりも優先されるなどということはありえないはずであった。(17) じじつ、ハーヴァードのみならず米国各地の大学にまでプロフェッショナライゼーションが浸透した二〇世紀初めには、スペンサーの影響力は急速に弱まりつつあったし、フィスクのように「総合哲学」をまるごと受け入れる知識人はほとんどいなくなっていた。(18)

ニューヨークに現存する同名の出版社の創業者（のひとり）として知られるヘンリー・ホルト（一八四〇―一九二六）は、一九一七年に著した文章のなかで、スペンサーが一世を風靡していたころのことをこうふりかえっている。

およそ一八七〇年から九〇年までのあいだにスペンサーが享受していた流行は、おそらく他のいかなる哲学者も経験したことのないものであった。それ以前の哲学者たちの本は、哲学を勉強する習慣をすでに身につけている読者層の外側にはほとんど届いていなかったはずである。ところがスペンサーは、英米の知識人たちの世界全体で相当に読まれたびたび話題に上ったばかりでなく、その世界自体が彼の登場によってかつてない規模にまで広がったのであり、彼の著作の多くは、ロシア語や日本語を含むほぼすべての文明国の言語に翻訳されたのである。(19)

ホルトの熱っぽい筆致は若干の誇張を疑わせもするけれども、たしかにスペンサーの著書は米国で五〇万部以上売れたと言われているし、ラフカディオ・ハーンも一八八〇年代半ばにはスペンサーの熱心な読者となっていた。(20) しかしホルトの力説は同時に、この流行が過去のものであるという印象も滲ませている。まるで、あれは〝はしか〟のようなものだったと言っているかのように。

すでに〝はしか〟に罹った状態で太平洋を渡ったローエルに、明治の日本は何をもたらしたのだろうか。足かけ一〇年の日本滞在は彼にとって、「総合哲学」に即してこしらえた「もっとも手が込んでいてもっとも恩着せがましい枠組み」の正しさを確認するためのものでしかなかったのか。それとも、自らの枠組みを揺るがすような何かと日本で出会ったのか。というよりそもそも、ローエルは日本でいったい何を見ていたのか。

2　倒立した世界

一八八三（明治一六）年五月二五日に来日したローエルは、築地にあった外国人居留地の一角に家を借り、まず日本語の習得に努めた。六月八日付の母親への手紙において彼はさっそく、日本人を理解するための鍵は"impersonalism"――「非人格主義」とも「没個性主義」とも訳せるが、ここでは「インパーソナリズム」としておこう――にあるという発見を報告している。

彼らがしゃべる言葉を聞いてまっさきに気づかされるのは、インパーソナリズムこそが彼らの性格の表現なのだということです。日本語には人称の区別がなく、性の区別もなく、複数形さえありません。〔…〕代名詞はありますが、それらは曖昧さを避けるためだけに使われています。性や複数形に関しても同様です。しかしながら、日本人には感情が欠けていると考える者も何人かいましたが、これは誤りだろうという思いは確信に変わりつつあります。私の言うインパーソナリズムは、心〔heart〕というよりはむしろ精神〔mind〕に関する事柄なのです。これは仮定であって断定しているわけではないのですが〔I suggest rather than posit〕。[21]

これだけでは趣旨を把握しづらいけれども、この手紙には少しあとでまた触れるので、いまはさしあたり以下の二点を読みとっておけば十分である。すなわち、ローエルの枠組みにはインパーソナリズムがかなり早い段階から含まれており、しかし同時に、引用の最後の一文から明らかなとおり、彼は――少なくともこの時点では――インパーソナリズムという仮定がその後の観察によって覆される可能性も認めているという二点である。

ローエルは来日の二か月後には、東京大学で英米法を教えていたアメリカ人のヘンリー・テイラー・テリー（一八四七―一九三六）とともに中部地方の山岳地域を縦断する旅に出かけている。ふたりは前年に噴火したばかりの草津白根山を登り、松本城の天守閣にも登った。ローエルが築地へ戻ったのは一八八三年八月一三日である。そして彼は、まさしくその日の夜に、当時は同じく築地にあった米国公使館から、朝鮮が米国へ派遣する使節団に外国人秘書官兼参事官（Foreign Secretary and Counsellor）として同行してほしいという依頼を受けたのであった。[22]

「報聘使《ポビンサ》」と呼ばれるこの使節団は、一八八二年五月の米朝修好通商条約の調印を機縁とするものであり、閔泳翊《ミンヨンイク》（一八六〇―一九一四）が全権大臣に、洪英植《ホンヨンシク》（一八五五―八四）が全権副大臣に任命されていた。日本の米国公使館――当時の駐日公使はジョン・アーマー・ビンガム（一八一五―一九〇〇）――が探していたのは、朝鮮がはじめて西洋へ派遣する使節団を米国で案内できる人物であった。なにしろこのときは、ルシアス・ハーウッド・フート（一八二六―一九一三）が初代公使として米国から朝鮮へ派遣されたばかりであり、案内役の候補どころかそもそもアメリカ人が朝鮮国内にほとんどいなかったのである。だからと言って朝鮮についても外交についても何も知らない二八歳のローエルを抜擢するのは無謀にさえ思えるけれども、おそらく、いわゆる「お雇い外国人」ではない――日本の政府や民間機関に雇われていない――がゆえに自由な時間がたっぷりあったことが、彼に白羽の矢が立った理由だったのだろう。ローエルは当初、この任が自分に務まるか不安に思い受諾を渋っていたが、さきに日本へ渡っていた遠戚のスタージス・ビゲロー（第2章第5節参照）にも説得されて、結局依頼を引き受けることを決めた。[23]

図10に映る一一人が報聘使の一行であり、前列の左端に座るのがローエルで、その右に洪英植、閔泳翊と続いている。後列の左から二番目に立っているのは、宮岡恒《つね》次郎《じろう》（一八六五—一九四三）という、ローエルが以前から知りあっていた日本人である。報聘使の朝鮮人たちは英語をほとんど話せず、ゆえに米国でのコミュニケーションにおいては呉礼堂（一八四三—一九一二）という清の元外交官（**図10**の前列右端）による中国語を介した通

図10｜報聘使《ポビンサ》の一行（LOHP）
前列左から順にローエル、洪英植《ホンヨンシク》（全権副大臣）、閔泳翊《ミンヨンイク》（全権大臣）、ひとり飛ばして呉礼堂（通訳）。
後列左から2番目が宮岡恒次郎（通訳）。

訳に頼ろうとしていたのだが、彼らの多くは日本語を理解したため、ローエルの提案によって宮岡も通訳として同行することになったのである。[24] 宮岡はこのとき一七歳で、渡米のために東京大学法学部を休学していた。通訳を担えるほどの英語力を彼が備えていたのは、一〇歳のときから東京英語学校――のちの旧制第一高等学校に繋がる、普通教育を担う官立の学校――に通っていたからであり、またエドワード・モースが一八七八―七九年の日本滞在時に米国から連れてきた息子のジョン・グールド・モース（一八七〇―一九五一）と毎週のように遊んでいたからでもあった。[25]

報聘使は、東京でローエルおよび宮岡と合流したうえで、一八八三年八月一八日に横浜港を発った。サンフランシスコに着いてからは主に鉄道で米国内を移動し、九月一八日に、ニューヨークのフィフス・アヴェニュー・ホテルで第二一代大統領チェスター・アラン・アーサー（一八二九―八六）へ国書を呈上している。一行はボストンにも立ち寄り、ローエル家の歓待も受けた。[26] 一〇月には、彼らのうち閔泳翊ら数名はニューヨークを出港してヨーロッパを経由する東回りの帰路に就き、ひとりは留学のため米国に留まり、洪英植、ローエル、宮岡など残りの面々はサンフランシスコ経由の西回りの帰路に就いた。ローエルは、朝鮮の国王高宗《コジョン》（一八五二―一九一九）から招待を受けたため、洪英植らとともに一二月に朝鮮へ足を踏み入れ、翌年三月まで約三か月間首都の漢城《ハンソン》（現在のソウル）に滞在することとなった。

III

このときの朝鮮滞在の経験をもとに書かれたのだが、一八八六年一月にボストンのティクナー社から出版されたローエルのデビュー作『朝鮮《チョソン》――朝の静けさの国』である。ローエルは一八八四年三月に朝鮮から日本へ戻ったあと、同年七月一三日にフランス船ヴォルガに乗って横浜を発ち、今度は西回りで米国へ帰った。帰路において彼は、上海、香港、シンガポール、ジャワ島、ボンベイ（現ムンバイ）、アレクサンドリア、ヴェネツィア、パリ、ロンドンに立ち寄っている。[27] 朝鮮滞在記を書くというアイデアは東京を離れるまえから抱かれていたのだが、二九歳のローエルはいまだに、作家という新しいキャリアに足を踏み入れることへの逡巡を捨てきれてはいなかった。「私自身に関しては、もう少し自分に自信が持てたらと思っています。これがいつも私には足りないのです。そのせいで私のやる気はしばしば挫《くじ》かれたのでした」――これは、彼が一〇月七日にパリでしたためた母親への手紙のなかの一節である。[28]

　一八八四年の末にブルックラインの実家に戻ってからローエルは、一年を費やして『朝鮮』の原稿を書き上げた。[29] 完成したのは三七の章から成る四〇〇ページ以上の大冊であった。執筆に時間がかかったのは、書くべきことが多かったからだけでなく、文章の彫琢に心血を注いでいたからでもあったのだろう。報聘使《ボビンサ》の案内という任務を終えた直後のローエルは、まず釜山《プサン》に到着し、次いで三六時間の航海を経て済物浦《チェムルポ》（現在の仁川《インチョン》）に着き、そこから輿《こし》に乗って丸一日かけて漢城《ハンソン》へ移動した。『朝鮮』において彼は、この行程の詳細な記述に四章を割いたあとで、漢城へ入った瞬間を次のように描写している。

　門を抜けてから私は、自分が市街のある大通りのただなかにいることに気づいた。道は人でごったがえしていた。群衆のなかの、白くたなびく衣服をまとった男たちは、ゆるやかに行ったり来たりしていた。忙しそうな見かけだけがあり、実際に急いでいるわけではなかった。他の多くの者たちは動きまわっていたけれども、彼らの動作は緩慢で堂々としていた。そこには喧噪のようなものもあり、しかしスピードはいっさい伴われていなかった。荷物を載せた牛たちが道のまんなかをとぼとぼ進んでいた。ときおり、人を乗せて歩く馬が現れて、その姿は全体とのコントラストによって一縷の活気を与えているように見えた。歩行者たちの大半は道路の脇を歩いたけれども、まんなかを歩く者も多かった。二種類の往来を分かつ境界線はどこにもなかった。人と獣を隔てる歩道は存在しなかった。(30)

ここで提示されているイメージはたしかに、〝ゆっくり急ぐ〟という撞着語法《オクシモロン》の変奏——念頭に置かれているのは“Festina lente”というラテン語の格言であろう——によって不思議な印象が生じていることも相俟《あいま》って、「朝の静けさの国」(“The Land of the Morning Calm”)というこの本の副題が醸すエキゾティックな雰囲気と調和しているように思われる。しかしこれは、身も蓋もなく言い換えれば、やや過剰な修辞がイメージの鮮明さを損なっているということでもある。とりわけ、四章にわたってローエルの長い旅路につきあわされた読者としては、ようやく到着した首都の光景とローエルの描写の焦点とがなかなか合致しないことにもどかしさを覚えずにはいられない。『ネイション』という雑誌で『朝鮮』を取り上げた匿名の書評者もまたこう述べている。「彼〔ローエル〕の英語は見事であり、文章は読みやすくて読者を大いに楽しませてくれる。多くの箇所で彼は意図的にユーモラスに書いているけれども、退屈さを免れようとするその努力は、彼の軽快さをぎこちないものにしてしまってもいる。この本の主題に関するより確実な知識を求めるがゆえに滑稽な段落の数々は読み飛ばすという読者が現れてもおかしくはない」。(31)

もちろん、『朝鮮』には多くの欧米人にとって耳新しい情報も豊富に含まれていた。「橇《そり》はこの国には存在しない。〔…〕スケートはその概念さえ知られていない。じじつ、〔…〕平均的な朝鮮人は、夏には水に飛び込むことを嫌がり、冬には氷上を進むことを避ける」。「ここには旅館などというものはないのだと私は知った」。「我々の基準からすれば、あるいは可能なかぎり公平な基準においても、料理に関しては朝鮮人は日本人よりも優れている」。「ここでは牛が搾乳されることは決してなく、殺されることもめったになく、また酵母のことも知られていない」。「朝鮮には車輪はひとつも存在しない。この道具はまだ発明されていないことになっている」。(32)これらの観察を「より確実な知識」と呼べるのかははなはだ疑問であるけれども、少なくとも牛乳と車輪に関しては、朝鮮に存在しなかったわけでは決してないにせよ、当時は珍しいものだったことは確かなようである。(33)

しかし何と言っても、『朝鮮』においてもっとも貴重なのはやはり、ローエル自身が撮影してこの本に掲載した二五枚の写真である。彼がカメラを携えて朝鮮国内を移動し各地の写真を撮ることができたのは、一八七〇年代末に普及しはじめた乾板のおかげであった。一八五〇年代から用いられていた湿板が、ガラス板に塗った感光剤が乾かないうちに撮影しなければならなかったのに対して、乾板は名前のとおり乾燥後にも撮影でき、湿板よりも感度が高く、露光時間もより短くなっていた。(34)乾板の発明によって手軽に使えるようになったカメラをローエルは活用して、自らのデビュー作にこのうえない付加価値を添えていた。巻頭に配された高宗《コジョン》の写真は、欧米の読者に朝鮮国王の姿をはじめて提示したという意味できわめて重要であるし、[35] カメラに群がる市街の人びとの姿や漢城郊外の山がちな風景を切りとった写真なども、写真家としてのローエルの確かな腕前を感じさせるものである（**図11—13**）。じじつ彼は、朝鮮で撮った写真をボストンへ持ち帰った一八八四年に

図11（上）、**12**（中）、**13**（下）｜『朝鮮《チョソン》』に掲載された写真
（Museum of Fine Arts, Boston Photograph Library）

はすでに、ボストン・アマチュア写真家協会から最優秀賞を授与されていた。(36)

P

一八八四年一二月、ローエルがボストンで『朝鮮《チョソン》』の執筆に専念していたところ、当の朝鮮では甲《こう》申《しん》政変が起こっていた。急進開化派と呼ばれるグループが、驪興閔氏《ヨフンミン》という一族によって担われてきた政権を打倒すべくクーデタを起こしたのである。

報聘使《ボビンサ》の全権大臣を務めた閔泳翊《ミンヨンイク》は驪興閔氏の一員であり、具体的には高宗《コジョン》の王妃（一八五一―九五）――諡号は「明成皇后《ミョンソンファンフ》」であるが、「閔妃《ミンビ》」ともしばしば呼ばれる――の甥であった。報聘使の全権副大臣の洪英植《ホンヨンシク》は急進開化派に属しており、甲申政変の主要な担い手のひとりであった。クーデタが始まった一二月四日には、まず閔泳翊が重傷を負わされ、続いて閔氏政権の他の要人たちが次々と殺害された。翌日に急進開化派の政権が樹立されたものの、清軍の出動によって新政権はわずか三日で崩壊した。洪英植は殺害され、金玉均《キムオッキュン》（一八五一―九四）をはじめとする急進開化派の中枢の一部は日本へ亡命した。(37)

報聘使の大臣と副大臣が対立するかたちとなったこの惨事に、ローエルは当然ながら大きなショックを受けた。そして、『朝鮮』を完成させたあとでこの事件について書くことを決め、『アトランティック・マンスリー』の一八八六年一一月号に「コリアン・クーデタ」（"A Korean Coup d'État"）と題する記事を発表している。それによると彼は、仲間たちに逃亡を勧めつつ自らは漢城《ハンソン》に留まることを選んだ洪英植の最期について「ある朝鮮人からのプライヴェートな手紙によって知らされた」

とのことである。自分とほぼ同年齢の、約四か月間ともに旅をした友人の死を、ローエルは記事のなかでこう描いている。

> 彼が王宮で自らの命運が尽きるのを待っていると、数分後に清軍の兵士たちが彼を発見した。捕らえられた彼は、清軍の野営地へ連行された。そして、かたちだけの手続きのすえに、公衆の面前で処刑された。このようにして、勇敢で忠義に篤いひとつの魂が失われた。彼は命を賭してまで、いままで公衆に説いてきた主義にふさわしくあろうとしたのであり、それを捨てるというのは臆病にして不正な選択であると彼は考えたのであった。[38]

ここからも窺えるように、「コリアン・クーデタ」においてローエルは、甲申政変の経過をかなり詳細に、かつドラマティックに記述している。洪英植が殺されたのあとの最後の山場は、弁理公使の竹添進一郎（一八四二―一九一七）に率いられた日本人たちの一行が、掠奪が横行するほどにまで混乱していた漢城を脱出し、済物浦《チェムルポ》を目指して夜どおし移動し、ついに一二月八日の朝に海岸まで辿り着くという決死の退却の場面である。ただしローエルは、日本公使館の守備兵たちが急進開化派のために動くことになったのは竹添が「完全に革命家たちに騙されていた」ためであり、「公使は、自分がどういうことに手を染めようとしているのかについて、あまり明確な考えを持っていなかった」と書いているけれども、[39]これは事実に反している。竹添は当初からクーデタに荷担していた。[40]おそらくローエルは、この記事を書くにあたって、日本側の説明を信用しすぎたのだろう。

P

実はローエルは『朝鮮《チョソン》』において、朝鮮を理解するうえでの鍵は「インパーソナリティという特質、家父長制、女性の地位」という「三大原理〔the triad of principles〕」にあると述べていた。自己への意識が稀薄であり、先祖を敬う家父長的な血縁共同体に対する義務をあらゆる個人が負っており、女性がきわめて低い地位に置かれているという三点が、「朝鮮人の――そして同様に日本人の――性格の下地においてもっとも重要な位置を占めていると見なせるだろう」と。[41] 朝鮮人のみならず日本人までもが俎上に載せられていることからも明らかなとおり、「三大原理」についてのローエルの考察は実質的には、東アジア文明論を標榜する『極東の魂』を書くための準備作業であった。彼の二冊目の著書であるこの本は、『アトランティック・マンスリー』で一八八七年九月号から一二月号まで連載された原稿をもとに、翌年一二月にボストンのホートン・ミフリン社から刊行されている。[42]

ラフカディオ・ハーンは「タイトルは中身に較べれば慎ましい」と言っていたけれども、『極東の魂』を書いている時点でローエルが得ていた「極東」での経験が、日本における正味一年弱の生活と朝鮮での約三か月の滞在と上海や香港でのごく短期間の観光とに基づくものでしかなかったことを知る者からすれば、このタイトルはどう考えても大風呂敷であった。「コリアン・クーデタ」の発表から二年以上経ったあとで出版された『極東の魂』は、全八章でページ数は『朝鮮』の半分ほどであり、一ページあたりの語数も『朝鮮』より少ない。一八八五年の末に『朝鮮』を書き上げてからの約三年間は、ローエルは決してブルックラインの実家で執筆に明け暮れていたわけではなく、文字どおりの〝クラブ活動〟を精力的におこなってもいた。これについては次節で述べよう。『朝鮮』の次の著書をたんなる日本研究とせずにタイトルで「極東」と銘打ったのはもちろん、ローエルが意識的に選んだ戦略であった。というのも、朝鮮について実地の見聞をもとに一冊の本を書いた欧米人はローエル以前にはほとんどいなかったのに対して、日本に関してはすでに少なからぬアメリカ人が記録や考察を著していたからである。(43) たとえば、一八七〇（明治三）年に福井藩に招かれて来日し一八七四（明治七）年まで滞在したウィリアム・エリオット・グリフィス（一八四三—一九二八）は、一八七六年に『ミカドの帝国』（*The Mikado's Empire*）という名高い日本論を上梓している。また、前章で述べたとおり、日本の魅力を巧みに紹介するエドワード・モースの連続講演がなければローエルはそもそも日本へ旅立っていなかったかもしれないし、そればかりかモースは一八八五年に、『日本の住まいとその環境』（*Japanese Homes and Their Surroundings*）という、自らの手になる緻密な図版を三〇〇点以上含んだ力作を完成させてもいた。こうした先人たちの業績は、ローエルの執筆の助けになるものでもあれば、彼が打ち出す日本論が越えるべきハードルを示すものでもあり、同時に、将来の読者のヴォリュームを予期させるものでもあった。

では、ローエルはいったい何を『極東の魂』の〝売り〟にしたのか。この本に関して、のちの研究者たちがしばしば引用したためにいまでもよく知られているのは、「個性」（"Individuality"）と題する第一章のなかほどにある次の一節である。

地球の温帯の地域から、その半分ほどの幅の、北端と南端が特定の等温線で区切られるひとつづきの地帯《ベルト》を取り出してみれば、過去および現在の名だたる国々が比較的狭い範囲のなかにほとんどすべて入っていることに気づかされる。このベルトをよく調べ、そのなかの異なる諸地域を互いに比較してゆくと、驚くべき事実が明らかになる。そこに住んでいる人びとは西へ進むにつれてしだいにパーソナルになってゆく。このグラデーションはまぎれもないものなので、人為的というよりはむしろ宇宙的〔cosmical〕な原因に基づいているのではないかと考えたくもなる。このことは、緯度の違いによって人間の肌の色が、赤道近くでは黒く、極点近づくにつれて白皙《はくせき》〔blonde〕に変わってゆくことと同じくらいはっきりしている。自己の感覚も同様に、沈みゆく太陽を追えば追うほど強まり、夜明けの方角に進めば進むほどしだいに弱まる。アメリカ、ヨーロッパ、レヴァント、インド、日本は、この順序に従ってだんだんパーソナルではなくなってゆく。我々はこの物差しのいちばん手前の端に立っており、極東の人びと〔the Far Orientals〕は反対の端に位置する。我々にとって「私」が、魂のまさに本質をかたちづくっているものだとすれば、極東の魂は「インパーソナリティ」であると言えるかもしれない。(44)

おそらく、この一節を読んで誰もがまっさきに疑問に思うのは、「沈みゆく太陽」を追って「反対の端」にある日本のさらに向こう側へ進むとアメリカに辿り着くけれどもそれでよいのか、ということであろう。また、前節の議論を経た者にとっては明らかなとおり、日本ないし極東について説明するためにわざわざ地球を一周する規模の公式を持ち出し、しかもその公式は「宇宙的な原因に基づいている」かもしれないと述べているあたりに、スペンサーの「総合哲学」の影響を見てとれる。最後の第八章「想像力」で「個性は精神の発展に対して、種の分化が有機体の進化に対して持つのと同じ関係を持っている」という仮説が示されるに至って、「同種性から異種性への変容」というスペンサーの進化論の原理が借用されていることはいよいよあからさまになる。(45)

シカゴで発行されていた文芸誌『ダイアル』の一八八九年四月号の書評は、『極東の魂』の章立てがラルフ・ウォルド・エマソンの『イングランド人気質』(*English Traits*、一八五六)を髣髴《ほうふつ》とさせることを指摘し、さらに「『イングランド人気質』以後に書かれたアメリカ人による外国観察の記録のなかで、十全さおよび正確さにおいてこの驚くべき小冊に匹敵しうるものがはたしてあっただろうか」とも述べている。イングランドについてはともかく、日本に関するローエルの観察の「正確さ」をこの匿名の書評者がどうして判定できるのかは疑問であるが、もしかしたら「正確さ」という言葉はここでは、観察の対象との関係においてではなく、観察者が提示する理念の整合性において測られるものとして使われているのかもしれない。じじつ、半ページにも満たないこの短い書評の書き手は、「たぐい稀なる哲学的洞察」といったかたちで、ローエルを賞讃するために「哲学的〔philosophic〕」という形容詞を三回も用いている。(46) つまるところ、日本という〝未知〟の国の文化は決して西洋人が——具体的にはスペンサーが——が築き上げた〝哲学的〟な体系を揺るがさないということを示すのが『極東の魂』を書くうえでのローエルの狙いだったのだろうし、そうした戦略が功を奏したからこそこの本は多くの読者を獲得したのだろう。

「極東の魂は「インパーソナリティ」である」という考えの根拠として『極東の魂』で挙げられているのは、ローエルの以下のような観察である。

日本の新生児は「自分自身の誕生日さえ認められ」ず、「元旦がコミュニティにとっての共通の誕生日」となる。「極東における社会の単位、すなわち存在の究極的な分子は、個人ではなく家族である」。しかし同時に、日本では養子縁組が盛んで、「手続きの致命的なまでの容易さ」ゆえにときには何回もくりかえされるので、人の姓は「カメレオンのよう」に頻繁に変わる。日本語には「隅々まで敬語の精神が浸透している」ため、日本人同士の会話において「自己は抑制されており、かわりに他者への配慮がつねに念頭にある」。自然を題材にした日本の芸術はたしかに見事であるが、そこからは日本人が「人類を偉大な自然世界のごく小さな一部と捉えており、万物に冠たる栄光とは見なしていない」ことが窺える。日本が採り入れた仏教の教えによれば、涅槃《ねはん》とは「神聖にしてインパーソナルな不滅」であり、「そこでは自己の感覚というものはすべて幻影であることになり、いずれ消え失せる」[47]。

前節では、スペンサーの進化論に対するジョサイア・ロイスの不満を「がばがばすぎて肝腎なことは何ひとつ説明できていない」と要約したけれども、二一世紀の日本人として『極東の魂』を読みなおすという作業がもたらす感想もほとんどこれと同じである。たとえば第四章「言語」では、本節の冒頭で引いた手紙にローエルが記していた発見がより詳しく述べられている。しかしそれを読んだところで、「敬語の精神」はまだしも、日本語に性や数などの文法カテゴリーが存在しないことがどうしてインパーソナリティに帰結するのかはよくわからず、議論に唐突な飛躍があるようにしか感じられない。さらに重大な難点は、最終章において「精神の進歩には個性化の絶え間なき進行が伴われており、想像力こそがそのプロセスを推進する力であるというのが、極東の文明と我々の文明とを比較することによって明らかになる心理学的事実である」と述べられているにもかかわらず、[48] 個性化と想像力との関係が決して十分に説明されないことである。ただし、この章には興味深い見解も含まれているので、ローエルの想像力論はのちにあらためて取り上げよう。

他方で、ローエルが辿った軌跡を追う者として『極東の魂』を読む場合には、この本の冒頭にまず関心を惹かれる。そこには次のように書かれている。

> はじめて横浜に足を踏み入れたとき、地球の反対側では当然すべてのものがさかさまになっているはずだという少年のころの考えが、はっと彼の胸を衝《つ》いてよみがえってきた。彼が最初に目にしたこの国の人びとは、もちろん、地に頭をつけて立つという芸当を日々平然とやってのけている——幼い想像力からすればその姿勢は、彼らの地理的な位置からおのずと導かれる帰結であるように思われた——わけではなかったのだが、しかし少なくとも彼らが、あたかもそうした奇異な体勢の視点から見ているかのように世界を捉えていることは明らかであった。というのも彼には、この国の人びとがすべてをあべこべに〔topsy-turvy〕見ているように思われたからである。彼らが地球の反対側に位置しているということが彼らの頭脳に影響を与えている

のか、あるいは観察者自身の精神が、網膜に映された倒立像を補正しようとしていままで間違いを犯してきたのか、原因がいずれであるにせよ、結果に誤解の余地はない。世界は倒立している。そしてこの異邦人は、自分が直立していることを前提にして、視覚の傾きの原因――すなわち、目が猫のように吊り上がっているという彼らの外見が典型的に表している精神状態の原因――を躊躇なく彼らの側に帰するのである。(49)

「世界は倒立している」といきなり言われても、何がどう倒立しているのかに関する具体的な情報がないため、ローエルが降り立った一八八三年五月の横浜はいっこうに明確な像を結ばない――これは、さきほど『朝鮮《チョソン》』に対して指摘したのと同様の問題点である。もう少し読みすすめると、「濡れた傘を立てかけて乾かすときは先端ではなく柄《え》のほうを下にする」とか「マッチを擦るときは手前にではなく奥に向けて擦る」といった例が挙げられていて、(50)読者としては議論のスケールが一気に小さくなったことに拍子抜けしてしまうし、倒立した世界の全体像は依然として与えられないままである。加えて、外見的特徴が精神状態を「典型的に表」すという理路は私たちの心を逆撫でせずにはおかない。

これらの粗《あら》を認めたうえでなお、この一節が私たちの関心を惹くのは、あまりにも理念と整合的な〝現実〟は実のところ「観察者自身の精神」によって生み出されているのではないかという疑いがそこに挿まれているからである。『極東の魂』は、「はじめて横浜に足を踏み入れた」という「異邦人」が、倒立した世界をまのあたりにして、はたして自分は世界のありのままの姿を見ているのか、それとも自分の見たいものを見ているだけなのかというふたつの可能性のはざまに立たされる場面から始まっている。(51) このゆらぎは、晩年までローエルにつきまといつづけることとなった。

3 感覚の午睡

一八八六年にローエルは、ハーヴァード・カレッジの同級生のフレデリック・ジーザップ・スティムソン（一八五五―一九四三）などとともに、デダム・ポロ・クラブを創設する計画を練っていた。一九一五年に駐アルゼンチン大使となるスティムソンは、このときは法曹界でキャリアを積んでおり、同時に「J・S・オヴ・デイル」というペンネームでいくつか小説を著してもいた（一八九一年には、フランシス・キャボット・ローエル［⑩］とローレンス・ローエルが運営する法律事務所に加わっている）。「デダム」はボストンの南西約一六キロメートルに位置する町の名前である。米国ではじめてポロの試合がおこなわれたのは一八七六年のニューヨークにおいてであり、一八八〇年代には米国各地にポロ・クラブが生まれていた。(52)

ローエルは一八八七年の夏にポロ用のポニーを買って練習を始め、翌年の九月には、マサチューセッツ州ハミルトンでおこなわれたデダム・ポロ・クラブとマイオピア・ハント・クラブ（「マイオピア」［myopia］は「近視」という意味）との試合に前者のキャプテンとして出場した。しかし、試合中に相手チームのジョージ・フォン・レンガーク・マイヤー〔一八五八―一九一八〕と激しく衝突してしまい、治療のために退場させられてしまった。ちなみにこのマイヤーは、一九〇五年に第二六代大統領シオドア・ローズヴェルト〔一八五八―一九一九〕から駐露大使に指名されており、当時戦争中であった日本とロシアとのあいだに講和条約――いわゆるポーツマス条約――を成立させるうえでも重要な役割を果たしている。(53)

またローエルは、同じ時期に加入したアパラチアン・マウンテン・クラブの一八八八年三月一四日の会合で「白根山探訪」（"A Visit to Shirane San"）と題する発表をおこなっている。ここで語られているのは一八八三年夏のヘンリー・テリーとの旅行のことである。この発表の原稿はクラブの雑誌『アパラチア』に掲載されており、これを読むと、在日外国人の内地旅行――日米修好通商条約などで定められた範囲の外側を旅すること――を許可する免状をローエルらがたやすく入手できていたことがわかる。「これらの書類は、〔…〕我々が療養のために、あるいは――もし他の選択肢を望むなら――学術的な調査のために旅をしているのだということを告げていた。とはいえ、体の状態について尋ねる者も、調査の成果を要求する者もいなかったので、口実を作ることが義務であるわけではないらしかった〔the prevarication appeared supererogatory〕」。(54)

このように、一八八四年の末に帰国してから約四年間、ボストン〔ないしデダム〕で充実した日々を過ごしていたローエルは、『極東の魂』の出版を見届けたのち、一八八八年一二月にふたたび日本へ旅立った。彼がサンフランシスコで乗った英国船ゲーリックが横浜に着いたのは翌年一月八日である。(55) 一月二三日付の母親への手紙でローエルは、外国人は官民の機関に雇用されないかぎり居留地の外には住めないという規則に言及したうえで、「チェンバレンがミスター・マスジマという人に、この問題を取りはからうよう頼んでくれ」たことを伝えている。「彼、つまりマスジマが思いついたのは、彼――マスジマ――が校長を務める語学学校で講義をさせるために私を雇うというプランでした」。(56)

ここに現れるふたりの人物のうちの前者、バジル・ホール・チェンバレン（一八五〇―一九三五）は、イングランド出身で一八七三（明治六）年に日本へ渡っており、お雇い外国人として海軍兵学寮（一八七六［明治九］年に「海軍兵学校」へ改称）で英語を教えるかたわらで、『古事記』の英訳という偉業を一八八三（明治一六）年に成し遂げてもいた。一八八六（明治一九）年には帝国大学――同年に公布された帝国大学令に基づき、東京大学に工部大学校が吸収されるかたちで発足した――に招聘され、「博言学」および「和文学」の授業を受けもった。四年後に体調悪化のため帝国大学を辞めたが、日本には――ヨーロッパへの長期の旅を何度か挿みつつ――一九一一（明治四四）年まで住みつづけている。(57)

後者の「マスジマ」というのは、増島六一郎（一八五七―一九四八）のことである。彼は、現在の中央大学の起源である英吉利《イギリス》法律学校の初代校長として知られているけれども、ローエルが言及している「語学学校」は英吉利法律学校ではなく、これと同じタイミングで一八八五（明治一八）年に設立された東京英語学校のほうである。ややこしいことに、この学校は前節に登場した官立の東京英語学校（一八七四―七七）とは別物である。英吉利法律学校と東京英語学校という私立のふたつの学校は、ともに増島が初代校長を務めており、創立時には神田錦町に建つ旗本屋敷を校舎として半分ずつ分けあっていた。ほどなくして校舎の建て替えが始まり、ちょうどローエルが増島と知りあったところに、当時はまだ珍しかったレンガ造りの新校舎が——あいかわらず神田錦町の敷地に二校が同居するかたちで——完成したのであった。(58)

E

かくして、まもなく三四歳になるローエルは、東京英語学校の教師となることによって麹町に家を借り、外国人居留地に暮らしていた前回とは趣の異なる生活を東京で送りはじめた。この年、すなわち一八八九(明治二二)年は、大日本帝国憲法が公布された年でもある。紀元節の二月一一日に執りおこなわれる憲法発布式を間近に控えた東京の様子を、ローエルは次のように記録している。

この日〔二月一一日〕の数日前から、東京の街路には来《きた》る祝祭を予感させる建築用の足場が至るところに見られた。何本もの竹竿が家々の前に歩哨のように立ちならび、なかには葉をつけたままの竹もあって、まるでその場から突然生えてきたかのごとくであった。竿と竿のあいだには縄が張られ、そこに提灯が吊された。似たような提灯が軒先にも吊された。街路は巨大な真珠の首飾りをまとったように見えた。というのもそれらの提灯は、紙張りの丸型のもので、日中はくすんだ色をしていても、夜になると透明に輝いたからである。一部にはその日を祝う朱色の文字が書かれてあった。(59)

これは、ローエルが『アトランティック・マンスリー』の一八九〇年一一月号に寄せた「ある日本改革者の運命」（"The Fate of a Japanese Reformer"）という記事のなかの一節である。ここで言われる「改革者」とは、初代文部大臣の森有礼《ありのり》（一八四七―八九）のことである。そして「運命」は、憲法発布式当日の朝に、暗殺計画を密告するふりをして森の自宅に上がり込んだ西野文太郎（一八六五―八九）が森の腹部を刺したことを指す。西野はすぐさま森の護衛に斬殺され、森は出血多量により翌日亡くなった。この事件についてローエルは、二月二一日に同窓のハーコート・エイモリー（第2章第5節に登場）へこう書き送っている。「彼〔森有礼〕は国家の一大行事の日の朝、皇居へ出発する間際に、自宅の応接室でひとりの凶漢に殺されたんだ。二年前に彼が、伊勢〔神宮〕の敷物に靴のまま上がり、御簾《みす》を自分の杖で押しのけたという理由で。このことは君の耳にもすでに入っているだろうね。こんなドラマティックな事件を欧米の新聞が見逃すはずはないよ」。[60]

もちろん、ローエルもまたこの事件を見逃さなかったからこそ「ある日本改革者の運命」を書いたのであるが、先述のとおりこの記事が発表されたのは翌年の末である。実は彼は、次節で述べる事情により早くも一八八九年六月にはボストンへ戻っていて、夏のあいだはポロに明け暮れ、翌年一月から約五か月間のヨーロッパ旅行へ出かけていた。前節からここまでの記述によって、この時期のローエルが、取材（日本や朝鮮での滞在）、執筆、リクリエーション（ポロやヨーロッパ旅行）という三つのフェーズをある程度自在に切り替えていたことが窺えるだろう。[61] いかにも高等遊民らしい彼の気ままさは、弟ローレンスの弁護士としてのキャリアが一〇年目に入りつつあるという事実を念頭に置くことでより際立つ。ともあれ、一八九〇年半ばに執筆のフェーズに入ったローエルはまず、前年の取材の成果からもっとも「ドラマティック」な題材を選んで、「コリアン・クーデタ」の同工異曲とも言うべき記事を仕上げることを決めたのであった。

「ある日本改革者の運命」は、「序」（"Preface"）で森の経歴を紹介し、続く「光景一」（"Aspect 1"）で憲法発布のお祭り騒ぎに浮かれる東京を描写し、「光景二」（"Aspect 2"）で西野による森の暗殺の場面を詳述するという構成で書かれている。あからさまな演劇仕立てではあるが、修辞に走りすぎるというローエルの悪い癖はここではほとんど見られず、文章から浮かび上がるイメージは——必ずしも正確ではないにせよ——総じて鮮明である。論旨に関して言えば、「連続性」を重んじ「飛躍」を嫌う「自然の女神」にとって明治維新後の日本の「アクロバティック」な発展は「承認しがたい」ものだと述べる「序」などは、あいかわらずの恩着せがましさである。しかし、「光景二」で森の暗殺を語りおえたあとは、そこから何らかの教訓を引き出したりはせず、事件後の日本で西野を英雄視する言説が流布していた事実に対して「一外国人の耳には、暗殺者に対するこうした死後の喝采が恐ろしく響いた」というまっとうな感想を挿むに留まっている。[62]

現在の視点から指摘すべきこの記事の大きな問題は、森を純粋な欧化主義者と捉えていることである。たしかに、一八六五（慶応元）年から六八（明治元）年まで英米に留学していた森は、帰国後新政府に出仕しだすとさっそく「官吏兵隊之外《のほか》帯刀ヲ廃スルハ随意タルヘキ事」を建議しており、廃刀令の公布よりも七年早いこの提案は革新的すぎると受けとめられ、多くの非難を招いたすえに否決されていた。また、一八七〇（明治三）年に外交使節としてふたたび米国へ渡ると、彼は日本の公用語を英語へ切り替えることを主張しはじめ、米国の言語学者などに意見を求めてもいた。エイモリーへの手紙にローエルが記した森の伊勢神宮でのふるまいは、当時は広く信じられていたが、森の急進的な欧化主義に反発する神官らが広めたデマであったという説も有力であり真偽は定かではない。(63)

他方で、文部大臣に就任してからの森は、たとえば（一部の官立学校にはすでに下付されていた）明治天皇の「御真影」を全国の主要な府県立学校にまで下付するという政策を進めていった。森が西野に刺された数時間後には、憲法発布式を終えて青山練兵場での観兵式へ赴くべく皇居から出てきた明治天皇および皇后の馬車に向かって、帝国大学の学生一同が文科大学長（文学部長の当時の職名）外山《とやま》正一《まさかず》（一八四八―一九〇〇）の音頭により「天皇陛下万歳、万歳、万々歳」と叫んでいた。初の万歳三唱と言われるこのパフォーマンスも、計画を始動させたのはほかならぬ森である。(64)

西野は森の暗殺を実行するにあたって、伊勢神宮は「皇室ノ本原タル天祖神霊ノ鎮座シ玉フ所」であるからそこで不敬を犯した森は「皇室ヲ蔑如《べつじょ》」したも同然であると説く「暗殺主意書」を懐中に携えていた。(65) ゆえに西野は国粋主義者と見なされているが、しかし他方で、森の教育政策もある面においてはかなり国粋的であった。このような、欧化主義者にも国粋主義者にも見えてしまうという森の難しさにローエルが注意を向けていれば、もしかしたら彼の日本論も異なる方向へ進化したのかもしれない。とはいえもちろん、この想定には後《あと》知恵が多分に含まれている。

12

「ある日本改革者の運命」の次にローエルが書いたのは、『能登――人に知られぬ日本の辺境』である。これは、一八八九年五月の能登半島への旅を題材にしており、『アトランティック・マンスリー』で一八九一年一月号から四月号まで連載され、直後にホートン・ミフリン社から単行本が出版された。(66) 同書の巻頭にはチェンバレンへの献辞が掲げられている。後述するようにローエルは一八九〇年の末にはヨーロッパ経由で日本へ向かう長い旅に出発しているので、おそらくこの年のうちに『能登』の原稿を完成させ、連載と単行本化の手筈を整えたうえで自らは出版を見届けることなく旅立ったのだろう。

なぜローエルは能登へ赴いたのか。誰もが抱くその疑問に答える冒頭の数段落は、実に印象深く、また重要でもあるので、以下に長めに引用しておこう。

ふとした思いつきが私を能登へと連れていった〔The fancy took me to go to Noto〕。私の友人たちにとってそれは奇妙な思いつきであった。しかし私は言い訳はしない。これは一目惚れなのだから。

ある夜、東京で日本地図をあてもなく、ボールルームの顔ぶれをまず確かめるときのまなざしでひととおり眺めていると、謎めいた形状によって異彩を放っている西の海岸のある地域に私の眼は惹きつけられた。それは、胸の部分を深く抉《えぐ》る湾やたくましい岬によって際立った外観を呈していた。その名前はNotoと記されており、この地名も私の心を躍らせた。私はその母音の音色を気に入り、子音の形さえも好きになった——流れるようなn、決然としたt。それは、驚くべき気まぐれによって、女性らしさと意志力とを同時に示唆していた。眺めれば眺めるほど憧憬は募り、私を夢中にさせるだけでは収まらなくなったこの欲望はついに私を立ち上がらせた。
私の愛人〔inamorata〕については、誰も多くを知らないようであった。実際、私が尋ねた相手はみな、その情報を持ちあわせていないがゆえに、なぜ私がそこへ行くのか、そこにどんな見るべきものがあるのかを逆に訊いてきた。しかし私に言わせれば、このふたつめの問いこそがひとつめの問いの答えである。まだ知られていないという、ただそれだけの理由で能登へ行こうと思ってもよいではないか！　見たことのないものはすべて見るに値するという考えが理に適っているわけではないにせよ、ほかの者がまだ踏み荒らしていない土地を歩いてみたくて私の足はむずむずしていた。(67)

いまさら言うまでもないことだが、能登は決して「ほかの者がまだ踏み荒らしていない土地」などではなく、ましてや「人に知られぬ日本の辺境」というこの本の副題が当てはまる余地はいっさいない。「ほかの者」の範囲を欧米人に限ったとしても結論は同じである。幕末に能登を領有していた加賀藩は一八六九（明治二）年の版籍奉還によって金沢藩となったが、同藩はこの年の末に、パーシヴァル・オズボン（一八四二―一九〇五）というイングランド人を、能登半島中部の七尾の軍艦所に付設された語学所の英語教師として採用している（着任は明治二年一二月〔一八七〇年一月〕）。一八七一（明治四）年の廃藩置県とその後の府県統合によって石川県が誕生してからは、お雇い外国人の受け入れはますます盛んになった。ただし、同県に雇われた外国人のほとんどは金沢で暮らしており、オズボンが勤めた語学所も彼の着任の半年後には到遠館という金沢の英学校に吸収されたため、たしかに一八八〇年代に能登半島のなかほどまで足を延ばした欧米人は少なかっただろう。[68]

実のところローエルは、さきの引用に続く段落で、能登が「他とかけ離れているわけではな」かったことを率直に認めている。[69] すなわち『能登』は、冒頭において、「人に知られぬ日本の辺境」への期待を膨らませると同時に、その期待が満たされることはないと予告しているのである。まだ見ぬ能登を「私の愛人」と呼ぶというロマンス仕立てにはじめはいささか辟易させられるけれども、この一節を書いているときのローエルは、自らの内なるロマンティシズムが変質してゆく過程が『能登』に記録されつつあることを十分に意識していたはずである。

E

三四歳のローエルは、一八八九（明治二二）年五月三日に旅を始めた（**図14**）。同行者は、ローエルの家で雇っている山田栄次郎という「ボーイ、あるいはコック」であり、[70] また旅の荷物であるいくつもの柳行李をしばしば運搬人に運ばせていたという意味では大所帯であった。ローエルと山田は上野駅から汽車に乗り、高崎で一泊したのち碓氷《うすい》峠へ向かう。難所として知られる碓氷峠は当時汽車で通過することができず、群馬県側の横川駅と長野県側の軽井沢駅とのあいだは鉄道馬車によって連結されていた。「碓氷峠がもたらす断絶を馬の鉄道によって越える！　これは、たんなるアイデアとしてはなんとなく滑稽に思われた」。[71] しかし荷物の到着が遅れるなどのトラブルもあり、ローエルらは結局徒歩で軽井沢駅まで峠を越え、そこからふたたび汽車で、車窓から上田城を眺めつ

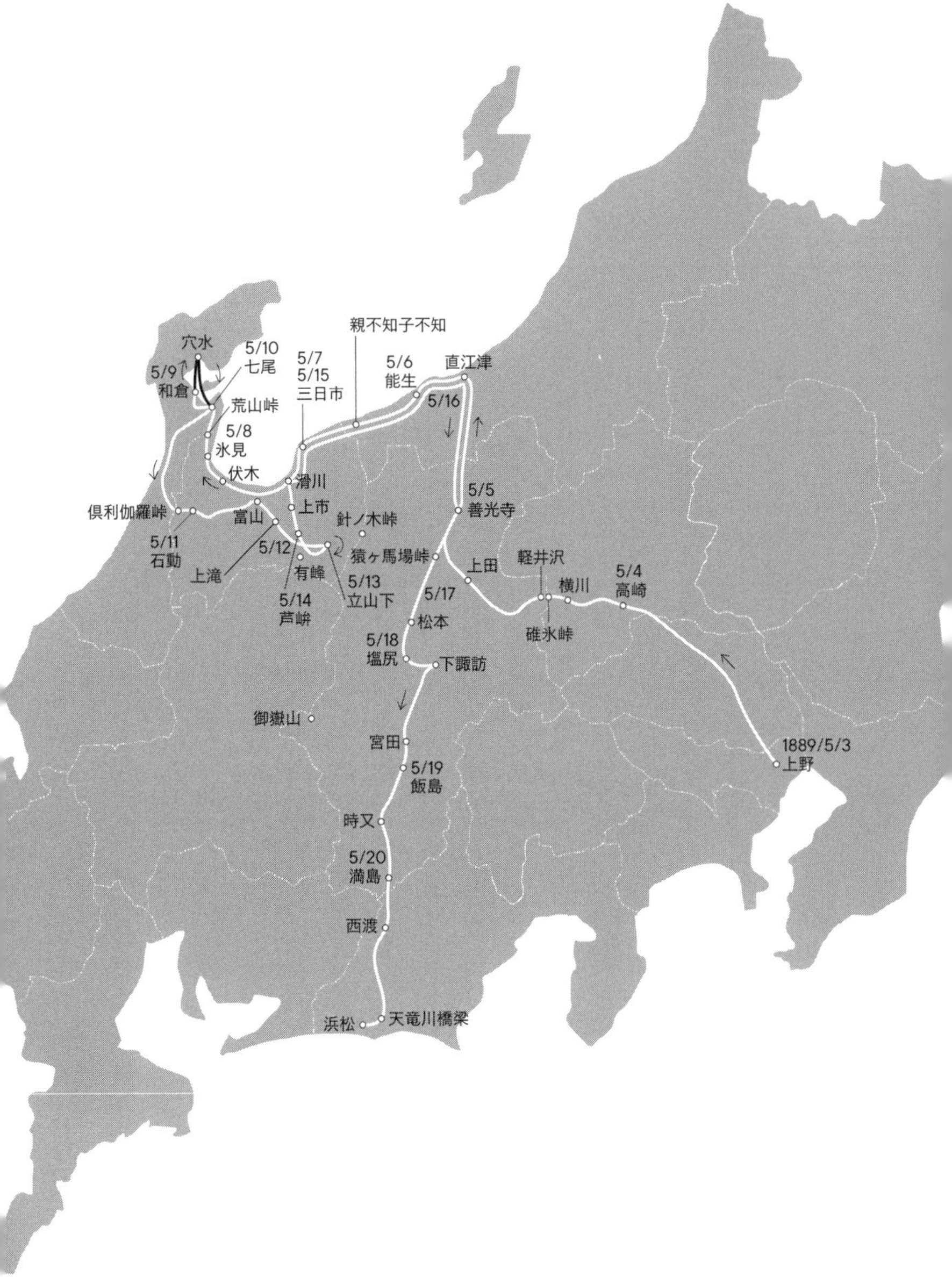

図14｜『能登』で語られる1889（明治22）年5月の旅の行程（作成協力：廣瀬暁春）

つ長野駅まで移動する。善光寺付近の宿に一泊した翌日は汽車でさらに北上し、終点の直江津《なおえつ》駅からさきは人力車に乗って、日本海岸沿いをひたすら西へ進んだ。

能生《のう》という漁港に宿をとった翌日の道中、火事と見間違えたために立ち寄った石灰窯《いしばいがま》（石灰石などを焼いて生石灰を生産する窯）においてローエルは、そこで燃料に用いられる木炭は能登から来たものであり、晴れた日には海岸から能登が見えることもあると地元民から教えられる。それを聞いて彼の眼は、「水平線のほうへと向かってゆく」彼の思いを追いかけるものの、その日は天候がすぐれず、「彼らが見た、あるいは見たと思った、空よりもやや深い青色によって洗われているおぼろげな海岸線」を確かめることはできなかった。「しかし、少なくともこの小さな木炭の山は現実であり、それはかつて、かの遠き岸辺に育つ一本の木であったのだ。〔…〕それを見つめている私が、能登という未知の土地の一部をかつて成していたものと対面していることをどうして否定できようか」[72]。このときのローエルにとっては、能登そのものがいまだ見えないことのほうがより大きな意味を持っていたのだろう。ゆえに、ロマンティックな情熱に駆られて始まった彼の旅が、実際に能登を目にした瞬間から徐々にその色あいを転じはじめるのは、おそらくどうあっても避けられないことであった。

「能登が、若葉を芽吹かせた木の枝とおして眼下に見えてきた」のは、明《あく》る五月八日、荒山峠という富山県と石川県の境界においてのことである。「正直に言うと、達成感に溢れた一瞬が過ぎ去ると、この最初の眺望は私を幻滅させた。気ままな空想〔unfettered fancy〕が私に期待させていたものはそこにはなく、低い丘陵を背にして段丘を成している数々の水田しか見ることができなかった。

それはまるで、緑色と茶色のタイルで作られた寄木細工のようであった」。こうした「痛ましいほど平凡」な風景によって、ローエルをこの地まで衝き動かしてきたロマンティシズムは脅かされた。その夜に泊まった和倉温泉の宿では、金沢で化学を教えていたふたりのヨーロッパ人が前年の夏に泉質を調査しに来たことを聞かされた。「和倉に最初に足を踏み入れた外国人」は自分ではないという事実がローエルには「悔しくてならなかった」。[73]

かくして彼は、石川県鳳至《ふげし》郡穴水村（現穴水町）に到達する。その場面を描く「穴水」（"Anamidzu"）と題する章は、『能登』の全二二章のうちの一一番目に置かれており、つまりローエルにとっては、まさにこの穴水こそが、旅の折り返し地点、「始まりの終わりと、終わりの始まりを刻」む場所となったのである。

開いた障子の外が真昼であるように、私の旅もまた正午に差しかかった。感覚の午睡が訪れた〔The siesta of sensation had come〕。ここまでは、次々と到来する出来事は自らの影を私の前に投げかけ、私はそれらを追いかけてきた。いまやそれらは、能登のなかほどのこの場所で天頂に達した。これから私は、もろもろの影が東の方角へ戻ってゆくのを見ることとなろう。表のまぶしい日の光は室内の影を際立たせており、部屋をいっそう暗くしているようにさえ思われた。私は、成功を収めた輝かしい瞬間になぜか心をよぎるあの悲哀が忍び寄ってくるのを感じた。もっとも、私の場合の成功は、旅の目的地に辿り着いたというささやかなものでしかないのだが。しかしそれが大きくても小さくても、また現実のものであっても空想上のものであっても、得られる感じ〔feeling〕の本質は同じである。精神というものは不思議なまでに眼と似ているようだ。あなたの精神がながらく抱いている何らかの感情〔emotion〕を満足させてやれば、緊張を解かれた神経はすぐさま、その〔感情の〕補色をあなたに意識させるだろう。[74]

日本の奥地の旅行記を読みたくて『能登』を手に取った読者は、こうした書きぶりに戸惑うほかなかったであろう。たとえ彼らが、往路における「見たことのないもの」への高まる期待を――大仰な文体に食傷することなく――追体験できていたとしても、穴水での転調によって前面に出はじめるこの「悲哀」は『能登』がたんなる旅行記ではないことを読者にはっきり告げていた。すなわちそれは、〝見たもの〟と〝見たかったもの〟とのあいだの亀裂がローエルにとってどれほど深かったかを印象づけるばかりでなく、「一目惚れ」の悲しい結末というパターンに沿ったロマンスとしてこの本が書かれていることを読者に思い出させもした。じじつ、かつて『極東の魂』を好意的に評した『ダイアル』はのちに、『能登』で語られる旅は「著者のとりとめのない空想と文芸的表現の優美さとを縫りあわせる糸としての役割を主に果たしている」と皮肉交じりに述べる書評を載せている。[75]

『能登』の後半で多くの紙幅を割かれているのは、穴水からの帰路において、富山県と長野県にまたがる針ノ木峠を越えることをローエルらが試み、しかし難路と深雪のゆえに途中で断念するという顛末の記述である。結局往路をそのまま戻るかたちでふたたび善光寺に着いたローエルと山田は、そこから南西へ進み、長野県南部の飯島村（現飯島町）から舟で天竜川を下っている。舟は二日かけて太平洋へと近づき、最後に「几帳面に這いながら川床《かわどこ》を横切ってゆく巨大な芋虫のよう」な「東海道橋」をくぐった（鉄道敷設のために建設されたこの橋は、「天竜川橋梁」が正しい名前であり、ローエルの旅の前月に竣工したばかりであった）。『能登』の末尾の段落では、いまや後方かなたの能登のことが次のように顧みられている。「私は、出発するまえの自分がそれをどんなふうに心に描いていたか、そしてその空想と一致する事実がどれほど少なかったかに思いを馳せた。それは失われ、手に入れられた。もはや乙女〔maiden〕ではないとしても、それは私のものとなった。未来を縁どっていた魅力は、過去に鍍金《めっき》を施すような魅力に変わっただけであった」。[76]

ローエルにとってこの旅はどのような意味を持つものとなったのか。『極東の魂』で壮大な文明論を展開した彼の次の著書が、「悲哀」に彩られた旅のパーソナルな記録になったのはいったいなぜなのか。少なくとも、ローエルのキャリアにおいて『能登』が非常に重要な位置を占めていることは、一八九一年二月二八日――このとき『能登』はまだ連載中で、ローエルは日本へ向かう東回りの旅の途上であった――に彼がしたためた手紙からも読みとれる。彼はそこで、妹のエリザベス[10d]と、一八八八年に彼女と結婚したウィリアム・ローエル・パトナム（一八六一―一九二四）のふたりに対してこう宣言していた。「科学こそが調べるべきもの、書くべきものだ」と。[77]

4　ロマンスと科学

ローエルは、能登への旅から戻った直後の一八八九年五月二八日に、米国船シティ・オヴ・シドニーに乗って横浜を発った。なぜなら、六月二七日にケンブリッジで開かれるファイ・ベータ・カッパの会合で、ハーヴァード・カレッジを卒業したばかりの新メンバーに向けて詩を朗読することになっていたからである。ローエルもまたこの団体の一員であることは前章に記したが、毎年の恒例行事である詩――「ファイ・ベータ・カッパ・ポエム」と呼ばれる――の朗読を担うというのは、ヘンリー・ワズワース・ロングフェローやラルフ・ウォルド・エマソンなども属する輝かしい系譜に連なることを意味していた。ローエルがこのとき詠んだ詩は「桜の咲く」（"Sakura no Saku"）と題されている。(78)

弟ローレンスが著したローエルの伝記は、一八八四年七月に『朝鮮《チョソン》』の構想を温めつつ日本を発った二九歳のローエルについて、「彼は自分が参入しようとしている領域は広い意味での文学であると考えていた」と述べている。(79) ローエルの作家としての名声は決して順調に高まっていったわけではなかった――デビューまもない彼に吹きつけた逆風に関しては第5章で説明する――ため、ファイ・ベータ・カッパ・ポエムの詠み手に選ばれた事実が彼をどれほど喜ばせたかは想像するに余りある。では彼はいつ、どのようにして文学から科学へ舵を切ったのか。この問いを検討するうえで重要なのは、ローレンスによる伝記に引かれている一八八四年のフレデリック・スティムソン宛ての手紙である。ボストンへの帰路に立ち寄ったボンベイから送られたこの手紙をローレンスは、二九歳のローエルが抱いた「広い意味での文学」への志を記録するものとして引きあいに出しているのだが、そこには次のような一節が含まれている。

事実は我々に平板なイメージしか与えない。それを確固たる真理にするのは、その事実に対する我々の考察〔reflections〕だよ。なにしろあらゆる真理は多面的なんだから。そこには多くの相〔aspects〕がある。我々はいまや、ながらく知られていなかったことを知っている。本当の意味での見ること〔true seeing〕は、精神によってなされるのであって、その働きと較べれば眼からもたらされる材料〔material〕は高が知れているということをね。(80)

これを書いた一〇年後には、ローエルはアリゾナ準州フラグスタッフにいて、自ら設立した天文台で毎晩のように火星の運河を観測していた。この営みを、天体望遠鏡をとおして得られた「材料」と自らの「精神」とを掛けあわせることによって火星上に運河を出現させていたというふうに言い換えれば、一八八四年の手紙から一八九五年の『火星』までまっすぐ繋がっているかのように、すなわちローエルが一八九一年に「書くべきもの」と思いさだめた「科学」もまた「広い意味での文学」に包摂されるかのようにも思えてくる。(81)

しかしながら、さきの一節は同時に、「精神というものは不思議なまでに眼と似ているようだ」という、『能登』の第一一章「穴水」のなかの一文をも私たちに思い出させる。それは、能登への到達がローエルにもたらした感情の変化を、補色残像――ある色（たとえば青色）をしばらく見つめたのちにそこから視線をはずすと、視覚上にその補色（黄色）が現れるという現象――との類比によって語るために持ち出されたものであった。ここで注意すべきは、「精神」が「眼と似ている」という一文が意味するのは、一八八四年の手紙の一節とはほとんど正反対の事柄だということである。このことは、美術史家のジョナサン・クレーリーが著した『観察者の技法』（一九九〇）を参照することによってより理解しやすくなるだろう。一九世紀に視覚をめぐる言説がこうむった大規模な変容について論じるクレーリーは、まさしく残像をこの変容の標識と見なしている。

網膜残像は、『色彩論』〔一八一〇〕の生理学的色彩に関する章のなかでゲーテが論じている光学現象のなかでも、おそらくもっとも重要なものである。一八世紀後半にすでにこの現象を論じた者がいないわけではなかったが、彼によるこのトピックの扱いの徹底ぶりは、当時において群を抜いていた。残像のような主観的視覚現象は古代から記録されているけれども、光学の領域外の出来事としてにすぎず、「幽霊的〔spectral〕」なものとかたんなる仮象とかいったカテゴリーに放り込まれていた。しかし一九世紀初め、とりわけゲーテ以後には、こういったもろもろの経験は光学的「真理」〔optical “truth”〕の地位を獲得する。それらはもはや、「真の」知覚を損ねて人を欺くものではない。むしろそれらは、それ以上還元不可能な人間の視覚の要素を構成しはじめる。ゲーテや彼に続く生理学者たちにとって、眼の錯覚〔optical illusion〕などというものは存在しない。健康な肉眼が経験するものは何であれ、事実上、光学的真理なのである。(82)

『能登』の主人公としてのローエルは、能登を実際に見たことによる動揺から立ちなおろうとして図らずも、現実にその指示対象を持たない残像をもそれを見ている観察者の〝現実〟として構成しうるような言説のシステムへと足を踏み入れかけている。「精神」が「眼と似ている」という一文は、「精神」の働きもまた身体の生理学的な反応へ還元されうることを示唆している。言い換えれば、たんに見ることとは一線を画すような「本当の意味での見ること」など存在しないことになる。『能登』のあとにローエルの「書くべきもの」となった「科学」の根底には、こうした生理学的なモデルが埋め込まれていたのだろうか。

実はそうではなく、むしろこのモデルこそが火星運河説を唱えるローエルの最大の敵となったことは、第5章での錯覚説をめぐる議論において明らかになる（大風呂敷のきらいもあるクレーリーの図式をアップデートしうる研究もそこで紹介されるだろう）。後半生のローエルが挑んだのは、生理学的なモデルに基づく科学に対して「科学」の名のもとに抗うという、奇妙なねじれを孕んだ戦いであった。「精神」が「眼と似ている」という一文によってローエルが近づいた科学は、ゆえに結局のところ、彼が選ばなかった——あるいは選べなかった——科学であった。

P

第一一章「穴水」における生理学的なモデルへの言及は、ローエルのすべての著書のなかで『能登』がもっとも科学から遠いだけにいっそう重要性を増す。この点に関してぜひとも指摘すべきなのは、『能登』には図版がいっさい入っていないという事実である。これはローエルが能登への旅にカメラを持参しなかったからではない。『能登』の第一章には、食料品や寝具に加えて「衣服、カメラ、乾板、本、その他もろもろ」を柳行李につめこんでから出発したと書かれている。(83)『能登』の訳者である宮崎正明は、ローエルが旅の道中で写真を撮っていないはずはないと考え、一九八〇年にローエル天文台のアーサー・A・ホーグ台長に捜索を依頼したところ、「破損しているネガ、映像の不鮮明なネガを入れて二百枚近くの乾板」が天文台のアーカイヴで発見されることとなった。(84)

たとえば**図15**は、上野駅からの汽車に乗り遅れたため付近を散策していたローエルが見つけた、「関節を備えた体は人間のようで、しかし頭は狐であったり亀であったり他の突拍子もない獣であったりする人形」をいくつもぶらさげた「一種のアンクリスマス・ツリー〔a sort of un-Christmas tree〕」の写真である。ただでさえ謎めいているのだから、画像に頼れない『能登』の読者はその姿を思い描くことにも難儀したであろう。(85)

図16は、和倉から乗った小型蒸気船が穴水へ近づいたころにローエルの視界に現れた、「私がいままでに見たなかでおそらくもっとも奇妙な水上構築物」の写真である。これは「ボラ待ち櫓《やぐら》」と呼ばれるもので、穴水の沿岸ではこの櫓から網を吊してボラがかかるのを待つという漁法がながらく営まれていた。帰路では船頭を雇ったローエルは、穴水を離れるまえに舟をボラ待ち櫓へ近づけさせて、漁師の助けを借りつつ自らその上に登っている。見かけ以上に揺れることに驚いたものの、徐々に慣れてきた彼は、人里離れた櫓の上は「ロマンスを読むのにもっともふさわしい場所だ」と述べてさえいる。(86)

図15（右）、**16**（左上）、**17**（左下）｜『能登』で語られる旅のさなかにローエルが撮った写真（LOHP）

図17は、おそらく針ノ木峠へ向かうローエルら一行を写したものである。列の最後尾がローエルらしく見えるので、撮影者は山田である可能性が高い。

ローエルはいったいなぜ、これらの写真を『能登』に載せなかったのだろうか。東アジアに関する彼の四冊の著書のうち、図版が入っているのはティクナー社の『朝鮮《チョソン》』とホートン・ミフリン社の『神秘の日本』である。先述のとおり残りの二冊もホートン・ミフリン社から出版されている。一八九〇年一〇月にローエルが同社と交わした『能登』の出版契約書を見ると、出版費用を同社が負担する旨の印字された定型文の途中に、「ただし、上記ローエルが支払いに同意したエレクトロタイプ版〔the electrotype plates〕の作成費用を除いて」という文言が手書きで挿入されていることがわかる。[87] エレクトロタイプは図入りの版を作成するのに適した鋳造法であり、ゆえに契約時にはローエルは自腹を切ってでも『能登』に写真を載せるつもりだったことになる。実は彼は、『朝鮮』の出版契約を結ぶ際にも、二五枚の写真を載せるための費用をティクナー社と半分ずつ分担することに同意していた。[88] この決断によって『朝鮮』の商品価値は大いに高まったのだから、たとえ「エレクトロタイプ版の作成費用」がローエルの想定を上回ったとしても、それだけの理由で彼が『能登』への写真掲載を全面的に断念したとは考えにくい。ということは、彼は契約後のある時点で、『能登』の内容は写真にそぐわないと考えはじめたのか。

史料を欠いているためこの推測を確証することはできないけれども、それを補強する材料は『極東の魂』のなかに見つけられる。ローエルはそこで、「自分が諳《そら》んじていた物語の絵入り版をたまたま見つけたために、白昼夢を台なしにされてショックを受けるという経験をしたことのない者がいるだろうか」という修辞疑問を読者に投げかけていた。日本画を余白の多さゆえに「スケッチ」と呼ぶのは適切ではないことを示すために、「芸術の魂」は作品が暗示するものを想像力が補完するというプロセスにこそ宿っているのだと論じるくだりにおいてである。[89] ローエルが『能登』に写真を載せなかったのは、読者の「白昼夢を台なしに」したくなかったからではないか。じじつ、前節で引用した箇所からも明らかなとおり、『能登』のキーワードのひとつは、「空想」と「ふとした思いつき」というふたつの意味を持つ"fancy"であった。

E

「ふとした思いつき《ファンシー》が私を能登へと連れていった」という一文で始まる『能登』の冒頭に対して、前節では「まだ見ぬ能登を「私の愛人」と呼ぶというロマンス仕立て」を指摘した。そこでは未定義のまま持ち出したロマンスというジャンルは、実のところ空想《ファンシー》と密接な関わりを持っている。たとえばヘンリー・ジェイムズは、一九〇七年に発表された文章——「ニューヨーク版」と呼ばれる自らの作品集に『アメリカ人』(一八七七)が収められた際に書き下ろした序文——において、あらゆるロマンスに共通しているのは「解き放たれた経験〔experience liberated〕」であると述べ、その趣旨を気球の比喩を用いて説明している。

もちろん経験の気球はたしかに大地〔the earth〕と繋がっており、ロープは相当長いため、必要に迫られた我々は、多少なりともゆとりのある想像力の吊り籠〔car of the imagination〕のなかを動きまわることになる。しかし、自分たちがどこにいるのかを我々が知れるのはこのロープのおかげである。ケーブルが切れた瞬間に、我々は野放しになり関係というものを失う。〔…〕ロマンス作家〔romancer〕の技法とは、「おもしろそうだから」という理由でケーブルをじわじわと切ることであり、我々に気づかれることなくそれを切ってしまうことである。(90)

「想像力の吊り籠」を備えた「経験の気球」を「大地」（あるいは「地球」）から切り離してしまうのが「ロマンス作家の技法」であるなら、「大地」との繋がりを保ったまま「気球」を空に浮かべるのは小説家（novelist）の技法である。じじつジェイムズは、作家の道に入ってまもない一八六五年に『ノース・アメリカン・レビュー』へ寄せた無記名の書評のなかで、「かりにもあるフィクション作品が小説〔novel〕に分類される場合、それが誇りうる最大の長所〔merit〕――そして、実際に長所の尺度となるもの――は何かといえば、その作品の真理である」と述べていた。(91) アメリカ文学研究者のアルフレッド・ハベッガーによれば、ジェイムズは二一歳のときに示したこの考えを「捨てたことは一度もな」く、これを書いた数年後には「真理を語るための唯一の方法はリアリズムという手段に頼ることだと考えるようになった」。(92)

もっとも、ハベッガーは同時に、ジェイムズをリアリストと見なせるのは「おおまかに言って一八七六年（『ロデリック・ハドソン』）から一八九〇年（『悲劇の詩神』）まで」であるとも記しているため、(93) ジェイムズの一八六五年の書評と一九〇七年の序文とは決して一直線に結ばれるわけではない。しかし少なくとも、ロマンス作家が「ケーブルをじわじわと切る」ことによってフィクションから失われるのは「真理」へのアクセスであるとジェイムズが考えていたことは確かであろう。ここまでに引用した部分では彼は"fancy"という語を用いていないけれども、気球の比喩が描く図式のなかにそれを位置づけるとすれば、ケーブルが切れた瞬間に想像力《イマジネーション》の吊り籠は空想《ファンシー》の吊り籠になる、すなわち想像力は（「真理」へのアクセスを維持した）小説家が駆使するものであり空想は（「真理」へのアクセスを放棄した）ロマンス作家がふけるものであると捉えるのが妥当であろう。(94)

ところが、実はローエルは『極東の魂』の第八章「想像力」において、想像力と空想とのあいだにこうした区別を設けることを否定していた。想像力が個性化のプロセスを推進するという主張がそこで繰り広げられていることは第2節で述べたが、ローエルによればその理由は「想像力、すなわちイメージを作る能力」が「ある意味で、内なる世界の創造者だと言える」ことに求められる。そして彼の議論は、飛躍の存在を疑う読者を無視してこう続く。

> ひとつひとつの感覚はそれ〔想像力〕に材料を与える。しかしながら、事実に基づくものであれ架空のものであれ、我々の城を築き上げる責務を担いうるのはただそれのみである。なぜなら、これら二種類の城のあいだに越えられない深淵などないからである。想像力は可能なものの絵を描き、空想は不可能なものの絵を描くというコールリッジの区別は、分類としてはともかく、実際には線引きすることのできない区別である。存在しえないのは思いつきえないもの〔the inconceivable〕だけなのだから。それ以外のものはすべて、純然たる関係の問題に帰着する。精神によるもっとも空想的な創造物のひとつとふつう見なされている夢を例に挙げてみよう。目

の眩《くら》むような高さから何度も落ちているのにつねに怪我を免れるという夢を見たことのない者がいるだろうか。もしも、同じ芸当を目覚めているときに試みたとしたら、彼は間違いなく地面に激突して粉々になっていただろう。ゆえに我々は、そんなことは不可能だと言う。しかし本当にそうだろうか。彼の質量と地球のそれとの相対的な条件のもとでのみそうなのだ。彼がたまたま棲んでいる世界が現在の大きさではなくて、小惑星ほどの大きさにすぎなかったとすれば、足を踏みはずしたところでそんな無惨な結果にはならないであろう。[95]

長く引用したのは、後半で挙げられる例がまるでSFのようだからであるが、いまはもちろん、想像力と空想とは区別しえないという前半で述べられるローエルの考えのほうに注目すべきである。かりに、小説家が駆使するものとロマンス作家がふけるものがまったく同じなのだとしたら、「大地」（あるいは「地球」）に束縛されていないという意味で小説よりも自由なロマンスにこそ、フィクションと事実との対立を調停しうる可能性が宿っているのではないか――アメリカ文学研究者のマイケル・ダヴィット・ベルは、こうしたロマンス観を「ロマンスの保守的理論」と呼んでいる。曰く、一九世紀半ばまでの英米の言説においては、ロマンスは理性的な基盤を欠いた「純粋かつ危険なファンタジー」にほかならないという見方――すなわち、ジェイムズの一九〇七年の序文で示されているものに比較的近いロマンス観――が優勢であり、しかし他方で、ナサニエル・ホーソーンなどが唱えた「ロマンスの保守的理論」もまた重要な伝統をかたちづくっていた。後者の観点から理解すべきなのはたとえば、スコットランド人作家ウォルター・スコット（一七七一―一八三二）に主に由来する「ヒストリカル・ロマンスやロマンティック・ヒストリーの流行」である。なぜなら、「霧のかかった過去」に舞台を据えるこれらのジャンルは、「主観的な想像力の「ロマンティック」ないし「詩的」な性質を現実そのものの性質として捉える」ことを作家たちに促し、「ファンタジーと経験との、フィクションと事実とのあいだの亀裂を架橋する」試みへと彼らを誘《いざな》ったからである。(96)

いまや私たちは、次のような推測を組み立てられる。ローエルは、見たいものを見ることができなかった能登への旅を本にするうえで、「ロマンス作家の技法」を用いて能登を「霧のかかった」場所に仕立てるという戦略を採用した。この戦略のゆえに、実際の能登を写した写真を本に載せるわけにはいかなかった。そして、『能登』の執筆中か直後に彼は、何らかの理由により（ここはまだ明らかではない）、自分が今後「書くべきもの」はロマンスではなく「科学」だと思うようになった。推測は以上だが、ロマンスをめぐる議論はこれで終わらない。なぜなら、序論で示唆したとおり、ロマンスとの――具体的にはサイエンティフィック・ロマンスとの――距離の測定は、H・G・ウエルズの文学史上の意義を論じるうえで避けては通れない課題だからである。ローエルがサイエンティフィック・ロマンスとのあいだに結ぶこととなった関係は、結論においてあらためて考察されるだろう。

Ⅲ

ローエルの三度目（朝鮮滞在の前後を分けるなら四度目）の日本への旅は、一八九〇年末にボストンを発ったあと東回りの航路を辿っており、ヨーロッパに滞在していたハーヴァード・カレッジの同級生ラルフ・カーティスが途中から道連れとなった。彼らを乗せたフランス船ジェムナーは一八九一（明治二四）年四月四日に横浜に着いている。[97] 東京での生活を再開したローエルが妹エイミーへ送った手紙を見ると、四月一〇日付のものは冒頭に「東京」としか書かれていない一方で五月四日付のものには「麻布区今井町四一番」とあるため、これらのあいだにローエルは家を見つけたようである。なお、後述のとおり彼はこの年の一〇月から翌年一二月まで日本を離れているのだが、一八九三（明治二六）年一月二七日付のエイミー宛ての手紙には「赤坂区一ツ木町八〇番」と書かれている。麻布も赤坂も当然ながら築地の外国人居留地の外であり、一八九一年以後の日本滞在中にローエルが官民の機関に雇用された形跡は認められない。おそらく彼は正式な許可を得ずにそれらの地に住んでいたのだろう。[98] 日本の外国人居留地がすべて廃止されたのは、いわゆる条約改正が成ったあとの一八九九（明治三二）年である。

日本へ赴く途中の一八九一年三月に、ローエルとカーティスはビルマ（現ミャンマー）に立ち寄った。そして、カーティスに日本を案内する日々が一段落したあとの六月二三日に、ローエルは日本アジア協会——一八七二（明治五）年に横浜で創設された、日本についての知見を英語で共有することを目的とする組織——の会合で「日本語とビルマ語の比較」と題する発表をおこなっている。[99] このテーマを英語で論じたのはローエルが最初ではないかとも思われるが、なにしろ彼がビルマに滞在したのはごく短期間であったため、ここに自らの「調べるべきもの、書くべきもの」を見さだめることには無理があった。幸い、ほどなくして彼はこれに代わるテーマを見つけた。長野県と岐阜県の境界に位置する御嶽《おんたけ》山の山頂付近において。

ローエルは、友人のジョージ・ラッセル・アガシ（一八六二―一九五一）――一八七三年に亡くなったハーヴァードの教授ルイ・アガシ（第1章第4節に登場）の孫――とともに、七月二四日に東京を発って御嶽山へ向かい、標高三〇六七メートルのこの山を八月六日にようやく登りきった。(100) しかしその日彼らをもっとも驚かせたのは、山頂からの眺めではなく、その近くの「岩壁に掘られた祠《ほこら》の前」で「白装束の三人の若者」がおこなっていた宗教的な儀礼であった。

彼〔第二の若者〕が第一の若者の着座と同時に開始したのは、私がいままでに見たなかでもっとも並はずれたパフォーマンスであった。筋肉を痙攣させ、喉からすさまじいうなり声を放つと、彼は突然、一〇本の指で結び目を作るという行為に全身全霊を傾けた。また単調な祝詞《のりと》も唱えはじめた。〔…〕

ついに祈禱師〔第二の若者〕はパフォーマンスをやめ、隣のベンチの上から御幣《ごへい》を取り、相手〔第一の若者〕の手にしっかりと握らせた。彼は詠唱を再開したが、いままでと同じく身動きひとつしなかった。しばらくそれが続くと、いきなり、御幣を持っている〔第一の若者の〕手が発作的に引きつった。引きつけはたちまち激痛を伴う痙攣となり、動きはますます激しくなり、そして突然、超人の逆鱗に触れたかのごとき憤怒として爆発した。まるで、彼が御幣を振っているのではなく御幣が彼を揺さぶっているかのごとくであった。それは彼の頭上の空気を狂ったように打ちまくっていたが、やがて、緊張を少し解かれた彼の腕によって額《ひたい》の前に掲げられた状態へとゆっくり収束していった。堅い御幣はまだ震えていて、その振動を彼の体全体に伝えていた。若者の様子は見間違えようもなかった。彼は完全に自分自身から出ていってしまったのだ。我々はいつのまにかトランス〔trance〕の目撃者となっていた。(101)

これは、一八九四年一二月に出版されたローエルの四冊目の著書『神秘の日本』からの引用である。一八九一年八月に御嶽山の山頂付近でローエルとアガシが目にしたのは、「御座《おざ》」と呼ばれる、ふたりの行者が「中座《なかざ》」と「前座《まえざ》」に分かれておこなう憑依儀礼であった。すなわち、中座（「第一の若者」）が前座（「祈禱師」）に導かれて神霊を憑依させ、激しい痙攣ののちトランス――「変性意識」や「忘我状態」などと訳される――に入り、前座の問いかけに答えて神霊の言葉を告げるという儀礼である。じじつこの引用のすぐあとには、中座が「奇妙で不自然な、しかし人工的とまでは言えない声」で“I am Hakkai”と述べたと書かれている。この“Hakkai”とは八海山大頭羅神王《だいずらしんのう》という神のことである。「明日の午後まで山頂は快晴であろう、登拝の旅は必ずや成就される」という言葉を中座が伝えおわり、トランスが解かれると、彼が休んでいるあいだに前座は中座の位置に移り、いままで脇に控えていた第三の若者が今度は前座となって、ふたたび御座がおこなわれた。こうして順繰りに三回御座をおこなったあと山頂へ出発した彼らは、無事に到着すると「頂上の社《やしろ》の前の小さな広場」でまた御座を始めたのだという。(102)

PL

実は御嶽山には、ローエル以前にも何人かの欧米人が登っており、たとえば一八七三（明治六）年末から約二年間の日本滞在中に御嶽山を訪れたドイツの地理学者ヨハネス・ユストゥス・ライン（一八三五―一九一八）の名前は『神秘の日本』でも言及されている。(103) したがって、御嶽山を信仰する行者たちがこの山でしばしば独特の儀礼をおこなっていることをローエルは登るまえから知っていたのかもしれない。しかしかりにそうだとしても、実際に目にしたそれは予想をはるかに超えるものだったのだろう。東京へ戻ると彼はさっそく御嶽信仰についての本格的な調査を開始し、神習教を管長として率いる芳村正秉《よしむらまさもち》（一八三九―一九一五）にも会いにいって神道に関する教えを受けている（この面会では宮岡恒次郎が通訳を務めた）。神習教とは一八八二（明治一五）年に成立した神道の教派であり、御嶽信仰の母体（御嶽講）の一部もそこに加入していた。(104)

ローエルは一八九一（明治二四）年一〇月二二日に、英国船エンプレス・オヴ・ジャパンに乗っていったん日本を離れた。妹キャサリン〔10c〕と九年前に結婚したアルフレッド・ローズヴェルト（一八五六―九一）――シオドア・ローズヴェルトのいとこ――が、列車事故により七月三日に急死したことを受けて、家族がローエルに日本滞在を切り上げるよう求めたためである。この要請にはおそらく、家族が喪に服しているのに長男だけ日本で遊んでいては体裁が悪いという判断と、悲嘆に暮れるキャサリンと三人の子供たちをケアするうえで長男の協力も必要だという事情のふたつが絡んでいた。帰国にあたってローエルは、義弟（妹エリザベス〔10d〕の夫）のウィリアム・ローエル・パトナムにボストンの住まいを探すよう頼んでおり、ブルックラインでの実家暮らしはこれを機にやめたようである。道半ばの神道研究を再開したいと思っていたローエルが、英国船チャイナに運ばれて日本へ戻ったのは、翌一八九二（明治二五）年一二月二三日であった。(105)

結果的にこれがローエルの最後の来日となったが、興味深いことに、このときの彼の荷物には口径六インチ（約一五・二センチメートル）の望遠鏡と、ウィリアム・ジェイムズが一八九〇年に上梓した全二巻の大著『心理学原理』が含まれていた。前者は『神秘の日本』とはほとんど関係しないけれども、彼がそれを使って赤坂区一ツ木町の家から土星を観測したという事実はもちろん、彼の天文学者への転身を跡づけるうえでたいへん重要である。[106] 後者は『神秘の日本』と密接に関係している。とりわけ、自己とは何かという問いに取り組む『心理学原理』第一〇章にジェイムズが書きつけた「こうしたトランス現象についての真剣な研究は心理学がもっとも必要としているもののひとつである」という言葉がローエルを鼓舞したことは想像に難くない。[107] ローエルにとっては、神道の本性――彼はそれを哲学用語を借りて「ヌーメナ〔noumena〕」と呼ぶ――はあくまでも「科学」によって解明すべきものであった。『神秘の日本』の最初の章「御嶽」で彼は、「日本は、科学的には日本人にとってさえも未発見の国であり、そのことを憑霊の研究が明らかにするだろう」と宣言している。[108]

一八九三（明治二六）年六月一四日にローエルは、このとき熊本の第五高等中学校の英語教師を務めていたラフカディオ・ハーンへ次のような手紙をしたためた。

もしあなたがここにいたら、心霊研究の話をしてあげられますのに。というのも、御嶽の山頂で神道のトランス、神がかりに出くわした私は、金鉱を掘り当てたと自分では思っているからです――もっとも、あらゆるexploiteurs〔鉱山開発者たち、あるいは搾取する者たち〕と同じく、満足のゆく仕事をできていないのですが。いまはその成果をアジア協会に切り売りしているところです。[109]

この手紙は、一九九七年にハーンの子孫の家で発見されたローエルの書簡三通のうちのひとつである。ハーンからローエルへ送られた書簡はいまだ見つかっていない。ふたりはいったいどのような関係を結んでいたのだろうか。手がかりにできる史料は限られているが、少なくともふたりが直接の面識を持たなかったことは間違いなさそうである。[110] これを不幸なすれちがいとは必ずしも呼べない。なぜなら、一八八九年に『極東の魂』を「神のような本」と激賞していたはずのハーンは、『神秘の日本』が出版されたあとにはこれを酷評する手紙をバジル・ホール・チェンバレンへ送っているからである。

5 ムードの変化

一九九七年に発見されたローエルのハーン宛て書簡三通のうち、一八九三（明治二六）年六月二日付の第一通と同年七月七日付の第三通には、ハーンからの手紙が届かないので返事を待たずに送ったという旨が記されている（前節に引いたのはこれらのあいだの第二通）。たとえば前者には「あなたから手紙をもらえるのか、もらえるならいつなのか、イチコに相談してみたところ、月末までに届くはずだと伝えられました」とある。(三)「イチコ」、すなわち市子は固有名ではなく、死者の霊を憑依させることなどを生業とする巫女《みこ》(「口寄せ」とも)を指しているが、日付は月末を過ぎているため市子の予言ははずれたことになる。これらの書簡からは、ローエルとのコミュニケーションに対してハーンが積極的であった様子は窺えない。

ところが、ハーンとチェンバレンとの文通においては、頻繁に手紙が交わされているばかりでなくローエルの名前もたびたび登場している。量が多いためここではごく一部しか紹介できないけれども、ローエルの前半生の著書のなかで『能登』をもっとも重視してきた私たちとしてはやはり、ハーンが松江から送った一八九一(明治二四)年五月二二日付のチェンバレン宛ての手紙に注目しないわけにはいかないだろう。

私はローエル氏とともに、一歩一歩、西向きに日本を横断し、能登まで旅をしました――旅のあらゆる喜び、いらだち、危険を、あたかも実際に彼と同行しているかのように生なましく感じながら。すべての感覚に共感を覚えましたが、私が最大の喜びを見出したのは、作品全体にちりばめられたあの、ささやかではありながらも愉快な思考、ときおり交わされるうちとけた会話でした。これらはまた、『朝鮮《チョソン》』の独特にして比類なき魅力を成しているようにも思われました。こうした旅行記は、ひと世代まえには誰も書けなかったものでしょう。そこには別の時代の思考が反映しています――人びとはいまや、以前は考えてみようともしなかった思考を

巡らせているのです。(112)

「別の時代の思考」とは具体的に何であるかをハーンは説明していない。ローエルの著書から「別の時代の思考」を読みとることはむしろ、次章以降における私たちの課題である。ともあれハーンは、日本へ渡ってから一年以上が過ぎたこの時期には、ただローエルに熱を上げるだけではなくて、彼と自分との違いも意識しはじめている。ローエルが御嶽山に登ったのはこの年の八月だが、その旅から戻ってまもないころの彼の様子をチェンバレンから伝えられたハーンは、九月四日付の返信にこう記している。

ローエル氏はおそらく現在の私ほど親しく庶民と接してはいないだろうというあなたのお言葉は、そのとおりだと私も思います。たしかに、あれほど強大なパーソナリティを備えている彼にとっては、日本の生活を無条件に取り入れること〔…〕はきわめて難しい――おそらく苦痛を伴う――でしょう。彼はフランス人の言うune envergure trop vaste pour ça〔それには大きすぎる器量〕を身につけているのです。そして、かくも洞察力に富み、見事に訓練された知性を持つ人にとっては、自らのオリジナルの自己をやむなく犠牲にするのはたんに無駄なことでしょう。しかし私は、この方法によってはじめて、何年かののちには、庶民の心〔Kokoro〕を会得すること――これこそ私の目標のすべてなのですが――ができるのだと、故郷で暮らす彼らの宗教および感情を会得できるのだと考えるのです。教育を受けて近代化した日本人に関して言えば、私の見るかぎりでは、文学的な目的をもって研究するに値するとは思えません。[113]

ハーンはこのあと、一八九四（明治二七）年の『知られざる日本の面影』を皮切りに、一九〇四（明治三七）年に五四歳で亡くなるまでに一〇冊以上もの著書を書き上げることとなる。それを会得することが彼の「目標のすべて」であったはずの"Kokoro"が三冊目のタイトルになっているという事実も示唆するように、一八九一年九月の手紙で述べられた彼の決意は、晩年の力作『日本――ひとつの試論』（一九〇四）に至るまで一貫していたわけでは決してなかった。そこに見られる紆余曲折を、哲学者の宇野邦一は、「はじめに日本の情熱的な恋人だったハーンは、しだいに幻滅し憂慮しながらも、最後には、日本に対して少し医師のように対し、日本を診断し、処方箋を提供するようにして、この集大成（『日本』）を書」いたのだと要約している。[114]

したがって、一八九五（明治二八）年二月にハーンがしたためたチェンバレン宛ての手紙に含まれる、ローエルの『神秘の日本』を酷評する以下の一節は、本来なら複雑に絡みあった文脈のなかに適切に位置づけたうえで読むべきである。これはそうした作業を必要とするほどに重要な一節である。

私は『神秘の日本』を最後まで読むことができないのではないかと案じています〔…〕。この本が私に印象づけるのはあの人のムードだけです。それは醜くて、人をばかにしたところがあり、ただ傷つけてやりたいという願望の邪悪さにかぎりなく近づいています。私の眼の状態が良くなりましたら、彼の火星の研究も読んでみたいと思っています。私は自分の作品がローエルの『極東の魂』ほどに優れていると言いたいのではありません。しかしながら、少なくとも私に好意的な批評の大半において、私がローエルよりもずっと成功していると評されていることは、興味深い事実です。なぜでしょうか？　もちろん、私が思想家として、あるいは観察者として彼に匹敵するからではありません。その理由は単純に、世の人びとが、分析的ないし批判的なムードではなく共感的なムードのほうをより正当なものと考えるからです。そして、スペンサー級の巨人によってなされる批判であれば話は別ですが、たんに批判的なだけのムードは、人間の問題のもっとも肝腎な面をつねに見逃してしまうのではないかと私は案じています。というのも、そのもっとも肝腎な面というのは感情であって、理性ではないからです。まさしくこのことを、スペンサーははるか以前に示したのでした。でも『極東の魂』には、遊び心に満ちた優しさへ向かう精妙なアプローチがあったのです。それは『神秘の日本』からは完全に追い払われてしまいました。(115)

引用の後半で示された見解は、『アトランティック・マンスリー』の一八九五年六月号にハーンが寄せた無記名の書評においては次のように表現されている。「共感に対する鷹揚《おうよう》な、そして亡友への無言の哀悼のように繊細なアプローチと、批評の遊び心に満ちた優しさ――『能登』や『極東の魂』の読者を楽しませたこれらのものが、残念ながら、彼の著書のなかでもっとも不快な、しかしもっとも教訓が少ないわけではないこの本〔『神秘の日本』〕には欠けている」。(116)実は、これが載った

『アトランティック・マンスリー』には、ローエルが前号から始めた「火星」と題する連載の第二回も掲載されていた。[117] したがってローエルがこの書評を読んでいないはずはないが、もしかしたら、前年にローエル天文台を立ち上げて以来、新米の天文学者として日々多忙をきわめていた彼は、もはや『神秘の日本』の評判をさほど気にしていなかったのかもしれない。

P

『極東の魂』が「神のような本」であるという極端な讃辞と同様に、『神秘の日本』からはローエルの「ただ傷つけてやりたいという願望の邪悪さ」に近いムードが感じられるというハーンの過激な言葉も、これらの本を実際に読んだ者の多くにとっては首をかしげざるをえない評価であろう。たしかに、『神秘の日本』には「彼の著書のなかでもっとも不快」という感想を抱かせるポイントがいくつかある。とりわけショッキングなのは、複数の教派ないし宗派の憑依儀礼を紹介する「化身」("Incarnations")という章のなかでローエルが、日蓮宗の僧侶によってトランスへ導かれた女性は「首にピンを刺されてもまったく気づいていなかった」と述べていることである。[118] 非人道的に思えるこのふるまいはしかし、ローエルのムードにのみ由来するわけではなかった。

そもそも、御嶽山での発見をローエルが「金鉱」と捉えたのは、一八七〇年代以降の欧米において、異常心理学や心霊研究といった、理性的とは見なされない行動ないし現象を科学的に研究しようとする諸分野が急速に隆盛していたからでもあった。トランスの研究は「心理学がもっとも必要としているもののひとつである」と『心理学原理』に記したウィリアム・ジェイムズは、この本が出版された一八九〇年にはすでに、レオノーラ・エヴェリーナ・パイパー（一八五七―一九五〇）というボストン在住の女性――しばしば「パイパー夫人」と呼ばれる――を主な対象とするトランスの研究を何年も積み重ねていた。(119) パイパー夫人はいわゆる霊媒であり、ボストンでは一八八〇年代半ばから、トランスに入った彼女が発する死者の霊の言葉を聞くための会、すなわち「セアンス」（séance）が頻繁に催されていた。

心霊研究を科学の新しい分野として確立しようとする運動は、一八八二年に英国で心霊研究協会（the Society for Psychical Research［SPR］）が発足し、二年後にその米国支部であるアメリカ心霊研究協会（the American Society for Psychical Research［ASPR］）がボストンに設置されたことで本格化した。ジェイムズは後者の創立メンバーであり、一八九四年には前者の会長に就任している。アメリカ心霊研究協会のいまひとりの創立メンバーである心理学者グランヴィル・スタンリー・ホール（一八四四―一九二四）は、ジェイムズの教え子でもあったが、のちに協会を去って心霊現象の実在を声高に否定するようになった。のみならず彼は、一九〇九年にパイパー夫人のトランスを間近で観察した際には、彼女の手のひらに触覚計（esthesiometer）という器具を当てて、どれほど力を加えれば彼女がトランスから醒めるのかを調べようとした。ホールにとっては、これはトランスの正体を暴くために必要な実験であった。しかし彼が力を込めてもトランスは解けず、交霊が終わったあとでパイパー夫人は自分の手に痣《あざ》ができていることに気づいた。それでも彼女はホールの実験に協力しつづけたが、彼女の娘のアルタ・ローレット・パイパー（一八八四―一九六二）は、母が「科学」の名のもとに傷つけられてゆくことを許しがたく思い、ホールに厳重に抗議した。(120)

ローエルとホールの類似したふるまいは、言うまでもなく、科学者の倫理という観点から非難されるべきものである。しかし同時に、彼らが従事していたトランスの研究はいまだ科学になるための試行錯誤のさなかにあったという事情にも注意を払うべきであって、この事情によって彼らが免罪されるわけでは決してないにせよ、それを無視して彼らのふるまいを即座に彼ら自身のムードと結びつけるのはあまりに短絡的である。ローエルの『神秘の日本』に関して言えば、日本で古くから受け継がれてきたさまざまな宗教的実践――憑依儀礼のみならず、探湯《くかたち》や火渡りといった神事、水行《みずぎょう》や断食といった修行なども――の観察に彼が並々ならぬ努力を傾けていることは本の前半からはっきり読みとれるし、ハーンの言う「たんに批判的なだけのムード」がこれほど詳細な記述を書かしめたとはとても思えない。

『神秘の日本』を訳した菅原壽清は、御嶽信仰の研究にながらく携わってきた宗教人類学者として、「シャーマニズム研究で有名なS・M・シロコゴロフのものよりも四〇年以上、日本の研究者よりも少なくても二〇年以上前に」出版されているというこの本の先駆性と、「これまでの御嶽研究が、むしろ歴史的視点からの研究に傾きがちなのに対して、最も重要なトランスと憑霊の問題に焦点を当てて取り組んで」いるという着眼の鋭さとを高く評価している。(121)『神秘の日本』の意義は同時代においても認識されていた。じじつウィリアム・ジェイムズは、一八九六年にローエル・インスティテュートでおこなった「例外的心理状態」と題する連続講演において、憑依について論じる際に『神秘の日本』を引きあいに出している。(122)また、『ミカドの帝国』の著者であり、ローエルにとっては先輩ジャパノロジストであるウィリアム・エリオット・グリフィスは、『ニューワールド』という雑誌に寄せた『神秘の日本』の書評で、ローエルの「ふつうの人には見られないより鋭敏な洞察力とより緻密な観察力」を賞讃しつつこう述べている。「凡百の愚にもつかない旅行記が巷《ちまた》に溢れるなかにあっては、この本はまるで、滋養と強壮を我々にもたらす熟れた果実のようだ」と。(123)

しかしながら、これらの重要な補足を踏まえたうえで、「遊び心に満ちた優しさへ向かう精妙なアプローチ」が「『神秘の日本』からは完全に追い払われてしま」ったというハーンの言葉が一面の真理を伝えていることもやはり認めなくてはならない。『神秘の日本』の最終章で述べられる、「稀有なインパーソナリティ」を備えた「日本民族」は「アーリア民族」ほど「精神活動」が活発ではないがゆえに「実にたやすく憑依される」とか、トランスには「先祖返り的〔atavistic〕な特性」があるため「日本民族」の「先祖伝来の精神〔spirit〕」は神道の憑依儀礼において「インパーソナルな神格〔god-head〕という奇妙な系譜」として現れることになるとかいった見解はたしかに、前半の詳細な記述は何だったのかと脱力させられるほどにステレオタイプ的であり、『極東の魂』の枠組みからはずれないどころかむしろそれを硬化させている。(124) 他方で、ローエルのムードを問題にしているときのハーンは、実は『神秘の日本』のみからそれを読みとったわけではなかった。彼は以前から、チェンバレンからの手紙によって、ローエルに生じたムードの変化について知らされていたのである。

「ここだけの話ですが、私は人間としてはたいへん彼が好きなのですけれども〔…〕、それにもかかわらず、私は作家としての彼はもはや好きではないのです」――これは、チェンバレンが一八九三（明治二六）年一月一〇日にしたためたハーン宛ての手紙に見られるローエルへの言及である。彼が吐露する不満は、ローエルの「「気どった」文体」と、「ある一般的なアイデアないし理論に飛びつく」という演繹的な論じ方とに対するものである。とはいえ、「議論好きで、自らの先入観に固執するところがあるとはいえ、彼は、想像しうるかぎりでもっとも優しい気質を備えた、このうえなく快活な人間です」という言葉からも明らかなとおり、このときはまだ、チェンバレンとローエルとの関係が険悪になっていたわけではなかった。[125]

ローエルの伝記を著す者にとっては悲しむべきことに、これ以降のハーン宛ての手紙においては、チェンバレンがローエルについて語るときの書きぶりはますます辛辣になってゆく。その量はハーンによる言及にも劣らないため、ここでは、チェンバレンの感情の起伏をもっとも鮮明に記録していると思しき一八九三年八月五日付の手紙を引用するに留めておこう。彼が夏のあいだ滞在していた箱根の宮ノ下から送られたこの手紙には、「彼〔ローエル〕はほとんどつねにここにいて、我々は一緒に食事をします」と書かれている。ローエルは会話を楽しんだのかもしれないが、チェンバレンは、文学の話になると偉大な作家たちも容赦なく「モダンではない」と切り捨ててしまうローエルの狭隘な芸術観に対する怒りをハーンにぶちまけている。しかしより重要なのは、続けて彼がこう述べていることである。

それでも、それでもなお、彼は良いやつ〔a good fellow〕なのです。すばらしく頭の切れる賢いやつなのです。彼のやり方は、ある一般的な観念、たとえば「モダニティ」という至高の徳目や「東洋人のインパーソナリティ」など――彼が持ちあわせているのは三つか四つだけですが――から演繹的に論じ下ろし、先入のアイデアに合致するように事実を歪め、言葉の花火によって全体に彩りを加えるというものです。〔…〕これは、必ずしも昔からそうだったというわけではないのです。物を書きはじめたころには彼はもっと人間的でした。いまや彼は硬化し、ひとつの機械と化しています――打ち明けますが、これは私の神経を逆撫でする機械です。〔…〕自分がローエルについてこんなふうに考えるようになるなどということは、数年前の私には思いもよらなかったでしょう。しかし、間違いなく我々はふたりとも変化したのです。彼はあらゆることへの確信をいっそう強め、私はたいていのことには確信を持てなくなってきました。彼がますます方法〔manner〕を重んじている一方で、私はますます方法を軽く見ており、とりわけあの方法は嫌悪するようになりました。(126)

「三つか四つ」しかないとチェンバレンが言うローエルの「ある一般的な観念」には、まもなく世界の複数性（序論参照）が加わることになる。あるいはもしかしたら、このときすでに加わっていたのかもしれない。というのも、第1節で示唆したように、ローエルは日本へ渡るまえからジョン・フィスクの『宇宙哲学概論』などによって地球外生命というアイデアになじんでいたということもありうるし、次章で述べるとおりそれ以外にも複数の可能性が考えられるからである。しかしそれにしても、ローエル流の科学の「方法」には、科学者ではないチェンバレンにも指摘できるほど明瞭な問題が孕まれているというのに、トランスの研究という未開拓の分野ならいざ知らず、天文学という、諸科学のなかでもっとも古いとも言われる分野にいきなり参入したところで、ローエルは誰からも相手にされないのではないか——この推論が妥当ではない理由のひとつは、天文学という科学が同じ時期にこうむっていた変動を見逃していることにある。これについても次章で詳しく論じられる。

本章では解ききれなかった問いは、『能登』の前後でローエルが文学から科学へ舵を切った——あるいはムードを変化させた——のはいったいなぜかである。次章以降の議論は、彼のムードの変化が同時代の思想史的な文脈にある程度沿っていたことを明らかにするだろう。また本書の結論において、彼の変化はチェンバレンが言い立てるほど決定的なものではなかったことも強調されるだろう。しかしながら、一八九三年のローエルが、自らの変化によってチェンバレンとの関係が冷えつつあることをどう捉えていたのかは、残念ながら史料を欠いているためほとんどわからない。はっきりしているのは、この年の一一月二四日に英国船オーシャニックに乗って横浜を発った彼はその後決して日本を訪れなかったということであり、翌年に『神秘の日本』を完成させたのちには彼はもう日本についての本を書かなかったということである。(127)

第4章

アリゾナ準州
フラグスタッフ

図18 | 1896–97年のメキシコ遠征のさなか、
クラーク社製の24インチ屈折望遠鏡を覗くローエル（LOHP）

1　入れ子構造のドラマ

パーシヴァル・ローエルの天文学への興味は、一〇代のころから抱かれていたものであった。弟のローレンスが伝えるところによると、ティーンエイジャーのローエルはすでに自分の、口径二・二五インチ（約五・七センチメートル）の望遠鏡を持っていて、ブルックラインの家の平屋根からよく天体観測をしていたという。また、第2章で述べたとおり、ハーヴァードで彼に数学と天文学を教えたベンジャミン・パースも、それらの分野におけるローエルの水際立った才能を認めていた。日本へ発つまえの一八八一年にはローエルは、主にハーヴァードとマサチューセッツ工科大学（ＭＩＴ）の関係者から成る数学物理クラブ（the Mathematical and Physical Club）、通称「ＭＰクラブ」の創設にも携わった。(1) しかしそうした素地があったにせよ、足かけ一〇年の日本滞在を終えた直後の一八九四年に、三九歳のローエルが、アリゾナ準州（Arizona Territory）という当時はまだ州（State）にもなっていなかった開拓地——州への昇格は一九一二年二月——へ赴いて天文台を建設することになろうとは、周囲の誰も予想だにしていなかった。

もちろんローエル自身は、能登へ旅立ったとき（第3章第3節参照）とは違って、火星観測という新しいプロジェクトに乗り出すうえではあらかじめ風向きを読んでいたのであり、決して「ふとした思いつき」だけで方針転換を決断したわけではなかった。実のところ、彼が観測を始めたときには、火星はすでに国際的な論争の的となっていたのである。(2) この論争の発端は、ミラノのブレラ天文台の台長を務めるジョヴァンニ・ヴィルジニオ・スキアパレッリ（一八三五―一九一〇）が一八七八年に発表した長大な論文にあった。そこに添えられた、前年の観測に基づいて作成されたいくつもの火星のドローイングには、広範囲にわたるカナリのネットワークがはっきりと描かれていた。[3]

「カナリ」、すなわちイタリア語の“canale”（“canali”はその複数形）とは、第一には「水路」を意味する語であるが、「運河」という意味を持つこともあり、英語においては“channel”にも“canal”にも相当しうる。この語は、コレッジョ・ロマーノ天文台長のアンジェロ・セッキ（一八一八―七八）が一八五八年の観測の結果を発表した際に、火星表面に見られる暗い線条模様を指すものとして導入された。ゆえにスキアパレッリはカナリの〝発見者〟ではなく、またカナリが人工物であるとはっきり主張したわけでもなかった。[4] しかし、一八七八年の論文で彼が提示した火星のカナリの地図（**図19**）は、まるでヴェネツィアの運河の地図のようでさえあり、見る者の想像力を刺激する強い印象を備えていた。かくしてこの論文は世界的に話題を呼ぶこととなったが、とりわ

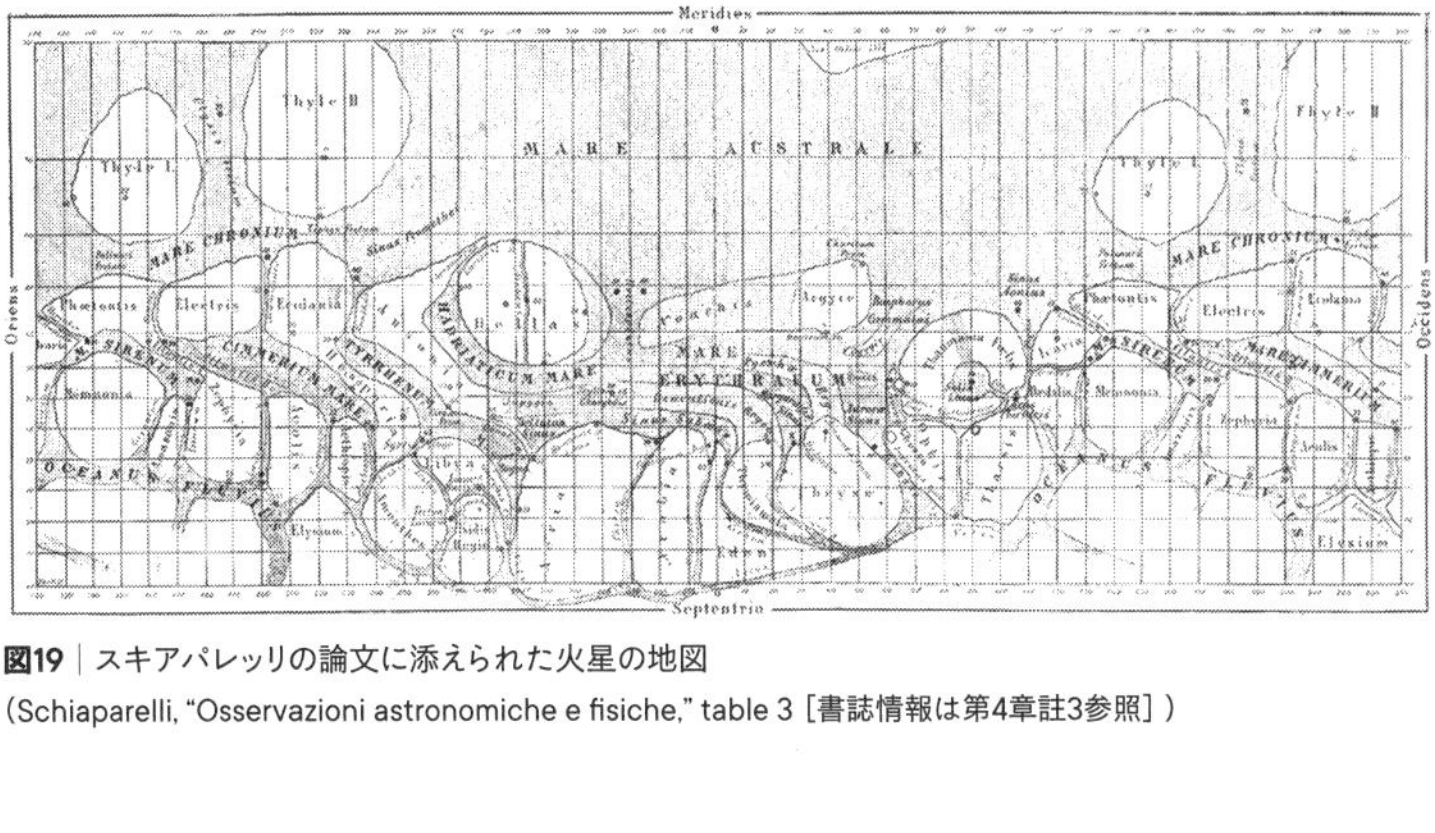

図19｜スキアパレッリの論文に添えられた火星の地図
（Schiaparelli, “Osservazioni astronomiche e fisiche,” table 3［書誌情報は第4章註3参照］）

け顕著な反応を示したのは、フランスの天文学者にして作家のカミーユ・フラマリオン（一八四二―一九二五）である。

フラマリオンは当時のフランスにおいてたいへん人気の高かった天文学者であり、二〇歳のときに『棲まわれる世界の複数性』（*La pluralité des mondes habités*、一八六二）を著して以来の旺盛な執筆活動によって、その名は国外でも広く知られていた。そして彼は、上記のタイトルがすでに示すように、地球以外にも生命の棲息する世界は存在するという考え――序論で言及した「世界の複数性という観念」――を一貫して信奉していた。この思想をさまざまなかたちで展開した彼の著作はジュール・ヴェルヌにも影響を与えた。[5] そんなフラマリオンが、スキアパレッリによる火星観測の結果に接して、地球外生命の存在証明へ大きく近づいたように感じたのは、なかば当然のことであった。

世界の複数性を探究するための具体的な対象を得たフラマリオンは、一八八二年に、自らが主宰する雑誌『ラストロノミー』（*L'astronomie*）で火星についての論文を三部にわたって発表した。そこでは彼は、スキアパレッリの"canale"に対応する語としてフランス語の"canal"（「運河」）を採用している。[6] その後も火星の研究に邁進し、一八九二年には『火星とその棲息可能性の諸条件』という、六〇〇ページを超える浩瀚な本を上梓した（一九〇九年に続巻が刊行されるので、これは第一巻ということになる）。同書の結論において彼は、火星の運河が「大陸の地表に広く水を行きわたらせるために、棲息者たちが古い河川を改修して作ったもの」である可能性を指摘し、「我々よりも優れた種族が火星に実際に棲息しているというのは、大いにありうることである」と述べた。[7]

これが、ローエルの転身以前における火星運河説の普及のあらましである。ローエルがこうした議論をいかにして知り、どの時点で火星観測へと自らも乗り出す決意を固めたのかについては、複数の要因が考えられ確定はできないものの、デイヴィッド・シュトラウスによる伝記に有力な推測が示されている。いくつかの証拠に基づく彼の議論によれば、ローエルにとっての重要な契機は、一八九〇年に始まったハーヴァード・カレッジ天文台のスタッフとボストニアンたちとの交流にあり（同年にはローエルは、ボストンで『能登』の執筆などに勤しんでいた）、この交流をとおして台長のエドワード・チャールズ・ピッカリング（一八四六―一九一九）と懇意になったことが、天文学の最新状況に対するローエルの関心に繋がった可能性が高い。一八九二年末の来日時に彼が口径六インチ（約一五・二センチメートル）の望遠鏡を携えていた事実（第3章第4節参照）もここから説明がつくだろう。[8]

また火星への情熱に関して言えば、少なくとも、一八九三年の末に日本から帰ったローエルへ親戚がクリスマスプレゼントとして贈ったフラマリオンの『火星とその棲息可能性の諸条件』がトリガーを引いたことは確実である。この本の巻頭の遊び紙には、ローエルの手で「急げ」（“Hurry”）と書き込まれている（図20）。なぜ急がなけれ

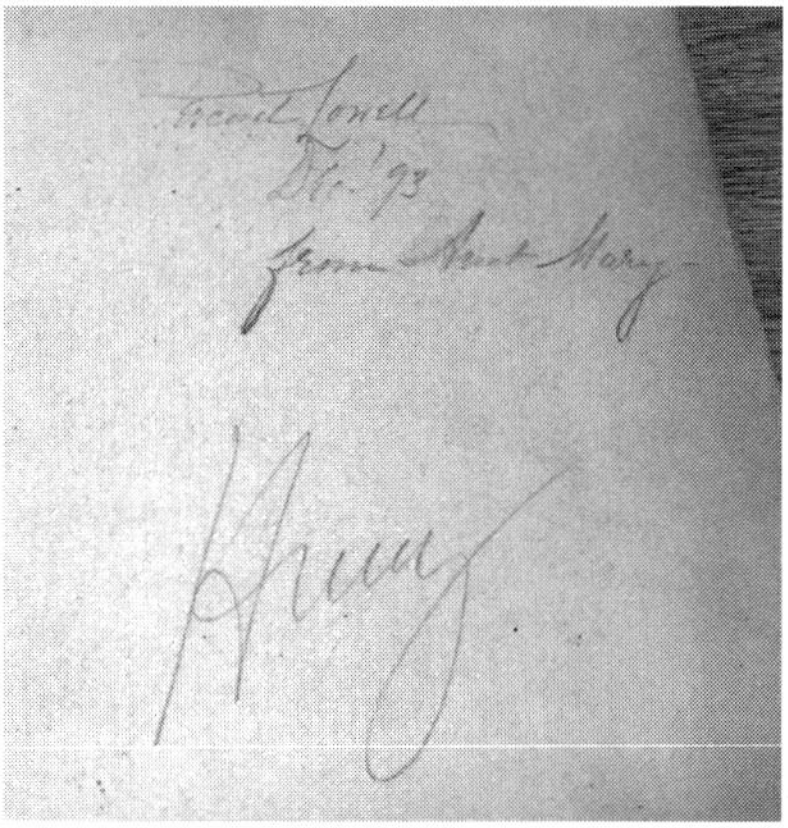

図20｜フラマリオンの『火星とその棲息可能性の諸条件』の巻頭にローエルが鉛筆で書き込んだ“Hurry”（著者撮影）
上部には同じく鉛筆で“Percival Lowell / Dec. '93”と書かれてあり、その下に青字で“from Aunt Mary”とある。ローエルが所有したこの本はLOAに収められている。LOAよりこの写真の掲載の許可をいただいた。

ばならないのかといえば、もちろん「好機を知れ」という家訓（第1章第2節参照）がローエルの行動原理を成しているからとも答えられるのだが、ここにはより具体的な事情もあった。というのも、来《きた》る一八九四年一〇月に火星の衝《しょう》（opposition）が訪れるからである。

太陽系の第四惑星にあたる火星は、六八六・九八日（約一年一一か月）かけて自らの軌道を周回しているため、その内側を公転する地球から見ると、約七八〇日ごとに火星が太陽と正反対の位置に来ることになる。この位置関係が「衝」である。火星が夜空にずっと上がっているこのタイミングが観測に適していることは言うまでもないが、火星の軌道は地球のそれよりもずっと楕円形に近い（軌道の離心率が大きい）ため、衝のときの火星と地球との距離はそのつど異なるものとなり、地球に大きく接近する衝はおよそ一五年ごとにしか訪れない（図21）。世紀転換期の火星をめぐる論争はこうした周期性に支配されていたのであり、たとえば火星表面のカナリのネットワークをはじめて提示したスキアパレッリの論文は、とりわけ条件に恵まれた一八七七年の衝に

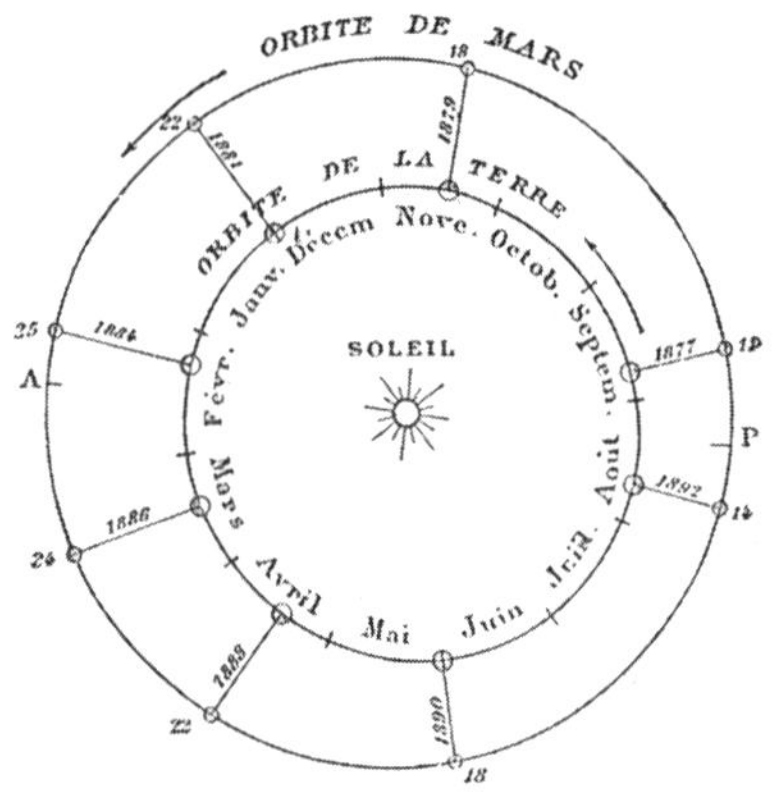

図21｜フラマリオンの『火星とその棲息可能性の諸条件』に掲載された、1877年から1892年までの火星の衝を概略的に示す図（Flammarion, *La planète Mars*, 248, fig. 151［書誌情報は第4章註7参照］）
中央にあるのは太陽、内側の円は地球の軌道、外側の円は火星の軌道。

における観測に基づいていた。ちなみに、同じ衝の期間には、合衆国海軍天文台のアサフ・ホール（一八二九―一九〇七）が火星のふたつの衛星――のちに「フォボス」と「ダイモス」と名づけられる――を発見するという快挙を成し遂げている。(9)

衝に関する知識は、中学校で習うという意味では常識に属するが、天文学という科学のやや特殊な性格について私たちに教えてくれてもいる。すなわち、条件をさまざまに変えながら実験をおこないその結果を記録するという、科学にとっての根本的な営み（のひとつ）において、天体と宇宙を相手どる天文学は前段の〝条件をさまざまに変えながら〟という部分に大きな制約を課せられているということである。スキアパレッリの論文に疑念を抱いた天文学者がいたとして（実際に数多くいた）、一八七七年の衝と同等の好条件のもとで火星を観測し結果を比較しようと思ったら、一八九二年まで待たなくてはならなかった。(10) もっとも、一八七七年の観測でスキアパレッリが用いたのは、口径二一・八センチメートルという比較的小ぶりなサイズの屈折望遠鏡であったため（「屈折」の意味は次節で解説される）、彼が万全の態勢で観測に臨んだとは必ずしも言えなかった。(11) より高性能な望遠鏡を使えば、一八七七年ほど衝の条件が良くなくても、詳細さにおいてスキアパレッリを凌駕する火星の像が得られるかもしれない――実はここに、天文学のもうひとつの、後半生のローエルの戦いを理解するための鍵ともなる重要な特徴が現れている。

日常的な言葉遣いにおいては天体観測のことを実験とは呼ばないけれども、天体望遠鏡はひとつの実験器具と見なすこともできる。なぜならそれは、天体を肉眼とは異なる倍率において――すなわち〝条件をさまざまに変えながら〟――眺めることを可能にしてくれるからである。(12) ガリレオ・ガリレイはまさに、発明されてまもない望遠鏡を天体観測に導入したことによって、古代にまで起源を遡れる天文学という学問を近代科学へと変貌させるための大きな一歩を踏み出したのであった。しかしながら、一七世紀以降に急速に発展した物理学や化学が多種多様な実験をおこないつづけてきたのに対して、天文学がおこないうる〝実験〟は、一九世紀半ばに至ってもなお、望遠鏡を用いた天体観測にほとんど限られていた。実はこの状況に重大な変化をもたらすこととなる発見が一八五九年になされているのだが、それについては第4節で述べよう。ここでひとまず強調すべきなのは、一九世紀の天文学は望遠鏡という器具に依存している度あいがきわめて大きいということであり、ゆえに、望遠鏡の製造技術が向上すれば、天文学という領域における科学者間の競争は、より高性能な望遠鏡をいかにして確保するかという設備面での競争という色彩を強く帯びはじめるということである。

第2章に私は、「ローエルがアマチュアの天文学者として世に名乗り出るころには、米国各地の――さらには世界各地の――「城」に所属するプロフェッショナルの天文学者たちは、いわば水平方向の「複雑かつ微妙な」連携体制を構築しつつあった」と記した（八七頁）。「城」という比喩は江藤淳から借りられたものであるが、後半生のローエルが戦った相手のリストを眺めれば、いわば一国一城の主《あるじ》たちの名前がそこに連なっていることがすぐ見てとれるだろう。ハーヴァード・カレッジ天文台第四代台長のエドワード・ピッカリング、リック天文台初代台長のエドワード・シングルトン・ホールデン（一八四六―一九一六）と第三代台長のウィリアム・ウォレス・キャンベル（一八六二―一九三八）、王立グリニッジ天文台所属でありまた自ら創設に携わった英国天文学協会の第三代会長も務めたエドワード・ウォルター・モーンダー（一八五一―一九二八）、合衆国海軍の航海暦編纂部を率いながら数々の要職も歴任した天文学界の重鎮サイモン・ニューカム（一八三五―一九〇九）、そして、驚異的な牽引力によって巨大天文台を次々と設立しアメリカ天文学の勢力図を完全に塗りかえてしまった傑物、ジョージ・エラリー・ヘイル（一八六八―一九三八）……。

彼らを相手にローエルが繰り広げた戦いのドラマが、本章と次章の骨格となる。この戦いについて私は第2章で、ふたたび江藤の言葉を借りながら、「「分離しようとする力と集中しようとする力との、ダイナミックな劇」の一場面を成していた」と述べたのであった（九一頁）。しかしこの書き方は実のところ、ローエルと対立していた主流派天文学者たちが一枚岩の集団を成していた印象を与えかねない点で正確さを欠いていた。厳密に言えば、ローエルのドラマの真のダイナミズムは、彼がそこから分離してゆくこととなった主流派天文学者たちのコミュニティの内部で、同じ時期にもうひとつの、分離と集中のせめぎあいが展開されていたという入れ子構造に存している。内側のせめぎあいにおいて緊張関係にあったふたつのサブコミュニティの領袖と呼べる存在は、さきのリストの最後に挙げたふたり、すなわちサイモン・ニューカムとジョージ・エラリー・ヘイルなのだが、彼らはローエルと対立する点においては一致していたわけである。

ニューカムとヘイルは、それぞれいかなるサブコミュニティを代表していたのか。彼らはなぜ対立していたのか。そして、内部に緊張を孕んだ主流派天文学者たちのコミュニティにローエルが立ち向かったとき、対立の構図はどのように変化したのか。というよりそもそも、「城」のような威容を誇る世界各地の天文台に対して、アマチュアにすぎないローエルが（まがりなりにも）勝負を仕掛けられたのはいったいなぜなのか。こうした問いをただちに呼び起こすほどに複雑で興味深いドラマは、当然ながら、一朝一夕に生じたものではありえない。したがって私たちは、ドラマの内実を解き明かすためにも、まずは少し時間を遡って、一九世紀前半の米国における天文学の状況を確かめることから始める必要がある。

2　空の灯台

一九世紀初め以降の一世紀間に米国の天文学がどう発展したかを概観するにあたって、はじめにいくつかの基礎的な事柄を導入しておかなくてはならない。まずは、以下のふたつの等式である。

一度＝六〇分角＝三六〇〇秒角
一インチ＝二・五四センチメートル

前者の式に登場する「分角」や「秒角」は、微小な角度を表すための単位である。たとえば火星の場合、地球にもっとも近づく衝――しばしば「大接近」と呼ばれる――においては地球との距離は五六〇〇万キロメートル弱になり、地球からもっとも遠い衝――こちらは「小接近」――のときの距離は一億キロメートル強になる。この二倍近い開きによって、地球上の観測者にとっての火星の見かけの大きさ、すなわち視直径も、二五秒角強から一四秒角弱まで変化する。火星の視直径が二五秒角であるとは、火星の両端と地球上の観測者とを結ぶ二本の線が二五秒角（約〇・〇六九度）の角度で交わるということである。ちなみに太陽と月の視直径はどちらも約三〇分角であり、実際の大きさはまったく異なる（太陽の赤道半径は月の赤道半径の約四〇〇倍）にもかかわらず地球からの距離もまた大きく異なる（太陽は月よりもおよそ四〇〇倍遠い）ことによって、見かけの大きさがほぼ一致している。[13]

「インチ」は、周知のとおり、米国で慣用されている長さの単位のひとつである。[14] 本書ではこの単位は、天体望遠鏡の口径を示す際に使われる。前節に記したように、一八九二年末にローエルが日本へ持参した望遠鏡の口径は六インチであり、一八七七年の火星観測でスキアパレッリが用いた望遠鏡の口径は二一・八センチメートルであった。単位が異なるのはもちろん製造国が異なるからである。すべてをメートル法に換算して記載したほうが多くの読者にとっては読みやすいはずだが、本書に登場する天体望遠鏡のほとんどが米国製であるため、以下では煩雑さを避けるためにインチ表記のみを掲げた箇所も少なくない。なお、後述するように、一八九七年以後にローエル天文台の主たる武器として活躍したのは、アルヴァン・クラーク・アンド・サンズという米国の会社（以下「クラーク社」）が製造した二四インチ（約六一センチメートル）の屈折望遠鏡であった。この二四インチという数値が、本章と次章に登場するいくつもの天文台を比較するうえでのひとつの目安となるだろう。

屈折望遠鏡と反射望遠鏡の違いについてもここで解説しておこう。もっとも大きな違いは、それぞれの名前のとおり、前者が外からの光を凸面のレンズ（対物レンズ）によって屈折させるのに対して、後者は凹面の鏡（主鏡）によって反射させることである。ガリレオが天体観測に用いたのは屈折望遠鏡であったが、光の屈折率は波長によって異なるため、対物レンズの性能を上げようとすると、色ごとに焦点（ピントが合う位置）が異なるという色収差（chromatic aberration）の弊害も大きくなってしまう。この問題を解決するために考案されたのが反射望遠鏡であり、実物を最初に完成させたのはアイザック・ニュートン（一六四二―一七二七）であると言われている。なお色収差に関してはその後、屈折望遠鏡においても、凸レンズと凹レンズを組みあわせた対物レンズ――「色消しレンズ」（achromatic lens）と呼ばれる――を用いれば弊害を小さくできることが知られはじめた。色消しレンズは一八世紀半ばの時点では製造が非常に難しかったのだが、この欠点も、ヨーゼフ・フォン・フラウンホーファー（一七八七―一八二六）が考案した画期的な製造法などによって一九世紀初めまでにある程度克服されている。[15]

天体望遠鏡の性能を比較するうえでは、口径――すなわち対物レンズないし主鏡の大きさ――がとても重要な指標になる。なぜなら、それが集光力の違いと直結するからである。口径が大きいほど、より多くの光を集めることができ、得られる像がより明るくなる。像が明るければ肉眼では見えない暗い星も見られる一方で、像が暗ければどれほど倍率を上げたところで天体観測にはあまり役立たない。では、口径を大きくすることが比較的容易な反射望遠鏡のほうが一貫して人気が高かったのかといえば、決してそうではなく、一九世紀においては多くの天文台が屈折望遠鏡を採用していた。その理由のひとつは、当時の反射望遠鏡の主鏡は劣化しやすく、研磨によって品質を維持するためのコストが高くついたことにある。しかし他方で、屈折望遠鏡には、高品質のガラス――これを熟練の職人が研磨することで対物レンズができる――はサイズがあまりに大きくなると製造が飛躍的に難しくなるといった限界もあった。[16] かくして、技術が向上するにつれて二種類の望遠鏡の力関係は大きく塗り替えられてゆくのだが、詳しい議論は次節以降に譲ることとし、いまは二点を指摘するに留めよう。すなわち、二〇世紀初めを境に天文台における主流は屈折望遠鏡から反射望遠鏡へ移ったということ、そして、ローエルの後半生はまさしくその移行期に重なっていたということである。

E

ところで、米国で最初に建てられた天文台とはいったい何だろうか。実はこの問いに答えるのはなかなか難しい。まず言えるのは、一八二〇年代の米国にはまともな天文台と呼べる施設はひとつもなかったということである。この現状をかねてより憂えていた第六代大統領のジョン・クインジー・アダムズ――ヘンリー・アダムズ（第2章第2節に登場）の祖父――は、一八二五年一二月に議会でおこなわれる両院合同会議のためにしたためた、彼にとっては最初の年次教書（the First Annual Message）において、国立大学を設立するという課題について述べたあとでこう記した。

大学の設立と関連して、あるいはそれとは別のものとして、〔…〕天文台の建設も企てられうるだろう。比較的小さなヨーロッパの領土に、こうした空の灯台〔light-houses of the skies〕が一三〇以上も建っている一方で、我々の半球にはひとつも存在していないという事実は、アメリカ人にいかなる誇りの念も抱かせはしない。駐在の観測者たちがこれらの施設を手段として用いることによって過去四世紀のあいだに成し遂げてきた、宇宙の物理的な成り立ちに関するさまざまな発見の重要性を鑑みるとき、はたして我々は、こうした施設があらゆる国にとって有用であることを疑いうるだろうか。天文学上の新発見を何ら得られないままに一年が我々の頭上を過ぎ去ろうとしており、ゆえに新しい知見はヨーロッパから間接的に受けとるしかないというありさまの我々は、光に光で応えるための手段〔the means of returning light for light〕から自分たちを切り離しているのではないか。地球のこちら側半分にひとつの天文台も持たずひとりの観測者も見出せない我々の、鋭敏とは決して言えない目から見た地球は、いまだに常闇《とこやみ》のなかを回転しているのではないか。(17)

「光に光で応える」というわかりにくい表現はおそらく、星々から届く光を知性の光で照らしかえすことでその謎を解明するということを意味しており、したがって彼が「空の灯台」と呼ぶところの天文台からは、知性の光が夜空に向けて毎晩放たれているのだろう。いずれにせよ、この年次教書を受けとった議員の多くはこうした書きぶりを仰々しく感じ、それどころか、アダムズの立派な理想にとっては不幸なことに、議会ではその後「空の灯台」というフレーズを大統領を揶揄するために用いる場面さえしばしば見られるようになった。(18) 科学振興に熱心なアダムズの啓蒙的な態度をヨーロッパびいきと見なして嗤《わら》うような雰囲気の議会に「空の灯台」の建設を納得させられるはずもなく、また国立大学設立の目途も立てられないまま、アダムズは一八二八年に二期目の大統領選挙を迎え、一八一二年戦争での活躍によって国民から絶大な人気を集めていたアンドリュー・ジャクソン（一七六七―一八四五）にあっさり敗北した。

実のところ、短命に終わった天文台であれば、アダムズの年次教書以前の米国にもいくつか存在していた。たとえば一七八一年には、デイヴィッド・リッテンハウス（一七三二―九六）――時計などの機器を製作する職人であり、天体観測も精力的におこなった――がペンシルヴェニア州政府の助成金によってフィラデルフィアに天文台を建てている。一七九六年に彼が亡くなると、フィラデルフィアにあるアメリカ哲学協会（the American Philosophical Society）という、ベンジャミン・フランクリン（一七〇六―九〇）が一七四三年に創設した米国最古の学術団体が天文台の管理を担うようになったのだが、一八一〇年に維持を諦め、天文台の不動産をリッテンハウスの遺族に返却してしまった。その主な理由は、天文台の立地が都市の中心に近すぎたため天体観測にしばしば支障が生じたことにあった。そして残念ながら、それに代わる天文台を建てるための資金を州政府ないし連邦政府から得ようとするアメリカ哲学協会の試みも実を結ばなかった。[19] この事例から学べるのは、天文台の建設には多額の資金が必要であり、一九世紀初めの米国においては、公的資金なしに建設を実現することはきわめて難しかったということである。

E

短命ではない天文台を米国にはじめてもたらした栄誉を担いうる候補の筆頭は、マサチューセッツツ州の北西の隅に位置するウィリアムズ・カレッジである。一七九三年設立のこの大学が、現在も構内に建つ天文台を開設したのは一八三八年、すなわちアダムズの年次教書の一三年後のことであった。[20] 建設に尽力したアルバート・ホプキンズ（一八〇七―七二）――数学および自然哲学の教授であり、学長のマーク・ホプキンズ（一八〇二―八七）の弟でもある――は、同年六月に催された開設式において次のように演説した。

「現在はドグマ的な経験論と夢想的な投機の時代であ」り、自らの利益に繋がるか否かを問うてばかりいる昨今の風潮は、知性を「世俗化の精神」にまみれさせている。「狭量で利己的なバイアス」から抜け出して、「精神を発展させ拡張させるべく設計された体系」を打ち立てるために、いまこそ学問の力に頼る必要がある。この点において、天文学は非常に大きな力を発揮する。なぜなら、「己《おのれ》の知識を体系化しようとする精神の傾向の、示唆に富む見事な実例を、この科学の歴史がもたらしてくれる」からである。「この主題に関する我々の考えが正しいならば、こうした研究を洗練させる設備の導入のためにこれまで払われてきた金銭的な犠牲――我々が払ったものよりもはるかに大きな犠牲――は、見当違いの努力によって誤って決断された支出であるなどという誹《そし》りを受けるべきではない」。[21]

完成した天文台が小規模なものであったという意味では、ヨーロッパの名だたる天文台と較べれば「金銭的な犠牲」は小さかったと言えるかもしれない。しかしウィリアムズ・カレッジにとってこれが安い買い物であったはずはない。だからこそ支出の正当化が必要になるのだが、ここで注目したいのは、それを説くためにホプキンズが採用した、アダムズの年次教書とも共通する啓蒙思想ふうのレトリックである。[22]

天文台が「あらゆる国にとって有用であること」は疑いえないとアダムズは言うけれども、実はこの有用性は、知性の価値を抽象的な言葉で論じなくても示すことができた。正確な天体観測のデータは、たとえば航海中の船舶が天測航法によって緯度や経度を測定するうえで欠かせないものである。前節でサイモン・ニューカムの経歴を紹介した際に言及した航海暦（nautical almanac）は、いわば天測航法のためのデータブックであり、その出版を担うべく一八四九年に設立された航海暦編纂部（the Nautical Almanac Office）は合衆国海軍の付設機関であった。次節で論じられるように設立の背景にはややこしい事情があったのだが、結果だけを見れば、一九世紀半ばには連邦政府もまた天文学の実用的な価値を認めるに至ったということになる。したがって、天文学という学問が米国社会において占める位置の変化を引きつづき論じるためにも、いままでの議論をもとに、ここでひとまず三種類の基準を取り出しておこう。すなわち、精神的な価値、実用的な価値、そして（本節の議論ではまだ前面に出ていない）研究上の価値という三つである。[23]

ともあれ、米国最古の天文台は何かという問いへの答えの候補として、私たちはウィリアムズ・カレッジの天文台に辿り着いたのであった。ところで、これが建てられた一八三八年までのあいだ、同じ州に属するハーヴァード・カレッジはいったい何をしていたのか。米国最古の高等教育機関であることを誇りにしているカレッジは、米国最古の天文台を建てることには関心がなかったのだろうか。

もちろんハーヴァードは、喜んでウィリアムズに先を譲ったわけでは決してなかった。それどころか一八三八年の時点では、天文台建設はハーヴァードにとってもはや宿願とでも言うべきものになっていた。

もとを辿れば、早くも一八〇五年には、「数学および自然哲学のホリス・プロフェッサー」としてハーヴァードで天文学を教えていたサミュエル・ウェバー（第2章第2節に記したように翌年に彼は学長となる）が、療養のため当時たまたま渡欧していたひとりのボストニアンに、天文台建設の方法と費用を調査するよう依頼していた。そのボストニアンとは、あの反逆児ジョン・ローエル〔7〕［第1章第2節および第2章第2節参照］）である。彼は、フランスの高名な天文学者であるジャン゠バティスト・ジョゼフ・ドランブル（一七四九―一八二二）とコンタクトをとるなどして調査を進めたうえで、ウェバーへ報告書を送った。必要な建物と設備に関するドランブルの助言をもとに見積もられた費用は、ウェバーの計画をここで潰えさせるには十分なほど高かった。(24)

ウェバーは一八一〇年に亡くなったが、計画は反逆児ジョンに受け継がれた。彼は、ハーヴァードド・コーポレーションのフェローになったあとの一八一五年に、天文台建設について検討する委員会を学内に組織した。委員を務めたのは、当時の学長およびトレジャラー、ウェバーの後任のホリス・プロフェッサーであるジョン・ファラー（一七七九―一八五三）、監督会に所属していたナサニエル・ボーディッチ（一七七三―一八三八）、そして反逆児ジョンの五名である。ファラーとボーディッチには、天文学に関する情報をやりとりしていたウィリアム・クランチ・ボンド（一七八九―一八五九）という共通の知人がおり、彼はこのときたまたま英国への旅に出ようとしていた。そのことを知った委員会は、王立グリニッジ天文台の視察をボンドに依頼した。時計などの機器の製作を生業としながら天文学を独習していたボンドは、少なくともこの旅までは、さきほど登場したリッテンハウスと似た経歴を辿っている。[25] ここから、一九世紀初めの米国の天文学が多くのアマチュアたちによって支えられていた事実が窺えるだろう。

実はこのボンドこそハーヴァード・カレッジ天文台の初代台長にほかならないのだが、彼がその任に就くべく帰国したのはなんと一八三九年のことであった。二四年間の英国滞在中にボンドは、ウィリアム・ボンド・アンド・サンズという会社を立ち上げており、結婚と妻の死と再婚を経験してもいた。ハーヴァードのほうでは同じ二四年間に、天文台建設を本格的に始動させることを四回──一八一六年と二二年と二三年と二五年に──試み四回とも挫折していた。挫折の理由は端的に、建設資金が十分に集まらなかったことにあった。あるいは、王立グリニッジ天文台をモデルケースに設定している時点で挫折は目に見えていたとも言うこともできる。チャールズ二世（一六三〇─八五）の一六七五年の特許状によって設立されたこの天文台は、「王立」（"Royal"）を冠することから明らかなように英国政府の予算によって運営されており、一九世紀前半のハーヴァードが──第2章で説明したとおりこの時点では州政府との繫がりを保っていたとはいえ──予算の規模において太刀打ちできるはずもなかった。[26] したがって、ありていに言えば、天文台建設のレースでハーヴァードがウィリアムズに負けたのは、ハーヴァードの目標が高すぎたためである。

ちなみに、失敗に終わった四回の試みのうち、最後の二回──すなわち一八二三年と二五年のもの──を後押ししたのはジョン・クインジー・アダムズである。ハーヴァード出身（一七八七年卒業）

の彼は、母校がいつまでも天文台を建てられずにいる現状をもどかしく思い、国務長官を務めていた一八二三年に、コーポレーションのフェローのひとりへ長文の手紙を送った。そこには、天文台建設のための募金を始めるべきだという提案と、自分にはその募金に匿名で一〇〇〇ドル分応じる用意があるとの旨が記されていた。この申し出が功を奏することはなかったものの、その後大統領となったアダムズは、一八二五年一〇月に――すなわち年次教書で「空の灯台」について健筆をふるう直前に――ふたたび手紙をしたため、今度は二年という区切りを募金に設定すべきだという具体的なアドヴァイスまで添えて、ハーヴァードの資金集めを急きたてている。天文台へのアダムズのこだわりにはまことに並々ならぬものがあった。彼は、「空の灯台」を政敵からとことんばかにされるに至ってもなお、一八四八年に亡くなるまで決して、この理想を捨て去りはしなかった。複雑な経緯を経て一八九〇年にようやく建てられたスミソニアン天体物理天文台は、晩年まで続けられたアダムズの戦いによってもたらされた成果のひとつである。[27]

ハーヴァードに関しては、アダムズは幸いにも、生前に天文台の完成を目にすることができた。私たちはすでに第1章で一九世紀半ばまでのボストンの経済成長を、第2章で同時期におけるハーヴァードの拡大を概観しているので、これにレンズ製造技術の向上が加われば、一九世紀初めから半ばへ時が移るにつれて天文台建設の（ハーヴァードにとっての）難易度がしだいに下がってくることは容易に予想できるだろう。しかしながら、一八三九年に学長のジョサイア・クインジー（一七七二―一八六四）がウィリアム・ボンドを英国から呼び戻したあとも、計画は決して順調には進まなかった。そもそも一八三九年のハーヴァードは、ボンドに給料を払うことさえできておらず、いずれ有給のポストを用意するという約束だけが彼に与えられていた（この約束は一八四六年にようやく果たされた）。天体観測のための暫定的な施設として提供されたのはデイナ・ハウスという一軒の家であり、望遠鏡をはじめとする観測用の器具は使い古されたものばかりであった。こんなむちゃな条件をボンドに呑んでもらえたことはハーヴァードにとっては幸運と言うほかなく、この幸運を無駄にしないためにも、ハーヴァードはいよいよ本腰を入れ、天文台を建てるための土地――当初は「サマーハウス・ヒル」と呼ばれ、のちに「オブザーヴァトリー・ヒル」と呼ばれる小高い丘の一区画――を購入するところまでは進むことができた。(28)

残された難題は、ハーヴァードのプライドに釣りあう性能を備えた天体望遠鏡の購入資金をいかにして調達するかであった。この難題は思わぬかたちで解決された。解決にもっとも貢献したのは、一八四三年二月の空にいきなり現れた巨大な彗星であり、そして、その出現に驚くボストニアンたちの関心を望遠鏡購入のための募金へと巧みに誘導したベンジャミン・パースであった。

3　新しい天文学

米国史上もっとも天才的な哲学者（のひとり）を息子に持つベンジャミン・パースは、もっとも天才的な数学者であるとまでは言えないにせよ、米国においてはじめて世界的な知名度を獲得した数学者であることは間違いなかった。一八八〇年の彼の死から半世紀近くが経過したのちにも、『アメリカン・マスマティカル・マンスリー』の一九二五年一月号がベンジャミン・パースの特集を組んでおり、彼の偉大さを読者にあらためて思い出させている。

「追想」（"Reminiscences"）と題する文章をそこに寄せた教え子たちのひとりは、ハーヴァードの当時の学長であるローレンス・ローエルである。その冒頭に綴られた「ベンジャミン・パースは私にとって、いままでに私が親しく接しえた人びとのなかでもっとも巨大な知性を備えた人物であり、また、私が教えを受けた者たちのなかでもっとも深い感銘を与えてくれた教師でありつづけている」という言葉は、ともすれば、現役の学長による身内びいきを含んだややおおげさな讃辞であるように読めなくもない。[29] しかし、卒業後にはロー・スクールへ進むはずのローレンス・ローエルがハーヴァード・カレッジの四年生のとき（一八七六年度）に「四元数によって扱われた二次の曲面」という数学の論文を書いていることや、その内容をベンジャミン・パースが一八七八年一月のアメリカ芸術科学アカデミーの会合で紹介していることなどを鑑みるならば、数学の知識を深めてくれた恩師に対するローエル学長の讃辞はやはり掛け値なしのものであると考えるべきだろう。[30]

『アメリカン・マスマティカル・マンスリー』の同じ号には、前学長のチャールズ・ウィリアム・エリオットも「追想」を寄せているけれども、その語調は現学長のそれとはだいぶ異なっている。彼はたとえば、ハーヴァード・カレッジの四年生のとき（一八五二年度）の授業中の逸話を次のように紹介している。

私は思いきって、「関数と無限小変数〔infinitesimal variables〕に関して先生がいまおっしゃったことは、事実や現実であるというよりはむしろ理論や想像の産物であるように私には感じられます」と言ってみた。パース教授は重々しく私を見つめ、穏やかにこうおっしゃった。「エリオット、君の問題は、精神に懐疑的な性情〔a skeptical turn〕があることだね。その傾向にはくれぐれも気をつけなさい。さもないと、君のキャリアに傷がつくことになるよ」。彼の言葉は私にとって新鮮だった。というのも、私は自分の精神の性情についてそれまで一度も考えたことがなかったからである。そしてこの診断は正しかった。(31)

エリオットのキャリアに傷があるとすれば、狙っていたランフォード・プロフェッサーのポストをウォルコット・ギブズに奪われたためハーヴァードを辞めたという一八六三年の出来事がまず挙げられる（第2章第3節参照）。このときギブズの採用を強力に後押ししたのは、後述するラッツァローニという科学者たちのグループであり、当時のハーヴァードにはラッツァローニの中心メンバーがふたりいた。ひとりはローレンス・サイエンティフィック・スクールで動物学と地質学を教えるルイ・アガシであり、もうひとりは「天文学および数学のパーキンズ・プロフェッサー」を務めるベンジャミン・パースである。したがってエリオットは、ローレンス・サイエンティフィック・スクールをラッツァローニの拠点のひとつにしたいと考えるアガシとパースによってハーヴァードから追い出されたと言っても過言ではないのだが、もちろんこのときのパースは、六年後にエリオットが新学長としてハーヴァードに戻ってくることなどまったく想定していなかった。(32)こうした因縁を念頭に置けば、「この診断は正しかった」というエリオットの言葉の含蓄をより深く味わえるだろう。

B

パースはハーヴァード・カレッジの一八二九年の卒業生であり、同級生にはあのオリヴァー・ウェンデル・ホームズ博士(第1章第4節に登場)がいた。彼らへの数学の授業は、ホリス・プロフェッサーのジョン・ファラーが担った。しかしのちのパースが、自らが受けた学恩に感謝する際に決って挙げるのは、ファラーではなくナサニエル・ボーディッチの名前である。[33]

前節では監督会のメンバーとしか紹介していなかったボーディッチは、実のところ、ひとことでは紹介しえないほどにカラフルな経歴の持ち主であった。なにしろ彼は、セイラム出身で学校へは一〇歳までしか通っていないにもかかわらず、船具店に丁稚奉公しながら諸外国語と数学を独習し、一七九五年から船員として海を渡りはじめ、数学の知識と航海の経験とを活かして一八〇二年に『新アメリカ実践航海術』(*The New American Practical Navigator*)という——現在まで版を重ねつづけている、米国の船員にとっては必携の——本を著し、さらにはピエール゠シモン・ラプラスの『天体力学論』全五巻(*Traité de mécanique céleste*、一七九八—一八二五)の第四巻までをフランス語から翻訳し詳細な註を付して出版してさえいる(一八二九—三九)からである。同じくセイラム出身のパースがボーディッチから個人的に教えを受けるようになったきっかけは、ハーヴァードへ進学するまえに通っていた学校で(そしてハーヴァードにおいても)ボーディッチの息子のジョナサン・インガーソル・ボーディッチ（一八〇六―一八九）と同じクラスだったことにあった。[34] 以上の経緯からすでに、ラプラス→ボーディッチ→パースという天文学史上の系譜が垣間見えるだろうし、実はこれはのちにパースからサイモン・ニューカムへと延長されることになるのだが、この点は少しあとで論じよう。

パースの主な業績は数学に関するものである。たとえば一八三二年に、ハーヴァード・カレッジの講師を務める二二歳のパースは、かりに奇数の完全数（自分自身を除く正の約数の総和が自分自身に等しくなる自然数）が存在するとすればそれは必ず四つ以上の相異なる素因数を持つことの証明を『マスマティカル・ダイアリー』という雑誌に発表している。[35] 彼の著書には、代数学へのオリジナルな貢献である『線型結合代数』（*Linear Associative Algebra*、一八七〇）のほか、学生向けの数学の教科書も六冊含まれている。ではパースは熱心で有能な教師だったのかといえば、チャールズ・ウィリアム・エリオットによると「彼は語のふつうの意味における教師ではまったくたくな」く、彼の教え方は「独白」のようでさえあり、「学生の過半数はパース教授が言っていることを不完全にしか理解できていなかった」。[36]

パース自身は、自らの「独白」についてこられない過半数の学生のことはほとんど気にしていなかった。なぜなら彼は、エリオットが入学するまえの一八三八年にはすでに、二年生以降の数学を選択科目にするという案をハーヴァードに認めさせていたからである。[37] 著しくエリート主義的なパースの授業は当然ながら多くの学生をふるい落としたのだが、不思議なことに、四年生まで出席しつづけた学生たちがのちに記した回想には、「彼の教え方にはいくつもの欠点があったにもかかわらず、ベンジャミン・パースはとても啓発的〔inspiring〕で刺激的な教師であった」というエリオッ

トの言葉に類する表現がほとんど必ず現れている。(38)

他方でパースは、天文学の領域でもさまざまな研究をおこなった。そのうちのひとつは、ローエルの晩年のプロジェクトと密接に関連しているため、次章であらためて紹介されるだろう。しかし総じて言えば、米国の天文学の発展に対してパースは、何よりもまず、広義の政治的手腕によって寄与していた。ハーヴァード・カレッジ天文台のための資金集めはその手腕が発揮された好例であるけれども、これはまだ序の口にすぎなかった。

E

ジョン・クインジー・アダムズによれば、一八二五年のヨーロッパには「空の灯台が一三〇以上も建ってい」たとのことだが、そのなかで世界最大を誇っていたのは、九・六インチ（約二四・四センチメートル）の屈折望遠鏡を持つロシアのデルプト天文台である（「デルプト」はエストニアのタルトゥの旧称）。この望遠鏡に用いられているレンズは、前節にも登場したヨーゼフ・フラウンホーファーが一八二四年に完成させたものであり、二年後に彼が亡くなったあとは、弟子たちがミュンヘンで立ち上げたメルツ・ウント・マーラーという会社（以下「メルツ社」）が彼の技術を受け継いでいた。メルツ社は一八三九年に、ペテルブルク帝国科学アカデミー（ロシア科学アカデミーの旧称）よって新設されるプルコヴォ天文台のために一五インチ（約三八センチメートル）のレンズを製造した。これによって世界最大の地位は塗り替えられた。(39)

ハーヴァード・カレッジ天文台に備えつける望遠鏡の具体的な検討が一八四二年に始まったとき、

ベンジャミン・パースは、ハーヴァードで天文学を教える者として、来《きた》る望遠鏡が少なくともデルプト天文台のそれに匹敵することを強く望んでいた。同年七月にハーヴァード・コーポレーションへ送った手紙でも彼はこの要望を強調しており、また、自らも積極的に動いて三五〇〇ドルの募金を集めた旨を報告してさえいる。(40) そんな折に突如としてやってきたのが、一八四三年の巨大な彗星である。

二月に現れたこの彗星は、月末には日中の空でも見えるほどに明るくなり、その尾は約五〇度というとてつもない長さにまで延びたと言われている。人びとのあいだで渦巻く興奮を感じとったパースが、三月二二日にボストンで彗星についての講演をおこなうと、およそ一〇〇〇人のボストニアンたちが会場のオデオン・シアターにつめかけた。(41) 彼らの興奮には不安も入り混じっていた。なぜなら、くしくもこの五年前に、ウィリアム・ミラー(一七八二―一八四九)というバプテストの牧師が、一八四三年にキリストが再臨し最後の審判が下されると――聖書の記述に基づく計算によって――予言する本を出版していたからである。パースの聴衆にはこの予言を全面的に信じている者はほとんどいなかっただろうけれども、ピューリタニズムの思想が彗星をしばしば凶兆と捉えてきたこともまた確かであり、一八四三年のボストンはいまだ、こうした宗教的な不安が科学的な好奇心に完全に凌駕されるまでのプロセスを歩みおえてはいなかった。(42)

パースは講演のなかで、まず、彗星にまつわる数々の迷信――高い土地に住む人びとは彗星によって死ぬとか、彗星が地震やインフルエンザを地球にもたらすとか――がどれほど科学的な根拠を欠いているかを説明した。続いて、彗星の科学的な研究へ話題を移し、そうした研究を可能にしている米国の天文台をいくつか引きあいに出しながら、彗星を詳細に観測できる天体望遠鏡がボストン周辺に存在しないという現状を巧みに強調した。[43] 聴衆に対するパースのアピールがどれほど効果的であったかは、この講演について報じるボストンの新聞の記事からも窺える。たとえばある記事の見出しは「求む、ケンブリッジに望遠鏡を」であり、本文の書き出しは「水曜の夜におこなわれたパース教授の講演には、精密な天体観測のための器具の面でハーヴァード・カレッジが著しく遅れをとっている事実を示唆するものが数多く含まれていた」であった。[44] ここまで煽られてはボストンの名士たちも黙っていられず、三月二九日にはさっそく、アメリカ芸術科学アカデミーにおいて望遠鏡の問題を検討するための会合が開かれている。

本書にすでに何度も登場しているこのアメリカ芸術科学アカデミー（the American Academy of Arts and Sciences）――「アメリカ文理科学アカデミー」という表記のほうがより正確かもしれないが、本書では慣例に従った――は、フィラデルフィアのアメリカ哲学協会に倣うかたちで一七八〇年にケンブリッジで創設された学術団体である。創設時の会員にはジョン・アダムズ（第二代大統領でありジョン・クインジー・アダムズの父でもある）や老判事ジョン・ローエル〔6〕が含まれていた。パースは一八三四年に会員に選ばれていたため、一八四三年三月二九日の会合に出席して高性能な望遠鏡をハーヴァードにもたらす必要性をあらためて訴えることができた。この日の議論によって組織された委員会が募金を主導した結果、ハーヴァード・カレッジ天文台は同年のうちに、総額で二万五〇〇〇ドル以上もの寄付を受けることとなった。[45]

もはや、デルプト天文台の九・六インチという水準に甘んじる必要さえなくなった。ウィリアム・

ボンドが息子のジョージ・フィリップス・ボンド（一八二五―六五）――父の死後にハーヴァード・カレッジ天文台の第二代台長となる――とふたりでつけていた日誌には、メルツ社との交渉を経て一八四六年一二月にようやくレンズが届いたときのことが、次のように記されている。「三時か四時ごろに、我々はパース教授とともに荷ほどきを始めた。〔…〕およそ二フィートの小さいほうの箱には対物レンズが入っていて、〔…〕「第一印象」〔the ʻcoup d oeil' [*sic*]〕は期待をはるかに上回っていた。それはとても大きく見えたし、据えつけるまえに疵《きず》を発見する心配はなさそうだった。その直径が一五インチを超えていることを確かめて我々は大喜びした」。[46] 他の多くの文献は口径を一五インチと記しているため、かりに「超えている」としてもごくわずかであろうと思われるが、ともあれ、このレンズを備えた屈折望遠鏡が一八四七年に完成し、前年からその到着を待っていたオブザーヴァトリー・ヒルの新しい建物で無事に稼働しはじめたことをもって、ヨーロッパの「空の灯台」にも引けをとらない天文台を建てるというハーヴァードの宿願はめでたく果たされたのである。[47]

P

ベンジャミン・パースはこの結果にひとまず満足した。しかし、そこへ至る過程で明らかになったのは、アメリカ芸術科学アカデミーの中枢を占めているのは科学者たちではなくパトロンたちだということであり、この事実に対してパースはフラストレーションを感じていた。米国の科学がヨーロッパから大幅に遅れている現状を決して甘受しなかった彼は、したがって、科学者による科学者のための組織を米国に作ることが必要だと考えはじめた。アメリカ芸術科学アカデミーはこの理想からかけ離れていたし、そもそも、先述のとおりこれはケンブリッジを拠点とするローカルな団体なのだから、ヨーロッパの各国を代表するもろもろの名だたるアカデミーと張りあえる器ではなかった。(48)

パースのフラストレーションのうち、科学者のための全国的な組織を求めるという点に関しては、一八四八年にアメリカ科学振興協会（the American Association for the Advancement of Science［AAAS］）が創設されたことである程度叶えられている。現在は学術誌『サイエンス』の発行元として有名なこの組織のために、パースは規約の起草に携わり、また一八五二年には第五代会長（任期は一年）に就任した。これほど積極的にコミットしながらも、彼は実のところ、アメリカ科学振興協会でさえ、メンバーとなるうえで資格を問われない以上いまだ十分にエリート主義的ではないと考えていた。(49) 彼がこの考えを共有できたのは、さきほど言及したラッツァローニ（the Lazzaroni）というグループにおいてである。ラッツァローニのメンバーには、すでに挙げたパースとアガシのほか、ジョゼフ・ヘンリー（一七九七―一八七八）、アレグザンダー・ダラス・ベイチ（一八〇六―六七）、ジェイムズ・ドワイト・デイナ（一八一三―九五）といった科学者たちが含まれていたが、この五人はアメリカ科学振興協会の第二代から第六代までの会長でもあった。

「ラッツァローニ」とは、本来はナポリの下層民を指す語であり、「ごろつき」のような意味である。パースらのグループが一八五〇年ごろにこの語を自称として用いはじめた理由はいまいち判然としないけれども、強烈なアイロニーをここから読みとることはできる。なにしろ、米国の科学を世界に冠たるものとすることを目指していた彼らは、プロフェッショナルの科学者と山師めいた

「ごろつき」とを組織的に選別する手立てを米国が持てていない現状に大きな不満を抱いていたのだから。[50]ラッツァローニが残した最大の成果は、マサチューセッツ州選出の上院議員であるヘンリー・ウィルソン（一八一二—七五）に働きかけて、米国科学アカデミー（the National Academy of Sciences［NAS］）を創設するための法案を連邦議会に提出させたことである。ベイチが草案のひとつを用意しパースとアガシも改稿に協力したこの法案は、一八六三年三月三日の連邦議会をつつがなく通過し、同日夜に第一六代大統領エイブラハム・リンカン（一八〇九—六五）の署名を得た。こうして生まれた新しいアカデミーは、無給の終身会員五〇名から成り、科学に関する重要事項について政府に勧告することを主な任務としていた。創設時の会員のリストは、ベイチたちが作成した法案にすでに含まれていた。したがって民主的な手続きによって選ばれたわけではなく、また、時はまさに南北戦争のさなかであるから、この年の連邦議会に南部一一州の代表は当然出席していない。[51]

かくも政治的なラッツァローニのふるまいを知れば、彼らと敵対する科学者たちが少なからず存在していたという事実も驚くにあたらないだろう。敵陣の筆頭は、ワシントンDCにある合衆国海軍天文台において一八四四年の設立以来台長を務めるマシュー・フォンテーン・モーリー（一八〇六—七三）であった。特にベイチは、海軍天文台と同じく政府の研究機関である沿岸測量部（the Office of Coast Survey）の部長を一八四三年から務めていたため、彼とは浅からぬ因縁があった。海軍士官であると同時に海洋学者でもあるモーリーは、一八四七年に『北大西洋の風況および海流図』を出版するなど重要な功績を残しているのだが、政府が重い腰を上げてようやく設立した国立の天文台を彼はまったく活かしきれていないというベイチの批判は、たしかに理のない言い分ではなかった。[52]

こうしたベイチの——ひいてはラッツァローニの——不満を背景に登場するのが、あの航海暦編纂部である。天体観測のデータを扱う海軍付設の機関であれば海軍天文台と連携するのがもっとも自然であるように思われるけれども、一八四九年に設立されたときには航海暦編纂部はワシントンDCではなくケンブリッジにあり、部長の報告はモーリーを経由せず海軍長官へ直接届けられることになっていた（航海暦編纂部が海軍天文台の傘下に入ったのは一八九三年である）。初代の部長には、沿岸測量部においてながらくベイチのもとで働いていた（そしてパースの妻の妹の夫でもあった）チャールズ・ヘンリー・デイヴィス（一八〇七―七七）が就任した。(53) のちの一八七七年に同じ地位に就くサイモン・ニューカムは、一八五七年——彼が二二歳になる年——から航海暦編纂部で計算士（computer）として働いており、また同年から翌年までローレンス・サイエンティフィック・スクールに通ってパースの教えを受けてもいた。かりにラッツァローニが存在しなければ、ニューカムのキャリアもまったく違ったものになっていただろう。(54)

PL

ウィリアム・ボンドが一八五九年に亡くなったあと、アメリカ芸術科学アカデミーの会合において最初に弔辞を述べたのはベンジャミン・パースであった。彼がそこで、ハーヴァード・カレッジ天文台の設立と運営においてボンドが果たした多大な貢献をあらためて讃えたことは言うまでもない。しかし興味深いのは、そうした讃辞のあいまに、ボンドの仕事と自分の仕事とのあいだには序列があることを再確認するかのような一節が挿まれていることである。たとえば彼は次のように言う。

独自の研究に取り組むにあたって、彼はおのずと、自らの能力が及ぶ範囲に完全に収まるような形式の観測だけをおこなうようにしていました。ゆえに彼は、長く、複雑で、奥深い数学的な計算によってのみ達成されうるような探究に乗り出そうとはせず、徹底的な諸感覚の訓練にのみ基づく探究のほうを好んでおりました。〔…〕しかし、計算士に渡さなければならないような観測が求められた場合には、彼の技量がそのときの基準を満たさないなどということはありませんでした。(55)

若きニューカムが航海暦編纂部で務めていた「計算士」とは、パースの言う「長く、複雑で、奥深い数学的な計算」をおこなう職であった。言い換えれば、航海暦を編纂するには、ボンドのような「技量」のある者によってなされる詳細な天体観測と、そのデータに基づいて未来の天体の位置を計算する作業の両方が必要であった。この連携においては、たとえば火星の表面がどう見えるかという情報はまったく必要とされない。天体は重心という仮想的な点へ還元され、望遠鏡にはもろもろの点の正確な位置情報を計算士に提供するという役割だけが求められることになる。

もっとも、与えられた数値を既存の数式に当てはめるだけなら、その計算は「奥深い」とは言えないだろう。ニューカムが米国におけるもっとも偉大な天文学者のひとりとなったのは、何よりもまず、航海暦編纂部における部下であるジョージ・ウィリアム・ヒル(一八三八―一九一四)などとともに長年にわたって研究しつづけたすえに、太陽と月と惑星の運動を予測するための理論的なモデルを改訂するに至ったからである。こうしたモデルは、もとを辿れば、まずアイザック・ニュートンによってかたちづくられ、ピエール゠シモン・ラプラスの『天体力学論』によって発展させられていた。すなわち、さきほど示唆したラプラス→ボーディッチ→パース→ニューカムという系譜は、ニュートン以後の天体力学（celestial mechanics）が歩んだ道筋のひとつである。[56]

パースの弔辞から引いた一節は、天体力学こそが天文学の王であることを忘れてはならないとでも言いたげである。かりにこのヒエラルヒーが一九世紀末まで存続していたとすれば、大部分が「徹底的な諸感覚の訓練」に依拠しているローエルの火星観測が天文学界に波風を立てる余地はほとんど残されていなかったかもしれない。しかし実際には、火星運河説が登場する以前から、米国の天文学界はすでに波瀾に満ちていた。天体力学の支配に挑戦しはじめた者たちのひとりであるサミュエル・ピアポント・ラングリー（一八三四―一九〇六）は、ペンシルヴェニア州のアレゲニー天文台の台長を務めるかたわらで、自らの立場を世間へアピールすべく一八八三年にローエル・インスティテュートで講演連続をおこない、翌年にその内容を『センチュリー』という雑誌に連載した。連続講演は「太陽と恒星」（"The Sun and Stars"）と題されていたが、連載のタイトルは「新しい天文学」（"The New Astronomy"）へ改められていた。[57]

ラングリーは連載の初回を、ストーンヘンジから垣間見える古代人たちの天文学的な実践についての話から始めている。彼によれば、「グリニッジやワシントンにあるような、国が建てた偉大な天文台の多く」は、あくまでも「ストーンヘンジを生み出した者たち」が従事していたたぐいの天文学の延長線上に位置している。一方が「幼年期」のものでしかなく、他方が「完遂された発展」

を示しているという違いはあっても、両者が「共通の目標に向かっている」ことに変わりはない。(58)ではその「共通の目標」とは何か。

それは、太陽がある時刻においてどこに位置するかを知ることであり、太陽が何でできているかを知ることではない。実際のところ、ごく最近まで、天文学の第一目標は何らかの天体がどこにあるかを告げることに置かれていて、それが何であるかを告げることではなかった。諸科学のなかでもっとも古いこの学問においては、当然ながら、測定の正確さが〔…〕つねに最重要課題でありつづけていた。〔…〕

ところが、比較的短い年月のうちに、天文学の新しい支脈が隆起してきた。それは、太陽や月や恒星を、そもそもそれらは何であり、我々とどう関係しているのかを知るために研究する支脈である。〔…〕

探究の新たな支脈は、ときに天体物理学〔Celestial Physics〕と呼ばれ、ときに太陽物理学〔Solar Physics〕と呼ばれている。また、頻度は劣るものの、新しい天文学と呼ばれることもある。私はここでは、この称号によって新たな支脈を名指そうと思う。そしてその内実について、読者の興味を惹くであろう事柄〔…〕を交えながら、これから語ってゆくつもりである。(59)

ラングリーの威勢のいい文章に魅了された読者のなかには、シカゴに住む一〇代の青年であったジョージ・エラリー・ヘイルも含まれていた。MITへ進学して本格的に〝新しい天文学〟を学びはじめたヘイルは、シカゴ大学に就職したのちの一八九五年、二七歳のときに、『アストロフィジカル・ジャーナル』という学術誌の創刊に携わり、そして一八九七年には、ウィスコンシン州のウィリアムズベイにヤーキス天文台を設立したことで名を挙げた。(60) シカゴ大学に属するこの天文台の屈折望遠鏡は、四〇インチ（約一メートル）という驚くべき口径を誇った。これは現在においても世界最大の屈折望遠鏡でありつづけている。その姿はもはや、ジョン・クインジー・アダムズが思い描いた「空の灯台」からはかけ離れており、むしろ実験室《ラボラトリー》とか工場《ファクトリー》といった言葉で形容すべきものであった。

「空の灯台」から工場天文台へ。天体力学から天体物理学（astrophysics）へ。こうした大きな流れがあるのだとして、私たちは、パーシヴァル・ローエルをこの流れのどこに位置づけるべきだろうか。というよりそもそも、〝古い天文学〟には答えられない「太陽が何でできているか」という問いも〝新しい天文学〟なら解けるとラングリーは言うけれども、それはいったいどのようにしてなのだろうか。

4　マーズ・ヒル

天文学そのものは「諸科学のなかでもっとも古い」学問と見なせる一方で、天体物理学が生まれたのは一八五九年、すなわちチャールズ・ダーウィンの『種の起源』の出版と同年であった。この年に、ドイツの物理学者であるグスタフ・キルヒホフ（一八二四―八七）が、化学者のロベルト・ブンゼン（一八一一―九九）とともにおこなってきた実験の成果を発表しはじめたことによって、フラウンホーファー線の正体がいよいよ明らかになったのである。「フラウンホーファー線」とは、太陽光をプリズム（や回折格子）に通して得られる虹色の帯――これを「スペクトル」（spectrum）と呼ぶ――のなかに見られるいくつもの暗線のことであり、名前の由来はヨーゼフ・フラウンホーファーが一八一〇年代におこなった実験にあった。[61] その意味では、天体物理学の起源をフラウンホーファーにまで遡ることも不可能ではないけれども、いずれにせよ〝新しい天文学〟が一九世紀の産物であることに変わりはない。[62]

太陽の光は白色光であり、そこにはあらゆる色――これは光の波長によって決まる――が混ざっているようにも見える。しかしフラウンホーファー線の存在は、実際にはすべての波長の光が地球に届いているわけではないという事実を示している。キルヒホフとブンゼンはその主な原因を、太陽の大気中に存在する熱せられたもろもろの原子が、それぞれの内部構造に応じて特定の波長の光を吸収することに見出した。逆に言えば、どの波長の光が欠けているかという情報を手がかりに、太陽の大気中にいかなる原子が存在しているかを調べることができるわけである。彼らはまさにその方法によって、太陽の大気にはナトリウムが含まれていると結論づけた。彼らの分析は大きな反響を呼び、スペクトルを見るために彼らが用いた分光器（spectroscope）の技術はたちまち普及した。たとえば一八六八年には、太陽のスペクトル分析（spectral analysis）をおこなっていた英国の天文学者ジョゼフ・ノーマン・ロッキャー（一八三六―一九二〇）が、未知の元素が太陽の大気中に存在する可能性に気がつき、のちにこの元素はヘリウムと名づけられた。地球上には稀にしか存在しないヘリウムは、一八九五年に英国の化学者ウィリアム・ラムジー（一八五二―一九一六）によってはじめて、クレーヴェ石（cleveite）という鉱物から分離されている。(63)

一八六九年にハーヴァードの学長に就任したチャールズ・ウィリアム・エリオットは、間違いなく、一八五九年以後の天文学に何が起こりつつあるのかを多少なりとも知っていたはずである。なぜなら彼は、一八七六年に、第三代台長のジョゼフ・ウィンロック（一八二六―七五）が亡くなってから一年以上空いていたハーヴァード・カレッジ天文台長の席を埋めるべく、MITで「物理学のセイヤー・プロフェッサー」を務めていた三〇歳のエドワード・ピッカリングを指名したからである。エリオットにとってピッカリングは、ローレンス・サイエンティフィック・スクールに勤めていたときの教え子であり、MITに勤めていたときの同僚であった。ピッカリングには、学生自身に実験させることをとおして物理学を教えるという先駆的な試みをMITで成功させ、そのノウハウを全二巻の『物理学における操作の初歩』（*Elements of Physical Manipulation*、一八七三―七六）といういわば実験マニュアルにまとめて出版したという業績があった。しかし天文学に関しては彼はアマチュア同然であり、この指名には他の天文学者たちからの批判も寄せられた。もちろんエリオットは、そうした批判に怯《ひる》むような人物ではなかった。ピッカリングが正式に第四代台長に就任したのは一八七七年二月一日である。(64)

もっとも、実はエリオットは、ピッカリングを指名するまえにサイモン・ニューカムへ手紙を送って新台長への就任を打診してもいた。航海暦編纂部を停年退職したあとの一九〇三年にニューカムが著した自伝は、エリオットの打診を断ったときのことをこう語っている。

> 結局、私はその地位を退けてしまった。もしかしたらそれは賢明ではなかったのかもしれない。しかし、ピッカリング教授のもとでケンブリッジの天文台がどう変わったかを知る者であれば、ハーヴァードが私の決断を残念がる理由はどこにもないと思えるだろう。とはいえここで、あのときの決断を、私自身の立場からも弁明しておくべきだろう。
>
> ケンブリッジの事情に関してまず憶えておいていただきたいのは、当時のハーヴァードの天文台はいまのそれとは較べものにならなかったということである。その資力は乏しく、設備は貧弱で、人材も不足していた。私の記憶では、スタッフは多くても三人か四人で、あとはたしか数名の臨時職員がいるばかりであった。そこで何かが成し遂げられるという見込みはほとんどないように感じられた。[65]

「設備は貧弱」はさすがに言いすぎであるように思われるけれども、たしかに、ハーヴァード・カレッジ天文台の一五インチ屈折望遠鏡が占める地位は、一八四七年の完成時には世界一であったのに、およそ三〇年後には見映えのしないものになっていた。たとえば合衆国海軍天文台は一八七三年にクラーク社製の二六インチ屈折望遠鏡を導入しており、先述のとおりさらにその二四年後には、ヤーキス天文台に四〇インチ屈折望遠鏡が設置されている。一九世紀後半の米国の天文学界における設備面での競争はこうしてしだいに激化していった。もちろん、同じ期間には科学の他の分野も急速に発展していたのだが、当時の天文学は必要とされる投資の規模において群を抜いていた。(66)

さきに引いた一節から学べることはそれだけではない。むしろより興味深いのは、ニューカムの持ってまわった書きぶりである。「ハーヴァードが私の決断を残念がる理由はどこにもない」のはいったいなぜか。それは、ピッカリングがニューカムを代替してくれたからではなく、ハーヴァード・カレッジ天文台を〝新しい天文学〟の重要な拠点のひとつへと変貌させてくれたからである。航海暦編纂部は一八六六年にケンブリッジからワシントンDCへ移転していたため、ニューカムが率いる〝古い天文学〟の城とピッカリングを頂点に戴く〝新しい天文学〟の城とが隣同士で火花を散らすことにはならなかったものの、実は（第5章第1節で述べるとおり）ボストンには新旧の対立をことさらに煽る数名の〝古い〟天文学者たちがおり、彼らは一八九〇年代初めから何かにつけてハーヴァード・カレッジ天文台を攻撃していた。こうした緊張のただなかに置かれたピッカリングは、一八九〇年から交流を深めていたパーシヴァル・ローエルのことを、自分たちの陣営を支援してくれるはずの人物と当初は捉えていた。しかし、事態はピッカリングが予想もしていなかった方向へと進んだ。

エドワード・ピッカリングは、一九一九年に亡くなるときまでハーヴァード・カレッジ天文台の台長でありつづけていた。四二年に及ぶその任期中に彼が成し遂げたことは、ここではとても紹介しきれないほどに多い。[67] ただ、現在の天文学者がピッカリングの名前を聞いてまっさきに連想するのはおそらく、彼がアニー・ジャンプ・キャノン（一八六三―一九四一）との連名で一九一八年から出版しはじめた『ヘンリー・ドレイパー星表』（*The Henry Draper Catalogue*）であろう。一九二四年までかけて全九巻が刊行されたこの星表（第四巻以降はピッカリングの死後の刊行）には、スペクトログラフ（分光写真儀）という装置を用いて撮影され分析され分類された星々の情報が、二二万件以上にもわたって書きつらねられている。[68] この途方もない数は、前節に記した「工場天文台」という言葉が決しておおげさな比喩ではないことを伝えて余りある。二二万個以上の星々を観測し、結果を精査し、得られた情報を学術的な出版物として刊行するという一連の作業を監督することは、小さな工場を運営すること以上にタフな仕事であったに違いない。

この星表の名前の由来となったヘンリー・ドレイパー（一八三七―八二）は、一八七二年に恒星の――具体的にはこと座のヴェガの――スペクトルの写真を撮ることにはじめて成功した人物としても天文学史に名を残しているが、本業は内科医であり、またニューヨーク大学の医学部長も務めていた。一八八二年に四五歳という若さで彼が世を去ると、未亡人のメアリ・アンナ・パルマー・ドレイパー（一八三九―一九一四）は、遺産を活用することによって彼の研究を発展させたいと考え、数年間試行錯誤を重ねたすえに、亡夫の友人であったピッカリングの提案を採用した。かくして、一八八六年にハーヴァード・カレッジ天文台に設けられたのが、「ヘンリー・ドレイパー・メモリアル」という基金である。この基金により年額一万ドルの援助を得ることとなったピッカリングには、地球から見えるすべての星のスペクトルを写真で記録する――言い換えれば、全天の恒星の分光写真を撮る――という遠大な計画が芽生えはじめていた。[69]しかしそうは言っても、どれほど設備を拡充したところで、ハーヴァード・カレッジ天文台がケンブリッジに位置しているかぎりは決して、すべての星を観測することなどできはしない。空の全体をくまなく撮影するには、南半球にもうひとつ観測施設を設ける必要がある。

驚くべきことにピッカリングは、一八八七年にさらに別の資金源を確保することによってこの課題を解決した。それはボストンに土木工事の会社を興して財を成したユリア・アサートン・ボイデン（一八〇四―七九）の遺産二三万ドルであり、「ボイデン基金」と名づけられていた。山岳地に天文台を建てることに使途が限定されているというやや奇妙な基金ではあったが、関心を示す天文学者はもちろん多かった。そんななかピッカリングは、遺産管理人との粘り強いやりとりを経て、ボイデンの死の八年後にようやくこの基金を獲得した。ハーヴァード・カレッジ天文台はボイデンの遺志を実現すべく、一八八九年にカリフォルニアのウィルソン山に臨時の観測所を設置して要領をつかみ（この施設を恒久化する試みは失敗に終わった）、一八九一年には、ペルーのアレキパにボイデンの名を冠する観測所を建てるに至った。標高約二四〇〇メートルに位置するボイデン観測所の初代所長は、ピッカリングの弟のウィリアム・ヘンリー・ピッカリング（一八五八―一九三八）が務めた。[70]

一八五八年生まれのウィリアム・ピッカリングは、兄エドワードの一二歳年下であり（ローエルの三歳年下）、母校のＭＩＴで物理学の講師を務めたのち、一八八七年からハーヴァード・カレッジ天文台で働いていた。彼は、アレキパに着いてからひと月も経っていない一八九一年二月に、四〇〇〇〇ドルの追加送金を求める電報をケンブリッジへ送って兄をうろたえさせた。ウィリアムの指示によって建てられた施設と住居は実に豪華なものとなり、建設費は当初の想定を大きく上回った。それればかりか彼は、兄から指示されている観測プロジェクトにほとんどやる気を見せず、ボイデン観測所の望遠鏡――メインは一三インチ屈折望遠鏡――をもっぱら自らの興味の対象に向けるようになった。その対象とは、一八九二年八月の衝を間近に控えていた火星である。ウィリアムは同年七月九日から九月二四日までほぼ毎日火星を観測し、何かを発見したと確信するたびにニューヨークの新聞社へ電報を送った。彼が主張する〝発見〟のなかには、火星の南極付近の山を覆う雪、そこから北へ伸びている水の流れ、火星の上空を漂う雲、運河の交差点に見られる何十もの湖といったものが含まれていた。実はエドワード・ピッカリングは、同年の春にはボイデン観測所の所長更迭をすでに決断していたのだが、後任の手配などもありすぐには実行できずにいた。そんな彼の怒りに、アレキパからのセンセーショナルな報告によって賑わいはじめた新聞の紙面が油を注いだことは言うまでもない(71)。

一八九三年の秋に渋々ケンブリッジへ戻ってきたウィリアムは、翌年にふたたび訪れる火星の衝に向けて、気象データをもとに観測地の候補を絞り、今度はアリゾナ準州に狙いを定めた。兄のエドワードは、アリゾナにもうひとつ観測所を建てるというアイデアそのものには好意的であった。なぜなら彼は、都市化が進むにつれてケンブリッジでの天体観測がしだいに難しくなってきていることを自覚しており、ハーヴァード・カレッジ天文台の〝眼〟と〝頭脳〟を分離したいと考えはじめていたからである。しかし他方で、弟に放蕩のチャンスを二度も与えるつもりはなかったし、そもそもそんな経済的余裕はすでにハーヴァード・カレッジ天文台から失われていた。[72] つまるところ、火星観測のための——ひいてはハーヴァードの観測所をさらに増やすための——アリゾナ遠征を実現させたいピッカリング兄弟としては、ヘンリー・ドレイパー・メモリアルやボイデン基金に代わる新たな資金源を見つけなければならなかった。幸い、彼らの共通の知人のなかには、火星観測に関心を示しはじめている金持ちがひとりいた。くしくも彼は、一八九三年の末に、足かけ一〇年の日本滞在を終えてボストンへ戻ってきたばかりであった。

P

ピッカリング兄弟が生まれついた境遇は、ローエルのそれとよく似ていた。アメリカにおけるピッカリング家の系譜は一六三六年まで遡ることができ、一族の拠点はながらくセイラムにあったものの、エドワードとウィリアムの生家はボストンの中心に位置していた。兄弟の曾祖父のティモシー・ピッカリング（一七四五—一八二九）は、ジョージ・ワシントンおよびジョン・アダムズの政権下で国務長官を務めた政治家であり、第1章で述べたように同じ時期には老判事ジョン・ローエル〔6〕が連邦地区裁判所の判事を務めていた。したがって、ともにボストン・ブラーミンの御曹司として生まれたローエルとピッカリング兄弟が、幼いころから交流を重ねていたとしても決して不思議ではない。少なくとも確かなのは、ローエルが白根山についての発表をおこなったアパラチアン・マウンテン・クラブ（第3章第3節参照）が両者の接点のひとつとなっていたことである。一八七六年に創設されたこのクラブの初代会長はエドワード・ピッカリングであり、ウィリアムも創設時の会員のひとりであった。そしてのちの一九一六年には、ローエルが会長に選出されている。[73]

ピッカリング家とローエル家との比較がさらに興味深いのは、エドワードとウィリアムという兄弟の対照性が、パーシヴァルとローレンスという兄弟の対照性とちょうど逆転されたかたちで重なっているように見えるためである。さきの記述から明らかなように、エドワードがハーヴァード・カレッジ天文台において最大限発揮したのは、科学的というよりはむしろ行政的な能力であり、この点でハーヴァードの学長を二四年間務めたローレンス・ローエルに通じるところがある。他方で、ウィリアムがアレキパで兄の指示を無視したのは、おそらく彼が、研究上の価値を効率的に生み出す巨大な工場の歯車でありつづけることに我慢がならないほどに個人主義的な人間だったためであろう。[74] 火星はそんな彼に自己をアピールする手段を与えてくれた、とさえ言えるかもしれない。

ローエルは、日本から帰国した直後の一八九四年一月に、ハーヴァード・カレッジ天文台を訪れてウィリアム・ピッカリングに会い、彼と食事をともにしている。先述のとおり、フラマリオンの本を読んだばかりのローエルはこのときすでに火星観測の意欲を燃やしており、年も近いウィリアムとはたちまち意気投合し、アリゾナ遠征にローエルが参加することもすぐに決まった。しかし、容易に予想されるように、かくも個人主義的なふたりが推しすすめる共同のプロジェクトにはいずれ亀裂が生じることになる。[75] 当初からローエルは、遠征の主導権をハーヴァードに独占されることのないよう、エドワード・ピッカリングと入念に手紙をやりとりしていたのだが、『ボストン・ヘラルド』という新聞が二月一三日に掲載した記事を目にしてローエルは激怒した。記事の見出しは次のとおりである。

新しい天文台の獲得へ

ハーヴァードからアリゾナへの遠征はまもなく
ボストンのパーシヴァル・ローエル氏は遠征の資金〔means〕を提供し、隊にも参加する予定
――ウィリアム・H・ピッカリング氏が隊長に就任(76)

ローエルとしては、自分がたんなる資金提供者としてアリゾナ遠征にクレジットされることをもっとも危惧しており、ウィリアム・ピッカリングに単独の指揮権を与えるつもりは毛頭なく、そのことはエドワードとの文通において何度も確認したはずであった。『ボストン・ヘラルド』の記事に関してエドワードに抗議したローエルは、アリゾナ遠征から手を引く可能性さえちらつかせた。そして最終的には、ウィリアム・ピッカリングと彼の部下のアンドリュー・エリコット・ダグラス（一八六七―一九六二）――表記はほぼつねに「A・E・ダグラス」――は一八九四年二月末日をもってハーヴァード・カレッジ天文台を休職し、少なくともアリゾナ遠征が終わるまではローエルが彼らの給料を払うという新たな合意が形成された。アリゾナ遠征とハーヴァードとの繋がりを断つことにローエルがどれほどこだわっていたかがこの合意から窺えるけれども、ローエルの遠征隊はクラーク社製の一二インチ屈折望遠鏡をハーヴァード・カレッジ天文台から借りてもいるため、完全な独立はいまだ果たされていなかった。

そもそも、この時点のローエルは天体観測に関して趣味の範囲を超える知識をほとんど持たない

のだから、遠征を成功させるためにはウィリアム・ピッカリングの指示が不可欠であった。計画の初期にウィリアムが果たした多大な貢献がなければ遠征は実現さえしていなかったかもしれない。ローエルとの最初の合意の直後からウィリアムは、ペンシルヴェニア州ピッツバーグでジョン・アルフレッド・ブラシアー（一八四〇―一九二〇）が製造していた一八インチ屈折望遠鏡を衝の期間だけ借りられるよう交渉しはじめており、加えて、天文台のドームを自ら設計し、アリゾナの地図と詳細な気象データを手に入れたうえで候補地を選定し、二月末にアリゾナへ先遣するA・E・ダグラスに候補地の具体的な評価基準をあらかじめ伝えていた。ウィリアムはアレキパにいたころに、望遠鏡で得られる天体の像が大気の状態によってどれほどゆらぐか――これを「シーイング」(seeing)と呼ぶ――を測るための一〇段階の尺度を考案していたので、ダグラスもこれをもとに、ローエルから借りた六インチ屈折望遠鏡――一八九三年にローエルが東京で土星を観測した際に使っていたもの――を携えつつ、もっともふさわしい観測地を求めてアリゾナ各地を旅することとなった。[77]

しかし、ローエルの動きもウィリアムに劣らず迅速であった。三月一五日にダグラスへ送った電報のなかでローエルは、これから建てられるものを「ローエル天文台」と呼ぶよう指示している。[78]候補地の評価に関するダグラスとの連絡と、製造中のレンズに関するブラシアーとの連絡は、どちらもウィリアムからローエルへ引き継がれ、これによってこの遠征におけるウィリアムの存在感は急速に薄れはじめた。彼が立てた計画ではダグラスは、トゥームストーン、ツーソン、フェニックスのそれぞれで複数の地点を調査しながらアリゾナを徐々に北上する予定だったのだが、それでは一八インチ屈折望遠鏡が届くまでに観測地が決まらないおそれがあると考えたローエルは、ルートの簡略化を決断した。そして、ダグラスをさらに北へと向かわせた。

♇

アリゾナの州都フェニックスから約二三〇キロメートル北上したところにある、標高約二一〇〇メートルの町フラグスタッフは、一八八〇年ごろに形成され、一八八三年にアトランティック・アンド・パシフィック鉄道が開通したことによって成長しはじめた。一八九〇年の国勢調査では人口は九六三人と記録されている。[79] 当時の主な産業は製材と牧畜であった。そんな町にダグラスがやってきたのは一八九四年四月三日の夜であり、彼はまもなく二七歳になろうとしていた。

ダグラスが調査を進めるあいだも、ローエルは毎日のように電報と手紙で彼とやりとりしていた。四月二一日にローエルは、ダグラスが挙げたフラグスタッフの候補のうちの「11」を観測地に決定したことを彼に電報で伝えた。[80] フラグスタッフの人びとは、ダグラスが訪れたアリゾナの他の町と同様、天文台の誘致にきわめて熱心で、ローエルらの言う「11」にめでたく決まったことを知ると喜んでその土地を天文台に提供した。そこは、当初は「シュルツ山」と呼ばれていた丘なのだが、天文台が稼働しはじめたころには呼び名は「マーズ・ヒル」へ変わっていた。[81]

ウィリアム・ピッカリングと一八インチのレンズは五月二〇日にフラグスタッフに到着し、ローエルも二八日にやってきた。アリゾナへ発つ直前の五月二二日にはローエルは、ボストン科学協会（the Boston Scientific Society）という団体が主催した講演会において、始まりつつある新プロジェクトの趣旨をボストニアンたちに説明している。その内容は『ボストン・コモンウェルス』という新聞に掲載された。そして、のちの一八九六年には、カリフォルニア大学付設のリック天文台に属するウィリアム・ウォレス・キャンベル〔一九〇一年に第三代台長となる〕が、『サイエンス』でローエルの『火星』を書評するにあたってわざわざ二年前の『ボストン・コモンウェルス』の記事を引用している。ゆえにここでは、一八九四年五月二二日のローエルの講演の内容をキャンベルのコメントつきで紹介しておこう。

報道によると、ローエル氏はその講演のなかで、火星におけるスキアパレッリの運河に言及しながら次のように語ったという。「そうした模様〔運河〕自体から導かれるもっとも明白な説明は、おそらく真なるものでしょう。つまり、そうした模様に我々は、ある種の知的存在がなしたこととの結果を見ているのだという説明がそれです。〔…〕火星上に青く広がるこの驚くべきネットワークは、現在生命が実際に棲息している惑星が我々の惑星以外にもあることを暗示しています。〔…〕宇宙という世界において我々にもっとも近い同類についての知識を、すなわちもっとも重要な知識を得るためのとば口に、我々は立っているのです」。ローエル氏は、講堂から直接、アリゾナの彼の天文台へと出かけた。そして、彼の観測がいかによく彼の観測以前の見解〔his pre-observational views〕を立証したかが、この本〔『火星』〕のなかで語られている。(82)

ローエルは自分の見たくないものは見ようとしなかったと言わんばかりのこうした辛辣な批判に

ローエル自身がどう応えたのかは、次章で詳しく論じられるだろう。実のところリック天文台は、火星運河説への攻撃の前線に論争の初期から立ちつづけていた。初代台長のエドワード・ホールデンは、一八九四年六月に発表した文章のなかで、前月の『ボストン・コモンウェルス』の記事をさっそく引用したうえでローエルの講演を「とてもミスリーディングで不幸な」ものと断じ、返す刀で、一八九二年にもリック天文台は「ある種の驚き〔a kind of amazement〕」に包まれていたことを明かしている。すなわち、ウィリアム・ピッカリングが火星の南極から北上している水の流れを発見した旨の電報を『ニューヨーク・ヘラルド』へ送ったことを知って、「どのようにして彼は、水の流れが北に向かっているとわかったのだろうか」と驚いた、というわけである。[83]

リック天文台は、ジェイムズ・リック（一七九六―一八七六）が遺した七〇万ドルの遺産――彼の富の大部分は、一八四九年のゴールド・ラッシュがもたらしたサンフランシスコの地価の高騰によって築かれた――をもとに、一八八八年にカリフォルニアのハミルトン山の山頂付近（標高約一三〇〇メートル）に設立された。この天文台が備えるクラーク社製の三六インチ（約九一センチメートル）屈折望遠鏡は、一八九七年にヤーキス天文台が完成するまでは世界一大きな屈折望遠鏡であった。[84] ひとりの富豪の資産で建てられたことや高地に置かれていることなど、いくつかの共通点を持つローエル天文台とリック天文台との関係は、ローエルが亡くなるまでのあいだ、より険悪になりこそすれ決して改善することはなかった。しかし一八九四年の時点では、ローエルの側はいまだ、リック天文台との戦いの準備をほとんど整えられていない。

たしかにローエル自身は、一八九四年五月三一日からフラグスタッフでの火星観測を開始し、その結果に基づくいくつもの論文を『アストロノミー・アンド・アストロフィジックス』や『ポピュラー・アストロノミー』といった雑誌に同年夏からたてつづけに発表し、一一月の末にボストンへ戻ってからは『神秘の日本』を上梓し（一二月）また『火星』の原稿も書きすすめる（出版は翌年一二月）など、あいかわらず精力的に動きつづけていた。けれども他方で、先述のとおりこのときローエル天文台が使っていたふたつの望遠鏡はどちらも借り物であったし、ウィリアム・ピッカリングは火星の衝が過ぎた一一月にはハーヴァード・カレッジ天文台へ自分を戻すよう兄に頼んでいた。ローエルにとっては幸いなことに、A・E・ダグラスはその後もフラグスタッフに残ってくれたものの、そもそも天文台をフラグスタッフで稼働させつづけるのか、あるいは火星の衝が訪れるたびにもっとも適した観測地へ赴く巡回天文台のようなかたちで運営するのか、あるいは『火星』の出版を区切りと見なして完全に畳んでしまうのか、ローエル天文台の未来は年が明けるころになってもまだほとんど何も決まっていなかった。(85)

5　熱狂と衰弱

リック天文台は一八九四年には、たんにローエル天文台を攻撃していただけでなく、〝新しい天文学〟の力を借りて火星研究を推しすすめようとしてもいた。当時は、惑星に反射されて地球に届く光をスペクトル分析することの難しさゆえに、イングランド人のウィリアム・ハギンズ〔一八二四―一九一〇〕――天体物理学の礎を築いた者たちのひとり――が一八六七年に下した火星の大気には水蒸気が存在するという判断が広く受け入れられていたのだが、三二歳のウィリアム・ウォレス・キャンベルは一八九四年の衝の期間にリック天文台で何度も観測を重ねたすえ、同年八月と一二月に、ハギンズの判断に段階的に反論する二本の論文を発表したのである。キャンベルの観測結果にはさまざまな批判も寄せられた。(86) なかでも異色なのは、『ポピュラー・アストロノミー』の一八九四年一〇月号が、『マーサズ・ヴィニヤード・ヘラルド』という新聞に八月二五日に掲載されたものとして紹介している、以下の諷刺たっぷりのジョークである。

火星熱〔Marseania〕がリックの大望遠鏡を動かしている者たちを襲った。彼らの症状は重かった。

彼らによれば、火星はまったく大気を持たず、したがって惑星にはいかなる生命も存在しない。これが第一の症候。

火星は月と同じく大気を持たない。それは死んだ世界であり、たったふたりの共和党上院議員しか養っていないネヴァダ州と同じく、価値のないものである。これが第二の症候。

かりに火星が大気を持つとしても、その量は地球の大気の四分の一ほどもない。これが第三の症候。

第四は、火星の大気は非常に薄くて、地球からやってきた人間が恒常的に呼吸すれば元気を失うだろう、というもの。

それでは、いったい誰が火星上に「あれら」の運河を掘ったのか？

誰が火星上に「あれら」の信号を作り、「それら」に点火したのか？[87]

最後の「信号」については補足が必要だろう。たとえばH・G・ウェルズの『宇宙戦争』では次のように説明されている。「一八九四年の衝の期間に、〔火星〕表面の明るい部分に強烈な光が見られることが、まずリック天文台において、次いでニース〔天文台〕のペロタンによって、さらには各地の観測者たちよって確かめられた。英国の読者は、八月二日の『ネイチャー』によってはじめてこのことを知らされた」。[88]『宇宙戦争』の語り手が、火星上で巨大な大砲が鋳造されている過程が地球からは「強烈な光」として見えたのではないかと考えている一方で、一八九四年のリック天文台では、その原因に関して、明るさの異なる領域が接する部分で「光滲〔irradiation〕」という錯覚が生じたためか、あるいは他の領域よりも高い位置にあるもの——火星の山脈ないし雲——がより明るく照らされたためかのいずれかであろうとホールデン台長によって結論づけられていた。[89]ローエルも『火星』において、火星の南極付近の発光を一八九四年六月七日に観測したことを報告しており、続けてこう記している。「議論の余地なく明らかなのは、他なる世界の怪現象〔apparitions〕の正体が、〔…〕氷の斜面の光沢であり、火星の民の信号などという眉唾なものではないということである」。[90]

ともあれ、最後の二行を除けば、さきのジョークで語られていることは私たちが思い浮かべる火星の姿から決してかけ離れてはいない。火星を「死んだ世界」として提示したリック天文台の天文学者たちに対してジョークの語り手は批判的だが、SFになじみのある読者であれば、「死んだ世界」――あるいは〝死につつある惑星〟――として火星を描くことはむしろ常套的であることにすぐ気がつくだろう。これは言い換えれば、すでに序論で示唆したとおり、のちのSFに描かれる火星の姿の原型がまさしくこの時期に形成されはじめているということでもある。(91)

冒頭の「火星熱《マーセアニア》」という造語がどういう意味で使われているのかはやや不明瞭である。しかし少なくとも、この語が説明なしにいきなり現れているという事実から私たちは、火星をめぐる当時の人びとの熱狂がどれほど高まっていたかを推しはかることができる。ほかにもたとえば、『エディンバラ・レビュー』というスコットランドの雑誌の一八九六年一〇月号に掲載された「火星に関する新たな見解」と題する書評に同様の手がかりがある。以下は、ローエルの『火星』をはじめとする火星関連の本三冊を取り上げたこの書評の書き出しである。

　虚ろなまでに知識欲に取り憑かれてしまうたぐいのとあるご婦人が、高名な天文学者に会って、ひとつ質問させていただいてもよろしいでしょうかとしきりに頼んでいた。彼はこう答えた。「もちろんですよ、マダム。もし火星についての質問でなければですがね」。質問はまさに火星についてのものであった。これは火星ブーム盛んなりしころの出来事であり、このときには、公衆の愚かさ〔public imbecility〕とジャーナリスティックな企てとが結合したことによって、「火星からのニュース」や火星に関する問いあわせが新聞や社会に溢れかえり、厳めしい思想

家たちや勤勉な科学者たちがいまにも怒りを爆発させようとしていた。つまり興奮の時代だったのである。(92)

「公衆の愚かさ」という言葉を用いることにほとんど躊躇がなさそうな点に、書評者の啓蒙的とも独善的とも言える態度が垣間見えるけれども、啓蒙という点から考えるならば、そもそもジョン・クインジー・アダムズにとっては、「空の灯台」は「公衆の愚かさ」を晴らしてくれるものにほかならなかったはずである。世紀転換期の火星ブームの虜《とりこ》になった人びとは、フラグスタッフに建てられた新しい天文台にいったい何を求めたのか。ローエルの『火星』に刺激された数多くの読者がそこに見出したのは、精神的な価値なのか、実用的な価値なのか、研究上の価値なのか――これらのいずれにも当てはまらないことはもはや明らかだろう。四番目をひとまず名づけるとすれば「大衆的な価値」ということになるが、その内実を分析することもまた、次章に託された課題のひとつである。(93)

E

ローエルが一八九四年一一月の末にボストンへ戻ったあと、フラグスタッフでは悪天候が続くようになり、天文台に残ったダグラスは多くの時間を無為に過ごさざるをえなくなった。この現状を見かねたローエルは、一八九五年三月に、借りていたふたつの望遠鏡を返却したうえで天文台をいったん引き払うようダグラスに指示したのだが、フラグスタッフの人びとが天文台に寄せる期待の大きさを考慮してせめてマーズ・ヒルのドームは残しておくべきだというダグラスの意見は受け入れた。同じころにローエルは、二万ドルという大枚をはたいて二四インチ屈折望遠鏡をクラーク社に注文しているので、今後も天文学に携わりつづける覚悟はこのときすでに固まっていたはずである。しかし、新たな観測地を探すべく五月にダグラスをメキシコへ派遣しているという事実が投影するのは、フラグスタッフに建つ天文台の台長としてのローエルの姿ではなく、より鮮明な火星の像を求めて世界各地を旅する天文学者としての姿であろう。(94)

一八九五年四月一日にローエルは母を亡くした。弟のローレンスによれば、母と長男は「日々途切れることない愛情溢れる手紙の奔流」によって親密に結ばれていたのだが、その関係もいまや断たれてしまった。(95) それでもローエルは、一八九五年のあいだは主にボストンに暮らしながら、天文台に関する事務を補佐してもらうべくレクシー・ルイーズ・レナード(一八六七―一九三七)という女性を秘書として雇ったり、アパラチアン・マウンテン・クラブで火星の山脈について発表したり、ローエル・インスティテュートで火星についての連続講演をおこなったうえでその内容を『アトランティック・マンスリー』に連載したりしていて、傍目には持ち前の精力をいささかも失っていないように見えた。そして同年一二月に彼は、『火星』の出版の手筈を整えたのち、レナードを連れてヨーロッパへ旅立った。(96)

一八九五年末から翌年初めにかけての旅行においてローエルは、まずパリで、彼のプロジェクトを早くから賞讃していたカミーユ・フラマリオンと食事をともにし、次いでミラノへ赴いてジョヴァンニ・スキアパレッリとも面会した。彼らとの交流はその後も続き、ローエルは手紙のなかで前者を「親愛なる火星の友〔cher ami Martien〕」、後者を「親愛なる火星の師〔cher maître Martien〕」と呼ぶようになった。(97)しかしこの旅行の目的は「友」と「師」に会うことにのみあったわけではなく、ローエルはミラノへ行くまえに、マルセイユで再会した旧友のラルフ・カーティス（第3章第4節などに登場）とともに地中海を渡り、アルジェ天文台長のシャルル・トレピエ（一八四五―一九〇七）に案内されながら、アルジェリアのクサール・ブカリやビスクラへ足を延ばしてサハラ砂漠北端の大気の状態を調査していた。残念ながら結果は芳しくなかった。

一八九六年三月に帰国したローエルは結局、同年一二月に訪れる火星の衝をメキシコで観測することを決めた。二四インチのレンズは七月二二日にフラグスタッフに到着し、完成したばかりの望遠鏡を使ってローエルも夏のあいだマーズ・ヒルで観測をおこなったものの、それも一一月にはいったん解体してメキシコへ運ぶこととなった。ちなみに、同じく一一月にローエルは、ボストンのウェスト・シーダー・ストリート一一番に建つ家をコンスタンス・サヴェッジ・キース（一八六三―一九五四）という女性から購入している。なぜ売り手の名前まで記すのかといえば、彼女が一九〇八年六月にローエルの妻となるからである。(98)

一八九六年のローエル天文台のスタッフには、A・E・ダグラスのほかに、トマス・ジェファソン・ジャクソン・シー（一八六六―一九六二）とふたりの大学院生が加わっていた。シーはベルリン大学で天文学の博士号を得ており、ローエル天文台へ移るまえはシカゴ大学に勤めており、『火星』の好意的な書評を『ダイアル』の一八九六年七月一六日号に寄せてもいたので、ローエルの強力な味方になると当初は期待されたのだが、結論から言えばこの人選は大いなる過ちであった。人間関係に軋轢をもたらすことを得意としている彼は、シカゴ大学では同僚のジョージ・エラリー・ヘイルと反目しあい、ローエル天文台では他のスタッフに心理的な苦痛を与えた。一八九八年七月にシーがローエル天文台から解雇されたときには、彼と同時期にローエル天文台に入ったふたりの大学院生はすでに辞めていた。さらに一八九九年以後には、たんなる思弁をさもデータに裏づけられているかのように書いたり他人の著作から剽窃したりといった科学者にあるまじきシーのふるまいが露呈しだしたため、彼はほとんどの学術誌から締め出されるに至っている。(99)

一八九六年一二月の衝の期間にローエルらが火星観測をおこなったのは、メキシコシティのタクバヤという地区においてである。ダグラスは今回も観測地の選定と事前の準備に奔走したが、タクバヤに新しいドームを設置する作業が遅れてしまい、ローエルが二四インチのレンズを携えてタクバヤに到着した一二月二八日には火星はすでに地球から遠ざかりつつあった（衝は一二月一日）。観測は同月三〇日から翌年三月二六日まで続けられた。ローエルの眼に映った火星は期待を裏切るものではなく、かといって期待を上回るものでもなく、それまでの観測から導かれた結論を再確認すること以上の進展を彼は生み出せなかった。

少なくとも、冬のあいだ観測を続けたことによって、タクバヤのシーイングがフラグスタッフより優れているわけではないということは明らかになった。しかしこの発見でさえ、ローエル天文台の未来を決めるにはいまだ十分ではなかった。なぜならローエルは、タクバヤからボストンへ戻った直後に神経の病に陥ってしまうからである。彼は一八九七年四月二一日付のダグラスへの手紙で、自らの病状を「私の身に降りかかることがあろうとはまったく想定していなかったもの、つまり機械の完全な故障」という言葉で説明した。(100)ダグラスらの尽力によって五月にふたたびマーズ・ヒルで稼働しはじめたローエル天文台に主《あるじ》が帰還したのは、それから四年後のことであった。

第5章

火星

図22 | 1905年にローエル天文台で撮られた写真(LOHP)
左から順に、ハリー・ハッシー、ルイーズ・レナード、V・M・スライファー、ローエル、C・O・ランプランド、ジョン・チャールズ・ダンカン。地元民のハッシーは、24インチ屈折望遠鏡(写真左上)の管理人を務めていた。ダンカンはインディアナ大学の大学院生であり、インターンとしてローエル天文台で働いていた。

1　雰囲気の病

「E・C・ピッカリングはそれをぶんどろうとしたのですが、ローエルがカモを演じていたことを知って相手が予想以上に手ごわいことに気がつきました」――これは、セス・カーロ・チャンドラー・ジュニア（一八四六―一九一三）という天文学者が一八九四年九月にリック天文台のエドワード・ホールデン台長へ送った手紙に見られる一文である。ここで言われる「それ」とはもちろん、パーシヴァル・ローエルの一八九四年のアリゾナ遠征のことを指している（第4章第4節参照）。チャンドラーによれば、ローエルがエドワード・ピッカリングのもくろみを出し抜いてアリゾナの天文台を手中に収めたというニュースは、「ボストンとケンブリッジのもろもろのクラブや科学「同人」〔'coteries'〕を痛快な気分に浸らせ」たとのことである。(1)

沿岸測量部とハーヴァード・カレッジ天文台でそれぞれ数年間働いたことのあるチャンドラーは、一八八六年にピッカリング台長のもとを離れて以降は、ながらく従事してきた変光星（明るさが変化する恒星）の研究を独自に進めるかたわらで、『アストロノミカル・ジャーナル』という雑誌においてベンジャミン・アプソープ・グールド（一八二四―九六）の編集作業を補佐してもいた（一八四九年に創刊されたものの南北戦争によって一八六一年に発行が中断されていたこの雑誌は、一八八六年に二五年ぶりに再刊され現在まで続いている）。チャンドラーにとって雑誌の編集に携わるのはこれがはじめてではなく、ボストン科学協会――一八九四年五月二二日にローエルの講演を主催した団体（第4章第4節参照）――の刊行物としてジョン・リッチー・ジュニア（一八五三―一九三〇）が編集していた『サイエンス・オブザーヴァー』で彼はすでに同様の経験を積んでいた。(2) ここに登場した三人、すなわちチャンドラーとグールドとリッチーは、表立ってではないにせよ、実質的には年長のグールドを領袖とするひとつの派閥を形成していた。私は前章で、一九世紀末のボストンには「新旧の対立をことさらに煽る数名の〝古い〟天文学者たち」がいたと述べたけれども（二四二頁）、それは具体的には彼らのことである。

グールドはラッツァローニ（第4章第3節参照）のメンバーでもあった。一八二四年にボストンで生まれた彼は、ベンジャミン・パースの一五歳年下であり、そもそもハーヴァード・カレッジでのパースの教え子であったから、ラッツァローニのなかではかなり年少である（年が近いメンバーとしては二歳年上のウォルコット・ギブズがいる）。しかし、ヨーロッパへ留学して各地の名高い天文台で働いたのち、ドイツのゲッティンゲン大学でカール・フリードリヒ・ガウス（一七七七―一八五五）の指導を受けて一八四八年に博士号を授与され、諸外国語の能力も引っさげて二四歳で帰国するというグールドのキャリアは、あのエリート主義的なラッツァローニにも太刀打ちできる者がいないくらい輝かしいものであった（たとえば中心メンバーのひとりであるジョゼフ・ヘンリーは、大学へ通わずほとんど独学で科学を修得した）。彼にとって不幸だったのは、飾ろうとした錦があまりに華々しすぎたがゆえに、当時の米国には彼のポテンシャルを活かせる場がほとんど用意されていなかったことである。こうした現状に危機感を覚えた彼は、米国の科学の振興を自らの任務と思いさだめ、一八四九年に自らの資金で『アストロノミカル・ジャーナル』を創刊した。彼の信念がどれほど強固であったかは、一八五一年にガウスからゲッティンゲン大学の教授のポストを打診され、ゆくゆくはゲッティンゲン天文台の台長にという約束も添えられていたにもかかわらず、グールドは逡巡しつつもこのオファーを断ったという事実に十二分に表れている。(3)

グールドのその後の人生は、残念ながら、それまでの明るさと著しい対照を成すほどの暗さに伴われることとなった。なかでも暗さが際立つのは、一八五〇年代後半に彼が経験した、ニューヨーク州オールバニに建つダドリー天文台をめぐる騒動である。建物自体は一八五四年に完成していたこの天文台は、翌年にアレグザンダー・ベイチ、ベンジャミン・パース、ジョゼフ・ヘンリー、ベンジャミン・グールドの四人が科学顧問に就任したことによって、ラッツァローニの城となることを運命づけられたかに当初は思われていた。しかし、グールドが一八五八年に台長に就任したときすでに、彼と天文台の理事会——オールバニに住む裕福なパトロンたちから成る——との関係は抜き差しならないところまで悪化しており、最終的には、ベイチとヘンリーがグールドを擁護する内容のパンフレットを著し、理事会がそれに反論するパンフレットを出版し、グールドは理事会の決定によって天文台から強制的に退去させられるという、醜悪と形容するほかない結末を迎えてしまった。(4)

なぜグールドと理事会との対立はかくも紛糾したのか。前者はダドリー天文台をヨーロッパの天文台に伍する研究機関にしたいと考えていたのに対して、後者は研究上の価値のために天文台の大衆的な価値を完全に犠牲にするつもりはなかった——たしかにそう要約しうる側面もこの騒動には含まれているのだが、他方でグールドの人格的な問題というあまり愉快ではない要因も作用しており、詳しく分析するには多くの紙幅を要するためここではこれ以上踏み込むことはできない。本章の議論にとってより重要なのは、こうした過去を持つグールドが、のちに小さな派閥の領袖となって、一九世紀末のボストンにぎくしゃくした雰囲気を醸し出すことに貢献していたという事実である。この〝雰囲気〟は一八九六年にグールドが亡くなっても決して消えはせず、それどころか、翌年にローエルが陥った神経の病は、ある意味ではまさしく〝雰囲気〟によってもたらされたものであった。

E

グールドの一派による煽りの執拗さをもっともよく伝える出来事のひとつは、一八九四年に、すなわちローエルのアリゾナ遠征の年に起こった、測光（天体の明るさの測定）の方法論をめぐる彼らとハーヴァードとの論争である。

セス・チャンドラーはこの年の二月に、「ハーヴァード・カレッジ天文台の子午線式測光計〔the Meridian-Photometer〕による変光星の観測について」と題する論文を『アストロノミシェ・ナハリヒテン』に発表した。一八二一年にドイツで創刊された『アストロノミシェ・ナハリヒテン』は、現存する天文学の学術誌のなかでは最古のものであり、当時における権威はたいへん高く、したがってチャンドラーの論文は世界中の天文学者たちの目に触れたはずである。科学に携わっていないボストニアンたちでさえも、チャンドラーの論文のことは三月一七日の『ボストン・イヴニング・トランスクリプト』をとおして知っていた。そこには、「学生」（"Student"）を名乗る人物による、チャンドラーの主張を説明する投稿が掲載されていたからである。投稿の見出しは「ハーヴァード天文台、糾弾さる」（"Harvard Observatory Arraigned"）であった。(5)

「糾弾」の内容を要約すれば、ハーヴァード・カレッジ天文台における測光の方法には欠陥があるため、同天文台が一八九〇年に発行した星表で変光星として挙げられている天体のうちの一五個が誤って分類されており、これらのミスは星表そのものの価値を疑わしめるに十分なものだ、ということになる。対してエドワード・ピッカリングは、自らの天文台の汚名をそそぐべく『アストロノミシェ・ナハリヒテン』へ反論を寄せた。一八九四年五月に発表されたその反論は、チャンドラーが指摘したミスを認めつつも、測光という困難な分野においてはミスを完全に防ぐことはできないという前提を確認したうえで、ハーヴァードの方法の正当性をもろもろのデータによって裏づけ、問題となっている星表に収められた二万個以上の天体の観測結果がすべて無価値であるなどということはありえないと主張していた。実はこの論争がおこなわれていたころには、測光の正確さによってのちに有名になる大規模な星表の制作がドイツのポツダム天体物理天文台で進められており、同年秋にその第一巻が出版されると、ポツダムとハーヴァードのふたつの星表では測光の結果に大きな違いがないことが――したがって主張の妥当性の面でピッカリングがチャンドラーを凌いでいたことが――広く知られるようになった。しかしここでは、論争の（例によって見かけ以上にややこしい）結末についての解説は控え、ピッカリングの反論の冒頭に「敵意〔animus〕」という語を用いたいやみたっぷりの一節が紛れ込んでいたという事実を指摘するに留めておこう。(6)

もはや学問的とは言いがたいこの論争の白熱ぶりは、一八九四年六月二四日の『ボストン・ポスト』日曜版に「ここにごたごたあり」（“Here's a Mess”）と題する記事が掲載されたことで頂点に達した。そこにはチャールズ・ウィリアム・エリオット学長までもが登場しており、今回の「ハーヴァードの科学者との抗争」にベンジャミン・グールドも荷担していると思うかと問う記者の質問に彼はこう答えている。「背後にグールド博士がいることは間違いありません。この件に関わっている者は三人おり、彼らは協力して大学の評判を落とそうとしています。そのうちのひとりはジョン・リッチー氏で、彼は新聞を掌握しています。これは彼らの強みであり、我々に欠けているものです」。(7)これを受けてグールドは、この記事が出た翌日にしたためたエリオット宛ての手紙を、六月三〇日の『ボストン・イヴニング・トランスクリプト』に公開した。グールドによればこの手紙への返信はなかったとのことであるが、きっとエリオットは、チャンドラーによる「暴露〔exposure〕」を手助けしたり煽動したりした事実はまったくないというグールドの言葉遣いを目にして律儀に返信を書く気を失ったのだろう。(8)

かりにグールド、チャンドラー、リッチーという三人が共通の「敵意」に駆られて動いていたのだとしても、ハーヴァード・カレッジ天文台に対して論争を仕掛けるうえでは彼ら自身の天文学上の立場というものが必要になり、かくして〝古い天文学〟というアイデンティティが持ち出されることとなる。第3節では、チャンドラーを例に引きつつ、そのアイデンティティをまとった彼がどんなふうに〝新しい天文学〟を攻撃したのかが説明されるだろう。しかしグールドの一派の論争をここで紹介したのはそのためばかりでなく、もうひとつの狙いは、以下に引くエリオット学長の手紙がいかなる〝雰囲気〟のもとで書かれたのかを伝えることにある。これは一八九四年一一月二二日付の、エドワード・ピッカリング宛ての手紙のなかの一節である。

パーシヴァル・ローエル氏は疑いなく、非常に利己的で無分別な人物です。私の考えでは、天文台に対する彼の心構えはまったく見込みのないものです。幸いボストンにおいて彼は、同世代の者たちからも、判断力に欠ける人物と一般に見なされています。数年前は、この感情があまりに根強かったため、彼がボストンで快適に暮らすことは実のところまったく不可能でした。(9)

ピッカリングはこの手紙が送られる少しまえに、彼が台長として毎年書いている報告書にアリゾナ遠征についての彼なりの説明を載せることをローエルに手紙で打診したものの、ローエルはこれを拒否していた。なぜならピッカリングの説明では、遠征のアイデアはウィリアム・ピッカリングに帰せられ、ローエルはあいかわらず資金提供者の役割を強調されていたからである。以上の経緯を報告し、この件にこだわってローエルとの関係を悪化させることは本意ではない旨を伝えるピッカリングの手紙への返信として書かれたのが、さきの引用を含むエリオットの手紙である。(10)

前章で確かめたとおりアリゾナ遠征の発案者は紛れもなくウィリアム・ピッカリングなのだから、彼の功績を認めようとしないローエルに対するエリオットの怒りは、わざわざ〝雰囲気〟を持ち出さずとも十分に理解することができる。しかしながら、本人が知るはずもないけれども、ローエルとボストンのブラーミン社会（第1章第4節参照）との軋轢を指摘するエリオット自身も、二五年前の一八六九年には、二七歳のウィリアム・ジェイムズが友人へ送った手紙で次のように言われていたのであった。

C・W・エリオットが学長になることが昨日決まったよ。大いに問題のある彼の性格、たとえば彼の融通の利かなさとか、おせっかいなふるまいとか、些細なことを根に持つ傾向とかについてはもう十分に広く知られていると思うけど、でも彼のもろもろのアイデアは良さそうだし、経済力は第一級。だから、ほかに候補が誰もいなかったので、彼がなることになったんだ。(11)

四半世紀の時を隔てたふたつの手紙を並べると、あたかも、当初はブラーミン社会のはみ出し者であったエリオットがついにその規範を完全に体得するに至ったかのような、〝放蕩息子の帰還〟ふうのイメージが脳裡に描かれる。しかしこのイメージはせいぜい真理の半面しか伝えていない。すでに何度か強調したとおり、ここで「ブラーミン社会」とひとまず呼んでいるものも、一八六九年のそれと一八九四年のそれは決して同一ではなく、南北戦争直後の前者のみならず世紀転換期の後者もまた、大きな変化のただなかに置かれていた。一八九七年にローエルが陥った病を〝雰囲気〟の産物と表現したのは、当時のボストンで同じ病が流行していたからであり、この流行こそがブラーミン社会がこうむりつつあった変化の急激さを示す指標となっていたからである。

エリオットがハーヴァードで推しすすめた学問のプロフェッショナライゼーション、彼が巻き込まれた天文学界内部の対立、いまや彼がその中枢を担っているブラーミン社会に生じた世紀転換期の動揺。ローエルの生涯の最後の時期を扱う本章にエリオットはほとんど登場しないけれども、複雑に絡みあったこれらのプロセスとの関わりにローエルがいかなる結末をつけたのかが論じられるという意味では、エリオットが象徴しているものとの戦いが本章の主題であるとも言えるだろう。

2　お上品な伝統と大洋感情

一八九四年のエリオットの手紙で言及されている「数年前」の出来事が具体的に何を指しているのかは、残念ながら明らかではない。かりに「数年前」が一八八七年を含むのであれば、たしかにこの年には、主にふたつの理由から、ローエルはブラーミン社会の話題の中心を占めていたはずである。『朝鮮《チョソン》』の出版と『極東の魂』の脱稿とに挟まれたこの時期のローエルが、友人たちとデダム・ポロ・クラブを創設するほどにポロに打ち込んでいたことは第3章で述べたとおりだが、一八八七年には彼はもうひとつ別のクラブを立ち上げようとしていた。それはボストンの作家たちから成るクラブであり、一八八二年にニューヨークで創設された作家クラブのボストン版である。

ローエルは、ボストン作家クラブを創るというアイデアを共有する者たちが組織した委員会のなかで指導的な立場にあった。もちろん、このアイデアをアピールするうえでは、著書がまだ一冊しかない三二歳のローエルの名前を出したところで効果は薄いので、たとえば一八八七年四月一一日に開かれる委員会の会合への参加を募る案内状は、差出人の欄にまず高名な作家たちの名前を掲げ、その下にローエルをはじめとする委員会のメンバーの名前を並べている。高名な作家たちとはすなわち、オリヴァー・ウェンデル・ホームズ（第1章第4節に登場）、ジェイムズ・ラッセル・ローエル[8]、ウィリアム・ディーン・ハウエルズ（一八三七―一九二〇）、トマス・ベイリー・オルドリッチ（一八三六―一九〇七）の四人である。ところが、四月一三日の『ボストン・デイリー・アドヴァタイザー』によると、ボストン作家クラブの創設計画に関して記者から質問されたホームズ博士は、「そのことについては何も知らなかった」と答えたという。[12]

実はこの記事には、計画をいままで持ち上げてきた『ボストン・イヴニング・トランスクリプト』に対する攻撃という側面が含まれており、したがって内容の信憑性が高いとは必ずしも言えない。しかしそうした事情を知らなければ、若手作家たちの独断によって勝手に話が進められているという印象を『アドヴァタイザー』の記事から受けるのも無理からぬことである。いずれにせよローエルらの企ては、作家たちの賛同が十分に集まらなかったため潰えてしまった。土曜クラブという敷居の高いクラブ（第1章第4節参照）にすでに所属していたホームズ博士は、この結果にもさほど痛痒を感じなかっただろう。ちなみに、「ボストン作家クラブ」（the Boston Authors Club）という名前の組織は現存しているけれども、これは一八九九年にふたたび興った運動によって創られたものであり、ローエルはそこには加わっていない。[13]

一八八七年にローエルがブラーミン社会の話題を集めたふたつめの理由には、のちに批評家として名を成すジョン・ジェイ・チャップマン（一八六二―一九三三）が関わっている。この年の初め、まもなく二五歳になるチャップマンは、ハーヴァード・ロー・スクールに通うかたわらで、将来の妻であるミンナ・ティミンズ（一八六一―九七）との関係を徐々に深めつつあった。他方でローエルは、母に勧められて参加したアマチュアの演劇グループで、ティミンズと同じ舞台を踏んでいた。ブルックラインで催されたあるパーティーでこの三人が一堂に会すると、チャップマンはローエルがティミンズを誘惑しているかのように感じ、逆上した彼は思わず、その場にあった杖でローエルの頭と肩をしたたかに打ってしまった。その後、自らの怒りが誤解に基づいていたことをティミンズに説かれたチャップマンは、自宅に戻ってから、燃えさかる炉に左手を数分間差し込むという自罰的な行為に及んだ。損傷の重かった彼の左手は結局、病院で切断されることとなった。[14]

　高名な作家たちの名前を無断で借りて自らの計画を進めてしまうくらい「利己的」で、三二歳になっても結婚しないばかりか他人の恋人にちょっかいを出してさえいるほどに「無分別」なローエル家のどら息子――こうしたイメージが一八八七年のブラーミン社会で形成されていたとしても決して不思議ではない。もちろん、このイメージは意図的に歪曲したものであるし、エリオットの一八九四年の手紙で言及されている出来事が上記のふたつ以外である可能性も高い。しかし少なくとも、ひとたびゴシップの的となった者はブラーミン社会できわめて窮屈な思いを抱かされるということは、第1章と第2章の（あるいは前節の）議論を経た読者ならきっとたやすく想像できるだろう。そして、そんな想像を膨らませつつ、文脈を知らないまま以下の引用を読めば、まるでエリオットの一八九四年の手紙に対してローエルが反論を試みているかのような印象が抱かれるだろう。

あなたは何度も、私の無礼なふるまいと傲慢な態度とを責めておられます。はたしてあなたは気づいていらっしゃるのでしょうか。私が、あのわけのわからない、いかにも信心深げな、しかししばしば陰険でさえあるプロテスタンティズムのただなかで、私にとってそれは吐き気を催すほどに相容れないものであるにもかかわらず、いらだちを抑えながら日々を過ごしてきたのだということに。そして、それから遠く離れたもの、そのはるか上にあるものと手を結ぶことを私がどれほど必要としているかということに。(15)

ここに引いたのはローエルの文章ではなく、ジョージ・サンタヤナ(一八六三―一九五二)というスペイン生まれの哲学者が、ハーヴァードで助教授を務めていた一九〇〇年、三六歳のときに、恩師であり同僚でもあるウィリアム・ジェイムズへ送った手紙である。プロテスタンティズムに対してサンタヤナが投げかける強烈な呪詛の言葉は、ローエルが父の追悼文で用いた「二倍に煎じつめられた」ピューリタニズムという表現(第2章第5節参照)を想起させもする。しかし、一八七二年からボストンないしケンブリッジで暮らしていたにもかかわらず米国の市民権を得なかったためにひとりの異邦人でありつづけ、また、本人は教会との関わりをながらく断っていたにもかかわらずブラーミン社会からカトリックと見なされつづけてきたサンタヤナの疎外感は、ローエルのそれとは較べものにならないだろう。(16)これは言い換えれば、ローエルがボストン・ブラーミンとして生まれ育っている以上、彼が自らの疎外感を乗り越える過程には自己批判が伴われざるをえないということとである。
サンタヤナは結局、一九一二年一月にロンドンへ旅立ち、その後は二度と米国に戻らなかった。出国の半年前に彼が置き土産のようなかたちでおこなった、カリフォルニア大学バークリー校での講演「アメリカ哲学におけるお上品な伝統」（"The Genteel Tradition in American Philosophy"）は、自らを苛んできた疎外感の由来を知的に分析した成果である。ローエルにとって、ブラーミン社会の反感を撥ねかえすために必要だったのは、サンタヤナの言う「お上品な伝統」を何らかのかたちで内側から超克することであった。

E

「お上品な伝統」とはいったい何か。この問いに答えるにはやはり、一九一一年八月にサンタヤナがバークリーでおこなった講演のなかの、よく引かれる以下の一節をあらためて紹介するのがもっとも効率的だろう。ここで駆使されている水のイメジャリー（比喩的表現）も、サンタヤナの書きぶりの巧みさを味わえる重要なポイントである。

私はさきほど、アメリカは古いメンタリティを備えた若い国だと申し上げましたが、事はそう単純ではありません。アメリカは、ふたつのメンタリティを備えたひとつの国なのです。一方は、父祖たちの信念と基準の名残《なごり》であり、他方は、より若い世代の本能と実践と発見を表現したものです。精神の高い位置を占めるあらゆる事柄――すなわち宗教や文学や道徳的感情――

のなかには、世襲の気性がいまなお行きわたっています。〔…〕アメリカの精神の、実際的な事柄に熱心に取り組んではいない方の半面は、座礁しているとまでは申しませんが、ほとんど動きのない状態に留まっています。それが淀みのなかを穏やかに漂っている一方、そのかたわらでは、発明や産業や社会組織に宿る精神のもうひとつの半面が、ナイアガラの急流をぐんぐん下っています。アメリカの建築は、この分裂を象徴的に表すものと言えるでしょう。こぎれいに再現された植民地時代ふうの――しかも、現代の快適な設備が密かに備えつけられた――邸宅が、摩天楼の隣に建っているのですから。アメリカの意志は摩天楼に住み、アメリカの知性は植民地時代ふうの邸宅に住んでいます。前者はアメリカの男性の領域であり、後者は、少なくともその大部分は、アメリカの女性の領域です。前者はまさしく積極的な冒険心〔aggressive enterprise〕であり、後者はまさしくお上品な伝統です。(17)

「宗教」や「文学」や「植民地時代ふうの邸宅」や「知性」や「女性」といった言葉と結びつく「お上品な伝統」と、「発明」や「産業」や「摩天楼」や「意志」や「男性」といった言葉と結びつく「積極的な冒険心」――こうした二項対立的な図式が過度な単純化をこうむっていることは現在の視点からは自明であるが、世紀転換期のブラーミンたちにとっては、サンタヤナの診断は彼らの胸を深くえぐるものであった。言うなれば、彼らには思いあたるふしがたくさんあったのであり、後続の世代は自分たちが打破すべき因襲を形容する際に「お上品」(“genteel”)という語を多用するようになった。(18)

たとえば文学の領域においては、「お上品な伝統」を攻撃する者たちがしばしば標的に据えたのは、二〇世紀初めに「アメリカ文学界の長老《ディーン》」（the Dean of American Letters）の異名を定着させたウィリアム・ディーン・ハウエルズ――ローエルらがボストン作家クラブを創ろうとした際に名前を掲げた高名な作家たちのひとり――である。「お上品な伝統」がキーワード化するまえの一八九六年にも、のちに『マクティーグ』（一八九九）の暴力的でどぎつい内容によって「お上品」な読者を震撼させることになる小説家フランク・ノリス（一八七〇―一九〇二）が、ある評論のなかでハウエルズをはじめとする「リアリストたち」の手法をこう要約していた。「お行儀が良くて平凡でブルジョワな」キャラクターたちを登場させて、「昼食と夕食のあいだに起こりそうな出来事、些細な情熱、抑制された感情、応接間でのドラマ、午後の訪問の悲劇、何杯かの紅茶を必要とする危機」を描くのが「実際のリアリズム〔the real Realism〕」だ、と。[19] ベンジャミン・グールドの一派とハーヴァードとの争いのゆくえを新聞で興味深く追うような読者であればたしかに、昼下がりのティーテーブルで展開される人間関係のドラマを好んで受容したかもしれない。

もちろん実際のところは、単著だけでも八〇冊近くを数えるハウエルズの半世紀以上のキャリアには、ノリスの貼るレッテルにとうてい収まらない多様な要素が含まれている。たとえば、『マクティーグ』が世に出た直後にハウエルズは、「小説に関する時代遅れなアメリカ的理想」にノリスが引導を渡す可能性を予見する好意的な書評を著していた。[20] それ以上にブラーミンたちを動揺させたのは、一八六六年に『アトランティック・マンスリー』の編集アシスタントに就任して以来ながらくケンブリッジに住んでいた彼――一八七一年から八一年まで同誌の編集長を務める――が、一八九一年にニューヨークへ引っ越したことである。中西部のオハイオ州出身であるから生粋のブラーミンではないとはいえ、編集者および作家としての旺盛な活躍によってニューイングランドの三巨頭の嫡嗣《ちゃくし》となるに至ったかにも思われたハウエルズが、「植民地時代ふうの邸宅」が建ちならぶボストン（周辺）から「摩天楼」がひしめくニューヨークへ拠点を移したという事実が担う象徴的な意味は決して小さくなかった。(21)

ヘンリー・チャイルズ・マーウィン（一八五三―一九二九）というボストンの弁護士兼作家は、一八九七年六月の――すなわちハウエルズが編集から離れたあとの――『アトランティック・マンスリー』に、「あまりに文明化されているということについて」（"On Being Civilized Too Much"）と題する評論を寄せている。彼に言わせれば、「人間とは感情と知性の混合物であ」り、「未開人においては感情が優位を占めて」いるが、文明化が進むにつれて「彼の知性は発達し、自らの感情の制御をますます強めてゆく」。では「あまりに文明化されている」とはどういう状態なのか。その徴候としてマーウィンが挙げるのは、「洗練されすぎていて気の抜けたようだ〔over-sophisticated and effete〕と我々が形容する生き物――知性の過剰な支配によって、行為の原動力〔springs〕が多少なりとも麻痺ないし倒錯させられてしまった存在」の出現である。(22) こうした言説も、「お上品な伝統」のキーワード化に繋がる文脈のひとつに位置づけられるだろう。しかし同時に注意すべきなのは、マーウィンが持ち出す「感情」対「知性」という図式が、サンタヤナの二項対立とは異なり、「未開」から「文明」へという進化論的な傾きを強く帯びていることである。

もっとも、マーウィンは必ずしも、「行為の原動力が多少なりとも麻痺ないし倒錯させられ」

た者たちの姿を未来の光景として語っているわけではなかった。たとえば彼の評論の二年前には、マックス・ノルダウ（一八四九―一九二三）――ハンガリー生まれの医師――の『退化』（*Entartung*、一八九二―九三）の英訳（*Degeneration*）が刊行されベストセラーとなっており、世紀末のヨーロッパ文化に退化（あるいは進化の過剰）の徴候を読みとろうとする姿勢はすでに米国でも通俗化しはじめていた。また同じく一八九五年に、ロバート・サクスター・イーデス（一八三八―一九一三）という医師が、マサチューセッツ医学協会において「病めるニューイングランド」（"The New England Invalid"）と題する講演をおこなっていた。その内容は、当時のニューイングランドで流行していた「神経衰弱」（neurasthenia）と呼ばれる病に関するものである。[23] マーウィンが過剰な文明化に警鐘を鳴らす際に念頭に置いていたのはこの――現在進行形の問題としての――神経衰弱であろうし、一八九七年にローエルが陥った病もまさしくこれであった。

「神経衰弱《ニューラシーニア》」という語を米国の医学界に根づかせたのは、ジョージ・ミラー・ビアード（一八三九―八三）というニューヨークの神経科医である。厳密に言えば、彼がこの語を導入した一八六九年の論文以前にも"neurasthenia"の用例は存在するのだが、神経衰弱に関する権威においてビアードを凌ぐ者は彼の生前には皆無であった。特に、一八八一年に出版された彼の主著『アメリカの神経過敏』（*American Nervousness*）は、医師に限られない一般の読者を想定して書かれたものであり、実際に幅広く読まれた。[24]

『アメリカの神経過敏』は、まず序文において、「神経過敏」とは「神経力〔nerve-force〕の不足ないし欠如」によって定義される状態であり、神経過敏が蔓延していることの主たる要因は「蒸気力、定期刊行物、電報、諸科学、女性の精神的活動」の五つによって特徴づけられる「現代文明」にあり、神経過敏の悪化によって生じる疾患が「神経衰弱《ニューラシーニア》（神経消耗〔nervous exhaustion〕）」であると説明している。そして第一章に入ると、ビアードは神経衰弱の症状を「不眠、紅潮、眠気、悪夢、脳の興奮、瞳孔の拡大、痛み、頭の圧迫感と重さ」から始めてほぼ二ページにわたり延々と書きつらねている。「不眠」のふたつあとに「眠気」があることにも混乱させられるし、リストの後半には「虫歯の急速な進行や歯並びの悪さ」といった神経の介入する余地のなさそうなものまで挙がっていて、支離滅裂という印象を禁じえない。[25] しかし実は、歴史家のデイヴィッド・G・シュスターも指摘するように、「著しく用途の広いラベル」であるというこの性質は神経衰弱の流行を促した一因にほかならず、それは二一世紀の基準で呼ぶところの「双極性障害、鬱病、慢性疲労症候群、線維筋痛症、心的外傷後ストレス障害、神経性無食欲症、過敏性腸症候群、偏頭痛、（花粉症を含む）環境性アレルギー」などをカヴァーすることができた。[26]

したがって、一八九七年にローエルが神経衰弱と診断されたことは間違いないとしても、彼が具体的にどのような症状に苛まれたのかを知ることは困難である。弟のローレンスによれば、医師の診断を仰いだローエルは、言われたとおりにブルックラインの実家へ移って一か月間ベッドで安静にしていた。しかしのちに本人は、この処方は完全な誤りであり、むしろこれによって自らの病状は悪化したと信じるようになったという。[27] ローエルの神経衰弱に関して弟が伝記に記した内容はほぼこれだけであるが、いま注目したいのは、ローレンスのこのわずかな記述がのちに、文化史家のT・J・ジャクソン・リアーズが一九八一年に著して高い評価を得た『恵みなき場所』(*No Place of Grace*)において、以下のような大胆な議論へと拡大されていることである。

ローエルは〔…〕父の家のベッドに自分を縛りつけた医師の診断こそが病状を悪化させたのだと確信していた。近代的な達成のエートスがローエルに課す厳しい要求は、「本当に意味のある」ことを成し遂げろとしつこく言いたてる父によってさらに強められた。めったなことでは喜ばない父が体現している家父長的な理想は、実質的には到達不可能なものであり、結局のところそれが、努力家の息子を神経衰弱に陥らせたのだろう。ローエルや彼の同類たちにとって、神経衰弱は、ブルジョワ家庭およびより広い文化の道徳的権威に対する消極的だが痛みを伴う反抗でもあった。(28)

結論から言えば、ローエルに関するリアーズの議論は史料に裏づけられない飛躍を含んでおり、私たちとしてはこれをそのまま受け入れることはできない。しかしながら、こうした議論の前提となっている彼の図式には少なからぬ説得力があるため、ここで紹介しておくに値するだろう。『恵みなき場所』が高く評価されたのも、リアーズがそこで、世紀転換期米国の知識人たちが著した文献を広汎に渉猟しながら、彼らが経験した文化的変容の内実を、「逃避的な凡庸さ」(“evasive banality”)と「アンチモダニズム」というふたつの概念を軸とする包括的な図式によって説明しようと試みたからである。

リアーズはたとえば、ヴィクトリア時代――すなわち英国女王ヴィクトリア（一八一九―一九〇一）の治世である一八三七年から一九〇一年まで――の米国で人気を博したにもかかわらず、「野蛮で新しい産業的文明がもたらす現実と向きあおうとしなかったという理由で」ながらく軽視されてきた「お上品な文学」についてこう述べている。「多くの者たちが見逃しているのは、感傷的な文学が、公式の文化にある逃避的な凡庸さの助長をとおして、近代の産業資本主義を正統化〔legitimize〕することに寄与したという事実である」と。(29) 要するに、「積極的な冒険心」対「お上品な伝統」というサンタヤナの二項対立は、産業資本主義のもっとも暗い側面――「階級闘争の亡霊、情熱が挫かれたときの痛み、実証主義の世界観がもたらす精神的な不毛さ」(30)――を隠蔽する点において共犯的に機能したというわけである。リアーズの言う「逃避的な凡庸さ」は、こうした隠蔽のもろもろのパターンに共通して見られる心理的なメカニズムを指している。

ところが、リアーズの見立てでは一八八〇年代から、「消費志向のエートス」という資本主義の新たな局面の萌芽が現れだしたことにより、「逃避的な凡庸さ」がそれまで用いてきたもろもろのパターンは機能不全に陥った。この苦境に対する知識人たちの反応の総称が「アンチモダニズム」であるが、そこにはアンビヴァレンスも伴われていた。なぜなら、近代化の急速な進展――たとえば、ボストン・アソシエイツ（第1章第4―5節参照）の第一世代には想像もできなかった規模の大企業の林立――ゆえに「自律的な自己が断片化されてゆく感覚に悩まされ」ていた知識人たちは、「自律的な達成と意識的な制御とに重きを置く一九世紀的価値観」と、「自律的な自己を棄てて、あらゆる存在との果てしなき合一という受動的な状態に身を委ねてしまいたいという欲望」とのあいだのディレンマに追い込まれていたからである。リアーズは後者を、ジークムント・フロイト(一八五六―一九三九)の用語を借りて「大洋感情〔oceanic feeling〕」と呼ぶ。[31] ローエルに関するさきの引用に登場した「近代的な達成のエートス」は前者と同義であり、ローエルにとってそれが「実質的には到達不可能」なのは、父の世代の価値観はいまや「消費志向のエートス」によって塗り替えられつつあるからだ、ということになる。神経衰弱が「消極的だが痛みを伴う反抗」だと言われるのも、リアーズがこの病を先述のディレンマの発露と見なしているためである。

P

たしかに、第2章で引いたローエルによる父の追悼文――一九〇一年一一月のアメリカ芸術科学アカデミーの会合で読み上げられたもの――には、リアーズの議論を補強しうる以下の一節が含まれている。「実のところ私は、彼〔オーガスタス・ローエル〕がおこなったことを語るうえで、自己消去と自己充足との結合を十全に伝えることに困難を覚えています。彼はこの結合そのものでした。〔…〕何らかの物自体をめがけて、あたかもその物が自らの人格〔person〕であるかのごとく猛烈に奮闘する――そんなことができるくらい本質的にインパーソナルな人間はほとんどおりません。彼はそれをなしたのです」。[32] ローエルの文明論的な枠組みにおいては極東の劣位の指標であったはずの「インパーソナル」という特性が、ここでは自分の父と結びつけられている。この事実は、極東にインパーソナリティを押しつける彼の枠組みが、あくまでも同時代のニューイングランドの思想的な状況のうえに組み立てられたものであることを裏づけるだろう。

『恵みなき場所』においてリアーズは、ローエルを俎上に載せるまえにまずスタージス・ビゲローの生涯を論じており、そちらの議論のほうが同書の図式とよりうまく適合しているように思われる。第2章で述べたとおり、ビゲローはローエルより一年早く、一八八二年五月にエドワード・モースとともに日本へ旅立った。父がハーヴァード・メディカル・スクールの教授を務めた外科医であったため、ビゲローもかつては医学の道を邁進していたが、ヨーロッパへの留学中に学んだ細菌学をボストンでも研究しつづけようとした彼の意気込みは父の理解を得られず、一八八一年には心身に不調をきたし仕事ができなくなってしまう（実際にそう診断されたかは定かでないにせよ、おそらく「神経衰弱」というラベルが当てはまる病状を呈していたのだろう）。彼が日本を見出したのはそんな折であった。[33]

一八八二（明治一五）年六月に始まるビゲローの日本滞在は、断続的に一八八九（明治二二）年一〇月まで続いた。[34] この期間中に彼は、のちにボストン美術館に蔵される大量の美術品を収集し、また一八八五（明治一八）年九月には、三井寺《みいでら》（天台寺門宗の総本山であり、正式名称は「長等山園城寺《ながらさんおんじょうじ》」）法明院の阿闍梨《あじゃり》である櫻井敬徳（一八三四―八九）から「月心居士」という戒名を授けられた。すなわち、ビゲローはユニテリアンから仏教の在家信者へ改宗したのである。

リアーズは、ビゲローが一九〇八年にハーヴァードでおこなった「仏教と不滅」と題する講演から「インパーソナルなパーソナリティ」の称揚を読みとっている。[35]『恵みなき場所』が世紀転換期米国の知識人たちのディレンマとして描く「自律的な自己」対「大洋感情」という図式に対して、後者への志向の徹底によってディレンマを乗り越えようとした例をビゲローが提供しているわけである。加えて、リアーズの図式がさらなる威力を発揮するのは、こうしたビゲローの志向性が同時代のさまざまな思想史的文脈と接続される場面においてである。

涅槃〔Nirvana〕に対するビゲローの観念論的な讃歌は、達成のエートスに対する彼の拒否を是認していた。それはまた、北東部の都市における神秘主義の波とも合流していた。ビゲローは周囲から特異なディレッタントと見なされていたが、実際には彼は、ある重要な大衆的運動の潮流のただなかにいた。世紀転換期においては、マインドキュアリストたち〔mind-curists〕や東洋の神秘主義の解釈者たちが、〔ビゲローと較べて〕さほど特権的ではないアメリカ人たちを、涅槃を目指す〔ビゲローと〕同様の探究へと導いていたのである。[36]

ここで言われる「北東部の都市における神秘主義の波」にはもちろん、一九世紀末のボストンの心霊現象ブーム（第3章第5節参照）も含まれる。「マインドキュアリストたち」というのは、リアーズの整理に従えば、神経衰弱の流行に対して「精神と感情の失われた力を取り戻すために心的エネルギーの「永続する大きな流れ」と触れあ」おうというメッセージを処方したマインドキュア運動の担い手たちであり、アニー・ペイソン・コール（一八五三―一九四〇）が一八九一年に著した『休息をとおして得られる力』(*Power through Repose*)が彼らの重要な指南書であった。彼らは、仏門に入ったりはできないけれども〝涅槃的なもの〟は求めていた「さほど特権的ではないアメリカ人たち」に、「心の調和」を「宗教的信仰の副産物としてではなく、それ自体を目的として」追求するという「セラピー的世界観」を差し出した。「セラピー的展望は、まがいものの調和を言祝《ことほ》ぐことによって、個人の道徳的責任をいっそう掘り崩し、二〇世紀の資本主義がまとう消費志向のエートスにふさわしく調整された自己実現の倫理を促進した」――『恵みなき場所』のこの一文は、「一縷の深遠な宗教的希求」をしばしば伴っていたはずの「アンチモダニズム」が結果的には「セラピー的世界観」による「逃避的な凡庸さ」のアップデートに荷担してしまったことを説明しているばかりでなく、リアーズ自身の文化的な価値観の表明にもなっている。[37]

しかしそれにしても、こうしてリアーズの図式を概観したことでますます際立つのは、ローエルをそのなかに位置づけることの難しさである。たとえば、リアーズの言う「東洋の神秘主義の解釈者たち」には『神秘の日本』を著したローエルも含まれるようにいっけん見えるけれども、この本が「大洋感情」を肯定するものではまったくないことはすでに第3章で確かめてある。[38]「一縷の深遠な宗教的希求」が彼にあったとはほとんど考えられない。このようなローエルの扱いづらさに対するリアーズの自覚を、「一九一六年にパーシヴァル・ローエルが歿したとき、彼はすでに、合理的かつ科学的であるばかりでなく奮闘的〔strenuous〕であり「ウェスタン」でもあるようなアイデンティティをこしらえていた」という紋切型な一文が間接的に明かしているようにさえ思える。[39] 天文学界の「入れ子構造のドラマ」と前章で呼んだものを念頭に置いていれば、「合理的かつ科学的」という言葉の意味をこんなふうに自明視することなどできないはずである。

そもそもリアーズは、『恵みなき場所』においてローエルが回復する過程をほとんど説明していない。かりにローエルが神経衰弱に陥った事実が「アンチモダニズム」の一例なのだとしても、彼のその後の行動は他の例とはだいぶ異なっている。いささか不思議なことではあるが、ローエルの神経衰弱を癒やしたのは、世界各地をめぐる旅であった。

3 錯覚説

実家での絶対安静に辟易していたローエルは、一八九七年末か翌年初めに、医師を伴ってバミューダ諸島へ渡った。この時期の彼の足どりには不明な点が多く、バミューダ諸島での滞在期間も定かではない。ローエルは一八九九年末までに、療養地としてほかにもヴァージニア州、メイン州、ニューヨーク州、イングランドなどを試したようであるが、病状は一進一退であった。フラグスタッフのローエル天文台は、台長が神経衰弱から回復するまでは主にA・E・ダグラスが、ボストンから届くウィリアム・ローエル・パトナムの指示に基づきつつ管理していた。パトナムは、第3章で述べたとおりローエルの妹エリザベス（10d）の夫であり（ミドルネームに「ローエル」とあるのは、彼の母がジェイムズ・ラッセル・ローエル〔8〕の兄の娘だからである）、弁護士として活躍するかたわらでローエル家の資産運用にも深く関与していたため、ローエル天文台の台長代理のような役割を担うこととなったのである。台長不在のあいだのローエル天文台の運営は現状維持が原則であった。しかしダグラスは勤勉に観測をおこない、フラグスタッフ以上の天文台適地の模索も継続し、一八九八年にはそれまでの観測結果を『ローエル天文台年報』（*Annals of the Lowell Observatory*）の第一巻として出版するという仕事もこなしている。(40)

一九〇〇年一月一七日にローエルは、ニューヨークを出航してヨーロッパへ旅立った。彼と同行していたのはデイヴィッド・ペック・トッド（一八五五―一九三九）とメイベル・ルーミス・トッド（一八五六―一九三二）という夫妻であり、三人は五月二八日に起こる日食をオスマン帝国のトリポリ（現在はリビアの首都）で観測する計画を立てていた。(41)

このトッド夫妻、すなわちアマースト・カレッジ天文台の台長を務める夫デイヴィッドと、エミリー・ディキンソン（一八三〇―八六）の詩を彼女の死後に編纂したことで知られる妻メイベルは、実は一八八七（明治二〇）年と一八九六（明治二九）年に日本を訪れている。どちらも日食観測が目的であったが、観測地に日本が選ばれたのは、一八七六年のフィラデルフィア万国博覧会での展示を見て以来ふたりとも日本に魅せられていたからでもあった。最初の日本滞在では、日食観測はうまくいかなかったものの、ハーヴァード・カレッジ天文台のボイデン基金（第4章第4節参照）に基づく調査の一環として夫妻は富士山に登り、のちにその登山の記録を『ネイション』や『センチュリー』に発表した。二度目の来日時には、夫妻は北海道へ赴いた。日本国内だとそこでしか皆既日食が起こらなかったためであり、幸い、かつて札幌農学校の教頭を務めたウィリアム・スミス・クラーク（一八二六―八六）が夫妻と同じくマサチューセッツ州アマースト（ボストンの西約一二〇キロメートル）に住んでいた縁で、同校教授の新渡戸稲造（一八六二―一九三三）および宮部金吾（一八六〇―一九五一）の案内を受けることができた。日食観測はこのときも失敗してしまったが、メイベルはエドワード・モースから頼まれていたアイヌの工芸品の収集を新渡戸の協力によって果たした。彼女の著書『コロナとコロネット』（一八九八）には、アイヌ文化の観察の記録も収められている。[42]

デイヴィッド・トッドの日食観測に興味をそそられて一八九五年から彼と連絡を取りあっていたローエルは、一八九八年の冬のあいだアマーストに滞在してトッド夫妻との交流を深めている。一九〇〇年のトリポリへの日食観測遠征では、ローエルは資金提供者の役割に甘んじ、数か月を要する観測機器の設置作業をトッド夫妻に任せつつ自らはフランスのコート・ダジュールで療養していた。[43]彼はそこでウィリアム・ジェイムズに遭遇した。ジェイムズは前年の夏からサバティカル（研究休暇）をヨーロッパで過ごしており、冬にエディンバラで「ギフォード・レクチャー」と呼ばれる連続講演を担う予定であったが体調悪化により延期を余儀なくされたため、温暖な気候を求めて一九〇〇年一月にコート・ダジュールへ移っていたのであった。彼は、娘のマーガレット・メアリ・ジェイムズ（一八八七―一九五〇）へ宛てた同年四月一日付の手紙に「ローエル氏が近所で撮った数枚の写真」を同封し（どんな写真だったのかは残念ながらわからない）、写真というものは「とてつもなく便利なたぐいの備忘録だ」と書き添えた。[44]また同月一一日付の弟ヘンリーへの手紙にはこうある。「ローエルは実に若々しかったよ。成熟した会話を彼とすることができて、僕も大いに元気づけられた」。[45]

ジェイムズの文面を見るかぎりではローエルはだいぶ回復したようであるが、まだ本調子ではなかったらしい。というのも、メイベル・トッドが一九〇〇年六月一三日に、次のような感想――というか愚痴――を日誌に書き留めているからである。

トリポリ滞在の最後の週は慌ただしく過ぎていった。もう二、三週間いられたらよかったのに。でもローエル氏は一刻も早く立ち去ることばかり考えていた。なにしろ彼は、月曜日に日食が起こるまえから、なぜ荷物をまとめて水曜日の船で出発できないのか、その理由がわからないと言ったのだ！　信じられない考え方だ。五〇人いたってすべての望遠鏡を解体することさえできないし、ましてや荷造りまで済ませられるはずがない。［…］大金持ちはたいてい、自分は何でもできると思い込んでいる。そして神経を病んだ人はいつもだだをこねる。これらふたつが合わさると、とんでもないことになる。ローエル氏は明らかにアマーストにいたときよりも良くなっているし、ほとんどの時間は底抜けの愛嬌を備えていて、その点では誰も敵わない。でもときどき、病んだ心を示す無責任な爆発が起こる。(46)

今回の日食観測は首尾良く終わり、一行はマルタ島を経由する帰路に就いたが、ローエルは途中からひとりで、まずチュニス近郊にあるカルタゴの遺跡へ足を延ばした。古代文明の偉大さに感銘を受けたあとは、マルセイユを経てパリに移り、短期間の滞在ののちイングランドへ渡り、七月四日に米国への船に乗った。出航の少しまえに彼は、父が六月二二日に亡くなったことを告げる電報を受けとっていた。(47)

A・E・ダグラスは、ローエルと事前に打ちあわせたとおり、一九〇〇年五月二八日の日食をジョージア州ワシントンで観測した。このときの彼には、『ローエル天文台年報』第二巻の出版というタスクも重くのしかかっていた。一八九八年に刊行した第一巻では、彼はそれまでにローエルらがおこなった観測の結果をまとめればよかったのに対して、第二巻は台長不在のためそこに載せるべき観測結果の大半をダグラスだけで集めなくてはならず、仕事量は膨大であった。第二巻は一九〇〇年の末に出版されたが、ローエルは当初のスケジュールが守られなかったことに失望を示し、ダグラスは台長の無理解を感じざるをえなかった。(48)

興味深いことに、ローエルは日食観測遠征からの帰国後に、人工惑星の実験を再開するようダグラスに命じてもいた。ダグラスはかつて、一八九八年一二月から翌年にかけて、惑星を模した円盤（人工惑星）を望遠鏡で観測した結果と実際の円盤の模様とを比較することを試みたのだが、このときローエルはその実験の継続を承認しなかった。しかし一九〇〇年に台長の考えが変わったため、ダグラスは秋のあいだ同様の実験を何度かおこない、それによってしだいに、ローエルの天文学者としての主張に対する疑念を募らせていった。一九〇一年一月に彼は、ウィスコンシン大学で実験心理学の教授を務めるジョゼフ・ジャストロー（一八六三―一九四四）へ、ローエルに内緒で手紙を送った。「ジャストロー錯視」（図23）に名を残すこの著名な心理学者に、天体観測の結果が心理学的な要因によって歪められる可能性について質問するためである。(49) そしてその二か月後には、ダグラスはウィリアム・ローエル・パトナムへ長文の手紙をしたためた。

「このたび私が筆を執ったのは、次のことをあなたに問うためです。ローエル氏に対するあなたの影響力を、彼の著作がより科学的な性格を帯びるよう仕向けることに用いてはいただけないでしょうか」——こうした書き出しからすでに明らかなように、一九〇一年三月一二日付のダグラスの手紙には重大な内容が含まれている。[50] 彼はそこで、ローエルの著作が「文学的であり科学的ではない」ことを示す例をいくつも挙げ、ジョージ・エラリー・ヘイルが編集を担っている『アストロフィジカル・ジャーナル』からローエルが一八九五年に「締め出された」事実を伝えてパトナムの危機感を煽り、[51] 最後に、自らの痛切な思いをこう吐露している。

> 自分に関して言えば、私はつねにローエル氏に対して最大限の忠誠を尽くしてきましたし、誠実に仕えてもきました。五〇年の経験を持つハーヴァード天文台が課す要求は一日七時間です。これを超えてなされる科学的な研究は質が落ちると見なされているため、彼らは賃金を支払いません。私はこれまで、ローエル氏にこの限度以上のものを、ときにはそれを大幅に超えるもの——たとえば〔『ローエル天文台年報』の〕第二巻のためのここ数年の仕事のように——を差し出すという過ち、あるいは問題含みの手

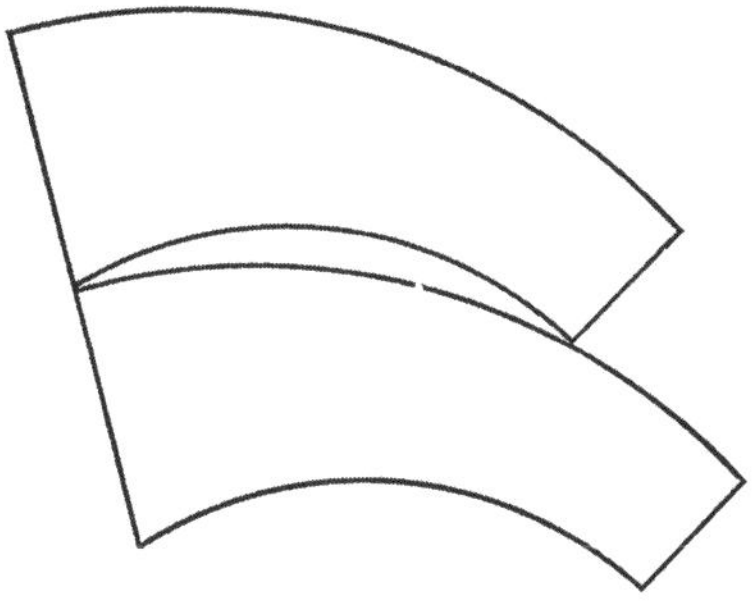

図23｜ジャストロー錯視（Joseph Jastrow, “Studies from the Laboratory of Experimental Psychology of the University of Wisconsin,” pt. 2, *American Journal of Psychology* 4, no. 3 [April 1892]: 398, fig. 28）
上下に並ぶふたつの図形はまったく同じ大きさだが、下のほうが大きく見える。

順〔questionable procedure〕を重ねつづけてきました。しかしそのことを抜きにして、私はローエル氏を一途に慕っておりますし、最高にして最良の評判が彼の名前に伴われること――ローエル・インスティテュートの創設者の名前のように――を待望しております。科学に携わる人びとが彼を侮蔑するようなことを言うとき、私は恥ずかしくて痛ましい思いに駆られます。たとえば、この町〔フラグスタッフ〕にいるあるフランス人は、ブリュッセル大学の人類学の教授から、インディアンの遺跡に関する手紙を受けとりました。その教授は手紙に、フラグスタッフは有名な"farceur"〔ほら吹き〕の、すなわちローエル氏――火星の本は教授も読んでいました――のおかげで彼のまわりでもよく知られていると書き添えていたのです。(52)

「ブリュッセル大学の人類学の教授」についてのくだりは、私たちにとってはむしろ、ローエルの『火星』がどれほど広く読まれたかを示すエピソードとして印象的である。ともあれ、ダグラスは当然ながら、この手紙をふたりのあいだの秘密とすることをパトナムに要求し、にもかかわらず一九〇一年七月には、この手紙を読んだローエルによってダグラスは解雇されてしまった。同年の春に神経衰弱からの回復を果たした四六歳のローエルは、翻意を求めるダグラスの訴えになびくことなく、ローエル天文台の新体制を模索しつづけた。早くも同年八月には、インディアナ大学の卒業生でまもなく二六歳になるヴェストー・メルヴィン・スライファー〔一八七五―一九六九〕――表記はほぼつねに「V・M・スライファー」――がローエル天文台で働きはじめており、翌一九〇二年一〇月に、スライファーの二歳年上で同じくインディアナ大学出身のカール・オットー・ランプランド（一八七三―一九五一）――「C・O・ランプランド」――がスタッフに加わっている。[53]

三四歳の夏にローエル天文台を去ったダグラスは、その後もしばらくフラグスタッフに住み、一時はアリゾナ準州ココニノ郡（フラグスタッフはその郡庁所在地）の検認判事（主に相続の手続きを監督する）も務めたが、一九〇六年にアリゾナ大学に採用されたためツーソンへ引っ越した。彼はそこで、天文学の研究にふたたび従事したばかりでなく、樹木の年輪の分析法を発展させてそれを「年輪年代学」（dendrochronology）と命名した。アリゾナ大学に現存するステュワード天文台と年輪研究ラボラトリーというふたつの施設は、いずれもダグラスの尽力によって設立されたものである。[54]

E

ダグラスがジャストローへの手紙を書きながら懸念していた、ローエルが火星表面に見た運河は錯覚の産物かもしれないという可能性は、このときすでに、錯覚説という天文学上のひとつの立場を形成しつつあった。第3章でも示唆したように、神経衰弱から回復したあとのローエルは運河説対錯覚説という構図のなかで戦いつづけることとなるのだが、実は錯覚説の起点と見なしうる論文は一八九四年一一月に、すなわちローエルの『火星』が出版されるまえに発表されていた。その論文を著したのは、ロンドン生まれの元銀行員で一八七三年から王立グリニッジ天文台に勤めていたウォルター・モーンダーである。[55]

モーンダーはいまでは、「モーンダー・ミニマム」に名を残す太陽黒点の研究者として知られている。「モーンダー・ミニマム」とは、一六四五年から一七一五年までの、太陽の磁気活動が弱まり黒点の観測数が著しく減少した期間につけられた名前であるが、この用語を定着させたのはモーンダーの一八九〇年代の研究に注目したジョン・A・エディの一九七六年の論文であり、モーンダーの同時代においては彼の「ミニマム」はインパクトを持たなかった。とはいえ、モーンダーは決して無名であったわけではない。彼は一八九〇年、三九歳のときに英国天文学協会（the British Astronomical Association［BAA］）の創設を主導しており、その会報の編集もながらく担い、加えて一八九二年から翌年まで火星セクションの部長を、一八九四年から九六年まで第三代会長を務めた。英国天文学協会は、一八二〇年創設の王立天文学会（the Royal Astronomical Society［RAS］）の敷居が高すぎることへのモーンダーらの不満から生まれたため、プロフェッショナルでもアマチュアでも、男性でも女性でも、天文学に関心のある者は誰でも所属できる組織であることを標榜していた。[56]

このように天文学の普及のための努力を惜しまなかったモーンダーは、まさしくそれゆえに、火星運河説に対する大衆の興奮と直に接する機会を多く持つこととなった。彼はカトリック使徒教会という教派の熱心な信者であったため、火星運河説が含意する「世界の複数性という観念」（序論参照）が自らの信仰と相容れないことを強く意識していた。しかし科学者としての彼にとってはむしろ、火星の運河を報告するもろもろの観測結果に相当なずれが生じていることのほうが問題であった。英国天文学協会の会長に就任したばかりのモーンダーが『ナレッジ』という雑誌の一八九四年一一月号に発表した、ずばり「火星の運河」と題する論文はおそらく、協会の火星セクションへ続々と運河の報告を寄せてくる会員たちを読者に想定して書かれたものだったのだろう。[57]

この論文で語られているのは、モーンダーがおこなったある簡単な実験の結果である。彼はまず、白い紙のうえに小さな黒い点をいくつか描き、それを使って自分の裸眼の視力を計測する。彼の場合は、視直径が二〇秒角の点はまったく見えず、四〇秒角の点ははっきり見え、視力の限界は三〇秒角から三六秒角までのあいだにあったそうである。続いて、黒い線であればその幅が七秒角ないし八秒角あれば見えること、また「幅わずか四秒角のふたつの線をたとえば二〇秒角離して並べると、それらはかすかな一本の線として見え」ることを確かめる。そして最後に、「不規則な間隔でまっすぐ並べられた、各々が二〇秒角の点の連なり――間隔の平均値は点の直径の三倍であった――は、容易にひとつの連続直線として見られた」と彼は告げる。[58] 二〇秒角の点が視力の限界以下の大きさであることはすでに述べられているから、この結果から得られるのは、私たちが直線だと思って見ているものは実のところ、見えないくらい小さな点の連なりにすぎないのかもしれないという疑いである。モーンダーは、それまでに発表されてきた火星の運河の図もこの疑いを念頭に置けば評価が変わりうることを示唆したうえで、論文を次のような強烈なメッセージによって締めくくっている。「我々にとって識別可能なものが、実際に、研究対象の天体の究極的な構造であると考えることなど我々にはできない」。[59]

モーンダーの論文は、発表当初はさほど話題を呼ばなかった。しかしローエルが神経衰弱から回復するころには、運河は観測者の視覚によって生み出されたものであるという考えは火星運河説の反対者たちのあいだで広く共有されていた。たとえばウィリアム・ウォレス・キャンベルは、一八九六年の衝の期間に、二年前に発表した火星のスペクトル分析の結果（第4章第5節参照）を再確認するための観測をおこない、かつて下した結論に修正すべき点がないことを一八九七年に報告しているが、その報告の末尾に彼はこう記している。「天文学者たちは、我々に隣接する惑星に生命がいるのかという問いの解決を生理学者たちに委ねてしまうのが賢明であろう。そしてことによると、生理学者たちはさらに、それを当面のあいだ純粋な思弁の領域に引き渡してしまったほうが賢明かもしれない」。[60] ローエル流の火星像を攻撃するために「生理学者たち」を引きあいに出すという戦術は、前年に彼が書いた『火星』の書評（第4章第4節参照）においてはまだ見られなかったものである。

現在の視点から見て、火星運河説の主張のなかでもとりわけ理解しがたく、錯覚の可能性を疑われても仕方がないと思われるのは、一八八二年にスキアパレッリが〝発見〟を公表して以来多くの観測者たちが目にした「二重化」（“gemination”）という現象である。ローエルは『火星』のなかで、二重化の観測をこう説明している。「〔火星〕表面の、それまで一本の運河が見えていた部分に、彼〔観測者〕はある夜突然、その一本のかわりに一対の運河を見てとる――二本はまさしく双子のようで〔…〕、特徴も傾きも同様であり、もとの運河と同じ長さをずっと並んで走っており、〔…〕互いに完全に平行である」。[61] 地球から見えるくらい巨大な運河をたった一日で分裂させるためには、火星にいったいどれほど高度な文明が必要なのだろうか。ウージェヌ・ミカエル・アントニアディ（一八七〇―一九四四）という、パリ近郊にあるカミーユ・フラマリオンの私設天文台で働いていたギリシア人（のちにフランスへ帰化）の天文学者は、一八九四年には火星表面に数十の運河を観測し二重化も目撃していたが、一八九八年から、英国天文学協会の会報などにおいて二重化は眼の錯覚に由来するという主張を積極的に展開しはじめた。第5節で述べるとおり、実はこのアントニアディこそが、のちに運河説打倒の功績を帰されることになる人物である。彼を錯覚説へ転向させた契機——少なくともそのひとつ——は、やはり二重化の疑わしさにあったと言えそうである。[62]

しかしながら、モーンダーの言うように「我々にとって識別可能なもの」と「研究対象の天体の究極的な構造」が同一視されえないのだとして、では、たとえばキャンベルがスペクトル分析をもとに火星の大気中の水蒸気は著しく少ないと結論づけるとき、彼が見ているスペクトルが火星の「究極的な構造」を反映していると主張しうる根拠はいったいどこにあるのだろうか。天体物理学の台頭におもしろからざる思いを抱いていた〝古い〟天文学者たちにとって、まさにこの問いは、〝新しい天文学〟を攻撃するための恰好の武器であった。

E

一八九五年にローエルを『アストロフィジカル・ジャーナル』から締め出したジョージ・エラリー・ヘイルは、一八九七年一〇月一九日に催されたヤーキス天文台——ヘイルの奮闘によって口径四〇インチという世界最大の屈折望遠鏡を備えるに至ったシカゴ大学付設の天文台（第4章第3節参照）——の開設式での演説において、二九歳の台長としての決意をこう語っている。「ここで今後なされる仕事によって、まったき信頼に値するという評判を得ることは、この天文台のスタッフ一同の宿願です。我々はセンセーショナリズムを打破すべく全力を尽くすつもりですが、残念ながらその弊害は、天文学に関する近年の文献にはっきりと現れています」。[63] この「文献」にローエルの『火星』が含まれることは言うまでもない。しかし加えて興味深いのは、演説の序盤でヘイルが、

「望遠鏡を、天体のイメージを分光器のスリット〔細長い隙間〕のうえに形成するための道具と定義するのも、あながち的はずれではないかもしれない」と述べていたことである。[64]

もしかしたらヘイルはこのとき、望遠鏡の定義について軽口を叩いたように見せかけつつ、実は自らの本音を明かしていたのかもしれない。というのも、ヘイルがヤーキス天文台の次にプロデュースしたカリフォルニアのウィルソン山天文台においては、「ウィルソン山太陽天文台」(the Mount Wilson Solar Observatory)という当初の名称からも窺えるように、スペクトログラフ(分光写真儀)やスペクトロヘリオグラフ(ヘイルが開発した、特定の波長の光のみによって太陽の単色写真を撮るための装置)による太陽の研究を中心に据えた計画が設立の趣旨をあらかじめ枠づけていたからである。[65]

カーネギー・インスティテューション・オヴ・ワシントンという組織の資金によって一九〇四年に設立されたこのウィルソン山天文台には、一九〇八年に六〇インチ(約一・五メートル)の反射望遠鏡が備えつけられ、一九一七年に「フッカー望遠鏡」と呼ばれる一〇〇インチ(約二・五メートル)の反射望遠鏡が設置された。望遠鏡の巨大化のスピードにはもちろん目を見張らされるけれども、ヤーキス天文台とは異なり反射望遠鏡がここで選ばれている理由を、屈折望遠鏡では巨大化に限度があるから(第4章第2節参照)とのみ説明するのは不十分である。六〇インチ反射望遠鏡の複雑な設計はあくまでも、ヘイルらの入念な研究計画から導き出されている。〝古い天文学〟のためにそれを用いることはそもそも想定されておらず(ヤーキス天文台ではヘイルはその譲歩を余儀なくされた)、また、ハーヴァード・カレッジ天文台に一五インチ屈折望遠鏡が導入されたとき(第4章第2—3節参照)のように、望遠鏡の大きさとそれがもたらす(精神的な)価値とが無条件に正の相関を結ぶと考えられたわけでもない。[66] したがって、「天体のイメージを分光器のスリットのうえに形成するための道具」というヘイルによる望遠鏡の定義も、研究計画が設備を規定するという二〇世紀の天文台のありようを示唆していると捉えれば、「あながち的はずれではない」と思えてくるだろう。

こうした歴史の推移を念頭に置くことで興味深く読めるのは、合衆国海軍天文台のアサフ・ホールが一八七〇年に書きつけた以下の言葉である。七年後に火星のふたつの衛星を発見する（第4章第1節参照）ことになる彼は、ある論文の末尾で天体力学の重要性をしきりと強調し、直後にこう記したのであった。「分光器を用いた新奇で愉快な観測が自然な減衰〔natural abatement〕をこうむって適度な地位に収まったあかつきには、最近設けられた強力な望遠鏡のうちのいくつかがこの種の〔天体の位置を知るための〕観測に捧げられることを期待したい」と。[67] 天文学史家のジョン・ランクフォードはさらに、セス・チャンドラーが一八九〇年代末に著したと推定される未刊行の（おそらく講演用の）原稿をダドリー天文台のアーカイヴから発掘したことによって、〝古い〟天文学者たちによる「分光器を用いた新奇で愉快な観測」への攻撃が一九世紀の終わりまで続いていたことを裏づけた。チャンドラーはそこで、天体物理学に対して「くだらぬ科学的思弁」とか「厳密ならざる科学」といった悪口をぶつけている。[68] 要するに、本節での引用を織り交ぜてパラフレーズすれば、「分光器のスリットのうえに形成」される「天体のイメージ」（ヘイル）はすでに「純粋な思弁の領域」（キャンベル）に踏み込んでいるのでその信憑性が「自然な減衰」（ホール）をこうむるのも当然だとチャンドラーは言いたいわけである。

入れ子構造のドラマの内実はいまや明らかになりつつある。そこにふたたびローエルを登場させるまえに、ここで、ロレーヌ・ダストンとピーター・ギャリソンというふたりの科学史家が二〇〇七年の共著『客観性』で提起した有用な図式も導入しておこう。このドラマにおける係争点が何であったのかは、彼らの図式を借りることでより理解しやすくなるはずである。

『客観性』においてダストンとギャリソンは、一八世紀から二〇世紀までの西洋科学史のなかに、「自然への忠実さ〔truth-to-nature〕」、機械的客観性〔mechanical objectivity〕、熟練の判断〔trained judgment〕」の三つから成る「認識的徳目〔epistemic virtues〕」の歴史的な系列を見出している。観測の結果をイメージとして提示するという科学の営みにおいて、「機械的客観性」が徳目の最上位に据えられている場合には、観測者（ないしイメージの制作者）の「主観的な自己」は悪徳の側に割りふられ、それをイメージから可能なかぎり排除することが目指される。しかし、ダストンとギャリソンによれば、「機械的客観性」が「認識的徳目」に登録されたのは一九世紀半ばであり（そのあと二〇世紀初めに「熟練の判断」が現れる）、それ以前の、ドローイングがイメージを得るための主な手段であった時代には、不完全であったり変則的であったりするサンプルのありさまをそのまま再現したイメージよりも「理想化され、完成された」イメージのほうが自然により忠実である——より写生的である——という見解が科学に携わる者たちのあいだで広く共有されていた。言い換えれば、「自然への忠実さ」という徳目のもとでは「科学者としての自己」と「芸術家としての自己」とが類比的に捉えられており、これらふたつが対極に位置すると見なされはじめたのは「機械的客観性」が台頭して以降のことである。[69]

たとえば**図24**は、アンジェロ・セッキが一八六六年に発表したベテルギウス（オリオン座α星）のスペクトルのドローイングである。前章で「カナリ」の命名者として紹介したセッキは、天体物理学のパイオニアのひとりでもあった。[70] スペクトログラフが普及してからはわざわざ手描きせずともスペクトルを写真で記録できるようになったわけだが、先述のとおり少なからぬ〝古い〟天文学者たちがこうしたイメージに不信感を抱いていた。その理由のひとつには、天体からの光がスペクトルへ変換され（さらに写真として記録され）るまでのプロセスが機械的である――「主観的な自己」の介入を拒んでいる――がゆえに、「自然への忠実さ」という徳目を満たしているのか疑わしく感じられるということがあったのではないだろうか。[71] ちなみに、「スペクトル」に対応する英語の〝spectrum〟は、「亡霊」を意味するラテン語でもある。

他方で、序論でも述べたように、ローエルの『火星』には彼自身の手になる二四枚の火星のドローイングが収められていた。火星の観測において「安定した空気」の次に重要なのは観測者の「注意深い知覚」だというそこでの彼の主張は、二九歳のときに彼が手紙に記した「本当の意味での見ることは、精神によってなされるのであって、その働きと較べれば眼からもたらされる

図24｜セッキによるベテルギウスのスペクトルのドローイング（Angelo Secchi, "Spectrum of α Orions," *Monthly Notices of the Royal Astronomical Society* 26, no. 5 [March 1866]: 214）
スペクトルの下に書かれている単語は、左から順に紫、藍、青、緑、黄、橙、赤を意味する。

材料は高が知れている」という言葉（第3章第4節参照）と考えあわせれば、以下の仮説を導き出すようにも思われる。すなわち、「注意深い知覚」がもたらす「材料」を観測者（ないしイメージの制作者）の「精神」によって「理想化」するというプロセスを重視する「自然への忠実さ」こそがローエルの至高の徳目であったという仮説である。しかしはたして、『火星』を彩る二四枚のドローイングが自然に忠実であることを訴えるだけで錯覚説を打ち破れるものだろうか――この問いに答える過程で、さきの仮説はさっそく修正を迫られることになる。なにしろ、一九〇五年の『アストロノミシェ・ナハリヒテン』には、次のようなローエルの報告が掲載されているのだから。

研究対象に内在する困難により、火星の運河の写真を得るという願いの切実さはこれまで見かけ上の不可能性によって相殺されてきた。ここ〔ローエル天文台〕でも一九〇一年と一九〇三年に試みられたが、一九〇五年五月に、ランプランド氏のスキルと精励のおかげで、この試みはようやく成功した。(72)

ローエルらしいもったいぶった書きぶりではあるが、趣旨は明瞭であろう。彼はこのとき、世界中の天文学者たちに向けて、火星の運河の存在はついに「機械的客観性」によっても確証されるに至ったと宣言したのである。

4　我々が探し求めていた海岸

一八九四年にローエル天文台を設立して以来ローエルは、マーズ・ヒルに滞在する際には、敷地の北側に建てられた四部屋のコテージを利用していた。一九〇二年に最初の大幅な改築がなされ、その後も続いた増築によってどんどん豪華になっていったその建物は、いつしか「男爵邸」（the Baronial Mansion）と呼ばれるようになった。ローエルが一九〇二年に「男爵邸」の最初の改築を指示したという事実は、ローエル天文台の移転がもはや台長の選択肢に存在しないことを伝えてもいる。前年に神経衰弱から回復した彼はまず、フラグスタッフを、新しい旅を始めるためのベースとして受け入れなくてはならなかった。(73)

とはいえ、ボストンとフラグスタッフとを往復する生活をローエルがやめたわけではない。それどころか一九〇二年には、ローエルはマサチューセッツ工科大学（ＭＩＴ）の「天文学の客員教授」（Non-resident Professor of Astronomy）に任命されており、同年一二月に講義をおこなっている。ローエル家にとってＭＩＴは、ハーヴァードの次にゆかりの深い大学であった。ローエルの祖父のジョン・エイモリー・ローエルはＭＩＴの副学長であったし（第2章第3節参照）、父オーガスタス・ローエルはＭＩＴのコーポレーション――ハーヴァードのそれ（第2章第2節参照）と同じく、理事会としての機能を担う――の椅子を三〇年近く占めていたし、ローエル自身も一八八五年度から、のちには弟のローレンスや義弟のウィリアム・ローエル・パトナムも、ＭＩＴのコーポレーションに加わっていた。一九〇〇年にオーガスタス・ローエルが亡くなると、彼の子供たちは父の功績を記念するための寄付をＭＩＴにおこない、この寄付によって（当時はケンブリッジではなくボストンにあった）キャンパスにローエル・ビルディングが建てられた。こうした事情がローエルの客員教授就任に繋がる文脈を形成したことは言うまでもない。(74)

一九〇二年一二月のローエルの講義は、翌年五月に『太陽系』（*The Solar System*）としてホートン・ミフリン社から刊行された。この本は、一九〇六年にローエル・インスティテュートでおこなわれたローエルの連続講演をもとに一九〇八年一二月にマクミラン社から刊行された『生命の棲処《すみか》としての火星』（*Mars as the Abode of Life*）、およびＭＩＴでの一九〇九年二―三月の講義をもとに同年一二月に同じくマクミラン社から刊行された『諸世界の進化』（*The Evolution of Worlds*）とあわせて、いわばプラネトロジー三部作を成している。(75)「プラネトロジー」（planetology）というのは、太陽系の惑星の進化を研究する学問のためにローエルが掲げた名前であり、それは「惑星という天体の、化学的に不活性な起源から最後の不活性な終末までにわたる一生〔life-history〕に関心を向ける」と『生命の棲処としての火星』では説明されている。(76)『太陽系』ではまだ「プラネトロジー」という語は登場しておらず、大学での講義として書かれたこともあって概説的な内容が大半を占めていた。しかし最後の第六章では、星雲仮説（第3章第1節参照）の難点は「ふたつの天体の衝突」が太陽系形成のトリガーになったと考えることで克服できるかもしれないという、注目に値するアイデアが素描されてもいた。(77)

ローエルが『太陽系』の出版を準備していたのと同じころ、シカゴ大学では、地質学者のトマス・クラウダー・チェンバリン（一八四三―一九二八）と天文学者のフォレスト・レイ・モールトン（一八七二―一九五二）が星雲仮説に対抗する新しい仮説を練り上げていた。一九〇五年に完成したその仮説はいまでは「チェンバリン＝モールトン説」として知られている。星雲仮説が、太陽系はもともと星雲であり、そこにちりばめられていた物質が回転しつづけるうちにところどころで凝集して太陽系ができたと唱える一方で、チェンバリンとモールトンは、かつて太陽の近傍を他の恒星が通過したと仮定し、その恒星から受けた重力の作用（潮汐力）によって太陽から拡散した物質が、「微惑星」（planetesimals）という小天体の段階を経て惑星へ成長したと説く。これと似ていなくもないアイデアを『太陽系』で提示していたローエルは、したがって、この新しい仮説に与《くみ》することもできたはずであった。しかし結局、彼はのちの著書においても星雲仮説を棄てようとはせず、一九〇九年にはチェンバリン＝モールトン説の陣営とのあいだで論争が勃発しさえした。[78] 錯覚説とのあいだに張られたもうひとつの戦線はこのときすでに崩壊寸前であった。

序論でも述べたとおり、本書ではローエルのプラネトロジーの詳説はおこなわない。プラネトロジストとしてのローエルが巻き込まれた論争を科学的かつ歴史的に評価するためには、世紀転換期に焦点を据えている本書の記述を延長するのではなく、二一世紀初めまでを見渡せるよう新たに視野を設定しなおしたほうが良いだろうから——というのがその理由のひとつである。たとえば、太陽系が太陽と他の恒星との遭遇から始まったというアイデアは一九三〇年代に優位から転落し、一九八〇年代に確立された太陽系形成の「標準モデル」は星雲仮説のほうに近かったという意味では、論争はローエル寄りの結末を迎えたようにもいっけん見える。しかし他方で、惑星形成のプロセスに微惑星の段階を置くという、チェンバリン＝モールトン説に含まれるもうひとつのアイデアは二〇世紀を生き延びることとなったたし（今後も生きつづけるかはわからない）、また、一九九五年以後に系外惑星（太陽系に含まれない惑星）が続々と発見されだしたことで、「標準モデル」に潜んでいたさまざまな難点も明らかになりはじめた。太陽系の成り立ちをめぐる論争はいまなお予断を許さない状況にあるようである。(79)

もっとも、プラネトロジーという構想自体は現代的であるとはいえ、『生命の棲処としての火星』と『諸世界の進化』で展開されているローエルの理論はおおむね一九世紀的であり、その後の惑星科学の発展にはほとんど貢献していない。それどころか、カール・セーガン――二〇世紀後半においてもっとも著名な天文学者のひとり――は一九六六年に、「現在の惑星天文学者不足」の責任の一端はローエルにあるとさえ述べている。すなわち、ローエルが油を注いだ火星運河論争が「あまりに苛烈で、また多くの科学者たちから見てあまりに無益なものとなった」ために「惑星天文学から恒星天文学への大脱出」が生じたというわけである。(80) セーガンは具体的な数字を挙げていないけれども、たしかにローエルの戦いは、特に一九〇七年以後、セーガンに説得力を与えうるほどの険しさを帯びることとなった。

E

火星の運河の写真を手に入れたという、前節で引いた報告に「一九〇五年五月」とあるのは、同月八日が火星の衝にあたっていたためである。ローエルはこのとき、天文台のスタッフのV・M・

スライファーとC・O・ランプランドに万全の態勢で衝に臨ませ、もちろん彼自身も火星を観測し、加えて、エドワード・モースをフラグスタッフへ招いてもいた（**図25**）。ピーボディ科学アカデミーという、セイラムにある一種の博物館（現在の名称は「ピーボディ・エセックス博物館」）の館長を務めていたモースは、その仕事を休んでフラグスタッフに五週間滞在し、そこで得た経験（とローエルから提供されたドローイングや写真）をもとに一九〇六年一〇月に『火星とその謎』（*Mars and Its Mystery*）と題する著書を上梓した。[81] モースが来日時に教えた学生のひとりである石川千代松（一八六〇―一九三五）は、恩師について語った一九二九（昭和四）年の文章のなかで、「先生の観察力の強い事」を思い出しつつ『火星とその謎』にも触れている。

図25｜ローエル天文台に滞在中のモース（左）とローエル（LOHP）

先生はローウェルの天文台で火星を望遠鏡で覘《のぞ》いて其《その》地図を画かれたが、夫《そ》れをローウェルが前に研究して画いたものと比べて見た処《ところ》先生の方が余程委《くわ》しい処迄《まで》出来て居たので、ローウェルも驚いたとの事を聴いて居た。夫れで先生は火星の本を書かれた。処が此《この》本が評判になって、先生はイタリア其他二、三の天文学会の会員に選ばれたのである。私が一九〇九年にセーラムで先生の御宅へ伺った時先生は私にMars and its Mysteryを一部下さって云われるのに、お前が此本を持って帰ってモースがマースの本を書いたと云うたらば、日本の私の友達はモースは気が狂ったと云うだろうが、自分は気が狂って居ない証拠をお前に見せて置こうと、私に今云うた諸方の天文学会から送って来た会員証を示された。(82)

『火星とその謎』には、モースが描いた火星の地図がローエルのそれよりも「余程委し」かったとまでは書かれていない。むしろ、そこに収められた観測記録の五月二四日の項目において、六六歳のモースは「ほかの者がかくも多くを見ているのに〔自分には〕何も見えなくて絶望」し、「私の網膜は使い古されぼろぼろになったに違いない」と嘆いている。しかし六月一二日に彼は「線を探りあてるのが毎日少しずつうまくなっていることに気がつ」き、翌日には、ローエルがその晩観測できなかった運河を一本見つけることができた。同書の最終章に至ると、モースの自信は「もろもろの線は、本質的にスキアパレッリとローエルが描いたようなかたちで、たしかに存在している」と力強く宣言できるくらいにまで回復している。(83)

ローエルにとって、モースの『火星とその謎』は、友人や知人をひとりでも多く自らの陣営に引き込もうとする努力が生んだ予想以上の成果であった。(84) この努力がつねに実を結んだわけではもちろんなかったが、他方で、なかにはレスター・フランク・ウォード（一八四一―一九一三）のように、頼まれたわけでもないのに自分の専門領域外へ踏み込むリスクを負ってまでローエルに味方しようとする奇特な人物もいた。

一八八三年の著書『動態社会学』（*Dynamic Sociology*）などによってアメリカ社会学の創始に寄与したばかりでなく、地質学者や古植物学者としての顔も持ちあわせるウォードは、一九〇一年にアリゾナでおこなった古植物学のフィールドワークのあとローエル天文台に立ち寄り、二時間ほど火星を観測した。そして六年後、ロードアイランド州プロヴィデンスにあるブラウン大学の教授となっていた彼は、「火星とその教訓」という自らの文章が載った『ブラウン・アラムナイ・マンスリー』（ブラウン大学の卒業生向けの月刊誌）の一九〇七年三月号をローエルへ献呈し、追って手紙も送った。ローエルはこの年の一月七日に、ブラウン大学で「火星の生」（"The Life of Mars"）と題する講演をおこなっていた。しかし三月三一日付のウォードの手紙は一月の講演に触れておらず、まず「火星とその教訓」を送りつけるという「厚かましさ」を認め、続けて、火星の地質学について思索を巡らせるこの論考でローエルが言及されないのは紙幅の都合により註や文献表を割愛したためだと弁解している。さらにウォードは、六年前にローエル天文台で火星の運河を見たときどれほど驚いたかもそこであらためて語った。「私にとってもっとも興味深く、腰を据えてしっかり論じなくてはと思っている側面は、①『火星の植物誌』（私は植物学者ですから）と、②『火星の社会学』です」という文面によってローエルの期待は膨らんだものの、残念ながらウォードがこれらの執筆計画を実現させることはなかった。[85]

ともあれ、モースやウォードのような天文学のアマチュアからの支援を集めるだけでは錯覚説を打破しきれないということはローエルも重々承知していた。だからこそ彼は、火星の運河の写真をぜひとも必要としていたのである。撮影の計画の進捗をランプランドに問う一九〇四年五月一六日付の手紙のなかの、「懐疑派に泡を吹かせるために我々は運河をいくつか確保しなければなりません〔We *must* secure some canals to confound the skeptics〕」という一文からローエルの焦りがはっきり見てとれる。[86]

しかしながら、ランプランドに課された任務は決して容易なものではなかった。第一に、（天球上ないしスペクトル上の）位置や明るさが主に問われる恒星の写真とは異なり、惑星の写真の成否を決するのはその解像度であるため、大気のゆらぎは撮影者にとってより高いハードルとなる。第二に、火星から届くわずかな光をカメラが集めるには時間がかかる一方で、シャッターを長く開けすぎると火星自体の動きによって像がぶれてしまう。これらの困難を克服するためにランプランドは、ローエル天文台の二四インチ屈折望遠鏡に取りつけるさまざまな装置を考案し、粘り強く試行錯誤を重ねた。こうして「確保」した一九〇五年の写真によって、彼は二年後に英国の王立写真協会からメダルを授与されることとなったが、それはもちろん、運河を撮影する以前にそもそも火星を撮影することがメダルに値する偉業であったからである。[87]

ではそれはいったいどんな写真だったのか。**図26**（次頁）は、『ローエル天文台報』（*Lowell Observatory Bulletin*）――『年報』を補完するものとして一九〇三年に創刊された、ローエル天文台の不定期刊行物――に掲載された、一九〇五年のランプランドの写真とローエルのドローイング（の写真）とを並べた図である。乾板上では火星の像は直径六ミリメートルほどの大きさであり（乾板については第3章第2節を参照のこと）、それほど小さな写真を、もとのディテールを保持したまま拡大して印刷することは当時の技術では不可能であった（いわんや新聞の粗悪な印刷においてをや）。火星の運河が撮影されたというニュースが大きな話題を呼んだにもかかわらず、肝腎の写真を掲載した新聞や雑誌が少ないのはこのためである。ローエルはしばしば、**図26**のように火星の写真とドローイングを――運河の信憑性をお互いに高めあう効果を期して――並置したが、おそらくそのせいで写真とドローイングが混同されるという出来事も生じた。[88] **図27**に掲げた、運河の写真について報じる一九〇五年七月三〇日の『ニューヨーク・ヘラルド』の紙面において、「火星の写真」というキャプションとともに中央に大きく配されているのは実はドローイングである。

ローエル曰く、**図26**の写真とドローイングを比較すれば七本の運河を識別できるはずであり、写真のネガは「運河の存在ばかりでなく、それらは連続した線であって他の模様が統合されたものなどではないという事実をも示すことによって、眼に完全な確証を与えている」。[89] この宣言を言いっぱなしで終わらせないために、彼は一九〇五年九月に英国へ渡り、厳選された火星の写真を天文学者たちに直接見てもらうべく奔走した。同年一〇月二五日に催された英国天文学協会の会合の記録によれば、前年から会長を務めるアンドリュー・C・D・クロンメリン（一八六五―一九三九）――王

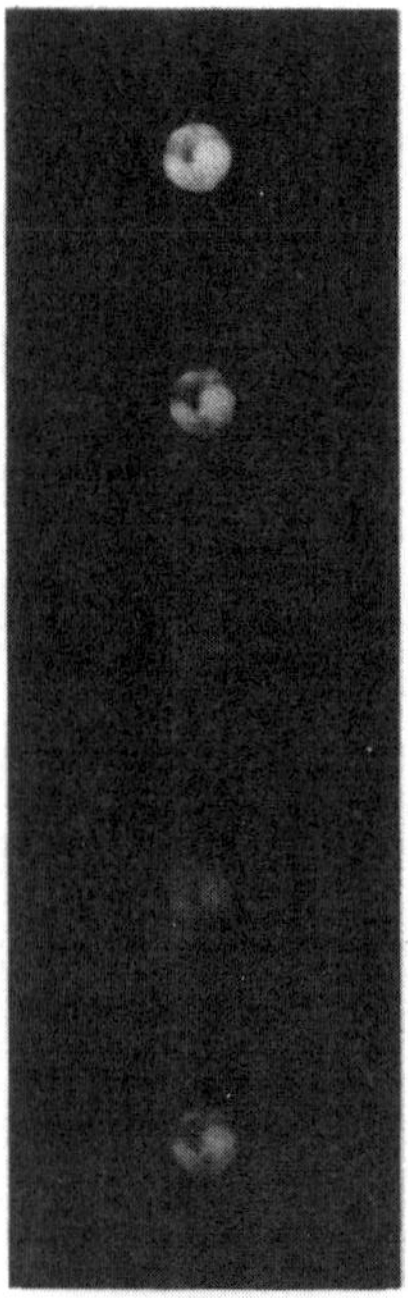

Photograph of *Mars*
by C. O. Lampland.
May 11^{d} 19^{h} 44^{m}-48^{m} G. M. T.
$\lambda = 303^{\circ}$

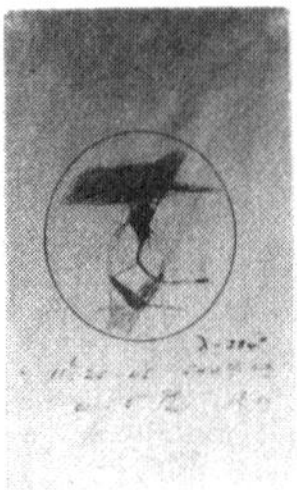

Photograph of a
drawing of *Mars*
by P. L.
May 11^{d} 18^{h} 35^{m} G. M. T.
$\lambda = 284^{\circ}$

図26｜1905年5月11日にランプランドが撮った火星の写真と、同日にローエルが描いた火星のドローイングの写真（Lowell, "Canals of Mars—Photographed," 136［書誌情報は第5章註89参照］）
左の写真には火星の像が縦に5つ並んでいるが、中央と下から2番目はほとんど見えない。

立グリニッジ天文台で主に彗星の軌道計算に従事していた天文学者――は演説のなかで、「数週間前に」ローエルから写真を見せられたことを明かし、続けてこう述べたという。

〔ローエルの写真の多くにおいては〕運河は鮮明であって見間違えようもなく、細くて少し湾曲した連続線としての姿を示しておりました。運河に関しては私は以前、ありそうなことではあっても確かかどうかはわからないと思っておりましたが、これらの写真は、運河の客観的実在性に対する私の信念を著しく強めてくれました。[90]

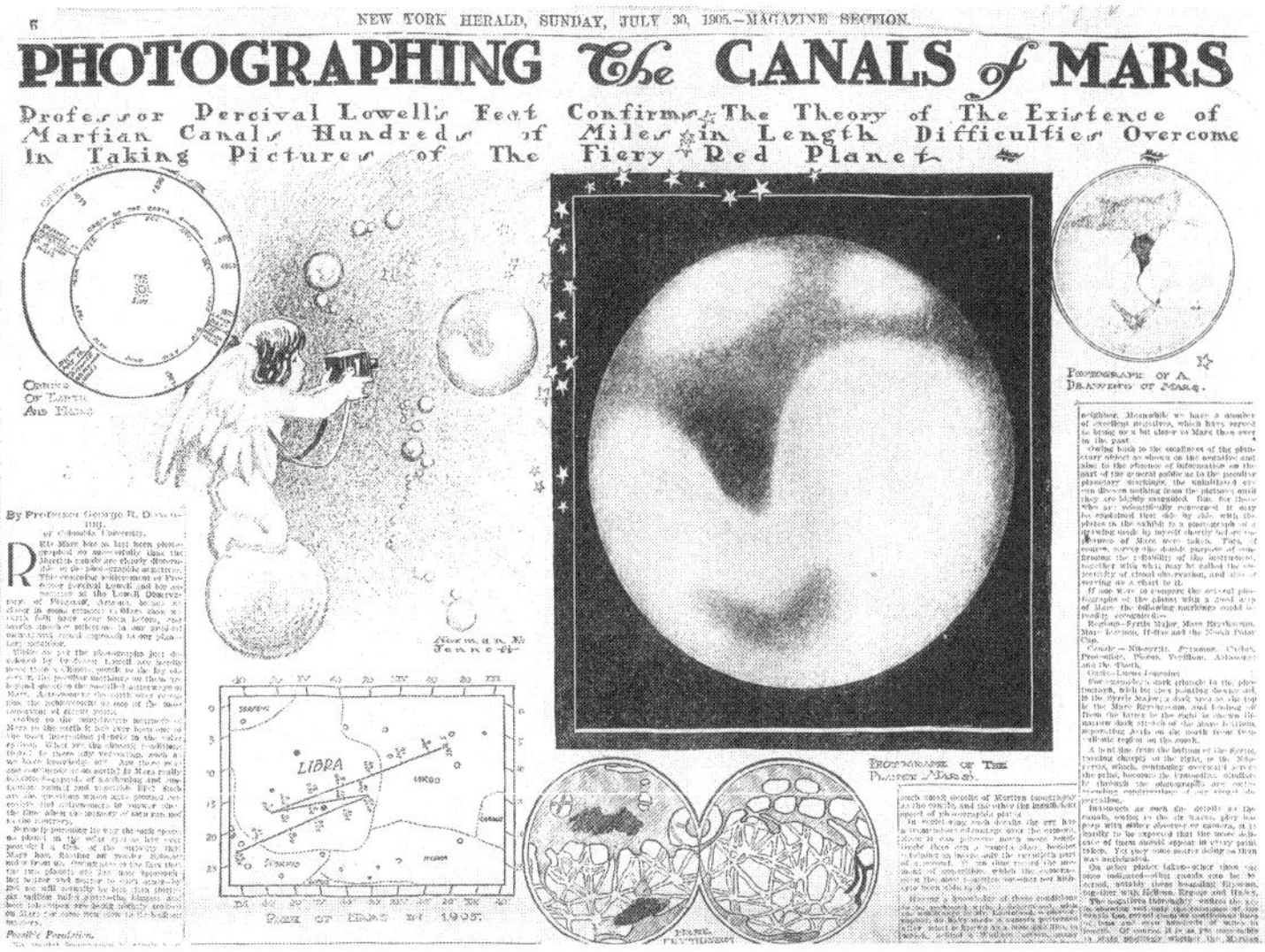
6　NEW YORK HERALD, SUNDAY, JULY 30, 1905.—MAGAZINE SECTION.

PHOTOGRAPHING The CANALS of MARS

Professor Percival Lowell's Feat Confirms The Theory of The Existence of Martian Canals Hundreds of Miles in Length Difficulties Overcome in Taking Pictures of The Fiery Red Planet

図27｜火星の運河が撮影されたことを報じる1905年7月30日の『ニューヨーク・ヘラルド』の紙面（“Photographing the Canals of Mars,” *New York Herald*, July 30, 1905）
中央の大きな火星の画像の下には「火星の写真」というキャプションが付されているものの、実際にはこれは写真ではなくドローイングである。

こうした見解が当時の天文学界の大勢を占めたわけではないのだが、総じて言えば、一九〇五年から翌年にかけては「懐疑派」もまだ、ローエル天文台からもたらされた写真をどう扱うべきか態度を決めかねていたように見える。なにしろ、錯覚説の支柱であるはずのウォルター・モーンダーでさえ、一九〇六年における天文学の進展を総括する文章のなかで「ローエル氏が成功させた火星の運河の撮影」というフレーズを用いたほどである。[91] しかし他方で、「懐疑派に泡を吹かせる」ために「機械的客観性」という徳目を引きあいに出すというローエルの戦略は、ある程度の成功を収めると同時に、その副作用によって彼自身にも重大な変化をもたらしていた。

E

「我々にとって、見ることを期待しているものを見るのは容易であり、期待していないものを見るのはきわめて困難である」――これは、実はローエルの『火星』にすでに含まれていた一文である。錯覚説の支持者がいかにも書きそうなこの一文が、一八九五年のローエルにとってまだ深刻なものではなかったことは、続けて提示される彼の処方箋からも窺える。

いかなる観測においても、観測者は無意識のうちに、何らかの仕方で肯定的ないし否定的立場へと傾きがちである。それが無意識的であるという事実のゆえに、彼はそれに気づくことができない。唯一の確実な試金石は、したがって、ほかの誰も見たことのないものを見ているということ、すなわち新しいディテールの発見である。[92]

ここでのローエルの理路は、言うなれば〝来た、見た、勝った〟式のロジックとでも要約できる。たしかに『火星』に収められたドローイングは「新しいディテール」に満ちたものであったが、実際にはローエルは、ドローイングの「自然への忠実さ」を保証するものとして、フラグスタッフの「安定した空気」と観測者の「注意深い知覚」を「新しいディテール」以上に重視していた（序論参照）。すなわち、〝勝った〟というローエルの確信が「ほかの誰も見たことのないものを見ている」という驚きに支えられているのだとして、その〝見た〟という彼の確信をさらに支えているのは、彼がフラグスタッフに〝来た〟という事実なのである。シーイング（第4章第4節参照）の良好な場所を求める旅の果てに、見ることの限界を更新する開拓者としての自負をローエルは手に入れた――少なくとも『火星』のストーリーはそのように構成されている。かりにこのストーリーが最期まで維持されていれば、晩年のローエルは「奮闘的であり「ウェスタン」でもあるようなアイデンティティをこしらえていた」という第2節で引いたリアーズの解釈も有効でありえただろう。

ところが、運河の写真を「確保」したあとのローエルは、自らの信念の軸足を〝来た、見た、勝った〟からずらしはじめたようにも見える。一九〇五年の衝の期間にも彼は火星のドローイングを数多く描いたけれども、それらをそのまま複製するかたちで翌年に出版した観測記録には、ローエルの次のようなまえがきが付されていた。

各々のドローイングを私は、あたかもかの惑星をそれまで一度も見たことがないかのように描いた。〔…〕各々のドローイングが、その夜に望遠鏡で見ることのできたものすべてを表しているかのように装うことを防ぐために、毎回約一五分しか自分に〔ドローイングを描く時間を〕与えなかった。これら〔のドローイング〕においては、インパーソナルで相互に比較可能な表象〔impersonal intercomparable representations〕に――芸術的な描写ではなく科学的なデータに――可能なかぎり近づけることが意図されている。(93)

ダストンとギャリソンの『客観性』は、まさにこの箇所を引き、後述する一九〇七年のローエルのふるまいも踏まえたうえで、こう結論づけている。「機械的客観性を奉ずるというのは、意志を内向させてそれ自身に照準させることであり、すなわち自己による自己の滅却として誇示される犠牲、究極の意志行動〔act of will〕――パーシヴァル・ローエルが火星の写真を修整《レタッチ》しないと決断したときに得た経験のような〔…〕――である」と。(94)

さきの引用はたしかに、一九〇五年にフラグスタッフで火星を観測していたときのローエルが自分を、眼から得たデータを一五分間でドローイングへ変換する機械に見立てていたことを示している。しかしながら、ローエルの思想における「個性」や「パーソナリティ」の意義を第3章で確かめた私たちとしては、彼の前半生の著書を参照していないダストンとギャリソンの解釈を無条件に受け入れることはできない。そもそも、彼らの解釈とリアーズの解釈とはほとんど対極に位置しているけれども、それほどの振れ幅が生じてしまっていること自体が解くべき謎なのではないだろうか。この振れ幅を何らかのかたちで収束させることは、私たちにとってそうであるばかりでなく、ローエル自身にとっても重要な課題だったのではないか。
　こうした問いに答えるための手がかりは、ローエルが一九〇六年一二月にマクミラン社から出版した『火星とその運河』にある。しかしそこへ踏み込むまえに、ダストンとギャリソンが言及していた一九〇七年のローエルの「決断」を説明しておこう。七月六日にふたたび火星の衝が訪れることの年に彼は、より鮮明な運河の写真を得るべく、前年からローエル天文台で働いていた二四歳のアール・カール・スライファー（一八八三—一九六四）——V・M・スライファーの弟で、表記は「E・C・スライファー」——を、デイヴィッド・トッドが率いるチリ北部の中央アンデスへの観測遠征にカメラマンとして同行させていた（遠征隊のなかにはもちろんメイベル・トッドもいた）。E・C・スライファーはこの遠征中におよそ一万三〇〇〇枚の火星の写真を撮ることとなったが、彼は早くから乾板上に運河の存在を認め、トッドは——彼自身は運河をほとんど観測できず、撮影はスライファーに任せきりにしていたにもかかわらず——運河の撮影に成功したことを大々的に宣伝した。かくして、ローエルのもとには複数の出版社から、アンデスで撮られた写真を自社の雑誌に掲載させてほしいという依頼が寄せられた。[95]
　ローエルは結局、火星の新しい写真を発表する場を『センチュリー』の一九〇七年一二月号に定めたものの、像が乾板から誌面へ移る過程でディテールが失われるという問題は依然として残っていた。彼は検討を重ねたすえに、写真のレタッチを、第三者であるジョージ・アガシ——御嶽山をともに登ったローエルの友人ではあったが（第3章第4節参照）——の監修のもとでおこない、誌面でもその旨を明記するという提案を『センチュリー』に対しておこなった。しかし同誌はこれを断り、一二月号にはレタッチなしの写真が載ることとなった。同誌の決定にローエルが断腸の思いを抱いた様子は史料からは窺えないため、彼がこのとき「自己による自己の滅却として誇示される犠牲」を経験していたとするダストンとギャリソンの解釈には誇張が含まれていると判断せざるをえない。[96]

なお同じころデイヴィッド・トッドは、『コスモポリタン』という雑誌にアンデス遠征についての記事を寄せることを約束していた。スライファーが撮った写真に関する権利は自分に属すると考えていたローエルは、トッドおよび『コスモポリタン』との認識の共有が十分ではないことに気がつき、交渉によって齟齬を解消しようとした。交渉は訴訟に至りかねないほど難航したが、最終的には、トッドの記事はスライファーの写真つきで、しかし予定よりも遅れて、『コスモポリタン』の一九〇八年三月号に収められた。[97] その記事の直前には、H・G・ウェルズの「火星に生きるものたち」("The Things That Live on Mars")という文章が、ウィリアム・ロビンソン・リー(一八六六―一九五五)の手になる火星人のイラストレーション(図28)とともに掲載されていた。

E

「火星に生きるものたち」をウェルズは、「いかなるたぐいの棲息者を火星は有しうるだろうか」という問いから始めている。続けて、かつて自分は『宇宙戦争』でこの問いに取り組んだが、それ以降も「あの惑星に関して多くの貴重な研究がなされてきた」と記されているけれども、「多くの貴重な研究」の担い手としてウェルズが名前を挙げるのはひとりだけである。「この主題を扱う新しい文献のなかでも特に注目すべき、示唆に富んだ著作は、アリゾナはフラグスタッフのローエル

図28｜リーがウェルズの「火星に生きるものたち」のために描いた挿絵（illustration by William R. Leigh for Wells, "Things That Live on Mars," 334［書誌情報は第5章註98参照］）

天文台にいる我が友、パーシヴァル・ローエル氏によるものであり、彼の出版物、とりわけ『火星とその運河』に私は多くを負っている」。[98] ふたりの直接的な交流を記録する史料が見あたらないため、ウェルズがいつ、いかにして、「我が友」と呼ぶほどにまでローエルとの関係を深めたのかは残念ながらわからない。

図28に描かれている火星人たちも、ウェルズに言わせれば、『火星とその運河』が提示する「確かな諸事実」に矛盾しないという条件を満たしている。ゆえに彼らは、「想像力の高空飛行」の産物ではあっても、この条件を無視した「愚にもつかない幻想上の小鬼〔hobgoblin〕」と同列の存在ではない。「彼らは火星の自然史の一部でしかありえないのであり、それは人間が地球の自然史の一部にすぎないのと同様である」[99] ――おそらくこの一文にこそ、ウェルズが『火星とその運河』に「負っている」ものの核心が現れている。それはすなわち、観測された「確かな諸事実」と進化論(あるいはプラネトロジー)の原理とに基づいてローエルが開拓した空間としての、未知でありながらも〝いまここ〟と地続きのところにあると感じられる場所としての、〝ありそうなこと〟に満ちた惑星としての火星である。

『火星とその運河』にはたしかに、「想像力の高空飛行」のスプリングボードとなりうる材料――「確かな諸事実」――がぎっしりつめこまれている。三八四ページある本文の四割以上を占める第一部では火星の自然が詳細に論じられ、第二部以降では自然に生まれたとは(ローエルには)思われない火星の諸特徴へ主題が移り、三六二ページに至ってようやく、運河の建設者たちが築きうる文明についての考察が始まる。したがって、最後に提示される火星文明のヴィジョン自体は一八九五年の『火星』とさほど変わらないとしても、そこまでに積み重ねられた記述の長さと密度は、ローエルが火星観測に乗り出してからの一〇年以上の歳月を物語って余りあるものである。

もちろん錯覚説との戦いも『火星とその運河』に痕跡を留めている。ローエルは、一九〇二年から翌年にかけてウォルター・モーンダーが、錯覚説を立証するための実験を王立グリニッジ病院学校の生徒たちを対象におこなった事実を引きあいに出して、錯覚説を「少年の理論〔the Small Boy Theory〕」と呼び、「少年たちにより豊かな経験があれば、ヤギの群れから羊を選りわけることもより容易になっただろう」と皮肉交じりに述べる。(100) これは言い換えれば、一〇年以上にわたる「より豊かな経験」を備えたローエル自身の資質が、すなわち科学的探究の主人公としての彼の個性が、『火星とその運河』において滅却されたわけでは決してないということでもある。

ほかにもたとえば、火星のドローイングを「かの惑星をそれまで一度も見たことがないかのように」描いたという、さきに引いたものと似た文面は『火星とその運河』にもあるけれども、そこには以下の一節が加わっている。

> こうした心的消去〔mental effacement〕が良い観測に不可欠であるのは、あとで説得力のある推理〔pregnant reasoning〕に心的主張〔mental assertion〕が必要になるのと同様である。というのも、人はデータの収集においてはひとつの機械であるべきであり、その整理〔coördinating〕においてはひとつの精神であるべきだからである。(101)

これはまるで、第2節で引いた「自己消去と自己充足との結合」というフレーズの焼きなおしではないか。このフレーズは本来、亡くなった父と自分たちの世代との隔たりを強調するためにローエルが用いたものだったはずである。しかしいまや、本章で論じてきたふたつの文脈がこのフレーズのうえで交差しつつある。すなわち、「自律的な自己」と「大洋感情」とのあいだのディレンマという、ニューイングランドの思想的な状況から取り出される文脈と、「自然への忠実さ」対「機械的客観性」という、世紀転換期の科学史において露わになる文脈である。では、こうして重ねあわされたふたつの対立を、『火星とその運河』はいかにして調停したのか。

〝来た、見た、勝った〟式のロジックをそのままのかたちでくりかえすことはもうできない。なぜなら、より良好なシーイングを求めるローエルの旅は、フラグスタッフから天文台を移設する可能性が事実上消滅した一九〇一年に終わったからである。ところが、『火星とその運河』の主人公としてのローエルは、五一歳になったいまも旅を続けていた。それは、ボストンから穴水を経てフラグスタッフに至る軌跡の延長線上にありながらも、彼が属するはずの〝いまここ〟という時空からは離陸している、そんな奇妙な旅であった。

いかなる海よりも越えがたい深淵によって隔てられていようとも、望遠鏡は、我々をしていままで閉ざされていた場所を渡らしめ、最後には、我々が探し求めていた海岸〔shores〕へと辿り着かせてくれる。旅は、たとえ実体を伴わなくとも、現実のものである。なじみのない光景を見ることははるかなる放浪の本質であり、つまりそれは旅そのものであって、ゆえに眼は身体と連れだっているときと同じくそこに到達している。実際のところ、視覚は我々にとって、遠くへ旅することのできる唯一の感覚なのである。(102)

これは『火星とその運河』の冒頭付近の一節である。この本の序文で「大衆的な――つまり幅広く理解されうる――形式において科学を論じることは、より専門的なやり方で科学を提示するのと同じくらい必要なことである」と宣言したローエルは、それを実行すべく、未知の場所への旅というロマンスの、すなわち『能登』(の前半)と同じ形式の力を借りている(第3章第3―4節参照)。じじつ最終章では、「フィクションのロマンス」ではなく「事実のよりスリリングなロマンス」こそが科学的探究の推進力となることが説かれてもいる。(103)

しかしローエルは、火星への旅というロマンスに『能登』と同じ結末を迎えさせるわけにはいかなかった。たとえ見たいものを見ることができなかったとしても、旅路を引きかえすことは二〇世紀初めの彼にとって、「ふとした思いつき《ファンシー》」に導かれて能登へ旅していたときよりもはるかに難しくなっていた。また、彼の著作に触発された同時代の作家たちがさまざまな「想像力の高空飛行」を披露しはじめている一方で、当のローエルは、科学者として運河説を主張しつづけるかぎりにおいて、空想《ファンシー》へ飛び去ることを許されなかった。

結局のところ、『火星とその運河』は決して「自己消去と自己充足との結合」を成し遂げたわけではない。ローエルにできたのはせいぜい、それを成しうる理想的な自己のイメージを、「いかなる海よりも越えがたい深淵」をたんに見るだけで渡ってしまうという不思議な旅人に仮託することである。そうした仮託は、「新しい惑星界のコロンブス〔the Columbus of a New Planetary World〕」であるスキアパレッリに『火星とその運河』を捧げるという巻頭の献辞からも読みとれる。[104] しかしながら、スキアパレッリの業績をクリストファー・コロンブス（一四五一頃―一五〇六）の〝新世界発見〟に見立てるというまさにその行為によって、想像力のフロンティアとしての火星に繋がる道を切り拓いたという意味では、「コロンブス」と呼ばれるべきはむしろローエル自身であった。この逆説的な評価の理由は結論において説明されるだろう。

5　冥府の王

『火星の植物誌』と『火星の社会学』という二冊の本を書くかもしれなかったレスター・ウォードは、前節で引いた一九〇七年のローエルへの手紙において、火星の研究が担いうる大衆的な価値を——いかにも社会学者らしく、と言うべきか——次のように分析していた。

火星はまた、歴史哲学の研究に大いなる「視差〔parallax〕」を提供してくれます。大衆は科学には興味を示さず科学哲学にのみ関心を抱くと述べたのはカール・エルンスト・フォン・ベーアです。思うに、この言葉によって彼は、私が科学の教訓と呼ぶものについて語ろうとしていたのでしょう。私は、あなたの前著〔『火星』〕の二一一ページにある以下の一文を、自らのモットーとし拙著の巻頭にも掲げるつもりです。

「火星が棲まわれているように見えるということは、この主題に関して口にすべき最後の言葉ではなく、最初の言葉である」。[105]

「視差」とは、視点の移動に伴って生じる見かけ上の変化を指す語である。ウォードが言わんとしていたのは、火星という視点を想定することによって歴史に対する私たちの意識が相対化されるといったことであろう。ベーア（第3章第1節に登場）の言葉の出典を私は詳《つまび》らかにしえないけれども、実はサイエンティフィック・ロマンス（序論参照）を書きだしてまもないころのH・G・ウェルズもそれと似たことを——おそらくベーアとは逆の立場から——述べていた。『ネイチャー』の一八九四年七月二六日号へ寄せた「科学を大衆化する」と題する記事のなかで、「哲学的な興味とテクニカルな興味とをはっきり区別できている科学の専門家はほとんどいない」と嘆くウェルズは、「聡明な庶民」が科学的な著作から得る「強烈な喜び」は「いままで予期していなかった普遍的原理〔generalisation〕が巧みに展開されるのを見ることに存して」おり、ゆえに科学の大衆化を志す者は「ポーの「モルグ街の殺人」やコナン・ドイルの「シャーロック・ホームズ」シリーズといった物語の土台を成す根本的な構成原理」に従うべきだと論じている。[106]

　大衆化という点においては、ローエルの『火星とその運河』の成功は『火星』をはるかに上回った。『火星とその運河』は何度も増刷され、フランス語、ドイツ語、スウェーデン語に翻訳された。

ロシア語版は出版されなかったが、ウラジーミル・レーニン（一八七〇―一九二四）までもがこの本に大きな関心を寄せていたことを一九〇八年の彼の手紙が明かしている。[107] 火星を題材とするＳＦ小説はますます盛んに書かれ、なかでもマーク・ウィックス――彼の素姓は英国天文学協会のメンバーであったことしかわからない――の『月を経由して火星へ』（一九一一）は、巻頭にローエルへの献辞を掲げている。ウィックスによれば、ローエルの「多年にわたる、注意を怠らず労を厭わない研究に、世界は火星についてのかくも多くの知識を負っている」とのことである。[108]

現在でも知名度の高いエドガー・ライス・バローズ（一八七五―一九五〇）の『火星のプリンセス』（一九一七）――二〇一二年にも『ジョン・カーター』というタイトルで映画化された（監督はアンドリュー・スタントン）――には、ローエルの名前は登場しない。しかし、この作品のもととなった一九一一年発表のデビュー作「火星の月のもとで」をバローズが、ローエルの著作を念頭に置きつつ書いたことはほぼ確実だと研究者たちは結論づけている。[109] とりわけ興味深いのは、『火星のプリンセス』の主人公ジョン・カーターが、ほかならぬアリゾナから火星を「見つめて」おり、そして（文字どおり）またたく間に「道もない無限の空間」を飛び越えて火星に辿り着いていることである。[110] あたかも、「いかなる海よりも越えがたい深淵」はたんに見るだけで渡れるのだという『火星とその運河』の教えを愚直に実践しているかのように。

かくのごとく、「火星が棲まわれているように見える」という「最初の言葉」の続きは多くの者たちによって書き継がれた。しかしそもそも、『火星』で「最初の言葉」が述べられたのは最後においてであったし、それは『火星とその運河』に関しても同様である。先述のとおり、だからこそ『火星とその運河』はウェルズの言う「想像力の高空飛行」のためのスプリングボードとして広く読まれたのだろうが、「最初の言葉」の守護者としてのローエル自身は、一九〇七年以後しだいに苦境を深めていった。主流派の天文学者たちがローエルへの攻勢を強めた理由のひとつは、前節で言及した一九〇七年のアンデス遠征の世間における盛り上がりが彼らの危機感を煽ったことにあった。翌年の五月には、リック天文台長のウィリアム・ウォレス・キャンベルがジョージ・エラリー・ヘイルへ「ローエルとトッドは近いうちに、まともな天文学者にとっての厄介者〔trial〕となるだろうと私は考えています」と書き送り、ヘイルはこれに「ローエルが天文学に多大な損害をもたらしつつあるというあなたのご意見に私も完全に同意します」と返答している。(111)

E・C・スライファーがアンデス遠征から持ち帰った数々の写真が『センチュリー』の一九〇七年一二月号に載った際にローエルは、それらは「戦争の惑星」――"Mars"は戦《いくさ》の神の名前でもある――から放たれた「疑いを殺す弾丸〔doubt-killing bullets〕」であると記した。(112) しかし、現在の視点から見るかぎりでは、誌面上の写真のクオリティは一九〇五年に発表されたものと大差ないように思われるし（図29〔次頁〕）、もちろん運河説の批判者たちの疑いもこの程度の「弾丸」では殺されなかった。とりわけキャンベルは一九〇八年に猛烈な反撃へ転じ、三六インチ屈折望遠鏡を備えるリック天文台は観測の条件においてローエル天文台より劣っているわけではないことや、自らの観測によって得たスペクトルが火星に大量の水が存在する可能性を否定したことなど、複数の主張に基づく波状攻撃をさまざまな雑誌で展開した。(113)

また、エドワード・ピッカリングは一九〇七年に、ハーヴァード・カレッジ天文台が管理を担っ

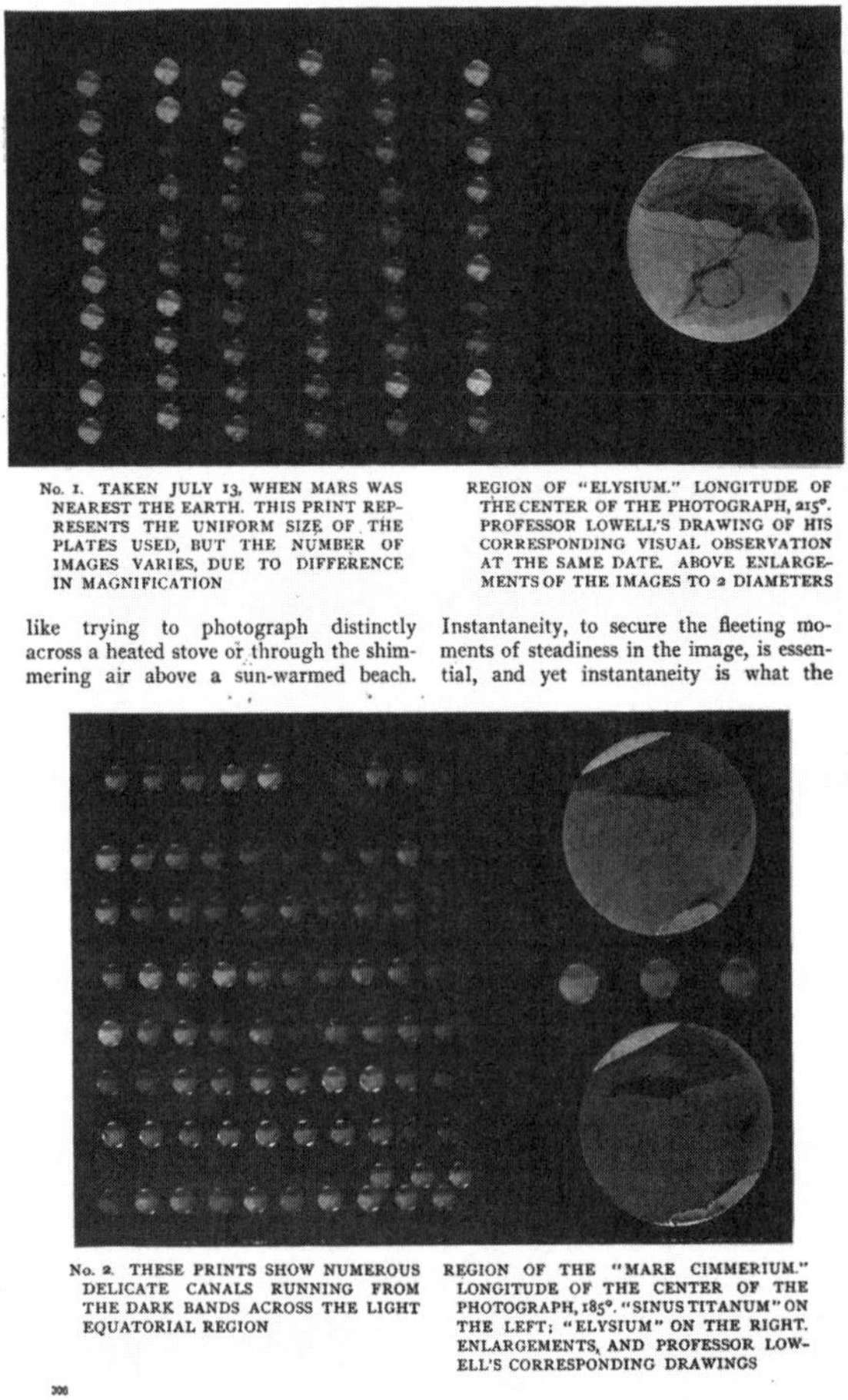

No. 1. TAKEN JULY 13, WHEN MARS WAS NEAREST THE EARTH. THIS PRINT REPRESENTS THE UNIFORM SIZE OF THE PLATES USED, BUT THE NUMBER OF IMAGES VARIES, DUE TO DIFFERENCE IN MAGNIFICATION

REGION OF "ELYSIUM." LONGITUDE OF THE CENTER OF THE PHOTOGRAPH, 215°. PROFESSOR LOWELL'S DRAWING OF HIS CORRESPONDING VISUAL OBSERVATION AT THE SAME DATE. ABOVE ENLARGEMENTS OF THE IMAGES TO 2 DIAMETERS

like trying to photograph distinctly across a heated stove or through the shimmering air above a sun-warmed beach.

Instantaneity, to secure the fleeting moments of steadiness in the image, is essential, and yet instantaneity is what the

No. 2. THESE PRINTS SHOW NUMEROUS DELICATE CANALS RUNNING FROM THE DARK BANDS ACROSS THE LIGHT EQUATORIAL REGION

REGION OF THE "MARE CIMMERIUM." LONGITUDE OF THE CENTER OF THE PHOTOGRAPH, 185°. "SINUS TITANUM" ON THE LEFT; "ELYSIUM" ON THE RIGHT. ENLARGEMENTS, AND PROFESSOR LOWELL'S CORRESPONDING DRAWINGS

306

図29｜1907年12月の『センチュリー』に載ったローエルの記事の誌面（Lowell, "New Photographs of Mars," 306［書誌情報は第5章註96参照］）
3つの大きな円はローエルによる火星のドローイングであり、残りの小さな円はすべてアンデス遠征で撮られた火星の写真である。

ている電信サーヴィス――天文学上のニュースを世界へ配信するためのもの――においては今後、火星表面の模様に関するローエル天文台からの報告は取り扱わないという決定を下した。これに憤慨したローエルは、自らの出資によって新たな電信サーヴィスを構築した。こうして生まれたローエル天文台とハーヴァード・カレッジ天文台との競合関係は一九〇九年に『ボストン・ポスト』のネタとなり、ハーヴァードの学長に就任したばかりのローレンス・ローエルは兄が同紙へ情報を提供したのではないかと疑ったため、結局兄弟の仲までもが悪化してしまった。[114]

一九〇九年九月に火星が衝を迎えるころには、ローエル天文台をとりまく包囲網はほぼ完成していた。主流派の天文学者たち対ローエルというのが基本的な構図であったが、なかには、八〇歳を過ぎたアルフレッド・ラッセル・ウォレス(一八二三―一九一三)――自然選択の理論をチャールズ・ダーウィンとは独立に着想したことで知られる英国のナチュラリスト――のように、世界の複数性を否定しようという思想的な動機からローエルを批判する者もいた。[115]しかしながら、すでに述べたとおり、ローエルの伸びきった戦線を崩壊させた人物としてしばしば名前を挙げられるのは、キャンベルでもピッカリングでもウォレスでもなく、一九〇九年に急速に台頭してたちまち錯覚説のチャンピオンとなったウージェヌ・アントニアディである。

一九〇九年のアントニアディの台頭は、くしくも、同年七月に七四歳で亡くなったサイモン・ニューカムからバトンを受けとるようなかたちで生じた。一八九七年に航海暦編纂部を六二歳で停年退職したニューカムは、一八九九年に創設されたアメリカ天文天体物理学会（the Astronomical and Astrophysical Society of America）の初代会長を務めて名実ともに天文学界の長老となった一方で、天体観測がこうむる心理学的な影響にも実はながらく関心を抱いており、一九〇三年の渡英中に出席した王立天文学会の会合でウォルター・モーンダーの発表を聞いたことをきっかけに錯覚説へのコミットメントを深めた。ちなみに、「アメリカ天文天体物理学会」といういささかいびつな名前にはニューカムも難色を示したのだが、創設にもっとも尽力したジョージ・エラリー・ヘイルが名前に“astrophysical”を入れることを主張して譲らなかったため、天文学界の新旧両陣営を代表するヘイルとニューカムとの交渉のすえにこの名前に落ち着いた。しかし結局、一九一四年に「アメリカ天文学会」（the American Astronomical Society［AAS］）へ改称され現在に至っている。(116)

ニューカムは一九〇七年三月に、錯覚説を検証するための実験をハーヴァード・カレッジ天文台で、ピッカリング兄弟などの協力を得つつおこなった。ハーヴァードの監督会（第2章第2節参照）のメンバーであったニューカムは当初、その会合のためにケンブリッジへ赴くついでに、運河説を主張するローエルおよびモースを招いてより公平な条件下で実験をおこなおうと考えていた。しかしローエルはフラグスタッフへの出発を、モースは体調不良を理由に実験への参加を断った。(117) ニューカムの実験の結果は、『アストロフィジカル・ジャーナル』の一九〇七年七月号に掲載された「火星のいわゆる運河の解釈に関わる光学的および心理学的諸原理」と題する論文で報告されている。

ニューカムの論文はまず、屈折望遠鏡という観測機器に起因する「光学的」な効果が天体観測の結果にどう現れうるかを考察する。主題が「心理学的」な影響へ移ると、ニューカムは「視覚的推論〔visual inference〕」という用語を導入し、精神はそれによって「無意識に、観測対象からの光が網膜上に形成するイメージから、その対象に関する結論を引き出す」のだと説く。[118] このように、議論は第3節で紹介したモーンダーの一八九四年の論文よりもずっと入念に組み立てられていたが、ニューカムがおこなった実験自体はモーンダーによるものとさほど変わらなかったし、これに対してローエルが言うべきことも同じであった。『アストロフィジカル・ジャーナル』から機会を与えられたローエルは、同誌の一九〇七年一〇月号に反論を発表した。そこではもちろん、ニューカムの個々の論点への批判的応答が試みられているけれども、「精細度〔definition〕に優れたフラグスタッフの望遠鏡をとおして見た火星の「運河」」とか「フラグスタッフの望遠鏡が下す評決」といった言葉遣いが際立たせるのはやはり、ローエルのなかではフラグスタッフが視覚のフロンティアに位置づけられているという事実である。[119]

「我々にとって識別可能なものが、実際に、研究対象の天体の究極的な構造であると考えることなど我々にはできない」という一八九四年のモーンダーの宣言は、したがって、決定的な判断材料がないなかで「研究対象の天体の究極的な構造」をめぐって論争しても水かけ論にしかならないことを告げている点において予言的であった。いや、実のところすでに一八六八年にはチャールズ・サンダース・パースが、『思弁哲学雑誌』に掲載された論文のなかで「直観されたデータと知的に処理された結果とをただ眺めるだけで区別することの不可能性」を盲点を例に引きつつ論じていた。[120] これをニューカムとモーンダーの言葉を用いてパラフレーズしてみよう。「観測対象からの光が網膜上に形成するイメージ」は、人間の眼がいわゆる盲点を持つ以上、おおげさに言えば、一部をくりぬかれたドーナツ型のイメージにならざるをえない。にもかかわらず、連続した空間を私たちがふだん知覚しているのは、ドーナツの穴の部分が「視覚的推論」によってたえず補完されているからである。ゆえに、天体どころかあらゆる物に関して、「我々にとって識別可能なもの」が対象の「究極的な構造」の直接的な反映なのかそうでないのかをたんに見るだけで判定することは私たちにはできない。

パースのこの洞察は、『能登』における穴水での転調を論じる際に引いたジョナサン・クレーリーの議論（第3章第4節参照）にも繋げられるし、こうして科学者たちは主観性を敵視しはじめ「機械的客観性」を奉ずるようになったというふうにダストンとギャリソンの議論にも接続できるだろう。しかしながら、彼らの図式では整理しきれない要素がローエルにあることを私たちはすでに確かめており、加えて、実はアントニアディも、火星運河説の盛衰を図式化しようとする者にとっては厄介なピースのひとつであった。彼は、一九〇九年にフランスのムードン天文台で、八三センチメートル（約三二・七インチ）の屈折望遠鏡による火星の観測をもとに数々のドローイングを描いた。したがって写真を撮ったわけではなく、この年には米国のより大きな望遠鏡も火星に照準していたのだが、にもかかわらず彼のドローイングは、大多数の天文学者たちから〝決定的〟な判断材料として賞讃されたのである。

一九〇二年にフラマリオンの私設天文台を辞めたアントニアディは、しばらくのあいだ天文学の研究から離れていた。しかし一八九六年に就任した英国天文学協会の火星セクションの部長は務めつづけており、一九〇九年九月九日には、彼はローエルへ丁寧な手紙をしたためて、衝を迎えつつある火星をムードン天文台の「ヨーロッパでもっとも強力な屈折望遠鏡」をとおして観測する機会を得たことを報告している。(121) 一か月後に彼がふたたびローエルへ送った手紙には、ムードンで描かれた「私の最良のドローイングのうちの四枚」が添えられていた。アントニアディ曰く、「きわめて難しかったのは、ディテールを見ることではなく、それを正確に表す〔*represent*〕ことでした」。(122)

図30と**31**はそれら四枚のドローイングのうちの二枚であり、前者は上部に「すばらしい精細度〔Splendid definition〕」と、後者は「ゆらぎのある精細度〔Tremulous definition〕」と書かれている。下部の記載からは、どちらも一九〇九年九月二〇日の観測

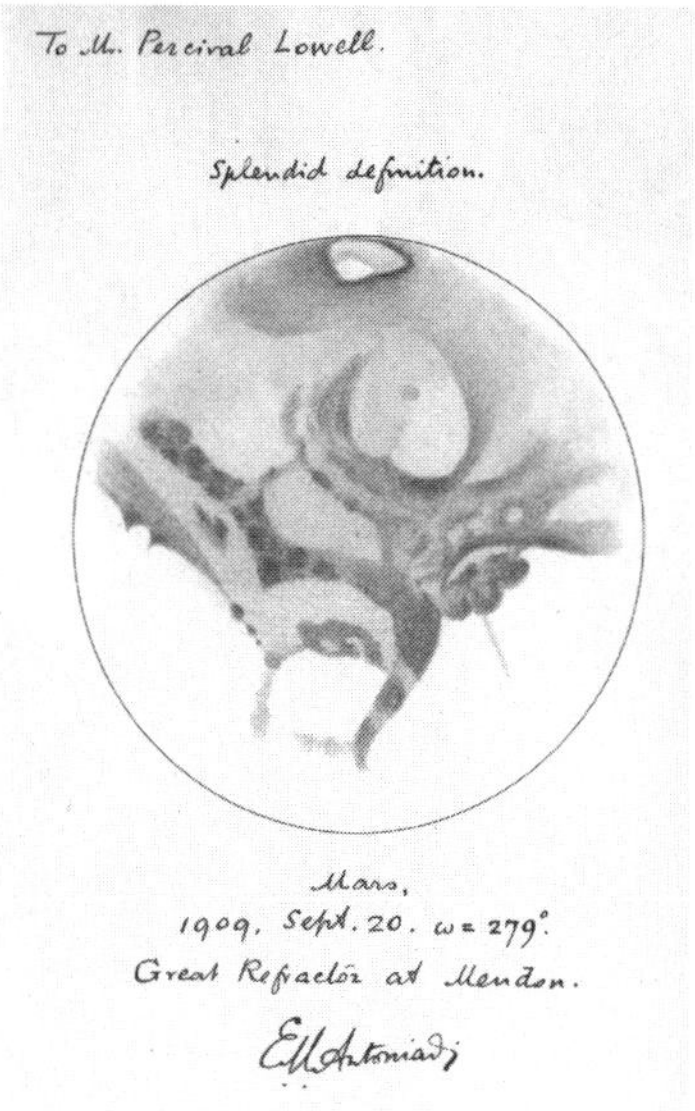

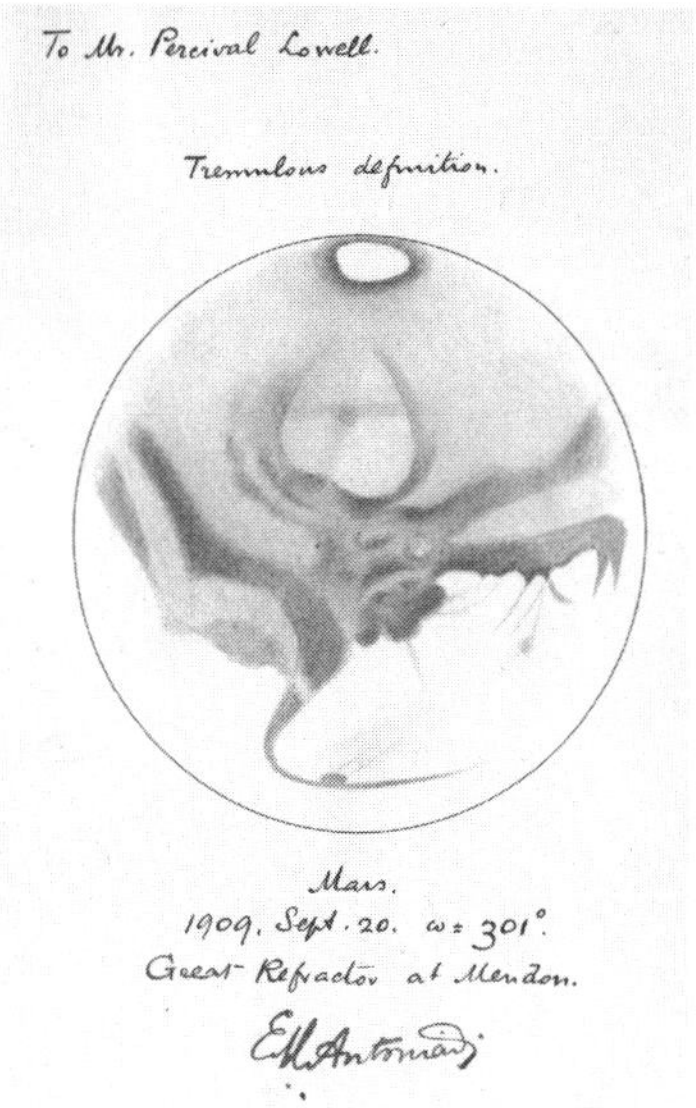

図30（左）、**31**（右）｜1909年10月9日付のローエルへの手紙にアントニアディが同封した火星のドローイング
(E. M. Antoniadi to Percival Lowell, October 9, 1909, PLC)
左が「すばらしい精細度」、右が「ゆらぎのある精細度」。LOAよりこれらの画像をご提供いただいた。

に基づいていることと、経度（ω）が異なるため火星上の同一の領域を描いているわけではないことがわかる。ローエルは同年一一月二日付のアントニアディへの返信で「ゆらぎのある精細度とあなたが記したものが最良であるように私には思われました」と応えたが、**図31**にいくつか細い線が描かれているのを見ればその評価も頷ける。[123] 逆に言えば、「すばらしい精細度」のもとでは細い線はほとんど残っておらず、火星表面の模様はほぼすべてグラデーションによって描かれている。ふたりのあいだでは、何をもって精細度が高いとするかという基準がもはやまったく異なっていた。

E

前章でも述べたとおり、ローエルは一九〇八年六月一〇日に、ボストンでインテリア・デザインと不動産業に従事していたコンスタンス・キースと結婚した（**図32**）。五三歳の新郎と四四歳の新婦双方にとってこれが初婚であり、ふたりが子供をもうけることはなかった。他方で、一八九五年に秘書として雇った一二歳年下のルイーズ・レナード（第4章第5節に登場）とのあいだにもローエルが親密な関係を築いていたことは周囲の者には明らかであった。ルイーズではなくコンスタンスが伴侶に選ばれた理由は定かではなく、結婚したあとも彼はルイーズとの関係を終わらせなかった。コンスタンスとは一九〇八年の夏のあいだヨーロッパで蜜月を過ごした。九月には、ローエルはロンドンで新妻と気球に乗って高度一五〇〇メートル以上での浮遊を楽しみ、同時にそこからの地上の眺めを写真に収めた。彼はその写真を、火星観測の結果から火星の地表の様子を推しはかるうえでの比較材料として利用するつもりでいた。[124]

図32 ｜ ローエルとコンスタンス（LOHP）

一九〇九年九月にローエルは、マサチューセッツ州ウースター（ボストンの西約六〇キロメートル）にあるクラーク大学から法学博士（LLD）という名誉学位を授与された。二年前にも彼は、デイヴィッド・トッドが勤めるアマースト・カレッジから同じ学位を授けられており、これがアンデス遠征への支援の見返りとしてトッドが暗躍した成果であったことはのちにトッド本人が認めている。クラーク大学からの学位にはここまであからさまな裏事情はなかったが、学内でローエルを推していた数学者のウィリアム・エドワード・ストーリー（一八五〇―一九三〇）がローエルの親しい友人であったことは確かである（『火星』の献辞はストーリーに宛てられている）。実はこの学位授与は、クラーク大学の創立二〇周年を記念する大規模な学術会議と連動していたため、ローエルもそこで講演をおこなった。しかしイヴェントの目玉は、何と言っても、このためにわざわざ訪米していたジークムント・フロイトの講演であった。したがってローエルは、講演後の式典において、五三歳のフロイト――および、彼の同行者であり講演もおこなった三四歳のカール・グスタフ・ユング（一八七五―一九六一）――と並んで名誉学位を授かることとなった。(125)

同じころ、火星と地球との距離は大幅に縮まりつつあった。一九〇九年九月二四日には火星の視直径が二三・八秒角に達するという、一八七七年や一八九二年に並ぶほど条件の良い衝であり、これを逃すと二〇秒角以上の火星を観測できる機会は一九二二年まで訪れなかった。ローエルは、一九〇五年から検討していた大型の反射望遠鏡の導入を一九〇八年四月に決断し、クラーク社から一万八〇〇〇ドルで四〇インチの反射望遠鏡を買う旨の契約を結んだ。彼はもちろん翌年九月の火星の衝を見越しており、契約書にも一九〇九年六月一五日までに完成させることが明記されていた。

しかしながら製造と設置工事は予定どおりには進まず、結局新しい望遠鏡がローエル天文台で稼働しはじめたのは一九〇九年も押しつまってからのことであった。これは、ローエルにのみ責任があるわけではないとはいえ、明らかに「好機を知れ」という家訓（第1章第2節参照）にふさわしからぬミスであった。[126]

こうした状況のなかでローエルはアントニアディからの手紙を受けとったわけである。ムードン天文台で火星の観測を続けるアントニアディは、英国天文学協会へも、結果の報告をたてつづけに送った。そのうちのひとつである「第五次中間報告」において彼は、「良好なシーイングのもとでは、幾何学的なネットワークのいかなる痕跡も〔火星表面には〕存在」せず、火星の明るい領域は「外観および明暗度が非常に不規則な無数の薄暗い点によってまだらになっており、散在するそれらの集まりは、小さな望遠鏡にスキアパレッリの「運河」体系を生じさせる」という結論に達している。[127]

英国天文学協会が一九〇九年一二月二九日に催した会合の記録によれば、この報告をアントニアディに代わって読み上げたウォルター・モーンダーは、次のような所感を付け加えたという。人びとはもはや「奇跡のような土木工事が火星でおこなわれているという考えで頭をいっぱいにする必要などありませんし、これからは、火星人たちがH・G・ウェルズ氏の鮮烈な描写に倣ったやり方で侵略してくるという恐怖に悩まされることなく枕を高くして眠れるでしょう」と。[128]

同じ会合では、ジョージ・エラリー・ヘイルがウィルソン山天文台の六〇インチ反射望遠鏡を使って撮った火星の写真も披露されていた。彼は一九一〇年一月にアントニアディへ手紙を送り、自らの観測で「ローエルが描くようなまっすぐな線ないし輪郭のまったき不在」が確認されたことと、

「アボット、アダムズ、バブコック、ダグラス（彼は以前ローエル天文台にいました）、エラーマン、ファト、シアーズ、セント・ジョンの諸氏もまた六〇インチ反射望遠鏡で火星を観測し、示されたディテールの特徴の読解に関してはみな私と同意見で」あったことを伝えた。(129) ここに登場する（ダグラス以外の）各人物を紹介せずとも、ローエル天文台をとりまく包囲網がますます狭まりつつあることはヘイルの書きぶりから十分に読みとれるだろう。しかし彼らは、ドローイングの技量においても、また運河説への反論に傾けるエネルギーにおいても、アントニアディにはとうてい及ばなかった。というより、身も蓋もない言い方をすれば、アントニアディが――火星論の集大成を一九三〇年に、ずばり『火星』（*La planète Mars*）というタイトルで出版するまで――運河説と戦いつづけてくれたがゆえに、主流派の天文学者たちはある程度安心して関心を別のところへ向けることができた。こうした事情を踏まえた論争の総括は、結論において取り組むこととしよう。

一九一〇年三月三〇日の英国天文学協会の会合には、なんとローエル本人が登場した。このときたまたま渡英していた彼は、英国天文学協会の会合があることを当日に知り、会長のヘンリー・パーク・ホリス（一八五八―一九三九）に招かれて急遽参加したのである。会合冒頭のローエルによる軽い演説を、ホリス会長は「スリリングな半時間」と評した。(130) たしかに、ローエルらしい機知に富んだ演説をほぼ即興で、宿敵モーンダーの前でも――アントニアディは出席していなかった――堂々とやってのける姿は、会員たちをはらはらどきどきさせただろう。とはいえ演説の内容に新味はなく、そのことがまさに、一九〇九年の火星の衝でローエルは新しい武器を手に入れられなかったという事実を明かしていた。

この演説のなかでローエルは、ローエル天文台の任務は火星の研究にのみあるわけではなく「我々の太陽系の全惑星の研究」にこそあり、それは太陽系の「進化の軌跡が過去においてどうなっており、未来においてどうなってゆくのかを見さだめる」ことを目指していると語った。これを受けて、モーンダーは発言の機会を得るとまず、「惑星の持続的な観測のための天文台を設立なさったローエル教授に天文学が負うものの大きさを自分がどれほど感じているか」を述べた。火星に関する立場の違いへの言及を最小限に留めていることからもモーンダーの配慮は明らか――というかあからさま――であるが、ローエルへの讃辞を完全な社交辞令と捉えるのは早計であろう。なにしろ、自分が天文学へ乗り出した四〇年前には惑星の観測は「あまりにも気まぐれで断続的な」ものだったというモーンダーの言葉は実感がこもっているように読めるし、「惑星の持続的な観測」を主たる目的に据えている点でローエル天文台が貴重であることは誰しも認めざるをえなかったからである。[131]

しかしながら、「我々の太陽系の全惑星の研究」と言うときのローエルが、内心で「全惑星」の数を増やすことをもくろんでいようとは、モーンダーはつゆほども考えなかったはずである。ローエルはその、太陽系に新たに加わるはずの仲間を、密かに「惑星X」と呼んでいた。

P

ローエルの恩師であるベンジャミン・パースは、一八四七年三月に発表したある文章のなかで、ユルバン・ジャン・ジョゼフ・ル・ヴェリエ（一八一一―七七）というフランスの天文学者を「不可視天文学〔invisible Astronomy〕というまったく新しい分野の創設者」と讃えた。[132] この時期の天文学界は、前年の九月二三日にベルリン天文台のヨハン・ゴットフリート・ガレ（一八一二―一九一〇）がはじめて観測によって同定した新惑星、すなわち海王星の話題であいかわらず持ちきりだったが、ル・ヴェリエはまさしく、天王星の摂動（perturbation）――太陽以外の天体の重力が天王星の軌道に生じさせるわずかな乱れ――に基づく計算によって、天王星の外側にある新惑星の位置の予想をあらかじめガレに伝えた人物であった。英国の天文学者ジョン・クーチ・アダムズ（一八一九―九二）がル・ヴェリエとは独立に同様の予想へ到達していたことも知られはじめたため、天文学者たちはプライオリティをめぐる英仏間の争いにも注目していた。[133]

そんななか、まもなく三八歳になるパースは、一八四七年三月一六日に催されたアメリカ芸術科学アカデミーの会合において、ル・ヴェリエやアダムズが計算によって予想した海王星の軌道には誤りがあり、ガレが望遠鏡を向けた位置で海王星が見つかったのは「幸福な事故〔a happy accident〕」であったと宣言した。[134] パースによるこの批判は、ほどなくして『アストロノミシェ・ナハリヒテン』にも掲載された。さきに引いたル・ヴェリエへの讃辞を含むパースの文章は、ヨーロッパの高名な天文学者を批判するならせめて自らの立場をもっと明確にすべきだという、ハーヴァードの同僚の助言を受けて書かれたものである。[135]

海王星の発見がはたして「幸福な事故」なのか否かは、実は簡単には答えられない問いである。しかし少なくとも、自らの偉業が不当な非難をこうむったように感じたル・ヴェリエはパースへの怒りをながらく抱きつづけた。他方で米国では、パースによる批判は多くの科学者たちから、米国の科学の優秀さをヨーロッパに知らしめた痛快な一撃と見なされた。[136] おそらくローエルも恩師を同様に捉えていたからこそ、火星運河論争で躍進する見込みがなくなったあとのエネルギーの矛先として、海王星の外側にあると予想される惑星Xの発見というプロジェクトを選んだのだろう。そして、パースからローエルへ渡ったバトンについて考えるうえで重要なのが、さきほどの「不可視天文学」である。たとえば一九〇三年の『太陽系』でローエルは、彗星の軌道が「未知の惑星〔the unknown planet〕」の存在を示すという、おそらくカミーユ・フラマリオンに由来する説を述べたあとでこう続けている。

あなたがたはもしかしたら、いかなる肉眼もまだ見ていないものについてかくも自信たっぷりに語ることを奇妙に感じるかもしれない。しかし現象という標識の矢印は、定冠詞の使用〔"the unknown planet"の"the"を指す〕を正当化するくらい向きがはっきりしている。分析の眼はすでに、不可視のものに気づいているのだ〔The eye of analysis has already suspected the invisible〕。[137]

これを書いたときのローエルがパースの言葉を意識していたわけではないことは、一九〇八年の『生命の棲処としての火星』でスペクトル分析が「不可視のものの研究」と呼ばれていることからも確かめられる。[138] しかしながら、ローエルの晩年のプロジェクトがほかならぬ「不可視天文学」となった事実は、次のような解釈へ私たちを誘う。すなわち、〃見たことのないものを見にゆく〃という好奇心とともに始まった彼の旅は、〃見たもの〃と〃見たかったもの〃との長きにわたる相剋を経て、いまや〝見えないものを見ようとする〟という企てに足を踏み入れつつあるという解釈へ。その最後の目的地には、当然ながら、たんに見るだけで渡るという航法はもう通用しなかった。

さきの引用が示唆するとおり、『太陽系』のもととなるMITでの講義がおこなわれた一九〇二年一二月には、惑星Xのプロジェクトはすでにローエルの脳裡に芽生えていた。本格的に着手したのは一九〇五年であり、一九〇八年一一月に、あの因縁深きウィリアム・ピッカリング（第4章第4節参照）が海王星の外側の惑星――彼はそれを「惑星O」と呼んだ――に関する考察をアメリカ芸術科学アカデミーの会合で発表したことを知るとローエルは大いに発奮した。にもかかわらず彼は、自らの未完成の研究を焦って公表したりはせず、あくまでも水面下でプロジェクトを進めつづけた。惑星Xに対して彼は、火星のときとは明確に異なる戦略をとっていた。(139)

ローエルはこのプロジェクトのために計算士も雇った。気が遠くなるほど面倒な計算にローエルと計算士がボストンで取り組み、それによって特定された星空の領域をフラグスタッフへ伝達し、主にランプランドがその領域を撮影し写真のなかから惑星Xを探す――というのが、進行の基本的なパターンであった。九番目の惑星の発見というニュースによって全世界を驚かせることがローエルの最後の野望であったが、惑星Xはいっこうに見つからず、結局彼は、プロジェクトの理論的な部分における成果を一九一五年一月一三日のアメリカ芸術科学アカデミーの会合で発表することを決めた。しかし、いかんせん証拠を欠いている以上、ローエルの発表がほとんど反響を呼ばなかったのも無理からぬことである。それどころかアカデミーは発表の内容を紀要に掲載することさえ拒んだため、彼はそれをローエル天文台の出版物として――すなわち自費で――刊行せざるをえなかった。弟のローレンスによる伝記は、惑星Xを見つけられなかったことはローエルにとって「生涯でもっとも深い失望」であったと記している。[140]

ローエルは、一九一六年一一月一二日にフラグスタッフで脳卒中に見舞われ、六一年の生涯を唐突に終えた。彼の死により中断した惑星Xのプロジェクトがふたたび動きはじめたのは一九二九年四月、すなわちローレンス・ローエルの資金提供によって新しい望遠鏡がローエル天文台へ導入されてからのことである（プロジェクトの再開に一〇年以上もかかった理由は結論において説明される）。その望遠鏡は、写真撮影に特化した一三インチの屈折望遠鏡であり、第二代台長となったV・M・スライファーはそれを用いた惑星Xの探索を、助手として雇ったばかりの、クライド・ウィリアム・トンボー（一九〇六―九七）というカンザス州出身の二三歳の青年に任せた。スライファー兄弟とランプランドは初代台長の死後もローエル天文台への忠誠を守りつづけたとはいえ、三人とも、星空の同じ領域を異なる日時に撮影した二枚の写真を比較して惑星らしい動きをしている天体をしらみつぶしに探すという作業をひたすらくりかえすにはあまりに多忙であった。

一年近くその作業を続けたトンボーは、一九三〇年二月一八日に、同年一月二三日と二九日の写真のなかから惑星Xと思しき天体を見つけ出した。スタッフ総出の検証によってそれが惑星Xだという確信を得たスライファー台長は、ローエルの七五年目の誕生日にあたる三月一三日に、フラグスタッフから（電信サーヴィスを管理するハーヴァード・カレッジ天文台を介して）全世界へ、太陽系の九番目の惑星が発見されたことを伝えた。ローエル天文台はたちまち――そしてふたたび――大衆の注目の的となった。スライファーらは、さまざまな方面からひっきりなしに寄せられた新惑星の名前の提案から、英国のオックスフォードに住む一一歳の少女のアイデアを選び、五月一日に新惑星を"Pluto"（冥王星）と名づけると発表した。冥府を統《す》べる神の名前が採られた理由のひとつは、最初の二文字がパーシヴァル・ローエルのイニシャルと一致することにあり、命名と同時に定められた冥王星の惑星記号「♇」もこの事実を強調している。[141] かくして火星の旅人は、死の一四年後に冥府の王となった。

結論

イマジナリー・ライン

図33｜ローエルの墓所に立つ宮岡恒次郎《つねじろう》とV・M・スライファー（LOHP）
1923年に、マーズ・ヒルのこの墓所にローエルの霊廟が建てられる。宮岡がここを訪れた1917年には、第一次世界大戦への参戦に伴う人手不足などにより霊廟の建設は延期されていた。

一八九四（明治二七）年一月二五日付のラフカディオ・ハーンへの手紙に、バジル・ホール・チェンバレンはこう記している。「ボストンに戻ったローエルから便りをもらいました――いつもの、人に何も伝えないインパーソナルな短信のひとつです。彼は、立ち去るやいなや完全に消滅してしまう〔vanish utterly〕者たちのひとりです」[1]。前年の一一月に日本を去っていたパーシヴァル・ローエルはこのころ、ウィリアム・ピッカリングとともにアリゾナ遠征の計画を推しすすめていた（第4章第4節参照）。熊本の第五高等中学校に勤務していたハーンはほどなくして、一八九四年九月に、日本に関する最初の著書『知られざる日本の面影』を上梓する（第3章第1節参照）。ジャパノロジストたちが立つ舞台においてはたしかに、チェンバレンの言うとおり、ハーンと入れ替わるかたちで退場したローエルは〝消滅する媒介者〟となりおおせたかにも見える。では、一九一六年一一月一二日にローエルが脳卒中によりこの世を去ったあとも、人びとはかつてのチェンバレンと同じ感想を抱いたのだろうか。

弟のローレンスによる伝記は、ローエルの最期に関して「彼は意識を失うまえに、こうなることは覚悟していたがまさかこんなに早いとは、と口にした」と伝えている[2]。しかしローレンスは兄の死を見とったわけではなく、それどころかフラグスタッフで一一月一九日に営まれた葬式にも出席していない。故人の意向により遺体はマーズ・ヒルに埋葬されることとなり、葬式は地元の聖公会およびカトリック教会の司祭たちが執りおこない、ボストンからは親族の代表として妹エリザベスとその夫ウィリアム・ローエル・パトナムが出席した。ローエルの生涯に聖公会やカトリック教会との接点をほとんど見出せないため、司祭たちはおそらく、フラグスタッフの有力な宗教的指導者であるという理由で呼ばれたのだろう。反逆児ジョン（7）から父オーガスタスまで受け継がれたユニテリアニズムの伝統（第2章第2節参照）にローエルは関心を示さなかったが、そんな彼も晩年には、フラグスタッフのコミュニティを大切に思うようになっていた。[3] たとえば、一九〇八年の末に彼はフラグスタッフの子供たちをローエル天文台へ招き、自らサンタクロースの衣裳を着て彼らを楽しませている（**図34**）。

ローエルの葬式はこのようにローカルな規模で営まれたとはいえ、彼の突然の死というニュースはやはり世界中の天文学者たちを驚かせた。カミーユ・フラマリオンは、一八八七年に自らが創設したフランス天文学協会の会誌の一九一六年一二月号に追悼文を寄せ、「もっともアクティヴで、もっとも独立心が強く、普遍的な知識にもっとも秀でた天文学者のひとり」を失っ

図34｜フラグスタッフの子供たちのためにサンタクロースに扮するローエル（LOHP）

た悲しみを表明している。(4) そこにも記されているとおり、実はローエルは一九〇四年に、フランス天文学協会からジャンサン賞(le Prix Janssen)——フランスの科学アカデミーが授与している、同じくピエール・ジュール・セザール・ジャンサン(一八二四—一九〇七)にちなんだジャンサン・メダルとは別物——を贈られていた。加えて興味深いことに、フラマリオンは死の二年前のローエルの様子をこう報告している。

彼は二年ごとに、すなわち火星の衝にあたらない年〔…〕にフランスへ来ていた。一九一四年六月もその期間に含まれており、彼はエッフェル塔での我々の太陽祭〔notre fête du Soleil〕に参加したが、このときエッフェル氏は、いつもの愛想の良さを発揮し、フランスを代表して彼に自ら挨拶することを望んだ。彼〔ローエル〕の体調は芳しくなく、奇妙にも、神経衰弱の様相さえ呈していた。しかし我々は、この神経質な状態の原因は旅の疲れにあると考えた。彼は六〇歳には見えなかった。彼の命を奪ったのは脳卒中の発作であった。(5)

「太陽祭」とは、フラマリオンやギュスターヴ・エッフェル(一八三二—一九二三)などが一九〇四年に始めた、夏至の日に催される科学と芸術の夕べである。また、たしかにローエルは一九一二年一〇月に——惑星Xの位置を求める計算に根をつめすぎたせいで(第5章第5節参照)——ふたたび神経衰弱に陥っており、一八九七年より症状は軽かったものの(第5章第2節参照)、少なくとも一年近いあいだは全快できていなかった。(6) あるいは、かりに「この神経質な状態の原因は旅の疲れにある」というフラマリオンらの判断が正しいとしても、あれだけ頻繁に旅をしたローエルが社交の場で「旅の疲れ」を見せているという事態はやはり異例である。

かつてローエルの御嶽山登山に同行したジョージ・アガシ（第3章第4節参照）もまた、新聞向けに書いた追悼文のなかで旧友の陰翳に触れている。

天文学者というのは髭面《ひげづら》で無骨な隠遁者だという通俗的な捉え方に何らかの真理があるのだとしても、それがローエルに当てはまらないことは間違いない。多くの世界の男〔a man of many worlds〕となるべく研究を続けていた世界的な男は、身なりにも最大限気を配っていた。ごくわずかに時代がかったところが、過去の世代のダンディをほのめかす風采を彼に与えていた。〔…〕多くの土地に何人もの友人がいた彼はしかし、自らのパーソナリティの完全な魅力を丸ごと明かせる親友を少数しか持たなかったし、揺るがぬ親愛の情をわずかな人びとにのみ示した。それらの選ばれた少数者も、精神のいくらか頑固な態度の奥底に魂〔spirit〕の本物の謙虚さがあるということに気づかされる機会はときおりしか与えられなかった。他の惑星における知的生命の存在を信じることにかけては随一の者が、人間の将来に対する強固な懐疑主義の態度を同時代の科学者たちの多くと共有していたというのは、はたしてひとつのパラドックスなのだろうか。[7]

この「パラドックス」については少しあとで考察しよう。フラマリオンもアガシも、追悼文の末尾ではローエルの科学者としての偉大さを強調しているけれども、故人の友人としての配慮が透けて見えるそれらの箇所にはやはり、すでに引いたパーソナルな描写ほどの興味深さはない。言い換えれば、「立ち去るやいなや完全に消滅してしまう」というチェンバレンの評言を問題とするのなら、ローエルの根強い影響力の証となりうるような追悼文もあわせて参照しておきたいところである。

幸い、その恰好の例は、ロードアイランド州プロヴィデンスで発行されていた新聞『イヴニング・ニュース』が一九一六年一二月一日に掲載した「一二月の空」という記事に見出せる。この記事は、タイトルが示すとおり毎月の天文情報を読者に提供する連載コラムのひとつであるはずなのに、最後の約四分の一がローエルの追悼文と化しており、しかも綴られる讃辞はかなり熱烈である。「ローエル博士はおそらく、我々の時代のもっとも偉大な観測天文学者であり、惑星に関する事柄においては間違いなくもっとも偉大な権威であった」とか、「天文学の知識への実際的な貢献をいくつも果たした彼の確固たる業績は、我々をして彼の霊〔memory〕をガリレオやサー・ウィリアム・ハーシェルの隣に祀らしめるに十分なものである」とか。(8) これを著したのは、当時二六歳のハワード・フィリップス・ラヴクラフトである。

E

H・P・ラヴクラフトは、「クトゥルー神話」(the Cthulhu Mythos)と呼ばれる怪奇小説の体系を創始したことで知られるプロヴィデンス生まれの作家である。この神話を構成する数多くの奇妙な固有名、たとえばアザトース、ヨグ゠ソトース、シュブ゠ニグラスといった太古の神々や禁断の書物『ネクロノミコン』などは、現在も媒体を問わずさまざまな作品に登場しつづけているため、クトゥルー神話の説明としては、作家たちによって共有されている一群の怪奇的設定と言ったほうがより正確であろう。ともあれ、その礎石と見なしうる怪奇小説をラヴクラフトが書きだしたのは一九一七年であり、さきに引いた「一二月の空」の時点ではまだクトゥルー神話は生まれていない。(9)

ラヴクラフトの文章が最初に活字となったのは一九〇六年、一五歳のときであった。『プロヴィデンス・ジャーナル』という新聞の日曜版への投書が六月三日に掲載されたのである。彼はそこで、五月二七日に同紙が載せた、火星の太陽面通過を凶兆として予言する別の読者からの投書に、「むろん、火星は外惑星、つまり地球の軌道の外側を回る惑星ですから、太陽面を通過することはできません」とコメントしていた。(10) 早熟なラヴクラフトはほどなくして、いわば天文学ライターとしてのキャリアを歩みはじめたものの、一九〇八年に神経を病んだため高校を卒業間近で退学し、以後五年間は引きこもりのような状態にあった。さきの「一二月の空」を含む『イヴニング・ニュース』での彼の連載は一九一四年一月一日に始まり、同年四月にはアマチュア・ジャーナリズムの団体に加入するほどの回復ぶりを見せている。

ラヴクラフトの天文学関連の文章には、実は「一二月の空」以前からローエルが何度か登場していた。しかしそれら以上に重要なのは、文通仲間のラインハルト・クライナー(一八九二―一九四九)へ宛てた一九一六年二月一九日付の――すなわちローエルの死の九か月前の――ラヴクラフトの手紙である。「セレブリティたち」が話題となっているその手紙のなかで、ラヴクラフトはローエルの名前を挙げている。

彼〔ローエル〕は一九〇七年にこの町〔プロヴィデンス〕で講演をおこないました。私が『トリビューン』に寄稿していたころのことで、ブラウン〔大学〕のアプトン教授が私を、セイレス・ホールでの講演のまえに彼に紹介してくれました。ところで、ここが愉快なのですが——私は過去に一度も、現在もまったく、そして未来においても決して、ローエルのもろもろの思弁の一端さえ信じたことはないのです〔I never had, have not, and never will have the slightest belief in Lowell's speculations〕。彼と会ったとき私はちょうど、天文学の記事のなかで、いかにも私らしい無慈悲な言葉遣いで彼の理論を攻撃したばかりでした。一七年間うぬぼれ〔egotism〕に浸っていた私は、私が書いたものをローエルが読んだのではないかと怖れたのです！　私は当たり障りのない仕方で話すことに全力を尽くし、幸いにも、この卓越した観測者は火星について議論するよりも私の望遠鏡や研究などについて尋ねることのほうに関心が向いていることを発見しました。やがてアプトン教授が彼を演壇へ連れていき、私は災厄が回避されたことを喜びました！(11)

たしかにローエルは一九〇七年一月七日にブラウン大学で「火星の生」という講演をおこなっており（第5章第4節参照）、同大学で天文学を教えていたウィンズロー・アプトン（一八五三—一九一四）がそのときのホストであったことがここからわかる。それにしても、ここに「過去に一度も、現在もまったく、そして未来においても決して」とまで記されている以上、「一二月の空」における ラヴクラフトのローエル礼讃は壮大なでまかせと捉えるべきなのだろうか。どうやらそうではなく、

「ローエルのもろもろの思弁」はラヴクラフトにとって、たとえ信じなくてもある効用が得られるものであったらしい。というのも彼は、『フェニシアン』という雑誌の一九一七年秋号に寄せた短文において、前半で火星運河説を紹介したのち後半をこう綴っているからである。

運河の正体についてはいまも大論争になっているが、アリゾナ州フラグスタッフの澄んだ空気のもとに高性能の望遠鏡を設置した民間の観測者である故パーシヴァル・ローエルは、かの惑星の極冠から中央部に向かって完全な直線を描いている運河は棲息者たちによって建設されたと主張する手の込んだ理論を展開していた。

こうしたもろもろの思弁の大半がいかに根拠薄弱であっても、おそらく実際にそうなのだろうがそれでも、**ある種の生命体が火星の地表に棲んでいるかもしれない**というのはありえないことではない。とはいえ彼らの姿、大きさ、知能、習性の描写は、読者の、あるいは創意に富む小説家の想像力に委ねられている。

昨今の、我々の惑星が取るに足らぬ住人たちのばかげた戦闘ゆえにかくも騒然としている日々においては、広大な蒼穹と向きあって、地上の争いや災いの響きがこだましえないところにある、ユニークかつピクチャレスクな現象をそれぞれ備えた他なる諸世界を眺めるのは心の安まることである。[12]

「ばかげた戦闘」には、ウッドロー・ウィルソン大統領による一九一七年四月のドイツへの宣戦布告をもって米国が第一次世界大戦へ参戦したという事実が反映している。そして注意すべきなのは、ラヴクラフトは参戦の翌月にロードアイランド州兵に志願しており、母親の干渉により入隊を阻まれると、同年夏に「霊廟」（"The Tomb"）と「ダゴン」（"Dagon"）というふたつの怪奇短篇小説を書いていることである。後者はのちにクトゥルー神話に組み込まれるため、先述のとおり、一九一七年をクトゥルー神話誕生の年と見なすこともできる。[13] つまるところ、ローエルに導かれながら「広大な蒼穹」へ思いを馳せるのは「心の安まること」だと書いていたころのラヴクラフトは、実際にはすでに、「地上の争いや災いの響きがこだましえないところ」からやってくる邪神たちの恐ろしさを書きつづけるという後半生のキャリアを歩みはじめていたのである。

この〝恐ろしさ〟を、のちのラヴクラフトは「宇宙的恐怖」（"cosmic horror"）と呼ぶようになる。『ウィアード・テイルズ』という雑誌の編集者へ宛てた一九二七年七月五日付の手紙のなかの、以下のよく引かれる一節は、「宇宙的」という語にラヴクラフトが何を賭けていたのかを簡潔に説明している。「いまや私のすべての物語〔tales〕は、ふつうの人間の諸法則、諸関心、諸感情は広大な宇宙全体〔cosmos-at-large〕においていかなる効力も意義も持たないのだという根本的な前提に基づいています。〔…〕本物の外部性〔externality〕——時間、空間、次元のいずれについてであれ——の核心をつかむためには、有機的生命とか善悪とか愛憎といったもの、すなわち人類と呼ばれる瑣末ではかない種族のかくもローカルな諸属性すべての存在をすっかり忘れなくてはなりません」。[14] ここから判断するかぎりでは、ラヴクラフトにおける「宇宙的」の用法は、カール・S・グートケがH・G・ウェルズについて述べた「認識の宇宙的ショック」（序論参照）と重なるように思われる。

現在のフランスでもっとも著名な作家のひとりであるミシェル・ウエルベックが、小説を発表しだすまえの一九九一年にラヴクラフトの評伝を出版していたことはいまではよく知られている。この事実によって、ラヴクラフトという固有名の生命力をローエルの〝消滅〟ぶりと対比させることももちろんできる。しかしより重要なのは、ローエルとラヴクラフトを隔てる距離について考えるための手がかりがウエルベックによる評伝に含まれていることである。一九一七年にはまだその距離はさほど明確ではなかった。

ラヴクラフトは一九二四年三月、三三歳のときに、アマチュア・ジャーナリズムの活動をとおして知りあった七歳年上のソニア・ハフト・グリーン（一八八三―一九七二）と結婚した。ソニアはニューヨークで服飾業に従事していたため、結婚のために故郷のプロヴィデンスを離れたラヴクラフトは一九二六年四月までニューヨークに住むこととなった。そのわずか二年のあいだに、ソニアのビジネスもラヴクラフトの就職活動もふたりの結婚生活もすべて行きづまってしまった。一九二六年にラヴクラフトがプロヴィデンスへ帰ったとき隣にソニアはおらず、一九二九年に離婚が成立した。「傑作群〔les «grands textes»〕」とウエルベックが呼ぶ八つの小説のうちの最初「クトゥルーの呼び声」（"The Call of Cthulhu"）をラヴクラフトが執筆したのは、一九二六年八月ないし九月である。ウエルベックに言わせれば、「傑作群」が帯びる「醜悪で壊滅的な輝き」の源はラヴクラフトの「人種的憎悪」にあり、ニューヨークでの二年間がそれを育てたのであった。(15)

ラヴクラフトは実のところ、つねに人種主義者であった。しかし若いころは、この人種主義は彼の属する社会階級――ニューイングランドの、プロテスタントかつピューリタンの旧ブルジョワジー――において通用していたそれを超えるものではなかった。同じ思想の流れを汲む以上、まったく当然ながら彼は反動であった。詩法の技術であれ若い娘たちの服装であれ、あらゆる事柄において彼は、自由や進歩といった観念よりも秩序および伝統の観念に重きを置いていた。このことには独創性も奇抜さもいっさいない。彼はとりわけ時代遅れだったというだけの話である。アングロ＝サクソンのプロテスタントたちが生まれながらに、社会秩序のなかの第一級の地位に定められているというのは、彼には自明のことと思われた。[16]

ウエルベックの議論はここから、移民の数および多様性においてプロヴィデンスをはるかに凌駕するニューヨークでの苦しい暮らしが「この人種主義」を「人種的憎悪」へ変異させたというふうに続く。しかしいま引いた一節は、さきほど後回しにした問題、すなわちジョージ・アガシによる追悼文で指摘されていたローエルの「パラドックス」について考えるうえでも有用である。アガシの言うとおりローエルは、『火星』では「同輩たちの可能性を認めることに対する人間の本能的な抵抗」がもたらす「保守主義」を批判していたのに（序論参照）、死の九か月前の一九一六年二月一七日には、アリゾナ州フェニックスでずばり「移民対合衆国」（“Immigration versus the United States”）と題する演説をおこなっていた。

そもそも、ニューイングランドで人種主義が「通用」するようになったのは、歴史家のジョン・ハイアムによれば一九世紀末のことである。「そこ〔ニューイングランド〕では、人口に占める外国出身者の割合が、米国の他の地域よりも急速に上昇していた。そこではまた、自生の文化の活力減退が防御的な態度に寄与していた。〔ヘンリー・キャボット・〕ロッジ、ヘンリー・アダムズ、バレット・ウェンデルといったブラーミンの知識人たちは、ニューイングランドの歴史的文化がすでに「小春日和〔Indian Summer〕」を迎えたことに気づいており、その認識が、自分たちの人種および地域がよそ者〔the alien〕に包囲されているという彼らの見方に大義名分を付加した」。[17] 実は一八九八年初めの『ボストン・ポスト』にはウェルズの『宇宙戦争』が連載されており、しかしタイトルは作者の許可なく「火星から来た戦士たち」(“Fighters from Mars”) へ改められ舞台もボストン周辺に移されていた。大きな話題を呼んだこのボストン版『宇宙戦争』の読者の少なくとも一部は、「よそ者《エイリアン》に包囲されている」という不安を火星人たちに投影していたのだろう。[18] もっともローエル自身は、火星文明がまというる姿について思弁することはままあったにせよ、その結論を目の前の政治的ないし社会的状況に当てはめることにはおおむね慎重であった。[19]

たとえば『極東の魂』に見られたローエルの人種的偏見は、排外主義的な不安ではなく自らの人種的優位への確信が顕著な点において、ハイアムが論じる「ロマンティック・ナショナリズムの曖昧でいくらか慈悲深い人種的諸概念」から「正確で、悪意があり、ヨーロッパからの移民にももっともらしく適用可能な〔人種主義の〕諸教理」への変化の前段に位置づけるべきものである。[20] そして、こうした思潮の変化への反応においてローエルは、良くも悪くも、ハイアムが挙げる「ブラーミンの知識人たち」よりもずっと遅れていた。

さきの「移民対合衆国」にしても、俎上に載せられていたのはドイツからの、すなわち翌年に米国が宣戦布告する相手からの移民であった。「彼らは、我ら諸市民に対して犯罪を犯すことの見返りをドイツ政府から定期的に受けとっている」といったローエルの陰謀論的思考にはたしかにぎょっとさせられるものがある。[21] しかし実のところ、ドイツ系アメリカ人たちをスパイと見なすような言説はすでに一九一五年——とりわけ英国の商船ルシタニアをドイツの潜水艦が撃沈するという五月七日の事件以後——には通俗化していたし、米国における反ドイツ感情の高まりはのちに、ドイツ語の本の焚書がおこなわれたり「ザウアークラウト」（代表的なドイツ料理として知られる、細切りキャベツの漬物）が「自由キャベツ」（"liberty cabbage"）と呼び換えられたりといったばかげた白熱ぶりにまで達している。だからと言ってローエルの発言が免罪されるわけではもちろんないが、少なくとも、そこには「独創性も奇抜さもいっさいない」とウエルベックに倣って述べることはできる。[22]

いずれにせよ、ローエルは「人間の将来に対する強固な懐疑主義の態度を同時代の科学者たちの多くと共有していた」とアガシは言うけれども、その態度はむしろ、アガシ自身やラヴクラフトを含むブラーミンたちのあいだで共有されていたと考えられそうである。二〇世紀初めに至ってもなおブラーミンの本分を守ろうとするなら、世の趨勢に対して多少なりとも反動的にふるまうことは避けがたかった。なにしろ当時の米国は、「革新主義の時代」（the Progressive Era）と呼ばれるほどに改革の機運が高まっていたのだから——「お上品な伝統」のネガティヴなキーワード化（第5章第2節参照）がまさしく例示するように。[23]

したがって謎がより大きいのは、「パラドックス」のもう一方の側面である。なぜローエルは、ブラーミンという階級が時代遅れとなりつつあるなかでも「他の惑星における知的生命の存在を信じることにかけては随一の者」でありつづけられたのか。「認識の宇宙的ショック」からは「人間の将来に対する強固な懐疑主義の態度」が帰結しても不思議ではなく、ウェルズやラヴクラフトの作品においてもそうなっていたのに、ローエルが晩年まで――最期まで、ではなかったかもしれないが――楽天性を失わなかったように見えるのはどうしてなのだろうか。

火星運河論争の最終審級は、当然ながら、現実の火星以外にありえない。そこへ近づこうとする人類の試みは一九六〇年代に始まったものの、当初は失敗続きであった。米国の国家航空宇宙局（ＮＡＳＡ）が一九六四年一一月二八日に打ち上げた探査機マリナー四号は、翌年七月、火星の近傍の通過――正確にはフライバイ（flyby）――に成功し、その際に撮影した火星の写真のデータを地球へ送った。そして、一九七一年五月三〇日にＮＡＳＡが打ち上げたマリナー九号が、火星の詳細な地形を地球の科学者たちに伝えた。この探査機は一九七二年一〇月まで一年近く火星軌道を周回し、七〇〇〇枚以上の火星表面の画像を得た。なお、一九七一年一二月二日にはソ連のマルス三号が火星への軟着陸を成し遂げたが、着陸の約二〇秒後に交信が途絶えてしまった。火星表面での探査という宿願を叶えたのは、ＮＡＳＡのヴァイキング一号および二号であり、前者は一九七六年七月二〇日に、後者は同年九月三日に火星に到達した。[24]

火星探査の進展によって、火星運河説への審判も更新された。具体的には、一九七五年八月にカール・セーガンとポール・フォックスの共著論文「火星の運河——マリナー九号以後における評価」が発表されている。かつて一九六六年にセーガンが、「惑星天文学から恒星天文学への大脱出」の責任の一端をローエルに帰していたことを踏まえるなら（第5章第4節参照）、彼はいわば悪魔祓いのつもりでこの論文に取り組んだのではないかという憶測に誘われもする。じじつ、マリナー九号がもたらした画像からセーガンとフォックスが導いたのは以下の結論であった。「運河の大多数は、運河派〔the canal school〕の眼視観測者たちによってほとんど自己生成されたもののように思われる。それらは、困難な観測条件下に置かれた人間の眼＝脳＝手のシステムがいかに不正確であるかを記念するモニュメントなのだ」。(25)

本書の序論で掲げられた問いのひとつは、望遠鏡をとおして火星の表面に運河を見たローエルはいったい何を「認識」していたのか、であった。この「認識」の内容を「人間の眼＝脳＝手のシステム」という生理学的な次元において完全に再現することは、しかしそもそも不可能である。これは一般論であると同時に、本書が辿ってきた天文学史の結語でもある。あるいは、まさにこの不可能性こそが「惑星天文学から恒星天文学への大脱出」のトリガーであったとさえ言えるかもしれない。

社会学者の北田暁大によれば、同様の変化は二〇世紀初めの米国の社会学においても生じていた。すなわち、世紀転換期には人気の高かった展示という方法——それは「中産階級の知的好奇心を視覚的に喚起し、文化や技術、科学の多様性を類型的に指し示す」——が、しだいに社会学のプロフェッショナライゼーションのプロセスから削ぎ落とされ、展示で用いられる写真やドローイングは

「真偽の判断に影響を与える証拠としての身分を失ってい」った。かわりに台頭したのは、「計量的手法という知のスタイル」、あるいは「数学的な処理を経て「見えないものを可視化する」方法」である。「いわば潜在的なものを把握する抽象的な可視化の方法論が、同時代の心理学の研究趨勢と連動し前景化したのである」。[26]

同じく二〇世紀初めにおいて、火星運河論争の大勢を決したのはウージェヌ・アントニアディのドローイングであった（第5章第5節参照）。しかし実のところ、彼のドローイングでさえも「真偽の判断に影響を与える証拠としての身分」を確保しえないことを天文学者たちは多少なりとも承知していたのではないか。たとえば、「我々にとって識別可能なものが、実際に、研究対象の天体の究極的な構造であると考えることなど我々にはできない」という一八九四年のウォルター・モーンダーの宣言（第5章第3節参照）は、ローエルとアントニアディ双方のドローイングに等しく適用されるべきであるのに、モーンダーは前者を批判し後者を賞讃した。この差をよりよく説明できるのはおそらく、両者の技量の差ではなく、「研究対象の天体の究極的な構造」を知りえないからこそ主流派の天文学者たちは——終わりなき論争を終わらせるために——暫定的な権威を必要としていたという事情である。

ローエルの死後も火星運河説への攻撃の手を緩めなかったウィリアム・ウォレス・キャンベルは、一九一八年の論文「火星問題」の末尾で、「火星表面の諸特徴という、現存する望遠鏡および人間の眼の能力を凌駕するものを見ようとしつづけるなどということがはたして誰かに可能だったのか」と読者に問いかけた。[27] もちろんここには、「火星表面の諸特徴」は誰にも見えていなかったという含意があり、天文学史家のスティーヴン・J・ディックはキャンベルの見解を、「あまりに多くの天文学者たちが、当時の科学の限界を超えた問題を解こうとしていた」と言い換えている。(28)「火星問題」が「当時の科学の限界を超えた問題」であることが広く知られはじめたのなら、「惑星天文学から恒星天文学への大脱出」が生じるのも当然であろう。また、いかなる写真やドローイングをもってしてもアントニアディという暫定的な権威を覆しえないのなら、晩年のローエルが惑星Xのプロジェクトに、すなわち〝見えないものを見ようとする〟ための企てにのめり込んだことも理解しやすくなる。

したがって、ローエルの「認識」をめぐる問いからより生産的な答えを引き出すためには、「認識」の内容にもっともらしさを付与する基盤の次元においてそれを問う必要がある。社会学者のピーター・L・バーガーとトーマス・ルックマンは、そうした基盤を「信憑性構造〔plausibility structures〕」と呼んでいた。(29)この次元からウェルズとラヴクラフトの作品を読みなおせば、彼らが描く「認識の宇宙的ショック」を〝(人間の)科学の限界を超えた何かと遭遇したために信憑性構造が完全に組み替えられてしまう〟と記述できることにも気づかされる。たとえば以下は、ラヴクラフトが一九三一年に発表した中篇小説「闇に囁くもの」(“The Whisperer in Darkness”)――ウエルベックは「傑作群」に含めている――の序盤における一節である。

それらの諸説を私が笑えば笑うほど、当の頑固な友人たちはますます断言を強めた。彼らはさらに、語り継がれてきた伝説を抜きにするとしても、最近のもろもろの報告はあまりに明瞭だし、辻褄も合うし、詳細にわたっているし、語り口も健全なまでに散文的だから、完全に無視するわけにはいかないと付け加えた。熱狂した二、三人から成る過激派は、インディアンの昔話を深読みして、あの隠れた生物〔the hidden beings〕が地球外に由来する可能性をほのめかしさえした〔…〕。しかし私の論敵のほとんどは、アーサー・マッケンの華麗な恐怖小説によって有名になった、人目を忍ぶ「小人たち」の幻想的な伝承を実生活へ持ち込むことにあくまでもこだわるようなロマン主義者たちにすぎなかった。(30)

察しの良い読者であれば、文脈を解説せずともこのあとの展開を予想できるだろう。すなわち、序盤において「それらの諸説」を笑っていた語り手はやがて、「あの隠れた生物が地球外に由来する」という「過激派」の説が正しかったことを思い知らされるのである。しかも「地球外」の具体的な位置についてはこう書かれている。「新しい九番目の惑星が海王星の向こうに見出された――まさしくあの力ある者たち〔those influences〕が言ったとおり――ことを読んで以来、私の疑念はさらに薄れていった。天文学者たちは、ほとんど自覚のない忌まわしい適確さでもって、この物体を「冥王星《プルート》」と名づけた。疑うまでもなく私は、これこそ暗黒のユゴス〔Yuggoth〕にほかならないと感じている」。(31)

どうやら、ローエルの著作はいかにしてウェルズにフロンティアを切り拓かせたのかという序論における問いを解く鍵は、冥王星をユゴスへ変換してしまうような信憑性構造の組み替えにありそうである。

ローエルは『火星とその運河』の献辞においてスキアパレッリを「新しい惑星界のコロンブス」と呼んでいたが（第5章第4節参照）、興味深いことに、ガリレオ・ガリレイの『星界の報告』（序論参照）に驚いた一七世紀の詩人たちもしばしばガリレオをコロンブスになぞらえていた。[32] しかしそもそも、クリストファー・コロンブスは〝新世界〟をアジアと誤認した航海者だったはずである。この誤認に関しては、アメリカ文学研究者の巽孝之が大胆かつ刺激的な議論を繰り広げている。「コロンブス的に北米を東洋と見誤るような空間錯誤《アナロキズム》」、あるいは「コロンブス的想像力」は、「アメリカ内外のありとあらゆるフロンティア・スピリットを明るみに出したのではないか」と。巽はこうも言う。

> 現実の旅から飛躍して架空の旅を想像するというよりは、熱狂的幻想に駆り立てられて現実の旅を敢行するプロセスのほうが、いっそうアメリカン・ドリームに接近するのではあるまいか。コロンブスが新大陸をアジアと信じ、ピューリタンたちが原住民であるインディアンを荒野の悪魔と見なしたことは、そしてそうした熱狂的幻想が長くアメリカ的言説空間を支配してきたことは、アメリカではいまもなお、アメリカ以前の時代からの「架空の大航海」が継続中である可能性を傍証するだろう。アメリカン・ドリームの起源を辿れば辿るほど明確に浮上して来るのは、むしろドリームランド・アメリカのすがたなのである。[33]

「熱狂的幻想に駆り立てられて現実の旅を敢行するプロセス」からは、「ふとした思いつき《ファンシー》が私を能登へと連れていった」という『能登』冒頭の一文を想起させられる（第3章第3節参照）。また、かりに「架空の大航海」のプロセスを〝架空の旅を現実の旅として敢行する〟と表現できるとすれば、それは『火星とその運河』における「旅は、たとえ実体を伴わなくとも、現実のものである」という一文とぴったり重なる（第5章第4節参照）。ボストンから穴水を経てフラグスタッフへという『火星』までのローエルの旅路は、「コロンブス的想像力」によって〝いまここ〟から延長し火星と接続した。もちろん、『火星とその運河』にそう書かれているという事実から、わざわざそう書かざるをえないところにまで錯覚説がローエルを追いつめていたという推測を引き出すことはできる。しかし思想史にとってより重要なのは、ローエルが自らを〝火星の旅人〟として表象した事実がもたらす効果である。まさしくこの点を、一九〇七年のローエルへの手紙に「火星はまた、歴史哲学の研究に大いなる「視差」を提供してくれます」と記したレスター・ウォードは鋭く見抜いていた（第5章第5節参照）。

たとえばラヴクラフトの「闇に囁くもの」で語られていたのは、当初はいわば地球的な信憑性構造に安住していた語り手が、「あの力ある者たち」から「大いなる「視差」を提供」されるという体験を経て、クトゥルー神話の信憑性構造へ移動させられるまでの過程である。さきに引いた序盤の一節が、語り手を待ち受ける「視差」の大きさを強調するための伏線であることは明らかだが、「それらの諸説」を笑う際の語り手の態度からは、「私は過去に一度も、現在もまったく、そして未来においても決して、ローエルのもろもろの思弁の一端さえ信じたことはないのです」という書きぶりに通じる執拗さもいくらか感じられる。言い換えれば、「闇に囁くもの」を読んだあとで一九一六年二月一九日付のラヴクラフトの手紙を読みかえすと、前者における「過激派」と後者におけるローエルとが同じ役割を担っているかのような印象さえ抱かれる。

作家としてのラヴクラフトは、「闇に囁くもの」を書くころにはすでに、「ローエルのもろもろの思弁」が提供する「視差」をドラマトゥルギー（作劇法）として用いる術《すべ》を身につけていた。アーサー・マッケン（一八六三―一九四七）という実在のウェールズ人小説家の名前が序盤で持ち出されていることには、おそらくラヴクラフトの、「ロマン主義者たち」の心胆をも寒からしめる「宇宙的恐怖」を描こうとする気負いが現れているのだろう。そして言うまでもなく、架空のユゴスと現実の冥王星との重ねあわせは、「ロマン主義者たち」が好む「幻想的な伝承」以上のもっともらしさを作品に付与するための工夫のひとつである。冥王星も視点を変えればユゴスに見えてくるという「視差」の大きさは、冥王星が発見されていなければそもそも実感されえない。ここから敷衍して、ウェルズの『宇宙戦争』における「視差」（特に序論で引いた冒頭の段落を参照のこと）も、ローエルが火星を〝発見〟していたからこそ当時の読者に強烈なインパクトを与えたのだとは考えられないだろうか。

たしかに、くりかえし述べてきたとおり、ローエルは火星運河説の生みの親ではなかったし、彼が『宇宙戦争』へ及ぼした影響の程度も正確には定められない。しかし他方で、ローエルが火星運河説のもっとも強力なポピュラライザーであったのは、人びとの眼に映る火星には〝発見〟されるべき世界があるのだというメッセージを科学的に唱えつづけたからこそである。一九一七年のラヴクラフトは、ローエルの「もろもろの思弁の大半」は「根拠薄弱」かもしれないが火星上の生命体というアイデア自体は荒唐無稽ではないと述べていたけれども、実はこれは、『火星』における「火星が棲まわれているように見えるということは、この主題に関して口にすべき最後の言葉ではなく、最初の言葉である」という一文とほとんど同じことを言っている（序論および第5章第5節参照）。すなわち、ポピュラライザーとしてのローエルの戦略はまさしく、〝ありそうなこと〟に満ちた火星の価値をコロンブスの〝新世界〟と並ぶ水準にまで高めることにあったのである。その戦略を一貫させるために『能登』の形式――ロマンス――が転用されたことを踏まえるなら、後半生のローエルはロマンティック・サイエンスに従事しつづけていたと要約することもできるかもしれない。「ロマンティック・サイエンス」というフレーズの撞着語法《オクシモロン》のような危うさは、ジョージ・アガシが指摘した「パラドックス」の、あるいは「自己消去と自己充足との結合」（第5章第2節および第4節参照）のきわどさとも重なるだろう。

ロマンティック・サイエンスは、プロフェッショナルな科学よりも大きな「視差」を提供することができ、しかもその成果を利用する作家は、科学的であることをもって自らを「ロマン主義者たち」から差異化できる。パトリック・パリンダーがウェルズに代表させた「サイエンティフィック・ロマンスから近代的なサイエンス・フィクションへの進化」（序論参照）において、ロマンティック・サイエンスは有効な触媒として機能したが、触媒であるがゆえに、その命運はＳＦ史と連動しなかった。ローエルの火星論の利用者にとっては、火星に運河を見た科学者が存在するという事実に支えられた代替的《オルタナティヴ》な信憑性構造こそが重要であり、信憑性構造の操作によって物語の舞台を〝いまここ〟から離陸させるというドラマトゥルギーをひとたび学べば、もはや火星にこだわる必要もなくなる。他方でローエルは、ロマンティック・サイエンティストとして、火星の運河は想像上の線《イマジナリー・ライン》ではないという主張をプロフェッショナルの天文学者たちの攻撃から守りつづけなくてはならなかった。――以上が、ローエルが〝消滅する媒介者〟であることの意味に関して本書が提示する最終的な分析である。(34)

E

自らのロマンティック・サイエンスは想像上の線《イマジナリー・ライン》にぶらさがる架空の城にすぎないのかもしれないという疑念をローエルは、現在史料として確認できる私信においてさえ、直接的なかたちでは一度も表明しなかった。一九〇九年の火星の衝が過ぎて以降は、好条件の衝が一九二二年まで訪れないこともあって「火星熱《マーセアニア》」(第4章第5節参照)が再燃する兆しもなくなり、議論の材料がほとんど更新されないだけにむしろ、火星運河説を擁護する際のローエルの態度は教条主義的な色あいを強めていった。(35)「いまや彼は硬化し、ひとつの機械と化しています」――一八九三(明治二六)年八月五日付のハーン宛て書簡においてチェンバレンが嘆いたローエルの変化(第3章第5節参照)は、やはり最晩年の演説「移民対合衆国」に顕著である。というのもそこでは、一八九五年のオリヴァー・ウエンデル・ホームズ博士の追悼文で引かれた「海を越えて帆走する者たちは精神ではなく空を変える」というホラティウスの格言(第1章第4節参照)が、まったく異なる仕方で再利用されているからである。

一九一六年のローエルは、この格言の意味を「人びとが、場面の変化に応じて自分たちの性格も変えるなどということは、時間がもたらす長期的な結果として以外にはありえない」と解説し、ゆえに「アメリカ人たちのためのアメリカ」を守るためには移民制限が必要だというふうに話を繋げている。[36] 対して一八九五年の追悼文では、ホームズ博士の「寛大なローカリズム」を称揚するためにこの格言が持ち出されていた。ところで、「寛大なローカリズム」とはそもそも何だったのか。「寛大なローカリズム」から「アメリカ人たちのためのアメリカ」へという変化をチェンバレンの嘆きと重ねあわせるなら、前者と結びつくのは、ハーンが『極東の魂』に読みとった「遊び心に満ちた優しさへ向かう精妙なアプローチ」であろう。よしんばハーンが褒めすぎているとしても、たとえば「ボストンの州議事堂こそは、太陽系の中心《ハブ》である」というホームズ博士の宣言に見られる、鼻につく自信過剰と愛嬌あるユーモアと科学的な体裁との混在ぶりは、ローエルにもたしかに受け継がれていた。その見事な例だと私が感じるのは、ローエルのデビュー作『朝鮮《チョソン》』の第一章「一日が始まるところ」(“Where the Day Begins”)である。それは次のように始まる。

> 経度一八〇度の線が現在の位置に引かれているのは幸運であった。シベリアから南極大陸まで、この想像上の線《イマジナリー・ライン》はただ海だけを横切っている。この線が近くを通る唯一の陸地は、南太平洋に複数ある列島のうちのひとつである。この線は、そこにあるいくつかの火山および珊瑚礁を母集団から分離している。これらの島々は、サイズにおいて小さく、世界にとっての重要度

においてさらに小さい。そこに住む者たちは少数であり、その少ない人びとに会いに行く者たちはさらに少数である。

　この線は想像上《イマジナリー》のものであるばかりではない。その存在は、たとえば赤道が持つ天文学的な理由さえ備えていない。それは純粋に、そして完全に、恣意的な慣習である。しかしながらその位置は、人類にとってははかりしれなく重要である。この位置の著しい便利さゆえに我々はその価値を忘れがちである。なにしろその線は、一日の大いなる始まり〔the great day-origin〕なのだから。それは、一日の時刻を定めるばかりでなく、一日それ自体をも定める。この線においてふたつの日が出会う。そこでは、時間が絶え間なく流れているにもかかわらず、不自然なのに不可避な二四時間の跳躍が発生している。[37]

日付変更線に照準したこの書き出しが、ジュール・ヴェルヌの『八〇日間世界一周』（一八七二）に想を得ている可能性は高いけれども確証はできない。浮つきがちなローエルの筆はこのあと、太陽の棲処《すみか》を探し求めていた東アジア人たちの「古代の空想《ファンシー》」と一日の起点の設定を必要としていた「現代の科学」とが同じ場所を選ぶという偶然について綴り、日本と朝鮮がいずれも「一日の大いなる始まり」にまつわる名前を持つことを「古代の空想《ファンシー》」の痕跡として指摘している。[38]もちろん、経度一八〇度の線が「近くを通る」陸地はアリューシャン列島、エリス諸島（現ツバル）、フィジーなどたくさんあるためローエルの記述は不正確であり、それらの島々が「世界にとっての重要度においてさらに小さい」などと述べるのは典型的に植民地主義的なふるまいである。

しかしながら、この一節がもたらす最大の驚きはやはり、ローエルがあたかも未来の自分を組上に載せてユーモラスな自己批判を繰り広げているかのように読めてしまうことである。経度の設定が「恣意的な慣習」でしかないという事実は、『極東の魂』の「西へ進むにつれてしだいにパーソナルにな」るという悪名高い公式に関してまっさきに思いつく反論であった（第3章第2節参照）。また、「想像上の線《イマジナリー・ライン》」がローエルにとってあまりに予言的なフレーズであることは言うまでもない。

『朝鮮』の第一章には、「寛大なローカリズム」にあって「アメリカ人たちのためのアメリカ」にないものがいくつも刻まれている。そのうちのひとつは相対性の感覚である。あらためて思い起こせば、想像力と空想は区別しえないという『極東の魂』における議論で鍵となっていたのも相対性の感覚であった。高所から落下した者が迎える結末は「彼の質量と地球のそれとの相対的な条件」に依存するとローエルはそこで語っていた（第3章第4節参照）。加えて、「視差」を得るうえで視点の移動に劣らず重要なのは、同じものを異なる位置から見ているという自覚であり、相対性の感覚がなければこの自覚にも到達しえない。もちろんローエルが相対性の感覚をユーモラスに発揮した場面は必ずしも多くなかったが、それは言い換えれば、彼の「寛大なローカリズム」は「ローカリズム」を括弧に入れられるほど「寛大」ではなかったということでもあろう。本来はホームズ博士に宛てられていた「寛大なローカリズム」というフレーズは、「ロマンティック・サイエンス」と同様の危うさを孕んでいる点も含めて、ローエルの――ニューイングランドの伝統とも連なる――最良の側面を適切に表現していると私は考える。より率直に言えば、ローエルはまさしく「海を越えて帆走」しつづけることによって「空を変え」てしまったのだと私には思われてならない。

チェンバレンは一八九三年にローエルの最良の側面を見失ったけれども、それは決して消え去ったわけではなかった。先述のとおり晩年のローエルの「寛大なローカリズム」はフラグスタッフに根づいていたし、本書でこれまで引いてきた、ローエルに好印象を抱く多くの人びとの証言も、抗いがたい魅力が彼に備わっていたという事実を指し示している。そうでなければ、何よりもまず、スライファー兄弟やC・O・ランプランドのローエルに対する驚くべき忠誠心を説明できない。[39] なにしろ彼らは、ローエルの死後に勃発した思わぬトラブルのさなかも結束を守りぬき、ランプランドは一九五一年まで四九年間、V・M・スライファーは一九五四年まで五三年間、E・C・スライファーは一九六四年まで五八年間、ローエル天文台に勤めつづけたのだから。

P

ローエル天文台のスタッフは、太陽系の研究というもっとも重要な任務を妨げない範囲において、各自の関心に沿った研究をおこなうことをローエルから後押しされていた。しかし一九〇九年に、三〇歳のV・M・スライファーが渦巻星雲（spiral nebulae）のスペクトル分析を試みだしたのは、台長からの指示がきっかけであった。星雲の正体がはっきりしていなかった当時においてローエルは、かりに渦巻星雲が惑星系の初期状態だとすれば、それを調べることで太陽系に関する知識も得られるだろうと考えたようである。[40]

星雲から届く光はごくわずかであるから、台長が課したハードルはきわめて高く、スライファーは二四インチ屈折望遠鏡とながらく格闘しつづけた。一九一二年九月一七日に撮られたアンドロメダ星雲（第3章第1節参照）の分光写真からは、青方偏移が読みとれた。すなわち、アンドロメダ星雲から届く光の波長が本来よりも短くなっており、その原因は光源の観測者への接近に伴うドップラー効果にあった。なお光源が観測者から遠ざかる場合は、同じくドップラー効果により光の波長が長くなり、赤方偏移が生じる。偏移の量から光源の視線速度（観測者から見て奥行き方向の速度）を算出することもできる。スライファーはより正確なデータを得るべく慎重に観測をくりかえし、翌年二月に、アンドロメダ星雲は秒速三〇〇キロメートルの速度で地球に近づいているとローエルに報告した。(41)

以後のスライファーの努力について、天文学者のエドウィン・パウエル・ハッブル（一八八九―一九五三）は一九三六年の著書『星雲の世界』（*The Realm of the Nebulæ*）にこう記している。

M31〔アンドロメダ星雲〕の速度の測定を〔先行する箇所で〕詳しく取り上げたのは、新しい領域においては最初の数歩がもっとも難しくもっとも意義深いという一般原理に基づいてのことである。ひとたび障壁がこじあけられれば、そこからの発展は比較的容易である。しかし、星雲速度〔のデータ〕の蓄積は時間のかかるプロセスであり、もっとも明るい諸対象が観測されたあとはさらなる労力が必要となった。スライファーはこの仕事をほとんどひとりで続けた。一九一四年に彼は一三項目の速度リストを発表し、一九二五年には彼の貢献の数は四一個にまで増えていた。(42)

視線速度を測定可能な分光写真を得るために、スライファーは乾板を六〇時間以上露光したこともあった。彼がどれほど骨を折ったかは想像するに余りあるけれども、控えめな性格の彼は反復を厭わず、十分な確信が得られるまで結果を公表しなかった。なお「一九一四年に彼は一三項目の速度リストを発表し」というハッブルの記述は不正確で、一五項目が正しい。青方偏移を示したアンドロメダ星雲はそのなかでも例外的であり、他のほとんどは赤方偏移を示し、たとえばおとめ座にあるM104という星雲——現在の通称は「ソンブレロ銀河」——は秒速一一〇〇キロメートルで地球から遠ざかっていると算出された。一九一四年八月にイリノイ州エヴァンストン（シカゴの北隣）のノースウェスタン大学で催されたアメリカ天文学会の大会におけるスライファーの発表は、スタンディング・オヴェーションを巻き起こした。ローエルは現場にいなかったが、スライファーが受けた賞讃は、惑星Xのプロジェクトに行きづまりを感じていたローエルにも大きな喜びを与えた。(43) しかしこのときはまだ、スライファー自身も喝采した聴衆も、一五項目の「速度リスト」が持つ意味を十分に理解できてはいなかった。

スライファーは一九二六年、五〇歳のときに、ローエル天文台の第二代台長に正式に就任した。ローエルの死後一〇年間もローエル天文台長の座が空いていたのは、初代台長の遺産をめぐる法廷闘争が長引いたためであった。ローエルの遺書は、妻コンスタンスに遺した一七万五〇〇〇ドルおよび家財を除く自らの全財産をローエル天文台のための基金とすることを定めていた。しかしコンスタンスはこれを不服とし、自分だけが夫の遺産の正当な相続人であることを法廷で執拗に主張しつづけた。他方で彼女は、ローエルの死後はほとんど黒い服しか着なくなり、一九二三年にマーズ・ヒルに建てられたローエルの霊廟にも著しく執着していたため、天文台のスタッフは彼女のふるまいを奇矯と感じずにはいられなかった。(44)

コンスタンス・ローエルは、夫の死から二週間と経たないうちに、ルイーズ・レナードをローエル天文台から解雇した。ローレンス・ローエルは、兄の愛人の不遇を見かねたのか、一九二九年の大恐慌によって経済的な苦境に陥ったレナードに対して密かに定期的な資金援助をおこなっている。コンスタンスの余生もまた、一九二五年に自らの敗訴が確定してからは特に寂しいものとなった。加えてローエル天文台も、ようやく確保したローエルの遺産は長い法廷闘争のあいだにかなり目減りしており、すでに火の車となっていた財政のめざましい回復は当分見込めなかった。こうした状況下の一九二六年にV・M・スライファーは台長となったのである。そのときまでに彼は、フラグスタッフでビジネスを始めてもいた。コンスタンス・ローエルに対するリスクヘッジという意識が当初は強かったのだろうが、後半生の彼は、広大な牧場地を所有したり賃貸経営を手広く担ったりフラグスタッフにホテルを建設したりと、ますますビジネスに精を出していった。(45)

スライファーによる「最初の数歩」を讃えたエドウィン・ハッブルは、実はスライファーの「速度リスト」の意味を世界に知らしめた張本人である。一九一九年からウィルソン山天文台で働きだしたハッブルはまず、一九二三年から翌年までの、一〇〇インチのフッカー望遠鏡(第5章第3節参照)を駆使した観測によって、アンドロメダ星雲の縁にセファイド(Cepheid)——変光星の一種——が存在することを確かめた。ハーヴァード・カレッジ天文台のヘンリエッタ・スワン・リーヴィット(一八六八—一九二一)がすでに、セファイドにおいて成り立つ変光周期と光度(明るさ)との関係を発見していたため、セファイドまでの距離は、変光周期に対応する光度と見かけの明るさとの差から求められる。ハッブルは一九二四年一二月のアメリカ科学振興協会の大会で、アンドロメダ星雲までの距離が約九〇万光年と算出されたことを発表した。天の川銀河（太陽系の属する銀河）の大きさを明らかに超えたこの数値――のちに倍以上の数値へ修正される――は、天の川銀河の外にも星々はあるのかという、天文学者たちをながらく悩ませつづけてきた問いへの答えとなった。しかしこれはまだ第一段階である。[46]

一九一四年のスライファーの発表を直に聴いていたハッブルは、一九二八年に同じ課題に着手した。同僚のミルトン・ラッセル・ヒューメイソン（一八九一―一九七二）の助けを借りながら夜な夜なフッカー望遠鏡を操り、成果を「銀河系外星雲の距離と視線速度との関係」と題する論文にまとめて一九二九年一二月に発表した。そこで示されたのが、「銀河系外星雲」――天の川銀河とは別の銀河を指す――は遠ざかりつづけており、その速度は遠くなるほど速くなるという、いわゆる「ハッブルの法則」である。[47] かくしてスライファーの「速度リスト」も、宇宙の膨張を証拠立てる観測結果として新たに意味づけられることとなった。

ハッブルは一九二四年に宇宙を拡大し、一九二九年に宇宙を膨張させた――こうした印象は世界中で共有された。膨張する宇宙の観測は、一般相対性理論に基づく新しい宇宙論と相携えて、天文学の姿を一九世紀のそれから大きく変貌させた。変貌に図らずも貢献したスライファーはしかし、一九四〇年代には論文をほとんど発表しなくなり、ローエル天文台も一九五〇年の時点ではすっかり天文学史から取り残されていた。この停滞が、主に第二代理事のロジャー・ローエル・パトナム

（一八九三―一九七二）と第四代台長のジョン・スコヴィル・ホール（一九〇八―一九九一）との尽力によって劇的に打破されるまでの過程は、もちろん本書が語りうる範囲を超えている。(48)

ローエル天文台は、いまも現役の科学機関である。訪問客は、一八九六年に完成した二四インチ屈折望遠鏡を直接覗くこともできる。二〇一四年に竣工したパトナム・コレクション・センターには、ローエル天文台の歴史を記録する膨大な史料が保管されている。〝消滅する媒介者〟としてのローエルを論じることをとおしてローエルを〝消滅〟から救うという本書の試みを私は、フラグスタッフへ旅することなくしては決して終えられなかっただろう。しかしながら、マーズ・ヒルに辿り着いた私を包んだのは、ここではローエルは一瞬たりとも〝消滅〟していないという当たり前の実感であった。

おわりに

本書の発端は、二〇一五年六月に青土社の明石陽介さんから、私が二〇一三年度に東京大学大学院総合文化研究科へ提出した修士論文「火星の旅人――パーシヴァル・ローエルと世紀転換期のニューイングランド」の書籍化を打診していただいたことにあります。それから四年以上も経つあいだに、原稿の量は四倍以上に膨れあがりました。しかも、かつて修士論文だったものはもはやわずかな痕跡しか留めておりません。言うなれば、修士論文は本書にとっての〝消滅する媒介者〟となってしまいました。当初の約束が発展的に解消されるまでの長い年月を辛抱強く待ってくださった明石さんに向けて、まず、謝意を表明させていただきます。

そもそも私がパーシヴァル・ローエルと遭遇したのは、二〇一一年八月のコミックマーケットで頒布した同人誌『コンフィグ Vol.2』を制作していたときです。その特集は「火星」でした。同年六月に私は、情報収集のつもりで、惑星科学者の宮本英昭さんによる火星についての講演を聴きに行き、そして、宮本さんが講演中に紹介なさったローエルの数奇な生涯に魅せられることとなりました。宮本さんにはその後、『コンフィグ Vol.2』にインタビューを掲載させていただくことをご快諾いただき、また同誌に収められているアメリカ文学研究者の巽孝之さんと巽ゼミＯＢの碓氷早矢手さんとの対談では、ローエルがアメリカ文学史において担う意義についてもおふたりに議論していただきました。宮本さん、巽さん、碓氷さんをはじめとする、『コンフィグ Vol.2』にお力添えいただいたすべての方々と、怒濤の制作作業に携わってくれたスタッフ――とりわけ、ともに責任編集を担ってくれた柴田洋さん――に、この場を借りてあらためて御礼申し上げます。

加えて、言うまでもなく、本書は学生としての私が受けたさまざまな学恩のうえに成り立っています。しかしここでは、おひとりだけ、学部生の私に科学史研究の手ほどきをしてくださった岡本拓司先生のお名前を特権的に挙げさせていただくことをどうかお許しください。

学部時代に私は、岡本先生と数人の大学院生を交えた小規模な読書会に参加していました。それは各自が読みたい本を交互に読みすすめるという形式だったので、私はミシェル・フーコー『言葉と物』を選び、岡本先生は長谷川精一『森有礼における国民的主体の創出』を選ばれました。大学院生のメンバーはその後欠席がちになり、私と岡本先生のふたりだけで読書会が催されることも何度かありました。つまり私は、『言葉と物』を読んでわからなかった点を岡本先生から一対一で教えていただき、また岡本先生の森有礼研究の進展を定期的にご発表いただいたわけです。そんな貴重な場を設けていただいたにもかかわらず、読書会は結局、私が時間を作れなくなったこともあり立ち消えになってしまいました。しかし、本書第3章第3節の執筆中に私は、ローエルの「ある日本改革者の運命」の関連文献として『森有礼における国民的主体の創出』をふたたび手に取ることとなり、同書の優れた議論を再読しながら、岡本先生に私がどれほど多くのものを負っているかをもしみじみ痛感させられました。本書において岡本先生への恩返しをいくばくか果たせていればよいのですが、もちろん私自身はそれを判定しうる立場にはありません。

結論の末尾にも少し記したように、私は二〇一八年四月末から五月初めまで、アリゾナ州フラグスタッフのローエル天文台に滞在してパトナム・コレクション・センターに蔵されている史料の調査をおこないました。マーズ・ヒルの訪問研究者用コテージに（たまたま他の利用者がいなかったため）ひとりで泊まったり、二四インチ屈折望遠鏡でM３という球状星団を観測させてもらったりした経験は、一生忘れられません。ローエル天文台のアーキヴィスト兼司書であるローレン・アムンソンさんには、私の調査中にさまざまな便宜を図っていただいたばかりでなく、史料画像の本書への掲載も快くお認めいただきました。本当に、ありがとうございました。

ほかにも私は、本書のための史料調査をハーヴァード大学ホートン図書館、ハーヴァード大学アーカイヴ、マサチューセッツ歴史協会でおこないました。これらの調査は、私がニューヨーク大学の客員研究員を務めていた期間（二〇一七年八月から翌年五月まで）のうちになされました。この留学がなければ本書は絶対に完成しなかったのですが、しかし他方で、留学中に日本語文献へアクセスする必要が生じたときには、日本にいる友人たちの助けを仰がざるをえませんでした。私からの唐突なリクエストに迅速に応じてくださった岩下弘史さん、大厩諒さん、田村正資さんに感謝いたします。また、本書の**図7**（四六―四七頁）および**図14**（一六九頁）の作成に協力してくださった寺内暁さんと廣瀬暁春さん、それから本書執筆中に生じた数学に関する私の質問に答えてくださった中村勇哉さんにも感謝いたします。

かくも多くの方々のお世話になったにもかかわらず、本書になお誤りが残っているとすれば、その責任は当然私にあります。多面的にして多彩なローエルの生涯を辿ることは、私にとって、それまでなじみのなかった複数の分野にあえて踏み込むことを意味していました。したがって、不正確な記述を排するべく私は全力を傾けたものの、本書に誤りがひとつもないと言いきる自信は正直なところありません。誤り以前にそもそも、たとえばローエルの能登半島への旅に同行した山田栄次郎の経歴や、一九〇八年四月にローエルがボストニアンたちに紹介した神職「トモヤ・スガ」の素姓など、本書では解明しきれなかった謎がいくつも残ってしまっています（第3章註70と同章註127をそれぞれ参照のこと）。ぜひ、読者諸賢からのご教示とご叱正をいただきたく存じます。

本書の装幀と組版は、新進気鋭のグラフィックデザイナーである北岡誠吾さんに担っていただきました。私はかつて、加藤賢策さんが代表を務めるLABORATORIESというデザイン会社と仕事をした際に、同社で働く当時学部生の北岡さんと出会い、タイポグラフィに対する彼の真摯な姿勢を強く印象づけられました。そんな北岡さんが二〇一九年春に独立すると知った私は、本書のデザインを彼に依頼したい旨を青土社の明石さんに伝え、了承していただきました。この選択が正しかったことは、きっと読者のみなさまにもすでに、装幀と組版の双方における北岡さんの見事な仕事ぶりをとおして十分に伝わっているでしょう。北岡さんの今後の活躍に本書がわずかなりとも寄与できたとすれば、それは私にとって大きな喜びです。

最後に、母への謝辞を述べさせてください。テレビジャーナリストであった私の父は、一九九四年一二月六日に、取材中の飛行機事故によりケニアのナイロビ近郊で命を落としました。三二歳の冬に同い年の夫を亡くした母にとって、六歳の私と生後一一か月の弟とを育て上げることがどれほど大きな責務であったかが、いまや三一歳となった私にはよくわかります。そして、私を育ててくれた母への感謝のかたちとなりうるものを、亡くなった父の年齢に追いつくまえにひとまず完成させられてよかったと、私はいま心から思っています。本書を母入江伸子に捧げます。

二〇一九年一二月

入江哲朗

入江哲朗（いりえ・てつろう）

1988年生まれ。東京大学大学院総合文化研究科博士後期課程。専門はアメリカ思想史、映画批評。2014–17年に日本学術振興会特別研究員（DC1）、2017–18年にニューヨーク大学客員研究員。著書に『ウィリアム・ジェイムズのことば』（共著、岸本智典編、教育評論社、2018年）、『オーバー・ザ・シネマ　映画「超」討議』（共著、石岡良治＋三浦哲哉編、フィルムアート社、2018年）。訳書にブルース・ククリック『アメリカ哲学史——一七二〇年から二〇〇〇年まで』（共訳、勁草書房、近刊）、ロドルフ・ガシェ『脱構築の力——来日講演と論文』（共訳、宮﨑裕助編、月曜社、2020年）。論考に「ジェイムズ・ミルズ・パースと19世紀末ハーヴァードの専門職化——木村駿吉の書簡を手がかりに」、『アメリカ太平洋研究』第20号（東京大学大学院総合文化研究科アメリカ太平洋地域研究センター、近刊）、「ミラマックスの時代とは何だったのか——タランティーノと一九九〇年代アメリカ映画」、『ユリイカ』第51巻第16号（青土社、2019年9月）など。

人名索引

ここでは、本文、図のキャプション、略年譜に登場するほぼすべての人名——本書の主人公のローエルや、引用中にしか現れない人名などを除く——と、註に登場する一部の人名を取り上げている。当該人名が註中にある場合は「*21n1*」のように表記した。これは巻末21頁内の註1を指す。

ア行

カ行

サ行

タ行

ナ行

ハ行

マ行

ヤ行

ラ行

ワ行

パーシヴァル・ローエル略年譜

以下では、パーシヴァル・ローエルを「PL」、ローエル天文台を「LO」と略記している。

「父」や「祖父」などの表現はすべて、PLを起点とする間柄である。

1855年（0歳）	3月13日、父オーガスタス・ローエルと母キャサリン・ビゲロー・ローエルの長男として、ボストンのトレモント・ストリート131番の家にて生まれる。
1856年（1歳）	12月13日、弟ローレンス誕生。
1857年（2歳）	9月、経済恐慌がニューイングランドを襲う。父オーガスタスはこれを機に、祖父ジョン・エイモリー・ローエルのビジネスの補佐に専念する。
1858年（3歳）	11月27日、妹キャサリン誕生。
1861年（6歳）	4月、南北戦争勃発。
1862年（7歳）	2月2日、妹エリザベス誕生。
1864年（9歳）	5月、母キャサリンの療養のためローエル家は渡欧。PLは弟ローレンスとともにパリの寄宿学校に入る。
1865年（10歳）	4月、南北戦争終結。
1866年（11歳）	秋、ローエル家は帰国。父オーガスタスはブルックラインの土地と家を購入する。そこはのちに「セヴェネルズ」と名づけられる。
1867年（12歳）	紙の船が庭の池に沈んでしまったことをラテン語で、100行の六歩格の詩にして詠む。
1869年（14歳）	5月、チャールズ・ウィリアム・エリオットがハーヴァードの学長に選出される。
1872年（17歳）	9月、ハーヴァード・カレッジに入学。
1874年（19歳）	2月9日、妹エイミー誕生。
1876年（21歳）	6月、ハーヴァード・カレッジを卒業。 7月、同窓のハーコート・エイモリーとともに約1年間のヨーロッパ旅行に出発。
1877年（22歳）	2月、エドワード・チャールズ・ピッカリングがハーヴァード・カレッジ天文台の台長に就任。 夏、ボストンに戻ったPLは祖父ジョンのオフィスに入り、その後の6年間を家業に捧げる。 9月5日、火星の衝《しょう》。この期間の観測によって、合衆国海軍天文台のアサフ・ホールは火星のふたつの衛星を発見し、ミラノのブレラ天文台のジョヴァンニ・ヴィルジニオ・スキアパレッリは火星表面にカナリのネットワークを見出す。
1881年（26歳）	数学物理クラブ（MPクラブ）の創設に携わる。 10月31日、祖父ジョン死去。 年末から翌年初めにかけてローエル・インスティテュートでおこなわれた、エドワード・シルヴェスター・モースの日本についての連続講演を聴く。
1882年（27歳）	1月31日、オスカー・ワイルドがボストンでおこなった講演を聴く。 あるブラーミン女性との婚約を破棄する。

1883年（28歳） 日本へ旅立ち、5月25日に横浜着。築地の外国人居留地の一角に家を借りる。

夏、ヘンリー・テイラー・テリーとともに中部地方の山岳地域を旅行。

8月13日、在日米国公使館から報聘使《ポビンサ》への同行を依頼される。

8月18日、報聘使の一行および宮岡恒次郎《つねじろう》とともに横浜を発つ。

9月18日、報聘使はニューヨークでチェスター・アラン・アーサー大統領へ国書を呈上する。

12月、PLは朝鮮へ渡り、翌年3月まで漢城《ハンソン》に滞在。

1884年（29歳） 3月、朝鮮から日本へ戻る。

7月13日に横浜を発ち、西回りで帰国。年末にセヴェネルズへ戻る。

ボストン・アマチュア写真家協会から最優秀賞を授与される。

12月4日、朝鮮で甲申政変が起こる。

1886年（31歳） 1月、『朝鮮《チョソン》』を出版。

11月、「コリアン・クーデタ」を『アトランティック・マンスリー』に発表。

フレデリック・ジーザップ・スティムソンなどとともに、デダム・ポロ・クラブの創設へ動きだす。

1887年（32歳） 1月、あるパーティー中に、ジョン・ジェイ・チャップマンから杖で頭と肩を打たれる。

ボストン作家クラブの創設へ動きだすものの、計画は頓挫する。

夏、ポニーを買いポロの練習を始める。

1888年（33歳） 3月14日、アパラチアン・マウンテン・クラブの会合で「白根山探訪」と題する発表をおこなう。

9月、マサチューセッツ州ハミルトンでおこなわれたデダム・ポロ・クラブとマイオピア・ハント・クラブとの試合に前者のキャプテンとして出場するものの、怪我により途中退場。

12月、『極東の魂』の出版を見届けたのち日本へ旅立つ。

1889年（34歳） 1月8日、横浜着。麹町に家を借り、東京英語学校で教鞭を執る。

2月11日、憲法発布式当日の朝に森有礼《ありのり》が襲撃される（翌日死去）。

5月3日、能登半島への旅を始める。

5月28日、帰国のため横浜を発つ。

6月27日、ファイ・ベータ・カッパ・ポエム「桜の咲く」を朗読。

1890年（35歳） 1月、約5か月間のヨーロッパ旅行に出発。

11月、「ある日本改革者の運命」を『アトランティック・マンスリー』に発表。

年末、ボストンを発ち東回りで日本へ。道中のヨーロッパでラルフ・ワーメリー・カーティスと合流し、ビルマにも立ち寄る。

1891年（36歳） 4月、『能登』を出版。

4月4日、横浜着。麻布区今井町41番に家を借りる。

6月23日、日本アジア協会の会合で「日本語とビルマ語の比較」と題する発表をおこなう。

7月24日、ジョージ・ラッセル・アガシとともに御嶽山への旅を始める。

御嶽山から戻ったあと、神習教の管長芳村正秉《よしむらまさもち》から神道について教わる。

10月22日、帰国のため横浜を発つ。これを機に実家暮らしをやめ、ボストンに借りた家に住む。

1892年（37歳） 8月4日、火星の衝。ウィリアム・ヘンリー・ピッカリングはこの期間中、ペルーのアレキパに建てられたボイデン観測所から火星を観測。

12月23日、横浜着。赤坂区一ツ木町80番に家を借りる。

1893年（38歳） 芳村正秉の紹介により伊勢神宮を参拝。

8月26日、『ジャパン・アドヴァタイザー』に吾妻山についての詩を発表し、バジル・ホール・チェンバレンらの不評を買う。

11月24日、帰国のため横浜を発つ。

1894年（39歳） 1月、ハーヴァード・カレッジ天文台を訪れてウィリアム・ピッカリングと会食。

2月13日、『ボストン・ヘラルド』がローエルおよびハーヴァードのアリゾナ遠征について報じる。

3月15日、アリゾナへ先遣したアンドリュー・エリコット・ダグラスへの電報により「ローエル天文台」という名称を決定。

4月21日、A・E・ダグラスへの電報によりアリゾナ準州フラグスタッフの観測地を決定。

5月22日、ボストン科学協会が主催する講演会においてアリゾナ遠征への意気込みを語る。

5月28日、フラグスタッフ着。

10月20日、火星の衝。

11月、ボストンへ戻る。

12月、『神秘の日本』を出版。

1895年（40歳） 4月1日、母キャサリン死去。

4月、クラーク社に24インチ屈折望遠鏡を20,000ドルで注文。

5月、前年10月7日に亡くなったオリヴァー・ウェンデル・ホームズの追悼文をアメリカ芸術科学アカデミーの紀要に発表。

レクシー・ルイーズ・レナードを秘書として雇う。

12月、『火星』の出版の手筈を整えたうえで、ルイーズ・レナードを連れて渡欧。翌年3月に帰国するまでのあいだに、カミーユ・フラマリオンやジョヴァンニ・スキアパレッリと会ったり、ラルフ・カーティスとともにサハラ砂漠北端の大気の状態を調査したりする。

1896年（41歳） 7月22日、24インチのレンズがフラグスタッフに到着。完成した望遠鏡は11月に解体されてメキシコへ運ばれる。

7月ないし8月、トマス・ジェファソン・ジャクソン・シーがLOで働きはじめる。

11月、ボストンのウェスト・シーダー・ストリート11番に建つ家をコンスタンス・サヴェッジ・キースから購入。

12月1日、火星の衝。

12月28日、24インチのレンズを携えたPLがメキシコシティのタクバヤに到着。翌年3月26日まで火星を観測。

1897年（42歳） 4月、ボストンへ戻ったPLは神経衰弱に陥る。医師の診断に従いセヴェネルズのベッドで1か月間安静にしていたが、病状はむしろ悪化する。

年末ないし翌年初め、医師を伴ってバミューダ諸島へ渡る。

1898年（43歳） 7月、T・J・J・シーをLOから解雇。

冬、マサチューセッツ州アマーストに滞在し、デイヴィッド・ペック・トッドおよびメイベル・ルーミス・トッドと交流を深める。

1900年（45歳） 1月17日、日食観測遠征のためトッド夫妻とともにニューヨークを発つ。

観測機器の設置を待つあいだコート・ダジュールで療養。同地に滞在していたウィリアム・ジェイムズと交流を深める。

5月28日、トッド夫妻およびPLはオスマン帝国のトリポリで日食を観測。帰路にPLはひとり

でチュニスなどを旅行。

6月22日、父オーガスタス死去。

7月4日、帰国のためイングランドを発つ。


1901年(46歳) 7月、A・E・ダグラスをLOから解雇。

8月、ヴェストー・メルヴィン・スライファーがLOで働きはじめる。

11月13日、アメリカ芸術科学アカデミーの会合で父オーガスタスの追悼文を読み上げる。


1902年(47歳) 9月、マサチューセッツ工科大学の「天文学の客員教授」に任命される。

10月、カール・オットー・ランプランドがLOで働きはじめる。


1903年(48歳) 5月、『太陽系』を出版。


1904年(49歳) 4月20日、フランス天文学協会の大会で、PLがジャンサン賞の受賞者に選ばれる。

夏から秋にかけてのヨーロッパ旅行において、イーディス・ペティットとの情事を楽しむ。


1905年(50歳) 5月8日、火星の衝。エドワード・モースはこの期間中、LOから火星を観測。

7月、『アストロノミシェ・ナハリヒテン』にて、C・O・ランプランドが火星の運河の写真撮影に成功したことを報告。

9月、英国へ渡り、アンドリュー・C・D・クロンメリンなどに火星の写真を見せる。

惑星Xのプロジェクトに本格的に着手。


1906年(51歳) 7月、アール・カール・スライファーがLOで働きはじめる。

12月、『火星とその運河』を出版。


1907年(52歳) 1月7日、ブラウン大学で「火星の生」と題する講演をおこなう。その直前に、ウィンズロー・アプトンから当時16歳のハワード・フィリップス・ラヴクラフトを紹介される。

5月、デイヴィッド・トッドが率いる中央アンデスへの火星観測遠征に、E・C・スライファーをカメラマンとして同行させる。

6月、アマースト・カレッジから法学博士(LLD)という名誉学位を授与される。

7月6日、火星の衝。E・C・スライファーはこの期間中、チリで約13,000枚の火星の写真を撮る。

12月、アンデス遠征で撮られた写真を『センチュリー』に発表する。


1908年(53歳) 4月、クラーク社に40インチ反射望遠鏡を10,800ドルで注文。

4月27日、PLの手配により、訪米中の神職が火渡りおよび刃渡りの神事を披露するというイヴェントがボストンで催される。

6月10日、コンスタンス・キースと結婚。夏のあいだヨーロッパで蜜月を過ごす。

12月、『生命の棲処《すみか》としての火星』を出版。

年末、フラグスタッフの子供たちをLOへ招き、自らサンタクロースの衣裳を着て彼らを楽しませる。


1909年(54歳) 1月、弟ローレンスがハーヴァードの学長に選出される。

4月、『生命の棲処としての火星』が『サイエンス』で酷評されたことをきっかけに、PLとチェンバリン=モールトン説の陣営との論争が勃発。

9月10日、クラーク大学から法学博士の名誉学位を、ジークムント・フロイトやカール・グスタフ・ユングと並んで授与される。

9月24日、火星の衝。

12月、『諸世界の進化』を出版。

年末、40インチ反射望遠鏡がLOに完成。

1910年（55歳） 3月30日、英国天文学協会の会合に急遽参加。

4月8日、英国の王立研究所で「ローエル天文台の惑星写真」と題する講演をおこなう。

12月8日、ボストンのヴィクトリアン・クラブの晩餐会で「社会主義の前兆」と題する演説をおこなう。

1911年（56歳） 10月23日、アリゾナ準州キングマンで「ふたつの星」と題する講演をおこなう。

1912年（57歳） 2月14日、アリゾナが準州から州へ昇格。

9月17日、V・M・スライファーがアンドロメダ星雲の分光写真を撮る。ここから彼の、星雲の視線速度測定の試みが始まる。

10月、ふたたび神経衰弱に陥る。

1914年（59歳） 6月22日、パリのエッフェル塔で催された太陽祭に出席し、ギュスターヴ・エッフェルから挨拶を受ける。

8月26日、V・M・スライファーがアメリカ天文学会の大会で、15個の星雲の視線速度について発表する。

7月28日、第一次世界大戦勃発。米国の参戦は1917年4月6日。

1915年（60歳） 1月13日、アメリカ芸術科学アカデミーの会合で、惑星Xのプロジェクトの理論的な成果を発表する。

1916年（61歳） 1月12日、アパラチアン・マウンテン・クラブの会長に選出される。

2月17日、アリゾナ州フェニックスで「移民対合衆国」と題する演説をおこなう。

11月12日、脳卒中のためLOにて亡くなる。

略号

註に頻出する文献、アーカイヴ、コレクションなどには以下の略号を用いている。当該文献に邦訳がある場合は、「*SFE*, 1–2/9–10」のように表記した。これはローエルの『極東の魂』の原著1–2頁、邦訳9–10頁を指す。

ALL	A. Lawrence Lowell, *Biography of Percival Lowell* (New York: Macmillan, 1935).
BEA	Thomas Hockey et al., eds., *Biographical Encyclopedia of Astronomers*, 2nd ed. (New York: Springer, 2014).
BET	*Boston Evening Transcript.*
CB	Christopher Benfey, *The Great Wave: Gilded Age Misfits, Japanese Eccentrics, and the Opening of Old Japan* (New York: Random House, 2003); 邦訳『グレイト・ウェイヴ――日本とアメリカの求めたもの』大橋悦子訳、小学館、2007年。
Chosön	Percival Lowell, *Chosön: The Land of the Morning Calm; A Sketch of Korea* (Boston: Ticknor, 1886).
DS	David Strauss, *Percival Lowell: The Culture and Science of a Boston Brahmin* (Cambridge, MA: Harvard University Press, 2001); 邦訳『パーシヴァル・ローエル――ボストン・ブラーミンの文化と科学』井上正男監修／大西直樹＋佐久間みかよ＋荒木純子訳、彩流社、2007年。
ELWLP	Percival Lowell, 180 Letters to Elizabeth Lowell Putnam (Mrs. William Lowell Putnam) and William Lowell Putnam, bMS Am 2078, HL.
EMH	William Lowell Putnam et al., *The Explorers of Mars Hill: More Than a Century of History at Lowell Observatory* (Flagstaff, AZ: Lowell Observatory, 2012).
ENCP	John Hannavy, ed., *Encyclopedia of Nineteenth-Century Photography* (New York: Routledge, 2007).
ERH	Edward R. Hogan, *Of the Human Heart: A Biography of Benjamin Peirce* (Bethlehem, PA: Lehigh University Press, 2008).
FG	Ferris Greenslet, *The Lowells and Their Seven Worlds* (Boston: Houghton Mifflin, 1946).
GEW	George Ernest Webb, *Tree Rings and Telescopes: The Scientific Career of A. E. Douglass* (Tucson: University of Arizona Press, 1983).
GHA4A	Owen Gingerich, ed., *Astrophysics and Twentieth-Century Astronomy to 1950: Part A*, The General History of Astronomy 4 (Cambridge: Cambridge University Press, 1984).
HAE	John Lankford, ed., *History of Astronomy: An Encyclopedia* (New York: Garland, 1997).
HL	Houghton Library, Harvard University, Cambridge, MA.
HUA	Harvard University Archives, Cambridge, MA.
J&B	Bessie Zaban Jones and Lyle Gifford Boyd, *The Harvard College Observatory: The First Four Directorships, 1839–1919* (Cambridge, MA: Belknap Press of Harvard University Press, 1971).

JBAA *Journal of the British Astronomical Association.*

JBH John B. Hearnshaw, *The Analysis of Starlight: Two Centuries of Astronomical Spectroscopy*, 2nd ed. (Cambridge: Cambridge University Press, 2014).

JL John Lankford, *American Astronomy: Community, Careers, and Power, 1859–1940* (Chicago: University of Chicago Press, 1997).

JWM *Japan Weekly Mail.*

KSG Karl S. Guthke, *The Last Frontier: Imagining Other Worlds, from the Copernican Revolution to Modern Science Fiction*, trans. Helen Atkins (Ithaca, NY: Cornell University Press, 1990).

LOA Lowell Observatory Archives, Flagstaff, AZ.

LOHP Lowell Observatory Historic Photographs, LOA.

Mars Percival Lowell, *Mars* (Boston: Houghton, Mifflin, 1895).

MC Percival Lowell, *Mars and Its Canals* (New York: Macmillan, 1906).

MJC Michael J. Crowe, *The Extraterrestrial Life Debate, 1750–1900: The Idea of a Plurality of Worlds from Kant to Lowell* (1986; repr., Mineola, NY: Dover, 1999); 邦訳『地球外生命論争1750–1900——カントからロウエルまでの世界の複数性をめぐる思想大全』鼓澄治＋山本啓二＋吉田修訳、全3巻、工作舎、2001年。

Noto Percival Lowell, *Noto: An Unexplored Corner of Japan* (Boston: Houghton, Mifflin, 1891); 邦訳『NOTO——能登・人に知られぬ日本の辺境』宮崎正明訳、十月社、1991年。

NS Nina Sankovitch, *The Lowells of Massachusetts: An American Family* (New York: St. Martin's, 2017).

OJ Percival Lowell, *Occult Japan, or The Way of the Gods: An Esoteric Study of Japanese Personality and Possession* (Boston: Houghton, Mifflin, 1894); 邦訳『オカルト・ジャパン——外国人の見た明治の御嶽行者と憑霊文化』菅原壽清訳、岩田書院、2013年（第3章註101の補足も参照のこと）。

PAmAc *Proceedings of the American Academy of Arts and Sciences.*

PASP *Publications of the Astronomical Society of the Pacific.*

PLC Percival Lowell Correspondence, LOA.

PLCW1 *Percival Lowell—Collected Writings on Japan and Asia, Including Letters to Amy Lowell and Lafcadio Hearn*, ed. David Strauss, vol. 1, *Journal and Newspaper Articles + Letters* (Tokyo: Edition Synapse, 2006).

PLLUM Percival Lowell Lectures and Unpublished Manuscripts, LOA.

RM Robert Markley, *Dying Planet: Mars in Science and the Imagination* (Durham, NC: Duke University Press, 2005).

SEM Samuel Eliot Morison, *Three Centuries of Harvard, 1636–1936* (1936; repr., Cambridge, MA: Belknap Press of Harvard University Press, 1964).

SFE Percival Lowell, *The Soul of the Far East* (Boston: Houghton, Mifflin, 1888); 邦訳『極東の魂』川西瑛子訳、公論社、1977年。

SJD Steven J. Dick, *The Biological Universe: The Twentieth-Century Extraterrestrial Life Debate and the Limits of Science* (Cambridge: Cambridge University Press, 1996).

TJJL　T. J. Jackson Lears, *No Place of Grace: Antimodernism and the Transformation of American Culture, 1880–1920*, paperback ed. (1983; repr., Chicago: University of Chicago Press, 1994); 邦訳『近代への反逆——アメリカ文化の変容1880–1920』大矢健＋岡崎清＋小林一博訳、松柏社、2010年。

WGH　William Graves Hoyt, *Lowell and Mars* (Tucson: University of Arizona Press, 1976).

WW　H. G. Wells, *The War of the Worlds* (London: William Heinemann, 1898); 邦訳『宇宙戦争』中村融訳、創元SF文庫、2005年（序論註3の補足も参照のこと）。

註

序論
消滅する媒介者

（1） “消滅する媒介者”というフレーズは以下のフレドリック・ジェイムソンの論文から借りられているが、本書における用法は必ずしもジェイムソンに忠実ではない。Fredric Jameson, "The Vanishing Mediator; or, Max Weber as Storyteller," in *The Ideologies of Theory* (1988; repr., London: Verso, 2008), 309–43.

（2） 『宇宙戦争』のさまざまなアダプテーション（翻案）に関しては以下を参照のこと。Peter J. Beck, *The War of the Worlds: From H. G. Wells to Orson Welles, Jeff Wayne, Steven Spielberg and Beyond* (London: Bloomsbury Academic, 2016), pt. 3. スピルバーグ版『宇宙戦争』の興行収入の数値は同書の264頁に基づく。

（3） *WW*, 1–2/15–16.「略号」に挙げたとおり本書では、『宇宙戦争』の原文は1898年にロンドンで刊行された初版を、邦訳は2005年の中村融によるものを参照している。ウェルズは、1924年に刊行が始まった「アトランティック版」と呼ばれる自らの作品集へ『宇宙戦争』を収める際に改稿を施しており、中村の訳はこのアトランティック版に基づいている（*WW*の邦訳に収められた中村融「ふたつの世界の戦い――『宇宙戦争』をめぐって」の317–18頁を参照のこと)。したがって*WW*の原文と邦訳とのあいだに厳密な対応が成り立っているとは言えないが、「凡例」に示した原則のとおり引用者が原文を試訳しつつ、読者の便宜も考慮して、現在入手しやすい邦訳のひとつである中村訳において相当する箇所のページ数を付記した次第である。

（4） Leon Stover, ed., *The War of the Worlds: A Critical Text of the 1898 London First Edition, with an Introduction, Illustrations and Appendices*, by H. G. Wells, The Annotated H. G. Wells 4 (2001; repr., Jefferson, NC: McFarland, 2012), 52n3. 当該のフレーズは*Mars*, 129に見られる。

（5） Unsigned review of *WW*, *Academy* 53, no. 1343 (January 29, 1898): 122. 引用の2文目は構文が複雑であるが、英国の天文学者たちは『宇宙戦争』以後にはじめてローエルの火星論へ注意を向けたと言いたいのだろう。この分析が不正確であることについては第4章第5節を参照のこと。また、ウェルズが『宇宙戦争』を着想した経緯の詳細に関してはBeck, *War of the Worlds*の128–31頁を参照のこと。

（6） 『近代の神話』が『最後のフロンティア』へ生まれ変わる過程で、タイトルだけでなく本文にも多少の修正が加えられていることを著者が認めているため（KSG, xii)、本書ではもっぱら後者を参照することとした。なお、これは明記されていないが、"The Last Frontier"という新しいタイトルは間違いなく、1966年に米国のテレビドラマとして始まった『スタートレック』シリーズの、お決まりのオープニング・フレーズ"Space, the final frontier"（「宇宙、そこは最後のフロンティア」）を念頭に置いて選ばれたはずである。

（7） Adam Roberts, *Science Fiction*, 2nd ed., The New Critical Idiom (London: Routledge, 2006), 50–52.

（8） H. G. Wells to Grant Allen, [late summer 1895?], in *The Correspondence of H. G. Wells*, ed. David C. Smith (London: Pickering and Chatto, 1998), 1:245–46.

（9） Patrick Parrinder, *Science Fiction: Its Criticism and Teaching*, The New Accent Series

(1980; repr., London: Routledge, 2003), 4, 10; 邦訳『SF——稼動する白昼夢』大橋洋一＋佐伯泰樹＋池上嘉彦訳、勁草書房、1985年、27、35頁。

(10) Unsigned review of *WW*, 122.『宇宙戦争』以前の火星SFに関しては以下を参照のこと。RM, 115–34; Mark R. Hillegas, "Martians and Mythmakers: 1877–1938," in *Challenges in American Culture*, ed. Ray B. Browne, Larry N. Landrum, and William K. Bottorff (Bowling Green, OH: Bowling Green University Popular Press, 1970), 150–64; Mark R. Hillegas, "Victorian 'Extraterrestrials,'" in *The Worlds of Victorian Fiction*, ed. Jerome H. Buckley (Cambridge, MA: Harvard University Press, 1975), 400–411.

(11) *WW*, 207–8/213–14.『両惑星物語』の書誌情報は以下のとおり。Kurd Laßwitz, *Auf zwei Planeten*, 2 vols. (Weimar: Verlag von Emil Felber, 1897); 邦訳『両惑星物語』松谷健二訳、ハヤカワ・SF・シリーズ、1971年。この小説における同時代の帝国主義への示唆はほとんど明白であるが、その読解も含めて、RM, 127–34は優れた『両惑星物語』論を展開している。

(12) KSG, 30, 34–35.

(13) KSG, 368–69, 377.

(14) KSG, 389–90.

(15) H. G. Wells, "The Rediscovery of the Unique," in *H. G. Wells: Early Writings in Science and Science Fiction*, ed. Robert M. Philmus and David Y. Hughes (Berkeley: University of California Press, 1975), 30–31.

(16) Norman MacKenzie and Jeanne MacKenzie, *The Life of H. G. Wells: The Time Traveller*, rev. ed. (London: Hogarth, 1987), chap. 5; 邦訳（1973年の原著初版に基づく）『時の旅人——H・G・ウェルズの生涯』村松仙太郎訳、早川書房、1978年、第5章。前註に挙げたPhilmus and Hughes, *H. G. Wells*は、ウェルズの初期の文章のうち重要なものを収めており、また科学ジャーナリズムの仕事の大部分を229–44頁でリスト化している。

(17) *Mars*, v.

(18) *Mars*, v, 139. 原文で用いられている"drawing"という語は、絵画制作の文脈においてであれば「素描」や「デッサン」と訳すこともできる。しかし、図4や5をはじめとする、天体観測の記録として手描きされた図をローエルはほぼ一貫して"drawing"と呼んでいるものの、これに「素描」や「デッサン」といった訳語をあてることはふさわしくないように思われた。ゆえに本書では、いささかぎこちないことを承知しつつ、「ドローイング」という訳語を採用した。

なお、第4章で述べるようにローエル自身は1894年11月にフラグスタッフからボストンへ戻っているので、「1894年5月24日から1895年4月3日まで」という『火星』序文の言葉は、当時はまだ恒久化されていなかったローエル天文台の稼働期間を指している。

(19) *Mars*, 201.

(20) *Mars*, 202.

(21) *Mars*, 207–9.

(22) *Mars*, 209–11.

(23) *Mars*, 211–12.

(24) KSG, 357–58.

(25) KSG, 3, 357–58. 世界の複数性を思想史の観点から論じた文献については第4章註5を参照のこと。

(26) ガリレオ・ガリレイの生涯および業績に関する本文中の記述は以下に多くを負っている。Stillman Drake, *Galileo at Work: His Scientific Biography* (Chicago: University of Chicago Press, 1978); 邦訳『ガリレオの生涯』田中一郎訳、全3巻、共立出版、1984–85年。

(27) Bertolt Brecht, *Leben des Galilei (1955/56)*, in *Werke: Große kommentierte Berliner und Frankfurter Ausgabe*, ed. Werner Hecht et al., vol. 5, *Stücke 5* (Berlin: Aufbau-Verlag /

Frankfurt am Main: Suhrkamp Verlag, 1988), 214; 邦訳「ガリレイの生涯」、岩淵達治訳『ブレヒト戯曲全集』第4巻所収、未來社、1998年、239–40頁。『ガリレイの生涯』には、1939年に脱稿したデンマーク版、英訳されたうえで1947年にカリフォルニア州ビヴァリーヒルズで初演された米国版、1955年に出版されたベルリン版の3つのヴァージョンがあるが、ここで引いたのはベルリン版である。この成立過程について、および『ガリレイの生涯』の現代的な読解の例については、以下を参照のこと。内野儀「科学／ガリレイ／革命——ブレヒト『ガリレイの生涯』をめぐって」、『現代思想』第37巻第12号、青土社、2009年9月、177–91頁。

なお、上記の『ガリレイの生涯』邦訳には、「ガリレオ・ガリレイの表記は、イタリアではガリレイではなくガリレオとするのが普通であ」り、「ブレヒトのこの作品のイタリア語訳のタイトルも「ガリレオの生涯」となっている」という岩淵達治の訳註が付されている(350頁註2)。これを踏まえて、本書では「ガリレオ」によってガリレオ・ガリレイを指すこととした。前註に挙げたスティルマン・ドレイクによる伝記は、「ガリレイ」という姓の由来をこう説明している。「ガリレオが出たフィレンツェの一家は、もともとボナイウティ〔Bonaiuti〕という姓であった。15世紀にガリレオ・ボナイウティという医者が、内科医としても公職においても名を成したことによって、この一家に大きな誉《ほま》れをもたらした。その結果、この一家の分家のひとつが、彼に敬意を表してガリレイという姓になったのである」(Drake, *Galileo at Work*, 1; 邦訳、第1巻15頁)。

(28) パドヴァからフィレンツェへ移る際にガリレオが採った戦術については、たとえば以下が詳しく論じている。Mario Biagioli, *Galileo, Courtier: The Practice of Science in the Culture of Absolutism* (Chicago: University of Chicago Press, 1993), chap. 2.

(29) 内野「科学／ガリレイ／革命」、177–84頁。

(30) 宮崎の著書の書誌情報は以下のとおり。宮崎正明『知られざるジャパノロジスト——ローエルの生涯』、丸善ライブラリー、1995年。シュトラウスによる伝記とローレンス・ローエルによる伝記は、それぞれ「略号」のDSとALLである。邦訳のあるTJJLにもローエルの伝記的研究が含まれているが、これは第5章で検討される。日本語の文献ではほかにも、たとえば以下がローエルの生涯を論じている。横尾広光『地球外文明の思想史』、恒星社厚生閣、1991年、第6–7章。佐藤利男『星慕群像——近代日本天文学史の周辺』、星の手帖社、1993年、第3部。

(31) アメリカ思想史(American intellectual history)という、おそらく日本の読者にとってはいまだなじみの薄い領域の歴史や現状に関しては、以下の拙稿を参照のこと。入江哲朗「訳者解説　アメリカ思想史の一分野としてのアメリカ哲学史」、ブルース・ククリック著／大厩諒ほか訳『アメリカ哲学史——一七二〇年から二〇〇〇年まで』所収、勁草書房、近刊、頁数未定。

第1章
マサチューセッツ州ボストン

(1) 1946(昭和21)年2月13日にGHQ/SCAPが日本政府へ提示した憲法草案(いわゆる「GHQ草案」)の第13条には、当時存命の華族の地位は彼らの代にかぎって認められる旨が記されており、この草案を受けて日本政府が作成し同年4月17日に公表した「憲法改正草案」にも、補則のひとつである第97条に「この憲法施行の際現に華族その他の貴族の地位にある者については、その地位は、その生存中に限り、これを認める」という一文が盛り込まれている。しかしながら、この第97条は同年の第90回帝国議会の衆議院での審議において削除が可決され、続く貴族院での審議もこの決定を覆さなかったため、華族制度は翌1947(昭和22)年5

月3日の新憲法施行をもって即時廃止されることとなった。

日本国憲法が制定されるまでの過程に関する重要な史料の多くは、国立国会図書館が作成した「日本国憲法の誕生」というウェブサイトにおいて、電子化されたかたちで公開されている(http://www.ndl.go.jp/constitution/index.html)。また華族制度の廃止に関しては以下も参照のこと。小田部雄次『華族』、中公新書、2006年、286–96頁。

(2) Cleveland Amory, *The Proper Bostonians* (New York: E. P. Dutton, 1947), 14.

(3) Ibid., 13–14.

(4) Ibid., 11.

(5) 本文のこの段落と続く3段落の記述は、FG, 3–27に多くを負っている。FGは老パーシヴァルに始まるアメリカのローエル家の系譜を論じており、本章におけるローエル家の人びとについての記述は全般的に同書から裨益を得ている。同じ主題を扱った文献としてはNSもあるが、こちらは小説的な描写が非常に多いため、読み物としてはおもしろいものの、学術的な研究に用いる場合には注意が必要である。

(6) 1620年にメイフラワー号で大西洋を渡りプリマスに上陸した102人は、宗教的情熱を抱いて英国を脱出した広義のピューリタンたちと、出資者の意向により彼らが行動をともにせざるをえなかった「よそ者たち」(“strangers”)とがほぼ半分ずつを占めるいわば混成部隊であった。こうしたメイフラワー号による移住の実態と、そこから「ピルグリム・ファーザーズ」の神話的なイメージが生まれた経緯は、以下で論じられている。大西直樹『ピルグリム・ファーザーズという神話』、講談社選書メチエ、1998年。

(7) FG, 11.

(8) Delmar R. Lowell, *The Historic Genealogy of the Lowells of America from 1639 to 1899* (Rutland, VT: Tuttle, 1899), 3–6; FG, 20.

(9) ジョン・ローエル牧師(5)についての本文中の記述はFG, 27–40に多くを負っている。また、初期のハーヴァードの教育、ホイットフィールドによるアメリカでの巡回伝道、および18世紀半ばの大覚醒については以下から裨益を得た。増井志津代『植民地時代アメリカの宗教思想――ピューリタニズムと大西洋世界』、上智大学出版、2006年。

(10) アメリカ史における反知性主義に関しては以下を参照のこと。Richard Hofstadter, *Anti-intellectualism in American Life* (New York: Vintage Books, 1963); 邦訳『アメリカの反知性主義』田村哲夫訳、みすず書房、2003年。森本あんり『反知性主義――アメリカが生んだ「熱病」の正体』、新潮選書、2015年。

(11) Lowell, *Genealogy of the Lowells*, xxx–xxxiv; FG, 40.

(12) 老判事ジョン・ローエル(6)についての本文中の記述はFG, 43–84に多くを負っている。

(13) 「真夜中」の指名によってコロンビア特別区治安判事への就任が決まったものの辞令を受けとれずにいたウィリアム・マーベリー(1762–1835)は、ジェファソン政権下の国務長官であるジェイムズ・マディソン(1751–1836)に辞令を送付させるべく、1801年12月16日に連邦最高裁判所へ直接、職務執行令状(writ of mandamus)を求める申し立てをおこなった。これがいわゆるマーベリー対マディソン事件である。現在の常識からすればありえないことではあるが、この件の審理に首席判事として携わったのは、辞令未達の元凶であるはずのジョン・マーシャルその人であった。というのも彼は、任期終了間際のアダムズ前大統領の求めに応えて、1801年1月31日に連邦最高裁判所の第4代首席判事に就任していたからである(したがって彼は、3月4日に政権が交代するまでのあいだ国務長官と連邦最高裁首席判事とを兼任していた)。

紙谷雅子によれば、マーベリー対マディソン事件に対してマーシャル首席判事が1803年に

下した判決は、「司法審査について明文の規定を欠く合衆国憲法に関し、〔…〕合衆国憲法と連邦議会の制定法が抵触する場合には後者は無効であり、その判断に際し、司法府に合衆国憲法の解釈権があると宣言した画期的な」判例であるとしばしば言われている。しかし紙谷は同時に、「本件判決は、〔…〕合憲限定解釈回避の可能性、事案の政治的活用、利害関係者でありながらの審理への関与など、根拠のあるなしを問わず、多くの非難を受けて」おり、「とくに、その重要性は過大評価されて」いるとも付言している（紙谷雅子「違憲立法審査制の成立」、樋口範雄ほか編『アメリカ法判例百選』所収、有斐閣、2012年、5頁）。

マーベリー対マディソン事件についての研究や解説は枚挙にいとまがないが、もっとも平易なもののひとつとして以下を挙げることができる。阿川尚之『憲法で読むアメリカ史（全）』、ちくま学芸文庫、2013年、第3章。この事件の背景に関する本文中の記述は、同書に加えて以下にも多くを負っている。Cliff Sloan and David McKean, *The Great Decision: Jefferson, Adams, Marshall, and the Battle for the Supreme Court* (New York: PublicAffairs, 2009), chaps. 4–6.

(14) FG, 63, 125; NS, 89.

(15) FG, 87–94, 132–34, 238–41; Robert E. Spiller et al., eds., *Literary History of the United States: History*, 4th ed. (New York: Macmillan, 1974), chap. 35.

(16) FG, 218–23, 261–65, 319–20. 19世紀前半のローエル家における血縁のネットワークと富の集中との関係については以下を参照のこと。Betty G. Farrell, *Elite Families: Class and Power in Nineteenth-Century Boston* (Albany: State University of New York Press, 1993), 65–69. ボストンの上流階級に関する歴史研究としては、19世紀を視野とする同書に加え、20世紀前半までを扱った以下も重要である。川島浩平『都市コミュニティと階級・エスニシティ――ボストン・バックベイ地区の形成と変容、1850–1940』、御茶の水書房、2002年。

(17) Quoted in Francis Cabot Lowell [III], "Address," in *Exercises at the Seventy-Fifth Anniversary of the Incorporation of the Town of Lowell* (Lowell, MA: Courier-Citizen, 1901), 43.

(18) フランシス・キャボット・ローエル（⑦）についての本文中の記述は以下に多くを負っている。FG, 93, 124–30, 154–60; Robert F. Dalzell Jr., *Enterprising Elite: The Boston Associates and the World They Made* (Cambridge, MA: Harvard University Press, 1987), chaps. 1–2.

(19) Bradford Perkins, *Prologue to War: England and the United States, 1805–1812* (Berkeley: University of California Press, 1961), chaps. 3 and 5; Alan Taylor, *The Civil War of 1812: American Citizens, British Subjects, Irish Rebels, and Indian Allies* (2010; repr., New York: Vintage Books, 2011), 115–19.

(20) FG, 140–41n1; Dalzell, *Enterprising Elite*, 7–10.

(21) Ibid., 15.

(22) Nathan Appleton, *Introduction of the Power Loom, and Origin of Lowell* (Lowell, MA: B. H. Penhallow, 1858), 7.

(23) FG, 127–28, 156. 英国滞在中のフランシスにとって、機械化された繊維工場の威容を目にしたときのポジティヴな驚きは、工場をとりまく都市の劣悪な環境に対するネガティヴな驚きと対を成すものであった（Dalzell, *Enterprising Elite*, 12–13）。フランシスが渡英する2年前の1808年にマンチェスターを訪れたある人物は、「目も当てられないほど不潔」なこの町の様子を、「蒸気機関が毒を撒きちらしており、騒々しい染色工場は不快きわまりなく、川の水はインクかはたまた冥土の湖かと思えるほどに真っ黒である」と表現している（quoted in Asa Briggs,

Victorian Cities, rev. ed. [1968; repr., London: Penguin Books, 1990], 89）。

(24) Appleton, *Power Loom*, 8–9.

(25) Sven Beckert, *Empire of Cotton: A Global History* (New York: Alfred A. Knopf, 2014), 136–46; E. H. Cameron, *Samuel Slater, Father of American Manufactures* (Portland, ME: Bond Wheelwright, 1960), 29–61; Barbara M. Tucker, *Samuel Slater and the Origins of the American Textile Industry, 1790–1860* (Ithaca, NY: Cornell University Press, 1984), 45–51.

(26) 渡辺喜七『アメリカの工業化と経営理念』、日本経済評論社、2000年、62–68頁。

(27) 佐合紘一『ニューイングランド繊維株式会社とボストン金融機関』、泉文堂、2003年、13–26頁。

(28) Appleton, *Power Loom*, 8.

(29) Quoted in Henry A. Miles, *Lowell, as It Was, and as It Is* (Lowell, MA: Powers and Bagley; N. L. Dayton, 1845), 222.

(30) 渡辺『アメリカの工業化と経営理念』、73、103–7頁。ボストン製造会社の急成長を支えた労働者の大部分は、近郊の農村出身の若い女性たちであった。本章註23に記したように、フランシスは英国の産業革命の暗部とも言うべき苛酷な労働環境に強いショックを受けていたため、ボストン製造会社の労務管理には最大限の配慮を払っていた（同前、162–86頁）。

(31) 同前、130–33頁。

(32) Appleton, *Power Loom*, 15.

(33) Farrell, *Elite Families*, 60. ボストン・アソシエイツの主要メンバーがそれぞれどの会社の経営に参加したかは、Dalzell, *Enterprising Elite* の233–38頁に収められた表から把握できる。

(34) Edgar Allan Poe, review of *Poems*, by James Russell Lowell, in *Essays and Reviews*, ed. G. R. Thompson (New York: Library of America, 1984), 809.

(35) Edgar Allan Poe, review of *A Fable for Critics*, by James Russell Lowell, in *Essays and Reviews*, 822.

(36) FG, 246–55.

(37) F. O. Matthiessen, *American Renaissance: Art and Expression in the Age of Emerson and Whitman* (London: Oxford University Press, 1941), x; 邦訳『アメリカン・ルネサンス――エマソンとホイットマンの時代の芸術と表現』飯野友幸ほか訳、上智大学出版、2011年、上巻vii頁。

(38) 『アメリカン・ルネサンス』は結果的にきわめて大きな影響力をふるったため、マシーセンがそこでおこなった選択に対してはのちに、選ばれなかった者たちの立場に基づく批判が相次いで寄せられた。アメリカ文学研究という領域における『アメリカン・ルネサンス』の意義に関しては、以下のふたつの論文を参照のこと。村山淳彦「米文学史の戦後構想からバーコヴィッチまで――アメリカ文化史とアメリカ文学史（マシーセン以後）」および舌津智之「マシーセンの万華鏡――アメリカ文学史の見直し論争」、亀井俊介監修／平石貴樹編『アメリカ――文学史・文化史の展望』所収、松柏社、2005年、81–113、115–40頁。

(39) C. David Heymann, *American Aristocracy: The Lives and Times of James Russell, Amy, and Robert Lowell* (New York: Dodd, Mead, 1980), 91–95.

(40) ポーのロングフェローに対する波状攻撃は、「ウーティス」(Outis)と名乗る人物からの反論を招き、彼（?）との論争においてポーはいくらか分の悪い立場に置かれることとなった。ロングフェロー小戦争の経緯に関しては以下を参照のこと。Sidney P. Moss, *Poe's Literary Battles: The Critic in the Context of His Literary Milieu* (Durham, NC: Duke University Press, 1963), chap. 5.

(41) Oliver Wendell Holmes, "A Second Preface," in *Elsie Venner: A Romance of Destiny*, vol.

5 of *The Works of Oliver Wendell Holmes* (Boston: Houghton, Mifflin, 1892), ix.

(42) Holmes, *Elsie Venner*, 1–3.

(43) Ibid., 3–4.

(44) Ibid., 4.

(45) R・W・B・ルイスの『アメリカのアダム』(1955)という著名な研究書では、ホームズ博士は次のように評されている。

> 実際のところ、19世紀全体にわたる長い生涯 (1809–94) を生きたオリヴァー・ウェンデル・ホームズは、彼の時代のもっとも目立つ人物、あるいは時代を代表する人物になって然るべきであった。いったいなぜ、彼はかくもしばしば我々を落胆させるのか――この問いに答えるのは容易ではない。おそらくは彼が、実に多くの趨勢のただなかにおいて、一貫した平凡さを身につけることのみによって中道を維持しつづけていたためであろう。(R. W. B. Lewis, *The American Adam: Innocence, Tragedy, and Tradition in the Nineteenth Century* [Chicago: University of Chicago Press, 1955], 33; 邦訳『アメリカのアダム――一九世紀における無垢と悲劇と伝統』斎藤光訳、研究社、1973年、48頁)

ルイスは同書において、医学用語がちりばめられたホームズ博士の「薬用小説」を俎上に載せ、そこでは伝統的な価値観を「一貫した平凡さ」の範囲内で刷新するための理念として科学が利用されているのだと論じている (ibid., 32–41; 邦訳、46–60頁)。

(46) 実は『エルシー・ヴェナー』の語り手は、さきの引用に続く箇所で、「もっとも輝かしい著名人のうちの何人かは、手織りの服を着た人びとの階級から一代でのし上がってきた人物である」という例外を認めつつもこう記している。

> かくいう次第で、知的な才芸を学ぶ機会をさほど持たずとも、自らの知的な適性を洗練させてゆく家系というものは存在するのである。一連の適切な交わりは、高められた血筋をさらに発展させ、ついには、大柄でぼさぼさ頭の若者がカレッジで首位に立ち、教室にいる親譲りのリーダーたちの度肝を抜くに至って、究極の完成に達する。これぞ、自然の共和制というものである。これを神に感謝すべきであるが、だからと言って分別を欠いてはいけない。学者を代々輩出している家柄〔race〕は、一定量の動物的活力を手放すことによって新しい資質を獲得してきたのだが、十分な動物的活力なくしては人びとを率いることは難しいというのも事実である。自然の特別な恩恵によって胸の広い父親と懐の深い母親との新鮮な血筋から生まれた学者は、薄められ弱められたヴァイタリティーしか持たない同等の知性をつねに凌駕する。人間の呼吸器と消化器は (そこに筋肉を加える向きもあろう)、上院の議場においては、彼の思考をつかさどる器官とまったく同じだけ重要なものなのだ。(Holmes, *Elsie Venner*, 5–6)

ここに見られる、洗練と野性のハイブリッドとしてのリーダー像と、それを記述するホームズ博士の筆致のアンビヴァレンスもまた興味深い論点ではある。

しかしいずれにせよ、『エルシー・ヴェナー』の冒頭に長々と続く記述は、そうした興味深さではまったく補えないペースで現在の読者の意欲を削いでゆくだろう。その理由のひとつはもちろん、身体的特徴と精神的傾向とが偏見によって短絡されている点にあり、もうひとつは、ホームズ博士が「カースト」と呼ぶひとつの階級についての説明が、教室内の人間関係との類比によってなされている点にある。後者の点からは「スクールカースト」という日本のスラングもただちに連想される (この言葉については

鈴木翔『教室内《スクール》カースト』[光文社新書、2012年]などを参照のこと)。教室という限定的な環境で形成される人間関係の序列を、教室よりもはるかに広大で複雑でダイナミックなものであるはずのニューイングランド社会にそのまま拡大できると考えているかのようなホームズ博士の書きぶりは、たとえそれが博士流のユーモアだとしても、文脈を共有しない読者にもおもしろみが感じられるものではまったくない。

(47) Quoted in John Dickson Carr, *The Life of Sir Arthur Conan Doyle* (London: John Murray, 1949), 135; 邦訳『コナン・ドイル』大久保康雄訳、ハヤカワ・ポケット・ミステリ、1993年(2013年改版)、196頁。

(48) Oliver Wendell Holmes, *The Professor at the Breakfast-Table*, vol. 2 of *Works*, 83; Oliver Wendell Holmes, *The Autocrat of the Breakfast-Table*, vol. 1 of *Works*, 125.

(49) Ralph Waldo Emerson, "Boston," in *Natural History of Intellect, and Other Papers*, vol. 12 of *The Complete Works of Ralph Waldo Emerson* (Boston: Houghton Mifflin, 1903–4), 188.

(50) 土曜クラブの創設の経緯とその初期の様子は、エマソンの息子が著した以下の本に記録されている。Edward Waldo Emerson, *The Early Years of the Saturday Club, 1855–1870* (Boston: Houghton Mifflin, 1918).

(51) 鈴木一郎『ホラティウス——人と作品』、玉川大学出版部、2001年、146頁。この格言の原文は"Caelum non animum mutant qui trans mare currunt"であり、ホラティウスの『書簡詩』第1巻(ca. 20–19 BCE)の第11歌に見られる。本文に訳を記すうえでは、「山下太郎のラテン語入門」というウェブサイト内の、この格言の文法を詳細に解説した以下のページから裨益を得た。http://www.kitashirakawa.jp/taro/?p=1052

(52) Percival Lowell, "Oliver Wendell Holmes," *PAmAc* 30 (1895): 557.

(53) Ibid., 558–59.

(54) H. G. Wells, *The Future in America: A Search after Realities* (New York: Harper and Brothers, 1906), 230.

(55) Drew Gilpin Faust, *This Republic of Suffering: Death and the American Civil War* (New York: Alfred A. Knopf, 2008), xi; 邦訳『戦死とアメリカ——南北戦争62万人の死の意味』黒沢眞理子訳、彩流社、2010年、9頁。以下の優れた研究は、南北戦争という大変動を経たあとの米国においてニューヨークのブルジョワたちが覇権を確立してゆく過程を論じている。Sven Beckert, *The Monied Metropolis: New York City and the Consolidation of the American Bourgeoisie, 1850–1896* (Cambridge: Cambridge University Press, 2001).

(56) "Lowell Cloth," University of Massachusetts Lowell, Center for Lowell History, http://libguides.uml.edu/c.php?g=546113.

(57) 南北戦争前の米国におけるニューイングランドと南部との相互依存関係に関しては、たとえば以下を参照のこと。Thomas H. O'Connor, *Lords of the Loom: The Cotton Whigs and the Coming of the Civil War* (New York: Charles Scribner's Sons, 1968), 45–51.

(58) James M. McPherson, *Battle Cry of Freedom: The Civil War Era* (New York: Oxford University Press, 1988), 189–90; Farrell, *Elite Families*, 65–66; FG, 262–63. なお川島浩平は、1857年の恐慌は「一過性の混乱を招いたに過ぎ」ず、南北戦争下の「戦時景気」や「終戦直後の生産過剰」による「停滞」といった波を経て、「マサチューセッツ産業界」は「1860年代後半を通じての繁栄期を迎え」るに至ったと分析している(川島『都市コミュニティと階級・エスニシティ』、53、62頁)。

(59) FG, 220–21, 319–20; A. Lawrence Lowell, "John Lowell, 1825–1897," in *Later Years of*

the Saturday Club, 1870–1920, ed. M. A. DeWolfe Howe (Boston: Houghton Mifflin, 1927), 143; Percival Lowell, "Augustus Lowell," *PAmAc* 37, no. 23 (August 1902): 637–40. 2番目に挙げた文章のタイトルではジョン・ローエル（9a）の生年が1825年になっているが、これは1824年の誤りである。

(60) McPherson, *Battle Cry of Freedom*, 70–86.

(61) Ralph Waldo Emerson, "The Fugitive Slave Law," in *Miscellanies*, vol. 11 of *Complete Works*, 230–31; 邦訳「逃亡奴隷法」、酒本雅之訳『エマソン論文集』下巻所収、岩波文庫、1973年、253頁。フェリス・グリーンズレットは、ここでエマソンが言う「ほかの者に較べて少しは理性のある何人かのまじめな人びと」のなかには、ハーヴァードでの彼の同級生だったフランシス・キャボット・ローエル・ジュニア（8b）も含まれているはずだと推測している（FG, 269–70）。

なお、エマソンの演説で言及されている立場を共有する者たちが、政治の場において具体的にどうふるまったのかについては、本章註57に挙げたO'Connor, *Lords of the Loom*で主題的に論じられている。

(62) Edward Weeks, *The Lowells and Their Institute* (Boston: Little, Brown, 1966), 71; Thomas Dublin, *Women at Work: The Transformation of Work and Community in Lowell, Massachusetts, 1826–1860*, 2nd ed. (New York: Columbia University Press, 1993), chaps. 8–9.

マサチューセッツ州ローエルをはじめとするニューイングランドの工場町においては、移民の増加に伴って貧困も拡大した。要するにこれらの町は都市化しつつあったのだが、ここで思い起こすべきなのは、ローエルはニューイングランドにはじめて生まれた工場町であり、ゆえにそこで生じたいわゆる都市問題の多くは、それに対処する人びとにとっては前例のないものだったということである。この点に関しては以下の重要な研究を参照のこと。Thomas Bender, *Toward an Urban Vision: Ideas and Institutions in Nineteenth Century America* (1975; repr., Baltimore: Johns Hopkins University Press, 1982). 都市をめぐる思想が19世紀の米国でいかに発展していったかを論じる同書は、全体の3分の1近くをローエルの事例の検討に割いているため、初期のローエルの歴史を知るうえでも必読の文献である。

(63) FG, 310; NS, 217; ALL, 2.

(64) Lowell, "Augustus Lowell," 641–42; FG, 320–21; NS, 242–44.

(65) ALL, 2–5; FG, 347; DS, 71/99.

第2章
マサチューセッツ州ケンブリッジ

(1) 江藤淳『アメリカと私』、講談社文芸文庫、2007年、63頁。

(2)『慶応義塾百年史』、慶応義塾、1958–68年、下巻767–71頁。数字は1965年3月31日時点のものであり、本文に挙げた学生数には通信教育課程の学生は含まれていない。

(3) James McCosh, *The New Departure in College Education: Being a Reply to President Eliot's Defence of It in New York, Feb. 24, 1885* (New York: Charles Scribner's Sons, 1885), 8–9, 11–12.

(4) より正確には、マコッシュ学長は——プリンストンのカリキュラムに選択科目制を部分的に導入している事実などからも明らかなように——エリオットの方針に全面的に反対していたわけでは必ずしもなく、またさまざまな改革を手がけたウィルソン学長も、理念のうえではマコッシュの精神を少なからず継承していた（Laurence R. Veysey, *The Emergence of the American University* [Chicago: University of Chicago Press, 1965], 51–52, 241–48）。

(5) Edwin E. Slosson, *Great American Univer-*

sities (New York: Macmillan, 1910), 33, 109. ハーヴァードの学生総数には、後述するラドクリフ・カレッジの学生なども含まれている。「学生」の範囲をより狭めた別の統計に基づけば、1886年度から1908年度にかけて、ハーヴァードの学生総数は1,612人から3,692人へ変化したことになる（SEM, 492）。

（6） 江藤『アメリカと私』、78頁。

（7） 同前、54、68–69頁。

（8） 同前、74頁。

（9） ミシシッピ大学事件に関しては以下を参照のこと。Charles W. Eagles, *The Price of Defiance: James Meredith and the Integration of Ole Miss* (Chapel Hill: University of North Carolina Press, 2009).

（10） 江藤『アメリカと私』、75–76頁。

（11） 同前、76–77頁。

（12） 再建の時代についての研究としては、以下が決定的に重要である。Eric Foner, *Reconstruction: America's Unfinished Revolution, 1863–1877* (1988; repr., New York: Harper Perennial, 2014).

（13） 中野博文『ヘンリ・アダムズとその時代——世界大戦の危機とたたかった人々の絆』、彩流社、2016年、47頁。

（14） Henry Adams, *The Education of Henry Adams*, in *Novels, Mont Saint Michel, The Education*, ed. Ernest Samuels and Jayne N. Samuels (New York: Library of America, 1983), 769–70; 邦訳『ヘンリー・アダムズの教育』刈田元司訳、教育書林、1995年、76頁。同書の出版の経緯に関しては、上記の原著に収められている編者の解説の1219–20頁を参照のこと。

（15） Ibid., 770; 邦訳、76頁。

（16） SEM, 1–18; Roger L. Geiger, *The History of American Higher Education: Learning and Culture from the Founding to World War II* (Princeton, NJ: Princeton University Press, 2015), 1–5. 厳密に言えば「コーポレーション」は通称であり、その正式名称は「ハーヴァード・カレッジの学長およびフェロー」（the President and Fellows of Harvard College）である。

（17） SEM, 391–93.

（18） Ronald Story, *The Forging of an Aristocracy: Harvard and the Boston Upper Class, 1800–1870* (Middletown, CT: Wesleyan University Press, 1980), 24, 90.

（19） SEM, 235–36.

（20） 潮木守一『アメリカの大学』、講談社学術文庫、1993年、46–49頁。

（21） Frederick Rudolph, *Curriculum: A History of the American Undergraduate Course of Study since 1636* (San Francisco: Jossey-Bass, 1977), 78–79. 1820年代のハーヴァードにおけるティクナーの改革の試みについては、前掲の潮木『アメリカの大学』の第2章がわかりやすく解説しており、また以下が詳細な検討を加えている。宮澤康人「ハーバード学則改正（1825）とイェールリポート（1828）——アメリカにおける選択科目制度をめぐる論争の端緒」、『東京大学教育学部紀要』第16巻、東京大学教育学部、1977年3月、1–22頁。ただし同論文の11–13頁では、SEM, 235に掲げられているカリキュラムが1823年度のものとして紹介されているけれども、これは（本文にも記したように）1825年度の誤りである。

（22） 潮木『アメリカの大学』、32–35頁。

（23） Daniel Walker Howe, *The Unitarian Conscience: Harvard Moral Philosophy, 1805–1861* (1970; repr., Middletown, CT: Wesleyan University Press, 1988), 1–4.

（24） M. A. DeWolfe Howe, *Boston, the Place and the People* (New York: Macmillan, 1903), chap. 7; 森本あんり『アメリカ・キリスト教史——理念によって建てられた国の軌跡』、新教出版社、2006年、90–91頁。

（25） Howe, *Unitarian Conscience*, 4.

(26) Howe, *Boston*, 196–200; FG, 75–76, 168, 172–76.

(27) SEM, 290–93. ボーエンの2度目の教授指名が監督会に承認されたのは、1851年に監督会に関する規定が部分的に改められたからでもあった（Story, *Forging of an Aristocracy*, 141）。ボーエンをはじめとするハーヴァードのユニテリアンたちの奴隷制に対する考えに関しては、Howe, *Unitarian Conscience*の第10章を参照のこと。

(28) James Walker to John Amory Lowell, February 5, 1856, quoted in Story, *Forging of an Aristocracy*, 150. より正確には、ジョン・エイモリー・ローエルは1858年にも、前年に生じた恐慌（第1章第5節参照）の対処に専念すべくコーポレーションを辞めようとしたのだが、彼の辞意はいったん受理されたにもかかわらず、後任を見つけられずにいるあいだに話はうやむやになり、結局彼は1877年までコーポレーションの席を温めつづけることとなった（FG, 263）。

(29) 駒村圭吾によれば、1919年に下されたシェンク対合衆国事件の判決においてホームズ判事がはじめて示した「明白かつ現在の危険」の原則の意義は、言論の自由を制限する法理としてそれまで裁判所が用いてきた「悪しき傾向」（“bad tendency”）の原則をより権利保障的なものへと転換させた点にある。というのも、この新たな法理は、「言論の自由の限界を、言論のもつ「傾向性」ではなく、「危険性」に求め、かつそれが「明白かつ現在」の危険であることを条件として」いるからである（駒村圭吾「明白かつ現在の危険の原則」、樋口ほか編『アメリカ法判例百選』所収、63頁）。詳しくは、駒村も必読文献として挙げている以下を参照のこと。伊藤正己『言論・出版の自由——その制約と違憲審査の基準』、岩波書店、1959年、第6–7章。

(30) Edmund Wilson, *Patriotic Gore: Studies in the Literature of the American Civil War* (1962; repr., New York: W. W. Norton, 1994), 795; 邦訳『愛国の血糊——南北戦争の記録とアメリカの精神』中村紘一訳、研究社、1998年、540頁。

(31) 従軍中のホームズに関しては以下を参照のこと。Sheldon M. Novick, *Honorable Justice: The Life of Oliver Wendell Holmes* (Boston: Little, Brown, 1989), chaps. 4–7. また南北戦争の経過やデータに関しては、第1章註58に挙げたMcPherson, *Battle Cry of Freedom*を参照のこと。

(32) Wilson, *Patriotic Gore*, 747–48, 754; 邦訳、506、511頁。

(33) Ibid., 789; 邦訳、536頁。

(34) オリヴァー・ウェンデル・ホームズ・ジュニアに関しては多くの研究が存在するが、南北戦争前後という視野のなかで彼の思想を論じた研究書としては、『愛国の血糊』と『メタフィジカル・クラブ』のほかにもたとえば以下がある。George M. Fredrickson, *The Inner Civil War: Northern Intellectuals and the Crisis of the Union* (1965; repr., Urbana: University of Illinois Press, 1993); David E. Shi, *Facing Facts: Realism in American Thought and Culture, 1850–1920* (New York: Oxford University Press, 1995).

(35) Oliver Wendell Holems Jr. to Charles Eliot Norton, April 17, 1864, quoted in Louis Menand, *The Metaphysical Club: A Story of Ideas in America* (New York: Farrar, Straus and Giroux, 2001), 52; 邦訳『メタフィジカル・クラブ——米国100年の精神史』野口良平＋那須耕介＋石井素子訳、みすず書房、2011年、55頁。

(36) Menand, *Metaphysical Club*, 58–59; 邦訳、61頁。

(37) 世紀転換期を生きた米国の知識人たちの、父の世代の価値観から断絶したことに伴うさまざまなアンビヴァレンスを論じた研究書としてはTJJLがきわめて重要である。その議論は本書

の第5章で詳しく紹介されるだろう。また、TJJLではほとんど扱われていないジェイムズ父子の関係に関しては以下を参照のこと。Alfred Habegger, *The Father: A Life of Henry James, Sr.* (Amherst: University of Massachusetts Press, 1994). 加えて第1章註16に挙げた川島『都市コミュニティと階級・エスニシティ』の、「ブラーミンエリート層の言説は、アイルランド系が、19世紀末になってもなお異なる「人種」でありつづけたことを示唆している」という分析(150頁)は、ジェイムズ家の出自に関する本文中の記述の傍証でもある。

(38) 『メタフィジカル・クラブ』は、数々の賞讃を受けた一方で、そこで展開されている哲学的な議論に関して複数の哲学者から批判を寄せられてもいる。なかでももっとも辛辣なのは以下の書評であろう。Thomas Short, "Sham Scholarship," *Modern Age* 44, no. 4 (Fall 2002): 381–87.

(39) Geiger, *American Higher Education*, 281–98.

(40) Ibid., 307–8; SEM, 309.「ボストン・テック」と呼ばれていたころのMITの歴史は以下に綴られている。Samuel C. Prescott, *When M.I.T. Was "Boston Tech," 1861–1916* (Cambridge, MA: Technology Press, 1954). ローレンス・サイエンティフィック・スクールは、設立のために5万ドルを寄付したアボット・ローレンス――ジョン・エイモリー・ローエルのビジネスパートナーであり、パーシヴァル・ローエルの母方の祖父でもある(第1章第2節および第5節参照)――にちなんで名づけられた。このプロフェッショナル・スクールの設立の経緯に関してはたとえば以下を参照のこと。立川明「19世紀アメリカの大学と科学――ニュー・イングランドのディレンマとロウレンス科学校の開設」、『大学史研究』第2号、大学史研究会、1981年3月、22–33頁。

(41) FG, 312–13; Prescott, *"Boston Tech,"* 35–36.

(42) 本文のこの段落から節の終わりまでの記述は以下に多くを負っている。Henry James, *Charles W. Eliot: President of Harvard University, 1869–1909* (Boston: Houghton Mifflin, 1930), vol. 1, chaps. 1–6; Hugh Hawkins, *Between Harvard and America: The Educational Leadership of Charles W. Eliot* (New York: Oxford University Press, 1972), chaps. 1–2. ここに挙げた2冊のうちの前者を著したヘンリー・ジェイムズ(1879–1947)は、哲学者のウィリアム・ジェイムズの(弟ではなく)長男である。

(43) 実はエリオットは、MITの招きを受ける少しまえに、マサチューセッツ州ローエルのメリマック製造会社で工場長を務めないかという提案を破格の給与額とともに伝える手紙を、ハーヴァード・コーポレーションのフェローであるフランシス・ボードマン・クローニンシールド(1809–77)から受けとっている。この提案をクローニンシールドとともに按配したのもやはり、ジョン・エイモリー・ローエルであった。エリオットは、結果的には教育を自らの天職と思いさだめてこの提案を断ったものの、そこには迷いもあったようである(James, *Charles W. Eliot*, 1:143–48; Hawkins, *Between Harvard and America*, 33, 47)。

(44) Charles William Eliot, "The New Education: Its Organization," pt. 1, *Atlantic Monthly* 23, no. 136 (February 1869): 216. この引用の少しあとにある次の一節は、前註に記した経緯(および第1章第3節で論じたフランシス・キャボット・ローエルの生涯)を念頭に置いて読むとより興味深いものとなる。「アメリカの大学はいまだこの土壌からは育っていない。我々が直面しているのは、実際的というよりはむしろ理論的な反対意見である。そうした意見のなかには、大学と呼びうるものを作りたければ種から育てなくてはならないという、もっともな見解も含まれている。大学はイングランドやドイツから移植されたところで満開にはならない。大学は、綿工場とは違って、目の前の需要に即応すべく半年で急造するなどというわけにはいかないのである」(ibid.)。

(45) Hawkins, *Between Harvard and America*, 95–96.

(46) SEM, 328.

(47) John T. Wheelwrigt, preface to *Harvard College, the Class of 1876: Seventh Report of the Secretary Covering the Class History for Twenty-Five Years to MDCCCCI* (Boston: Merrymount, 1901), vii.

(48) *The Harvard University Catalogue, 1872–73* (Cambridge, MA: Charles W. Sever, 1873), 63–73; *The Harvard University Catalogue, 1873–74* (Cambridge, MA: Charles W. Sever, 1874), 71–84.

(49) Hawkins, *Between Harvard and America*, 173–74. 1年生向けの必修科目からギリシア語とラテン語がはずれたのは1884年度以後である（ibid., 95）。

(50) 潮木『アメリカの大学』、132–45頁。ほかにも、この時期のハーヴァードには後世まで語り継がれる逸話がいくつもある。たとえば、学生の自由を尊重し（すぎ）たエリオットが1886年には授業への出席さえも学生自身の責任に委ねるようになると、学期中であるにもかかわらず寮を脱けてキューバで遊びほうける強者《つわもの》が現れ、彼の父親がこの事実を察知して連絡するまで大学側はその学生がどこにいるのかまったく把握できずにいた、などなど（同前、29–30頁）。

(51) Charles William Eliot, “Inaugural Address as President of Harvard College,” in *Educational Reform: Essays and Addresses* (New York: Century, 1898), 1.

(52) Eliot, “New Education,” 218.

(53) Eliot, “Inaugural Address,” 12. エリオットはまた、学長を頂点とする大学行政の構造を論じるくだりでこうも述べている。「割りふられた従属的責任という原則〔the principle of divided and subordinate responsibilities〕、これは政府の部局や製造工場やあらゆる偉大な会社を統《す》べているものであり、近代的な軍隊を可能ならしめているものでもありますが、この原則を大学にも適用しなくてはなりません」（ibid., 34）。

(54) *Yearly Returns: Examinations and Aggregates, 1872–73*, UAIII 15.28, Box 46, HUA; *Yearly Returns: Examinations and Aggregates, 1873–74*, UAIII 15.28, Box 47, HUA; *Yearly Returns: Examinations and Aggregates, 1874–75*, UAIII 15.28, Box 48, HUA; *Yearly Returns: Examinations and Aggregates, 1875–76*, UAIII 15.28, Box 49, HUA; DS, 46–49/70–74.

(55) ALL, v–vi.

(56) 岡本拓司『科学と社会――戦前期日本における国家・学問・戦争の諸相』、サイエンス社、2014年、71–74頁。

(57) 米国のトップクラスの大学が20世紀前半に研究大学として急速に成長してゆく過程に関しては以下を参照のこと。Roger L. Geiger, *To Advance Knowledge: The Growth of American Research Universities, 1900–1940* (New York: Oxford University Press, 1986). とりわけ物理学の領域では、米国の大学は慈善団体の資金を有効に活用したばかりでなく、量子論の登場というパラダイム・シフトにうまく適応し、また1920年代後半から増えはじめた亡命科学者を積極的に受け入れたこともあって、1930年代初めにはヨーロッパに伍する水準に達することができた。ところがこの流れのなかで、ハーヴァードの物理学科だけはいささか特殊な道筋を辿っていたことが、以下の論文において詳述されている。岡本拓司「ハーヴァード大学物理学科における理論物理学の創始――実験家の役割を中心に」、『科学技術史』第1号、日本科学技術史学会、1997年12月、1–44頁。

(58) *Harvard University Catalogue, 1872–73*, 68–69.

(59) Bruce Kuklick, *The Rise of American Philosophy: Cambridge, Massachusetts, 1860–1930* (New Haven, CT: Yale University Press, 1977),

28–32; Novick, *Honorable Justice*, 35; Menand, *Metaphysical Club*, 26; 邦訳、29頁。

(60) Eliot, "Inaugural Address," 7.

(61) ローレンス・サイエンティフィック・スクール時代のジェイムズにエリオットが与えた影響については以下を参照のこと。Paul Jerome Croce, *Science and Religion in the Era of William James: Volume 1, Eclipse of Certainty, 1820–1880* (Chapel Hill: University of North Carolina Press, 1995), 134–38. 以前に大学へ通った経験があるわけでもないジェイムズが、ハーヴァード・カレッジを経由せずいきなり付設のプロフェッショナル・スクールに入学していることは奇妙にも感じられるが、当時はそれが許されていた。プロフェッショナル・スクールが大学院教育の場として適切に機能するようシステムが整備されるのはエリオット学長の就任以後であり、しかも彼にとって大学院の改革の優先度はさほど高くなかった(潮木『アメリカの大学』、185–91頁)。

(62) ウィリアム・ジェイムズの生涯に関する本文中の記述は以下に多くを負っている。Robert D. Richardson, *William James: In the Maelstrom of American Modernism* (Boston: Houghton Mifflin, 2006). またエリオット学長時代のハーヴァード大学哲学科の様子については以下を参照のこと。George Herbert Palmer and Ralph Barton Perry, "Philosopy, 1870–1929," in *The Development of Harvard University: Since the Inauguration of President Eliot, 1869–1929*, ed. Samuel Eliot Morison (Cambridge, MA: Harvard University Press, 1930), 3–32.

(63) Kuklick, *Rise of American Philosophy*, 138. 「黄金期」という表現は、たとえば同書の第2–3部のタイトルにある("The Golden Age at Harvard")。

(64) ALL, 6–7; DS, 59/85–86. 以下の論文は、18世紀のグランドツアーがどのようなものであり、観光産業の黎明期にあたる19世紀前半にその概念や実践がどう変化したかを論じている。James Buzard, "The Grand Tour and After (1660–1840)," in *The Cambridge Companion to Travel Writing*, ed. Peter Hulme and Tim Youngs (Cambridge: Cambridge University Press, 2002), 37–52.

(65) DS, 16–17, 25–29/34–35, 46–51; Howard P. Chudacoff, *The Age of Bachelor: Creating an American Subculture* (Princeton, NJ: Princeton University Press, 1999), 48, 284–85.

(66) Lowell, "Augustus Lowell," 652. この文章の書誌情報は第1章註59に掲げてある。これをローエルが読み上げたのはアメリカ芸術科学アカデミーの1901年11月13日の会合においてである("Records of Meetings," *PAmAc* 37, no. 23 [August 1902]: 614)。

(67) ALL, 8; DS, 50/75.

(68) Percival Lowell to Elizabeth Lowell, September 9, 1882, ELWLP. ローエルの婚約破棄についてはDS, 35/57–58を参照のこと。またワイルドの1882年の訪米に関しては以下を参照のこと。Mary Warner Blanchard, *Oscar Wilde's America: Counterculture in the Gilded Age* (New Haven, CT: Yale University Press, 1998), chap. 1; DS, 14/32.

(69) DS, 122–23/159–60; CB, 65–67/97–99; "Shipping," *JWM*, 3rd ser., 1, no. 4 (May 26, 1883): 94. モースの日本における足跡は以下で詳しく論じられている。磯野直秀『モースその日その日——ある御雇教師と近代日本』、有隣堂、1987年。ビゲローの生涯は第5章第2節でふたたび取り上げられる。

(70) ローエル・インスティテュートの歴史に関しては、第1章註62に挙げたWeeks, *The Lowells* に加えて以下も参照のこと。Harriette Knight Smith, *The History of the Lowell Institute* (Boston: Lamson, Wolffe, 1898).

(71) Henry Aaron Yeomans, *Abbott Lawrence*

Lowell, 1856–1943 (Cambridge, MA: Harvard University Press, 1948), 34–44, 52–60.

(72) William James to Henry James, November 15, 1908, in *The Correspondence of William James*, ed. Ignas K. Skrupskelis and Elizabeth M. Berkeley (Charlottesville: University Press of Virginia, 1992–2004), 3:370–71.

(73) SEM, 439–40. このときのコーポレーションのフェローのひとりはフランシス・キャボット・ローエル（⑩）であった（SEM, 159n1）。

(74) William James, Diary for June 30, 1909, William James Papers, MS Am 1092.9 (4558), HL.

第3章

石川県鳳至郡穴水村

（1） Lafcadio Hearn to George M. Gould, 1889, quoted in George M. Gould, *Concerning Lafcadio Hearn* (Philadelphia: George W. Jacobs, 1908), 116. ハーンを日本へ赴かせたトリガーとしては、『極東の魂』に加えて、1884年にニューオーリンズで開催された産業綿花100周年万国博覧会（the World's Industrial and Cotton Centennial Exposition）も重要である。『ハーパーズ・ウィークリー』という雑誌へ寄せる記事の取材のために万博を訪れたハーンは、日本からの展示品の数々に大いに魅了されたようである（小玉晃一「ニューオーリンズ万国博覧会」、平川祐弘監修『小泉八雲事典』所収、恒文社、2000年、462–64頁）。

（2） DS, 293n1. 序論で述べたとおり、同書の註は邦訳には含まれていない。

（3） Joseph M. Henning, *Outposts of Civilization: Race, Religion, and the Formative Years of American-Japanese Relations* (New York: New York University Press, 2000), 27; 邦訳『アメリカ文化の日本経験――人種・宗教・文明と形成期米日関係』空井護訳、みすず書房、2005年、36頁。

（4） DS, 114, 131/151, 168. ラフカディオ・ハーンの生涯に関する本文中の記述は以下の多くを負っている。板東浩司『詳述年表 ラフカディオ・ハーン伝』、英潮社、1998年。

（5） John Offer, "Herbert Spencer—a General Introduction," in *Herbert Spencer: Critical Assessments*, ed. John Offer (London: Routledge, 2000), 1:xxii.

（6） 以下は、ソーシャル・ダーウィニズムについての最新の概論として優れている。Gregory Claeys, "Social Darwinism," in *The Cambridge Companion to Nineteenth-Century Thought*, ed. Gregory Claeys (Cambridge: Cambridge University Press, 2019), 163–83. スペンサーの思想に関する本文中の記述は、同論文に加えて以下にも多くを負っている。Mike Hawkins, *Social Darwinism in European and American Thought, 1860–1945: Nature as Model and Nature as Threat* (Cambridge: Cambridge University Press, 1997), chap. 4.

（7） DS, 105/141. 同書においてシュトラウスは、ローエルがスペンサーの『科学的、政治的、ないし思弁的論文集』（*Essays: Scientific, Political, and Speculative*）の1868年版をハーヴァード・カレッジの図書館から借りて読んでいたことを指摘している（DS, 292n11）。スペンサーが1858年に発表した「近年の天文学および星雲仮説」は、「星雲仮説」へ改題され内容も多少修正されたうえでそこに収められている（1858年に刊行された『論文集』の初版には収められていない）。この論文からの引用は、本章註9に示すとおり初出時のヴァージョンに基づいているが、少なくとも引用した部分に関しては1868年版の『論文集』との異同はカンマの有無などごくわずかな範囲に留まっている。

（8） 小暮智一『現代天文学史――天体物理学の源流と開拓者たち』、京都大学学術出版会、2015年、35–37、423–27頁。

（9） [Herbert Spencer], "Recent Astronomy, and

the Nebular Hypothesis," *Westminster and Foreign Quarterly Review* 70, no. 137 (July 1858): 191.

(10) Ibid., 199.

(11) 星雲仮説が誕生した経緯に関しては以下を参照のこと。Stephen G. Brush, *Nebulous Earth: The Origin of the Solar System and the Core of the Earth from Laplace to Jeffreys*, A History of Modern Planetary Physics 1 (Cambridge: Cambridge University Press, 1996), 3–36. ドイツの哲学者イマヌエル・カント（1724–1804）の初期の著書『天界の一般自然史と理論』（1755）も、太陽系の起源をラプラスと同様の仕方で説明していることから、星雲仮説は「カント＝ラプラス説」と呼ばれることもある（ibid., 6–7, 22n16）。

(12) [Herbert Spencer], "Progress: Its Law and Cause," *Westminster and Foreign Quarterly Review* 67, no. 132 (April 1857): 465. この論文も本章註7で言及したスペンサーの『論文集』に収められており（初版と1868年版どちらにも）、したがってローエルがハーヴァード・カレッジ在学中に読んだ可能性は高い。

(13) John Fiske, *Outlines of Cosmic Philosophy: Based on the Doctrine of Evolution, with Criticisms on the Positive Philosophy* (Boston: Houghton, Mifflin, 1874), 1:384. 米国における星雲仮説の受容に関しては以下を参照のこと。Ronald L. Numbers, *Creation by Natural Law: Laplace's Nebular Hypothesis in American Thought* (Seattle: University of Washington Press, 1977).

(14) DS, 102–5/138–41.

(15) John Spencer Clark, *The Life and Letters of John Fiske* (Boston: Houghton Mifflin, 1917), 1:231–35; Milton Berman, *John Fiske: The Evolution of a Popularizer* (Cambridge, MA: Harvard University Press, 1961), 71–77. フィスクの連続講演は、「ユニヴァーシティー・レクチャーズ」という制度の一環としておこなわれたものであり、受講料を払えば女性を含め誰でも受けることができた。エリオットが1869年度のユニヴァーシティー・レクチャーズに力を注いだのは、自らの学長就任以前からハーヴァードに存在していたこの制度を大学院教育の整備のための足がかりにすることをもくろんでいたからであった。しかしながら、受講者数がエリオットの想定を大きく下回ったため早くも1872年にこの制度は廃止された（Charles H. Haskins, "The Graduate School of Arts and Sciences, 1872–1929," in Morison, *Development of Harvard*, 453–54［書誌情報は第2章註62参照］）。

(16) Josiah Royce, "Herbert Spencer and His Contribution to the Concept of Evolution," *International Quarterly* 9 (March–June 1904): 364–65.

(17) 実際のところは、フィスクの人事をめぐる経緯にはいくつかの偶然も絡んでおり、エリオットの方針も必ずしも一貫していたわけではなかった。その詳細に関してはBerman, *John Fiske* の第4章および第6章を参照のこと。また、エリオットが学長就任直後の10年間に下した人事に関する決定については以下も参照のこと。Robert A. McCaughey, "The Transformation of American Academic Life: Harvard University, 1821–1892," *Perspectives in American History* 8 (1974): 275–94.

(18) 法哲学の研究者である森村進は、2017年に編まれた『ハーバート・スペンサー コレクション』の解説において、スペンサーの著作が彼の死後にほとんど読まれなくなった理由を分析したうえで、「経験科学の領域と反対にスペンサーの思想がなお意義を持つ、いや今日ますます意義を持つのは、社会思想の領域だ」と述べている（森村進「訳者解説　なぜ今スペンサーを読むのか」、森村進編訳『ハーバート・スペンサー コレクション』所収、ちくま学芸文庫、2017年、

435頁）。まさにその社会思想の領域において、19世紀後半の米国でどのようにプロフェッショナライゼーションが進行し、スペンサーが流行していた時代がいかにして過去へと追いやられたかについては、たとえば以下で分析されている。Thomas L. Haskell, *The Emergence of Professional Social Science: The American Social Science Association and the Nineteenth-Century Crisis of Authority* (1977; repr., Baltimore: Johns Hopkins University Press, 2000).

(19) [Henry Holt], "Herbert Spencer," *Unpopular Review* 8, no. 16 (October–December, 1917): 345. ここに引いたホルトの言葉をはじめとする、スペンサーの思想の流行ぶりを伝える同時代のアメリカ人たちの証言は、以下でいくつも紹介されている。Richard Hofstadter, *Social Darwinism in American Thought*, rev. ed. (1955; repr., Boston: Beacon Press, 1992), chap. 2; 邦訳『アメリカの社会進化思想』後藤昭次訳、研究社叢書、1973年、第2章。

(20) Robert C. Bannister, *Social Darwinism: Science and Myth in Anglo-American Social Thought* (Philadelphia: Temple University Press, 1979), 59; 銭本健二「ハーバート・スペンサー」、『小泉八雲事典』所収、321–22頁。

(21) Percival Lowell to Katharine B. Lowell, June 8, 1883, quoted in ALL, 9–10.

(22) ALL, 10–12; 宮崎『知られざるジャパノロジスト』、12–15頁（書誌情報は序論註30参照）。草津白根山の1882（明治15）年の噴火については、気象庁のウェブサイト内の、「草津白根山有史以降の火山活動」と題する以下のページを参照のこと。http://www.data.jma.go.jp/svd/vois/data/tokyo/305_Kusatsu-Shiranesan/305_history.html

(23) Jongsuk Chay, *Diplomacy of Asymmetry: Korean-American Relations to 1910* (Honolulu: University of Hawaii Press, 1990), 60–70; ALL, 12.

(24) 宮岡は報聘使《ポビンサ》の正式なメンバーではなく、ローエルの私設秘書という位置づけであった。報聘使について、特に彼らの米国でのコミュニケーションと詳細な道程については、以下を参照のこと。Lee Han-seop, "Language Barriers in Early Korean-American Contacts: The Case of 1883 Korean Mission to the U.S." (presentation, Trans-Pacific Relations Conference, Princeton University, Princeton, NJ, September 7, 2006), http://www.princeton.edu/~collcutt/doc/HanSop_English.pdf. この文章の日本語版も以下のとおりウェブ上で公開されている。李漢燮「朝鮮の遣米使節団における通訳の問題について――1883年の遣米使節団の例を中心に」、http://www.princeton.edu/~collcutt/doc/HanSop_Japanese.pdf。本文の次の段落の記述もこの文章に多くを負っている。

(25) 髙田美一「宮岡恒次郎とパーシヴァル・ロウエル、エドワード・モース、アーネスト・フェノロサ――明治東西文化交流の一面」、『立正大学文学部論叢』第97号、立正大学文学部、1993年3月、75–85頁。

(26) 宮崎『知られざるジャパノロジスト』、19–20頁。当時9歳のエイミー・ローエルは、このときローエル家を訪れた宮岡と生涯にわたって交友を保つこととなる。1921年の宮岡宛ての手紙において彼女は、ふたりが出会ったときのことをふりかえってこう記している。「あなたの膝に座り、あなたの髪の毛を引っぱりながら、あまりに馴れなれしくしすぎて母に叱られたことをよく憶えています。あなたは私にとても優しくしてくれましたし、とても楽しそうに私と遊んでくれましたので、あなたのことを同い年の遊び相手と思わずにはいられなかったのです！」（Amy Lowell to Tsunejiro Miyaoka, January 13, 1921, quoted in S. Foster Damon, *Amy Lowell: A Chronicle with Extracts from Her Correspondence*

[Boston: Houghton Mifflin, 1935], 55)。

(27) "Latest Shipping," *JWM*, 4th ser., 1, no. 13 (March 29, 1884): 310; "Latest Shipping," *JWM*, 4th ser., 2, no. 3 (July 19, 1884): 78; ALL, 29.

(28) Percival Lowell to Katharine B. Lowell, October 7, 1884, quoted in ALL, 31.

(29) ローエルは1885年3月12日に、マサチューセッツ工科大学(MIT)が主宰する一種の学会であるソサイエティ・オヴ・アーツの会合において、「朝鮮の建築」("Korean Architecture")と題する論文を読み上げている。その内容は以下で確かめられる。Massachusetts Institute of Technology, *Abstract of the Proceedings of the Society of Arts for the Twenty-Third Year, 1884–1885: Meetings 320 to 335 Inclusive* (Boston: W. J. Schofield, 1885), 102–8. また彼は、『サイエンス』の1885年3月27日号と5月29日号に、朝鮮の建築について報告する以下のふたつの記事を寄せている。Percival Lowell, "The New Palace at Söul," *Science* 5, no. 112 (March 27, 1885): 251–53; Percival Lowell, "The Hong Sal Mun, or The Red Arrow Gate," *Science* 5, no. 121 (May 29, 1885): 438–40. これら3つの文章はすべて『朝鮮《チョソン》』の出版以前に発表されたものであるが、それらの内容が『朝鮮』の第25章および第27章に組み込まれていることもあり、本書では『朝鮮』をローエルのデビュー作と見なしている。

(30) *Chosön*, 121.

(31) Unsigned review of *Chosön*, *Nation* 42, no. 1074 (January 28, 1886): 84.

(32) *Chosön*, 32, 61, 70–71.

(33) 金学俊『西洋人の見た朝鮮——李朝末期の政治・社会・風俗』金容権訳、山川出版社、2014年、196–98頁。

(34) Colin Harding, "Camera Design: 5 Portable Hand Cameras (1880–1900)," in *ENCP*, 249–50; Bryan Clark Green, "Wet Collodion Negative," in *ENCP*, 1485–86; John Ward, "Dry Plate Negatives: Gelatine," in *ENCP*, 438–39.

(35) 金『西洋人の見た朝鮮』、201頁。

(36) DS, 80–82/111–12. ただし、同書でシュトラウスも指摘しているように(DS, 81/112)、また『朝鮮』に書かれている、漢城《ハンソン》郊外の村ですれちがった女性の撮影を求めるローエルの交渉の仕方からも窺えるように(*Chosön*, 312–14)、写真家としてのローエルの異国におけるふるまいには傲慢な側面があったことにも注意しなくてはならない。

(37) 糟谷憲一「朝鮮の開国と開化」、李成市+宮嶋博史+糟谷憲一編『世界歴史大系　朝鮮史2——近現代』所収、山川出版社、2017年、26–27頁。

(38) Percival Lowell, "A Korean Coup d'État," *Atlantic Monthly* 58, no. 349 (November 1886): 616; 邦訳「朝鮮クーデター」伊吹浄訳、伊吹浄編訳『日本と朝鮮の暗殺——ローエル・レポート』所収、公論社、1979年、81–82頁。他方で、閔泳翊《ミンヨンイク》についてはこう書かれている。「閔自身は、人好きのするふるまいと愛想のよい話しぶりとを身につけた青年であって、まだ20代前半である。彼の最大の関心事は、真に王子らしい仕方であらゆるものを見、またあらゆる人からそう見られることであった。彼は、国内にあっては宮廷の人気者であり、国外にいるあいだは、外交官としての旅行に伴われる礼遇と悦楽にたいそう夢中になっていた」(ibid., 603; 邦訳、47頁)。

(39) Ibid., 606; 邦訳、55頁。

(40) 田保橋潔『近代日鮮關係の研究』、朝鮮總督府中樞院、1940年、上巻916–91頁。

(41) *Chosön*, 111, 116.

(42) 『極東の魂』の連載版の書誌情報は以下のとおり。Percival Lowell, "The Soul of the Far East," pts. 1–4, *Atlantic Monthly* 60, no. 359 (September 1887): 405–13; no. 360 (October 1887): 515–24; no. 361 (November 1887):

614–24; no. 362 (December 1887): 836–49.

(43) 20世紀初めまでに著された朝鮮に関する欧米人の文章は、本章註33に挙げた金『西洋人の見た朝鮮』において網羅的に取り上げられている。明治の日本を訪れたアメリカ人たちについての研究は枚挙にいとまがないけれども、総合的でかつ読みやすい文献としては、CBや本章註3に挙げたヘニング『アメリカ文化の日本経験』などがある。

(44) *SFE*, 14–15/20.

(45) *SFE*, 195/179–80.

(46) Unsigned review of *SFE*, *Dial* 9, no. 108 (April 1889): 329.

(47) *SFE*, 29, 35, 71–72, 84–85, 88, 125, 189/33, 37, 68–69, 81, 85, 116, 172.

(48) *SFE*, 213/194.

(49) *SFE*, 1–2/9–10.

(50) *SFE*, 3/10. 日本ではすべてが「あべこべ」であるという西洋人の観察に関しては、文化人類学者のクロード・レヴィ゠ストロース（1908–2009）が以下の短い文章で考察を加えている。Claude Lévi-Strauss, "Apprivoiser l'étrangeté," in *L'autre face de la lune: Écrits sur le Japon* (Paris: Éditions du Seuil, 2011), 127–32; 邦訳「異様を手なずける」、川田順造訳『月の裏側――日本文化への視覚』所収、中央公論新社、2014年、103–8頁。

　これはもともと、ルイス・フロイス（1532–97）――16世紀にポルトガルから日本へ渡ったイエズス会の宣教師――が1585年に著した『日欧文化比較』の仏訳への序文として書かれたものである。『極東の魂』がここで言及されているわけではないが、レヴィ゠ストロースはかわりに、バジル・ホール・チェンバレン（この人物については第3章第3節を参照のこと）の『日本事物誌』（1890）にある「あべこべ」（"Topsy-turvydom"）という項目と、古代ギリシアの歴史家ヘロドトスによる紀元前5世紀のエジプトについての記述を引きあいに出している。レヴィ゠ストロースは、フロイス、チェンバレン、ヘロドトスという三者の文章が、いくつもの例を挙げながら観察対象の国の「あべこべ」ぶりを強調する点で共通していることを指摘したうえで、対称的な関係に注目するその見方は異国の文化の「異様さを手なずけ、それになじむための手段」として機能したと論じている（ibid., 131; 邦訳、107頁）。

(51) 実はこの書き出しの少しあとでローエルは、2種類のまったく異なる視点が共存している状況から確実な知識を引き出すための方法を、写真の合成という喩えを用いて論じている。

> それでは、極東的なものをたんにひとつの現象と見なすのではなく、ひとりの人間として見てみよう。すると我々は、彼の特異な視点に新たな意義を発見する。すなわち、この視点を立体視的に〔stereoptically〕用いることができるという意義である。世界を写した彼の精神写真〔mind-photograph〕と我々のそれとを隣りあわせに置くこともできるし、ふたつの写真を合成してみれば、それぞれの写真が単体で生み出しうる以上の結果がもたらされるだろう。こうして和合されたものは、人間性を了解するための助けとなるだろう。じじつ我々は、こんなふうにふたつの異なる相をひとつに合成することによってのみ、実体を知覚したり現実と幻影を区別したりすることができるのである。我々のふたつの眼が物体を正確に見ることを可能にしてくれるように、地球のふたつの半球は精神の特徴を正確に捉えることを可能にしてくれるかもしれない。つねに表情を変えないのは表面的なものだけであり、実質的なものは観察者の立場に応じてその装いを変える。あらゆるものが単純明白なのは夢の世界においてのみであり、そこにあるものはすべて実体を欠いている。（*SFE*, 4–5/12）

この興味深い一節に関して補足するには、まずステレオスコープの説明をしなくてはならない。ステレオスコープとは、2枚の写真(ないし絵)と両眼視差を利用して立体的な視覚を得るための装置である。同じ光景をわずかに異なる角度から撮った2枚の写真を、左右の眼にそれぞれ割りあてるかたちで見れば、あたかも写真に奥行きがあるかのように感じられるというわけである。英国の物理学者チャールズ・ウィートストン(1802–75)がステレオスコープのアイデアを公表したのは1838年であり、当時はまだ写真という技術は世に知られていなかった。1850年代に入るとステレオスコープは欧米で流行しはじめる。あのオリヴァー・ウェンデル・ホームズ博士も、『アトランティック・マンスリー』の1859年6月号にステレオスコープの原理を詳しく解説する記事を寄せており、のちにはよりシンプルなデザインのステレオスコープを発明してさえいる(Laura Claudet, "Stereoscopy," in *ENCP*, 1338–41; [Oliver Wendell Holmes], "The Stereoscope and the Stereograph," *Atlantic Monthly* 3, no. 20 [June 1859]: 738–48)。

さきの引用においてローエルはおそらく、「ふたつの写真を合成」するという作業はあくまでも人間の脳内でおこなわれると考えており、ゆえにステレオスコープを念頭に置いている可能性が高い。他方で、1870年代末には、優生学の創始者であるフランシス・ゴルトン(1822–1911)が合成の作業をも写真に委ねるための方法を模索していた。その成果を報告する1878年の論文によると、「複合肖像」("composite portrait")と彼が呼ぶ方法を構想するうえではハーバート・スペンサーからの示唆が少なからず寄与したようである(Francis Galton, "Composite Portraits," *Nature* 18, no. 447 [May 23, 1878]: 97)。

同じ構図で撮られた複数の肖像写真を、多重露光によって同一の乾板上に重ねるかたちでふたたび撮影するというのが複合肖像の方法(のひとつ)である。たとえば、凶悪な犯罪を犯した複数の人物の複合肖像においては、個々の写真の「悪人らしい特殊なばらつき」が消えてかわりに「それらの下地となっている共通の人間性が前面に出」ているため、「犯罪者ではなく、悪事に走る傾向を備えた人物」の顔をそこから学べるのだとゴルトンは言う(ibid., 97–98)。のちにこれを「重ね撮り写真の方法」と呼んだ柳田國男(1875–1962)は、それとの類比によって自らの民俗学の方法を「重出立証法」と名づけたのであった(大塚英志『「捨て子」たちの民俗学——小泉八雲と柳田國男』、角川選書、2006年、60–78頁)。

(52) DS, 30–32/52–54; Yeomans, *Abbott Lawrence Lowell*, 44; Horace A. Laffaye, *Polo in the United States: A History* (Jefferson, NC: McFarland, 2011), chaps. 1 and 3. デダム・ポロ・クラブの初期のメンバーには、1916年に連邦最高裁判所の判事に任命される——すなわちオリヴァー・ウェンデル・ホームズ・ジュニアの同僚となる——ルイス・デンビッツ・ブランダイス(1856–1941)も含まれていたが、彼はクラブの雰囲気にまったくなじめなかったようである(Laffaye, *Polo in the United States*, 27; 川島『都市コミュニティと階級・エスニシティ』、20–21頁[書誌情報は第1章註16参照])。

(53) ALL, 49–50; Wayne A. Wiegand, *Patrician in the Progressive Era: A Biography of George von Lengerke Meyer* (New York: Garland, 1988), 71–80.

(54) Percival Lowell, "A Visit to Shirane San," *Appalachia* 5, no. 2 (June 1888): 92.『アパラチア』の同じ号の173–74頁に掲載された「1886年12月6日以降に加わったメンバー」という表にローエルの名前があるので、彼がアパラチアン・マウンテン・クラブに加入した時期は1886年末から1888年初めまでに絞ることができる。明治前期の日本政府が外国人に交付した内地通行免状に関しては以下を参照のこ

と。梅溪昇『お雇い外国人の研究』、青史出版、2010年、上巻118–33頁。

(55) "Latest Shipping," *JWM*, 4th ser., 11, no. 2 (January 12, 1889): 41–42.

(56) Percival Lowell to Katharine B. Lowell, January 23, 1889, quoted in ALL, 41. 明治前期の日本における外国人の居留地外居住に関しては、梅溪『お雇い外国人の研究』の上巻111–18頁を参照のこと。

(57) チェンバレンの生涯に関しては以下を参照のこと。Yuzo Ota, *Basil Hall Chamberlain: Portrait of a Japanologist* (Richmond, UK: Japan Library, 1998); 楠家重敏『ネズミはまだ生きている――チェンバレンの伝記』、雄松堂出版、1986年。

(58) 中央大学百年史編集委員会専門委員会編『中央大学百年史　通史編』、中央大学、2001–3年、上巻89–95、133–40頁。増島は、1883（明治16）年にロンドンのミドル・テンプルでバリスター（法廷弁護士）の資格を取得していた。1889（明治22）年1月に完成した英吉利《イギリス》法律学校および東京英語学校の新校舎はミドル・テンプルを模して造られたものであり、設計したのは辰野金吾（1854–1919）――のちに日本銀行本店（1896）や東京駅（1914）などの設計を手がける――である（同前、上巻48–68、139–40頁）。

　残念ながら、この建物は1892（明治25）年4月の大火によって失われてしまった。すでに1890（明治23）年に校長が増島から杉浦重剛（1855–1924）へ代わっていた東京英語学校は、校舎焼失を機に英吉利法律学校――実は1889（明治22）年10月に「東京法学院」へ改称していた――から離れ、「日本中学校」の名のもとに私立の尋常中学校として麹町区山元町にて再出発した（『日本中學校五十年史』、日本中學校、1937年、66、79–93頁）。

(59) Percival Lowell, "The Fate of a Japanese Reformer," *Atlantic Monthly* 66, no. 397 (November 1890): 684; 邦訳「ある日本改革者の運命――森有礼の暗殺」中村都史子訳、『日本と朝鮮の暗殺』所収、111–12頁。憲法発布式直前の東京における祝祭の準備については以下も参照のこと。牧原憲夫『客分と国民のあいだ――近代民衆の政治意識』、吉川弘文館、1998年、160–62頁。

(60) Percival Lowell to Harcourt Amory, February 21, 1889, quoted in ALL, 42.

(61) ALL, 49–52. ローエルは1883年にはじめて日本へ渡ってからも投資は継続的におこなっており、また1888年にはローエル漂白という会社のトレジャラーを、のちの1894年にはマサチューセッツ紡績工場のトレジャラーをそれぞれ一時的に務めてもいる。したがって彼にとってはビジネスもまた重要なフェーズのひとつでありつづけていた（ALL, 49; DS, 49–53/74–79）。

(62) Lowell, "Japanese Reformer," 680, 692; 邦訳、101、138頁。

(63) 犬塚孝明『森有礼』、吉川弘文館、1986年、95–108、147–48、288–89頁。森は米国滞在中の1872年に、教育が国の発展に及ぼす影響について問う手紙を米国各界の有識者へ送り、寄せられた回答を翌年に以下のとおり出版している。Arinori Mori, *Education in Japan: A Series of Letters; Addressed by Prominent Americans to Arinori Mori* (New York: D. Appleton, 1873). 同書に収められた13通の返信のなかには、第2章に登場したチャールズ・ウィリアム・エリオットとジェイムズ・マコッシュ、および第4章に登場するマーク・ホプキンズとジョゼフ・ヘンリーからのものが含まれている（ibid., 54–65, 74–86, 113–14）。

(64) これらの政策ないし提案の詳細と、そこから垣間見える森の天皇観については以下で論じられている。長谷川精一『森有礼における国民的主体の創出』、思文閣出版、2007年、第7章。1889（明治22）年2月11日の万歳三唱については以下も参照のこと。牧原憲夫「万歳の誕生」、『思想』第845号、岩波書店、1994年11月、

118–36頁。

(65) 「暗殺主意書（西野文太郎書翰）」、大久保利謙監修／上沼八郎＋犬塚孝明編『新修 森有禮全集』第3巻所収、文泉堂書店、1998年、439–40頁。

(66) 『能登』の連載版の書誌情報は以下のとおり。Percival Lowell, "Noto: An Unexplored Corner of Japan," pts. 1–4, *Atlantic Monthly* 67, no. 399 (January 1891): 1–15; no. 400 (February 1891): 175–91; no. 401 (March 1891): 364–79; no. 402 (April 1891): 482–500.

(67) *Noto*, 1–2/41–42.

(68) パーシヴァル・オズボンについて、および1887（明治20）年までに石川県を訪れた外国人については、以下をそれぞれ参照のこと。今井一良『オーズボン紀行——侍の娘と結ばれた英人一家を追って』、北國新聞社、1994年。今井一良「文明開化と外国人」、『実録・石川県史』編集委員会編『実録石川県史1868–1989——激動の明治・大正・昭和全記録』所収、能登印刷・出版部、1991年、20–21頁。

(69) *Noto*, 3/42.

(70) *Noto*, 7/44.「山田栄次郎」という名前に関しては、『能登』の原文に次のように書かれている。"His surname, appropriately enough, meant mountain-rice-field, and his last name—which we should call his first name—was Yejiro, or lucky-younger-son"(*Noto*, 7–8/44)。したがって「山田栄二郎」など他の表記の可能性も考えられるが、本書ではひとまず「山田栄次郎」を採用した。ローエルによれば、山田はかつて「ボーイ」として彼に仕えており、1889（明治22）年1月にローエルが日本へ戻ると山田は「コックの地位へと自らを昇格させたうえで」ふたたびローエルの家で働きはじめたとのことである（*Noto*, 7/44）。

山田はのちにローエルへサンフランシスコから手紙を送っており、そこでは彼の名前は"Yeiziro Yamada"と綴られている。「昨年の6月にカリフォルニアに来」たと山田は書いているが、日付は「3月18日」とのみあり年は明らかではない（Yeiziro Yamada to Percival Lowell, March 18, year unspecified, PLC）。

(71) *Noto*, 28/57. なお、1889（明治22）年5月のローエルの旅の行程を記述するうえでは、『能登』の邦訳に付された訳者宮崎正明の註および解説から多くの裨益を得た。

(72) *Noto*, 70/83.

(73) *Noto*, 102–3, 110–11/103–4, 107–8.

(74) *Noto*, 123–24/116–17.

(75) Edward Gilpin Johnson, "Books of Travel and Description," *Dial* 12, no. 136 (August 1891): 102. もちろん、『能登』を旅行記として役立てた読者がいなかったわけでは決してない。たとえば、イングランド出身の宣教師でありまた登山家でもあるウォルター・ウェストン（1860–1940）は、1888（明治21）年から1894（明治27）年まで日本に滞在した際におこなった登山の記録を『日本アルプスの登山と探検』（1896）として出版しているが、1893（明治26）年の針ノ木峠越えを語るその第7章で『能登』が参照されている（Walter Weston, *Mountaineering and Exploration in the Japanese Alps* [London: John Murray, 1896], 130; 邦訳『日本アルプスの登山と探検』青木枝朗訳、岩波文庫、1997年、141–42頁）。

(76) *Noto*, 260–61/200. 天竜川橋梁の建設については以下を参照のこと。『日本鐵道史』、鐵道省、1921年、上巻495–97頁。

(77) Percival Lowell to William Lowell Putnam and Elizabeth Lowell Putnam, February 28, 1891, ELWLP.

(78) "Latest Shipping," *JWM*, 4th ser., 11, no. 22 (June 1, 1889): 534; "Phi Beta Kappa Society: Ex-minister Phelps before the Harvard Chapter," *Boston Post*, June 28, 1889.

(79) ALL, 30.

(80) Percival Lowell to Frederic J. Stimson, [September?] 1884, quoted in ALL, 30.

(81) 1891年に「科学」が「書くべきもの」となったことは、言わば狭い意味での文学からローエルが完全に撤退したことを意味しない。じじつ彼は詩作を1891年以後も続けている。たとえば、1893(明治26)年8月26日の『ジャパン・アドヴァタイザー』(日本の英字新聞)には吾妻山を詠んだローエルの詩が載っており、これはチェンバレンをはじめとする東京の外国人コミュニティのなかで不評を買っていた。またLOAには、1894年に作られたと思しき「火星」と題する詩を含むノートが収められている(PLLUM, box 1U, folder 5)。これらの詩に関してはDS, 77–78/106–9を参照のこと。

(82) Jonathan Crary, *Techniques of the Observer: On Vision and Modernity in the Nineteenth Century* (Cambridge, MA: MIT Press, 1990), 97–98; 邦訳『観察者の系譜——視覚空間の変容とモダニティ』遠藤知巳訳、以文社、2005年、149頁。

(83) *Noto*, 10/45.

(84) 宮崎『知られざるジャパノロジスト』、228頁。

(85) *Noto*, 16/49.

(86) *Noto*, 116, 131/111, 122. 穴水沿岸のボラ待ち櫓《やぐら》については以下を参照のこと。図説穴水町の歴史編纂委員会編『図説 穴水町の歴史』、穴水町役場、2004年、114–15頁。

(87) "Agreement between Percival Lowell and Houghton, Mifflin & Co. for the Publication of *Noto: An Unexplored Corner of Japan*," October 30, 1890, PLC.

(88) "Agreement between Ticknor and Company and Percival Lowell for *The Land of the Morning Calm*," September 21, 1885, PLC.

(89) *SFE*, 149–50/139–40.

(90) Henry James, preface to *The American*, in *Literary Criticism: French Writers, Other European Writers, Prefaces to the New York Edition*, ed. Leon Edel (New York: Library of America, 1984), 1064; 邦訳「『アメリカ人』への序文」、多田敏男訳『ヘンリー・ジェイムズ『ニューヨーク版』序文集』所収、関西大学出版部、1990年、33頁。

(91) Henry James, review of *Azarian: An Episode*, by Harriet Elizabeth Prescott, in *Literary Criticism: Essays on Literature, American Writers, English Writers*, ed. Leon Edel (New York: Library of America, 1984), 607.

(92) Alfred Habegger, *Gender, Fantasy, and Realism in American Literature* (New York: Columbia University Press, 1982), 106.

(93) Ibid., 105.

(94) ジェイムズの1865年の書評では、「空想〔fancy〕」という語は「ひと皿のしっかりしたフィクションを飾りつけるのにはたいへん役立つけれども、皿の中身に対してはわずかな材料しか提供しない空想」といったかたちで使われている(James, review of *Azarian*, 610)。

(95) *SFE*, 204–5/187–88. ここでローエルが註釈なしに持ち出している「コールリッジの区別」は、英国の詩人サミュエル・テイラー・コールリッジ(1772–1834)が『ビオグラフィア・リテラリア』(1817)で展開した議論を指す。詳しくは以下を参照のこと。Samuel Taylor Coleridge, *Biographia Literaria, or Biographical Sketches of My Literary Life and Opinions*, ed. James Engell and W. Jackson Bate, vol. 7 of *The Collected Works of Samuel Taylor Coleridge* (London: Routledge and Kegan Paul / Princeton, NJ: Princeton University Press, 1969–2002), 82–88; 邦訳『文学的自叙伝——文学者としての我が人生と意見の伝記的素描』東京コウルリッジ研究会訳、法政大学出版局、2013年、83–87頁。

(96) Michael Davitt Bell, *The Development of American Romance: The Sacrifice of Relation* (Chicago: University of Chicago Press, 1980), 14–15.

(97) ALL, 52; "Latest Shipping," *JWM*, 4th ser.,

15, no. 15 (April 11, 1891): 441–42.

(98) Percival Lowell to Amy Lowell, April 10, 1891, in *PLCW1*; Percival Lowell to Amy Lowell, May 4, 1891, in *PLCW1*; Percival Lowell to Amy Lowell, January 27, 1893, in *PLCW1*. このPLCW1には、HLが所蔵するローエルのエイミー宛て書簡35通が、大西直樹によって翻刻されて収められている。しかしノンブルがないため箇所を示すことができない。ちなみにローエルは、本文でも引いた1891(明治24)年4月10日付のエイミー宛ての手紙に次のような興味深い事実を記している。「ガーデンパーティーのあとでクラブにも行った。ロクメイカン、つまり鹿の鳴く館というんだ、いみじくも！　知ってのとおり、僕は8年前にそれができたときの創立メンバーなんだよ」(Percival Lowell to Amy Lowell, April 10, 1891, in *PLCW1*)。ローエルの東京での居留地外居住に関してはDS, 64/91–92を参照のこと。

(99) この発表の原稿は日本アジア協会の紀要に掲載されている。書誌情報は以下のとおり。Percival Lowell, "A Comparison of the Japanese and Burmese Languages," *Transactions of the Asiatic Society of Japan* 19 (1891): 583–97. 以下でこの発表の内容が論じられている。横尾広光＋平井正則「日本語・ビルマ語比較論にみるパーシヴァル・ローウェルの方法論」、『杏林大学研究報告 教養部門』第18巻、杏林大学、2001年3月、97–103頁。

(100) ALL, 52–53. ジョージ・アガシの生涯に関しては、序論註30に挙げた佐藤『星慕群像』の237–41頁を参照のこと。

(101) *OJ*, 3–6/22–24.「略号」に挙げたとおり本書では『神秘の日本』の邦訳として菅原壽清によるものを参照しているが、この本にはもうひとつ以下の邦訳がある。パーシヴァル・ローエル『神々への道——米国人天文学者の見た神秘の国・日本』平岡厚＋上村和也訳、国書刊行会、2013年。

なお、『神秘の日本』の刊行年に関してはこれまで1894年か1895年かで混乱が見られたが、前者が正しいことは、『ダイアル』1894年12月16日号の「新刊リスト」——前号の発行後に編集部に届いた新刊のリスト——に『神秘の日本』が含まれていることからも確かめられる("List of New Books," *Dial* 17, no. 204 [December 16, 1894]: 394)。

(102) *OJ*, 7–9/24–25.

(103) *OJ*, 13/28. ローエル以前に御嶽山に登った欧米人については以下を参照のこと。菅原壽清「『オカルト・ジャパン』とパーシヴァル・ローエルの憑霊文化」、ローエル『オカルト・ジャパン』所収、275–80頁。この文章はOJの邦訳に付された解説であり、『神秘の日本』に関する本文中の記述もこれに多くを負っている。ただし菅原はラインの来日を1874(明治7)年と記しているが(同前、275頁)、厳密に言えば彼が横浜に着いたのは1873(明治6)年12月22日である("Shipping Intelligence," *JWM* 4, no. 52 [December 27, 1873]: 938)。

(104) DS, 135/173; 菅原「『オカルト・ジャパン』とパーシヴァル・ローエルの憑霊文化」、293–98頁。宗教学者の井上順孝は、ローエルと芳村《よしむら》正秉《まさもち》との面会の様子をこう記している。

> ローエルは神道についてのさまざまな質問を行ない、正秉の答える内容に非常に興味を抱いたようである。また、正秉が目の前で行った神気の作用の実証にも驚きを示した。このときローエルは、神気活動力を実際に見せて欲しいと言った。正秉はまず切符の話をした。切符は紙であるが、それで汽車に乗っていろんな所に旅行できる。同じように、神霊が宿った神札も同じ力をもつと説いた。それからローエルに短冊を持たせて祈禱したところ、彼の腕が震えとまらなくなった。気合いをかけたら止まったという。このときの体験に、ローエルは非常に感銘を受けたらし

く、帰国にあたり再び教庁を訪ね、二百円を寄付した。正乗はこの返礼として、柳沢淇園、狩野探幽の高級な絵を送ったという。（井上順孝『教派神道の形成』、弘文堂、1991年、285–86頁）

ここで言われる「帰国」は1891（明治24）年10月のそれであり、ローエルは1893（明治26）年にも正乗を訪ねている（同前、286頁）。正乗のもとで神道を学ぶローエルの姿は1893年2月26日の読売新聞で報じられたが、そこではローエルの神習教への寄付額は「金一百円」となっている（「米國人神道を學ぶ」、『讀賣新聞』明治26年2月26日朝刊、2頁）。

なお、『神秘の日本』でも述べられているように（*OJ*, 270–77/189–93）、ローエルは1893年に正乗の紹介によって伊勢神宮を参拝した。この伊勢参拝について、およびローエルと正乗との交流については、佐藤『星慕群像』の242–46頁で論じられている。ただしその245頁には、ローエルは神習教へ「金五百円を寄付した」とある。

(105) "Latest Shipping," *JWM*, 4th ser., 16, no. 17 (October 24, 1891): 506; NS, 246–48; DS, 18–19/37–38; "Latest Shipping," *JWM*, 4th ser., 18, no. 26 (December 24, 1892): 805–6.

(106) DS, 135, 178/173, 221.

(107) William James, *The Principles of Psychology*, The Works of William James, ed. Frederick H. Burkhardt et al. (Cambridge, MA: Harvard University Press, 1981), 1:375; 抄訳『心理學の根本問題』松浦孝作訳、三笠書房、1940年、207頁。ローエルの『神秘の日本』とジェイムズの『心理学原理』との詳細な比較はDS, 143–48/181–86でなされている。

(108) *OJ*, 14/29.「ヌーメナ」は『神秘の日本』の最後の章（8番目にあたるが章番号は付されていない）のタイトルである。この章はさらに13のセクションに分かれていて、本全体の約4分の1を占めている。

(109) Percival Lowell to Lafcadio Hearn, June 14, 1893, in *PLCW1*. この書簡は以下において訳されている。小泉凡「パーシヴァル・ローエルのラフカディオ・ハーン宛書簡に関する考察および邦訳」、『パーシヴァル・ローエル著作および書簡集　別冊日本語付録』所収、エディション・シナプス、2006年、6頁。本文で後述するこの書簡の発見の経緯については、同論文の4頁を参照のこと。

なお、引用中に「アジア協会に切り売りしている」とあるように、ローエルは1893（明治26）年に日本アジア協会の会合で「秘められた神道」と題する発表を4回に分けておこなっている。のちに『神秘の日本』に組み込まれるそれらの原稿は、日本アジア協会の紀要にも掲載された。書誌情報は以下のとおり。Percival Lowell, "Esoteric Shintō," pts. 1–4, *Transactions of the Asiatic Society of Japan* 21 (1893): 106–35, 152–97, 241–70; 22 (1894): 1–26.

(110) この推測と齟齬をきたす史料としては、ブレンダ・フェノロサ・ビドル（1883–1959）が1952年に執筆した回想がある。日本美術の研究者として著名なアーネスト・フランシスコ・フェノロサ（1853–1908）の娘である彼女はそこで、自分が子供のころに東京で父フェノロサが開いた昼食会においてローエルとハーンに挟まれた席に座ったと述べている（山口静一『フェノロサ——日本文化の宣揚に捧げた一生』、三省堂、1982年、下巻143–44頁）。彼女が言及しているのは1890（明治23）年4月のハーンの来日と同年7月のフェノロサの離日とのあいだの出来事のはずだが、このときローエルは日本にいなかった。なにしろ60年以上もの時を隔てた回想であるため、これは彼女の記憶違いと見なすべきだろう。

(111) Percival Lowell to Lafcadio Hearn, June 2, 1893, in *PLCW1*. この箇所の邦訳は小泉「パーシヴァル・ローエルのラフカディオ・ハーン宛書

簡に関する考察および邦訳」の5頁にある。

(112) Lafcadio Hearn to Basil Hall Chamberlain, May 22, 1891, in *The Japanese Letters of Lafcadio Hearn*, ed. Elizabeth Bisland (Boston: Houghton Mifflin, 1910), 11. ハーンとチェンバレンとのあいだで交わされた書簡の多くは、西脇順三郎＋森亮監修『ラフカディオ・ハーン著作集』(全15巻、恒文社、1980–88年)の第14巻(斎藤正二ほか訳、1983年)と第15巻(斎藤正二ほか訳、1988年)において訳されている。ここに引いた箇所の邦訳は第14巻408頁にある。

(113) Lafcadio Hearn to Basil Hall Chamberlain, September 4, 1891, in Bisland, *Japanese Letters*, 16–17. この箇所の邦訳は『ラフカディオ・ハーン著作集』の第14巻446頁にある。

(114) 宇野邦一『ハーンと八雲』、角川春樹事務所、2009年、103頁。

(115) Lafcadio Hearn to Basil Hall Chamberlain, February 1895, in Elizabeth Bisland, *The Life and Letters of Lafcadio Hearn* (Boston: Houghton, Mifflin, 1906), 2:207–8. この箇所の邦訳は『ラフカディオ・ハーン著作集』の第15巻243–44頁にある。

(116) [Lafcadio Hearn], review of *OJ*, *Atlantic Monthly* 75, no. 452 (June 1895): 840–41. この書評の邦訳は以下の論文に含まれている。村形明子「フェノロサとハーンの新出匿名書評」、『アーネスト・F・フェノロサ文書集成——翻刻・翻訳と研究』下巻所収、京都大学学術出版会、2001年、178–98頁。引用した箇所の邦訳は同論文の197頁にある。

(117) この連載の書誌情報は以下のとおり。Percival Lowell, "Mars," pts. 1–4, *Atlantic Monthly* 75, no. 451 (May 1895): 594–603; no. 452 (June 1895): 749–58; 76, no. 453 (July 1895): 106–19; no. 454 (August 1895): 223–35.

(118) *OJ*, 163/123.

(119) ウィリアム・ジェイムズの心霊研究を論じた文献は少なくない。最新の例のひとつは以下である。Krister Dylan Knapp, *William James: Psychical Research and the Challenge of Modernity* (Chapel Hill: University of North Carolina Press, 2017). また以下では、ジェイムズをはじめとする世紀転換期の知識人たちが心霊研究に情熱を傾けてゆく過程が実に生き生きと描かれている。Deborah Blum, *Ghost Hunters: William James and the Search for Scientific Proof of Life after Death* (New York: Penguin Books, 2006); 邦訳『幽霊を捕まえようとした科学者たち』鈴木恵訳、文春文庫、2010年。本文中の心霊研究に関する記述もこれらの文献に多くを負っている。

(120) Blum, *Ghost Hunters*, 301–4; 邦訳、456–60頁。

(121) 菅原「『オカルト・ジャパン』とパーシヴァル・ローエルの憑霊文化」、264頁。

(122) Eugene Taylor, *William James on Exceptional Mental States: The 1896 Lowell Lectures* (New York: Charles Scribner's Sons, 1983), 95–97.

(123) William Elliot Griffis, review of *OJ*, *New World* 4, no. 14 (June 1895): 382.

(124) *OJ*, 292, 323, 375, 377, 379/205, 226, 259, 261–62.

(125) Basil Hall Chamberlain to Lafcadio Hearn, January 10, 1893, in *Letters from Basil Hall Chamberlain to Lafcadio Hearn*, comp. Kazuo Koizumi (Tokyo: Hokuseido, 1936), 1–2. この箇所の邦訳は『ラフカディオ・ハーン著作集』の第14巻486–87頁にある。

(126) Basil Hall Chamberlain to Lafcadio Hearn, August 5, 1893, in Koizumi, *Letters*, 32–34. この箇所の邦訳は『ラフカディオ・ハーン著作集』の第15巻98–100頁にある。

(127) "Latest Shipping," *JWM*, 4th ser., 20, no. 22 (November 25, 1893): 633. もっとも、天文学者へ転身したあとのローエルが日本への関心

を完全に失ったわけではない。たとえば1908年4月には、ローエルの手配によって、訪米中の神職が火渡りおよび刃渡りの神事を披露するというイヴェントがボストンで催されており、以下の報道によるとおよそ200人の観客が集まったという。“Tried by Fire and Sword: Japanese Priest Performs Shinto Miracles,” *BET*, April 28, 1908. ここには神職の名前が“Dr. Tomoya Suga”と記されているが、私の調査は残念ながらこの人物の素姓を確かめるまでに至らなかった。彼は「一方では我々の風習〔our ways〕を学ぶために、他方では彼自身の信仰が備える諸要素の伝道を促進するためにこの国を訪れています」とローエルが語ったと記事は伝えている。このイヴェントに関しては以下も参照のこと。ALL, 147–48; DS, 150/188.

第4章

アリゾナ準州フラグスタッフ

(1) ALL, 5–6, 61; DS, 30/52. MPクラブの初代会長を務めたのは、ハーヴァードで数学を教えていたジェイムズ・ミルズ・パース（1834–1906）である。彼はベンジャミン・パースの長男であり、チャールズ・サンダース・パースの兄であり、またチャールズ・ウィリアム・エリオットのハーヴァート・カレッジにおける同級生でもあった（J. K. Whittemore, “James Mills Peirce,” *Science* 24, no. 602 [July 13, 1906]: 40–48）。

(2) 世紀転換期の火星運河論争に関する研究としては、MJCの第10章とSJD, 59–105がもっとも重要である。また、この論争へのローエルのコミットメントについては、WGHがまるごと1冊を割いて論じている。本書の第4章および第5章は、これらの文献なくしては書かれえなかった。

(3) スキアパレッリの論文の書誌情報は以下のとおり。G. V. Schiaparelli, “Osservazioni astronomiche e fisiche sull'asse di rotazione e sulla topografia del planeta Marte,” *Atti della Reale Accademia dei Lincei*, 3rd ser., 2 (May 1878): 1–136.

(4) MJC, 485–86/3:813–14. 以下で論じられているように、ローエルが天文学者へ転身する直前の時期には、カナリが人工物であるという考えに対するスキアパレッリの好意はより明瞭になっていた。MJC, 500–502/3:835–38; SJD, 69–70.

(5) フラマリオンとヴェルヌについてはたとえばSJD, 62–105が、世界の複数性への態度の差に注目しながら両者の比較をおこなっている。世界の複数性という観念の歴史に関しては、KSG、MJC、SJDの3冊に加えて、以下が必読文献である。Steven J. Dick, *Plurality of Worlds: The Origins of the Extraterrestrial Life Debate from Democritus to Kant* (Cambridge: Cambridge University Press, 1982); 長尾伸一『複数世界の思想史』、名古屋大学出版会、2015年。

(6) フラマリオンの論文の書誌情報は以下のとおり。Camille Flammarion, “La planète Mars,” pts. 1–3, *L'astronomie* 1, no. 5 (July 1882): 161–75; no. 6 (August 1882): 206–16; no. 7 (September 1882): 256–68. このうちの第2部が載っている『ラストロノミー』1882年8月号には、以下のとおり1881年から翌年にかけての観測結果を報告するスキアパレッリの文章も収められている。G. V. Schiaparelli, “Découvertes nouvelles sur la planète Mars,” *L'astronomie* 1, no. 6 (August 1882): 216–21.

(7) Camille Flammarion, *La planète Mars et ses conditions d'habitabilité* (Paris: Gauthier-Villars et fils, 1892), 591. 同書の内容は、17世紀から1892年までに出版された火星に関する研究を網羅的に検証するという実に意欲的なものであり、火星研究史の資料として高い価値を備えている。これに続く第2巻は1909年に刊行されたが、構想されていた第3巻の出版は1925年のフラマリオンの死により実現しなかった。

(8) DS, 176–78/218–21. 第3章第4節で述べたとおり、ローエルは1891年10月にいったん日本を発ち翌年の末までボストンで暮らしているのだが、この期間に彼はエドワード・ピッカリングと手紙のやりとりを重ねており、スキアパレッリが描いた火星の地図を自分も手に入れたい旨を伝えたり、ハーヴァード・カレッジ天文台が備える天体写真を撮るための装置を見せてほしいと頼んだりしている。また、1892年11月にローエルは、おそらくピッカリングの推薦により、ハーヴァード・カレッジ天文台の訪問委員会(the Visiting Committee)——いわばハーヴァードの監督会(第2章第2節参照)の天文台における対応物——のメンバーに選ばれた(DS, 176–77/219)。

(9) William Sheehan, *The Planet Mars: A History of Observation and Discovery* (Tucson: University of Arizona Press, 1996), 14–15; MJC, 480–81/3:805–6; Steven J. Dick, *Sky and Ocean Joined: The U.S. Naval Observatory, 1830–2000* (Cambridge: Cambridge University Press, 2003), 218–32.

厳密に言えば火星が衝の位置に留まるのは一瞬だけだが、本書では「衝の期間」という言葉を衝の前後の時期を指すものとして用いている。なお、火星の接近に関する基礎的な事柄は、国立天文台のウェブサイト内にある以下のページでわかりやすく解説されている。https://www.nao.ac.jp/astro/basic/mars-approach.html

(10) Sheehan, *Planet Mars*, 15. ローエルがはじめて観測した1894年の火星の衝は、1892年の衝の次に訪れたものであり、火星は前回ほど地球に近づかなかったものの、高度(水平線を基準とする角度)は前回を上回ったのでより観測しやすかった(ibid., 98)。スキアパレッリの1878年の論文に対する天文学者たちの反応についてはMJC, 487–88/3:815–18を参照のこと。

(11) Schiaparelli, "Osservazioni astronomiche e fisiche," 4; Sheehan, *Planet Mars*, 66–67.

(12) 岡本『科学と社会』、6–8頁(書誌情報は第2章註56参照)。

(13) 本書において、天体に関する数値は原則として令和2年版(第93冊)『理科年表』(国立天文台編、丸善出版、2019年)記載のデータに基づく。火星の衝に関する本文中の記述は、本章註9に挙げたウェブページに加えて、Sheehan, *Planet Mars*の227–31頁にまとめられている詳細なデータからも裨益を得ている。

(14) 米国においては、1866年の法律によって1メートル=39.37インチと定められたが、現在ではこの関係は、1959年の国際的な協定に基づき1インチ=2.54センチメートルへと改められている。詳しくはたとえば以下を参照のこと。François Cardarelli, *Encyclopaedia of Scientific Units, Weights and Measures: Their SI Equivalences and Origins* (London: Springer, 2003), 26–51.

(15) George Ernest Webb, "Telescopes, from Galileo to Fraunhofer," in *HAE*, 511–19; Myles W. Jackson, *Spectrum of Belief: Joseph von Fraunhofer and the Craft of Precision Optics* (Cambridge, MA: MIT Press, 2000), chaps. 2–3. バイエルンのガラス職人の家に生まれたヨーゼフ・フラウンホーファーは、亡くなる2年前の1824年、37歳のときにバイエルン王マクシミリアン1世ヨーゼフ(1756–1825)から騎士(Ritter)に叙され、以後「ヨーゼフ・フォン・フラウンホーファー」と名乗ることを許された(Jackson, *Spectrum of Belief*, 1, 95–96)。

(16) Thomas R. Williams, "Telescopes since 1820," in *HAE*, 519–20; Albert Van Helden, "Telescope Building, 1850–1900," in *GHA4A*, 40–58.

(17) John Quincy Adams, First Annual Message, December 6, 1825, https://millercenter.org/the-presidency/presidential-speeches/december-6-1825-first-annual-message.

(18) Charles N. Edel, *Nation Builder: John Quincy Adams and the Grand Strategy of the Re-*

public (Cambridge, MA: Harvard University Press, 2014), 227–30.

(19) Whitfield J. Bell Jr., "Astronomical Observatories of the American Philosophical Society, 1769–1843," *Proceedings of the American Philosophical Society* 108, no. 1 (February 1964): 8–10.

(20) 19世紀半ばまでの米国における天文台建設の事例の数々は以下にまとめられている。David F. Musto, "A Survey of the American Observatory Movement, 1800–1850," *Vistas in Astronomy* 9 (1967): 87–92. ただし同論文はウィリアムズ・カレッジの天文台の設立を1836年と記しているが（ibid., 89）、本文で述べたとおり正しくは1838年である。

(21) Albert Hopkins, *An Address, Delivered at the Opening of the Observatory of Williams College, June 12, 1838* (Pittsfield, MA: Phinehas Allen and Son, 1838), 5–6, 8, 10.

(22) ウィリアムズ・カレッジの天文台の建設費用とアルバート・ホプキンズの思想に関しては、以下をそれぞれ参照のこと。Howard S. Miller, *Dollars for Research: Science and Its Patrons in Nineteenth-Century America* (Seattle: University of Washington Press, 1970), 26; Frederick Rudolph, *Mark Hopkins and the Log: Williams College, 1836–1872* (New Haven, CT: Yale University Press, 1956), chap. 5.

(23) 精神的な価値、実用的な価値、研究上の価値という三幅対は、あくまでも第5章の議論に繋げるための作業仮説として提起されている。以下は、南北戦争後の米国の物理学を主題としており言葉遣いも本書とは異なるが、この三幅対に類する構図を窺わせている。Daniel J. Kevles, *The Physicists: The History of a Scientific Community in Modern America* (1977; repr., Cambridge, MA: Harvard University Press, 1987), chap. 1. しかし特に"実用的な価値"に関しては、本来なら何が「実用的」と見なされてきたかという歴史を辿ったうえで論じるべきであるけれども、第4章の焦点からはずれることもあり、本文では厳密な定義のかわりに常識的な理解を持ち出すかたちとなった。科学の有用性について思想史的に考察した研究としては、以下が——18世紀のパリ王立科学アカデミーを俎上に載せているため題材は本書とほとんど重ならないものの——きわめて重要である。隠岐さや香『科学アカデミーと「有用な科学」——フォントネルの夢からコンドルセのユートピアへ』、名古屋大学出版会、2011年。

(24) J&B, 26–27. ハーヴァードは18世紀初めにふたつの望遠鏡を獲得しており、その後しばらくは、建物の屋上に設けられた簡易な施設で天体観測がおこなわれていた。これらの望遠鏡は1764年の火災によって失われたものの、その3年前にハーヴァードへ寄贈されていた望遠鏡は幸いにも火災を免れた。1780年にハーヴァードは、「数学および自然哲学のホリス・プロフェッサー」に就任する牧師サミュエル・ウィリアムズ（1743–1817）に天体観測ができるスペースを備えた住居を提供すべく、土地の譲与を求める請願を州議会におこない、州議会はこれを承認している（J&B, 5–22）。

なお、第2章第2節には「神学のホリス・プロフェッサー」というポストが登場していたが、これはトマス・ホリス（1659–1731）の寄付によって1722年にハーヴァードに設置されたものであり、「数学および自然哲学のホリス・プロフェッサー」は同じくホリスの寄付によって1727年に設置されたポストである（SEM, 66–69, 79）。第4章で言及される「ホリス・プロフェッサー」はすべて後者を指している。

(25) J&B, 27–30.

(26) J&B, 41; Steven Turner, "Bond, William Cranch," in *BEA*, 266–67; Musto, "American Observatory Movement," 88–89; George Sweetnam, "Royal Greenwich Observatory," in *HAE*, 435–36.

(27) J&B, 31–35. アダムズは1835年から1846年まで、連邦議会において、ジェイムズ・スミッソン(1765–1829)という英国の化学者が米国政府へ遺贈した資金の使途を検討する委員会の長を務めている。もちろん彼は当初、使途のなかに天文台建設を含める可能性を模索していたのだが、その可能性が断たれたのちにも、自らの理想にそぐわないかたちで資金が使われることのないよう委員会の議論を慎重にコントロールしつづけた。かくして、この資金をもとに1846年に設立されたのが、スミソニアン博物館の運営母体として知られるスミソニアン・インスティテューションである(Bessie Zaban Jones, *Lighthouse of the Skies: The Smithsonian Astrophysical Observatory; Background and History, 1846–1955* [Washington, DC: Smithsonian Institution, 1965], chap. 1)。

(28) J&B, 40–45, 56.

(29) A. Lawrence Lowell, "Reminiscences," *American Mathematical Monthly* 32, no. 1 (January 1925): 4.

(30) ローレンス・ローエルの論文は、以下のとおりアメリカ芸術科学アカデミーの紀要に掲載された。A. Lawrence Lowell, "Surfaces of the Second Order, as Treated by Quaternions," *PAmAc* 13 (1878): 222–50.

(31) Charles William Eliot, "Reminiscences of Peirce," *American Mathematical Monthly* 32, no. 1 (January 1925): 2.

(32) ERH, 224–29, 253–55.

(33) ERH, 40–43, 210.

(34) ERH, 40. ボーディッチの生涯に関しては以下を参照のこと。Tamara Plakins Thornton, *Nathaniel Bowditch and the Power of Numbers: How a Nineteenth-Century Man of Business, Science, and the Sea Changed American Life* (Chapel Hill: University of North Carolina Press, 2016). 航海術に関する百科事典とも言うべき『アメリカ実践航海術』——初版に冠されていた「新」はのちに省かれる——は、「ボーディッチ」という通称とともに広く流通しつづけ、現在は国家地球空間情報局(the National Geospatial-Intelligence Agency)によって最新版が定期的に刊行されている。なお、いまでは「ジョン万次郎」という名で人口に膾炙《かいしゃ》している中浜万次郎(1827–98)は、太平洋での漂流から米国での生活を経て日本へ戻ったあと、1856(安政2)年に幕府から『アメリカ実践航海術』の翻訳を命じられており、1年半後に本文の主要部分の翻訳を終えて幕府へ提出している(川澄哲夫編著『増補改訂版 中浜万次郎集成』、小学館、2001年、707–14、1095頁)。

(35) この証明の書誌情報は以下のとおり。Benjamin Peirce, "On Perfect Numbers," *Mathematical Diary* 2, no. 13 (March 1832): 267–77. これを掲載した『マスマティカル・ダイアリー』は、実態としては読者投稿型の数学パズル雑誌とでも言うべきものであった。すなわち誌面の大部分は、読者から投稿された数学の問題と、過去の投稿問題に対して他の読者から送られた解答とによって占められていた。米国において、パズル雑誌としてではなく学術誌として発行された最初の数学雑誌は、1878年創刊の『アメリカン・ジャーナル・オヴ・マスマティクス』である(ERH, 46–47, 95–96)。

(36) Eliot, "Reminiscences of Peirce," 2.

(37) ERH, 72–76. 第2章第2節で1820年代のジョージ・ティクナーによるハーヴァード改革に触れた際に、彼の改革の「余波として、一時期はハーヴァードの二年生以降のカリキュラムにおける選択科目の比重が大幅に増していた」と記したが(96–97頁)、2年生以降の数学を選択科目にするというパースの1838年の提案はまさしくこの「余波」に乗るかたちでなされたものだと言える。もっとも、のちには揺り戻しが生じたため、ハーヴァードのカリキュラムにおける選択科目の比重の変化は単線的ではなく、数学も例外ではなかった(ERH, 76–77)。

(38) Eliot, "Reminiscences of Peirce," 2–3. パースが教え子たちに与えたさまざまな印象に関してはERH, 87–94を参照のこと。

(39) Jackson, *Spectrum of Belief*, 112–13, 171–72; Webb, "Telescopes, from Galileo," 519; Williams, "Telescopes since 1820," 519–20. 本文ではデルプト天文台の望遠鏡の口径を9.6インチと記したが、製造時にはパリ・インチ（あるいはプース）という単位に基づいて口径は9パリ・インチに定められていた（Jackson, *Spectrum of Belief*, 112）。すなわち、9パリ・インチ＝約9.6インチ＝約24.4センチメートルという関係が成り立っている。

なお、19世紀半ばから1950年までに製造された一定のサイズ以上の望遠鏡は以下でリスト化されており、本書に登場する多くの望遠鏡に関しても、口径の数値を記すうえで以下から裨益を得た。Barbara L. Welther, "The World's Largest Telescopes, 1850–1950," in *GHA4A*, Ai–Avi.

(40) ERH, 114.

(41) Donald K. Yeomans, *Comets: A Chronological History of Observation, Science, Myth, and Folklore* (New York: John Wiley, 1991), 179; J&B, 48–49; ERH, 115.

(42) Sara Schechner Genuth, "From Heaven's Alarm to Public Appeal: Comets and the Rise of Astronomy at Harvard," in *Science at Harvard University: Historical Perspectives*, ed. Clark A. Elliot and Margaret W. Rossiter (Bethlehem, PA: Lehigh University Press, 1992), 28–54.

(43) J&B, 49; ERH, 115–16.

(44) "Wanted: A Telescope for Cambridge," *Daily Evening Transcript* (Boston), March 25, 1843.

(45) Dirk J. Struik, *Yankee Science in the Making* (Boston: Little, Brown, 1948), 41–47; ERH, 192; J&B, 49–51; William Cranch Bond, "History and Description of the Astronomical Observatory of Harvard College," *Annals of the Astronomical Observatory of Harvard College* 1, pt. 1 (1856): xv, lxiv–lxv.

(46) William Cranch Bond and George Phillips Bond, Diary for December 5, 1846, in Bessie Zaban Jones, "Diary of the Two Bonds, 1846–1849: First Directors of the Harvard College Observatory," pt. 2, *Harvard Library Bulletin* 16, no. 1 (January 1968): 50.

(47) J&B, 53–54, 65–67.

(48) ERH, 25–26, 116–17, 124–26, 192. ちなみにパースは、アメリカ芸術科学アカデミーに対する長年の不満を1858年の会合で爆発させ、衝動的にアカデミーを辞めてしまっていた。彼はすぐに再入会を求めたのだが、その求めはアカデミーでの議決によって退けられてしまい、反対票を投じた者のなかにはインガーソル・ボーディッチ（パースの同級生）やジョージ・ボンド（ウィリアム・ボンドの息子）もいた。最終的には再入会を果たすとはいえ、この出来事がパースに大きなショックを与えたことは言うまでもない（ERH, 192–94）。

(49) ERH, 129–30, 230; Robert V. Bruce, *The Launching of Modern American Science, 1846–1876* (New York: Alfred A. Knopf, 1987), 251–61.

(50) Lillian B. Miller, *The Lazzaroni: Science and Scientists in Mid-Nineteenth-Century America* (Washington, DC: Smithsonian Institution Press, 1972), 2–4; ERH, 122–23.

(51) Bruce, *Modern American Science*, 301–5. なお、かつてはラッツァローニの中枢にいた物理学者のジョゼフ・ヘンリー——インダクタンス（コイルなどに流れる電流が変化したときどれくらいの起電力が電磁誘導によって生じるかを表す係数）の単位にその名を残している彼は、スミソニアン・インスティテューション（本章註27参照）の初代事務局長（secretary）で

もあった――は、ベイチたちが描くプランはあまりに排他的であると感じ難色を示したため、米国科学アカデミー創設の運動にはまったく関与していない。また、この運動が成功したことをベイチとアガシは素直に喜んだのに対して、パースはベイチへの手紙のなかでアンビヴァレントな感情を吐露している(ERH, 230–34)。これらの事実からも窺えるように、ラッツァローニは決して一枚岩の集団ではなく、中枢の顔ぶれも時期によって異なっていた。

(52) Miller, *Lazzaroni*, 97–103; ERH, 104–7, 110–13. こうしたベイチの批判などにより、海軍天文台長としてのモーリーはながらく低い評価を与えられつづけてきた。しかし、本章註9に挙げたDick, *Sky and Ocean Joined*の第2章においては、モーリーがより高く評価されるべきであることが綿密な調査に基づく議論によって示されている。

なお、他のほとんどの天文台のトップが“director”と呼ばれるのに対して、海軍天文台のトップは“superintendent”と呼ばれているが、本書ではどちらも「台長」と訳した。

(53) ERH, 118; Miller, *Lazzaroni*, 43–44. 沿岸測量部、合衆国海軍天文台、航海暦編纂部という3つの政府機関が設立されるまでの詳細な経緯に関しては以下を参照のこと。A. Joseph Wraight and Elliot B. Roberts, *The Coast and Geodic Survey, 1807–1957: 150 Years of History* (Washington, DC: Government Printing Office, 1957), chap. 2; Dick, *Sky and Ocean Joined*, chaps. 1 and 3. 実はベンジャミン・パースは、ベイチの誘いを受けて1852年から沿岸測量部における経度測定の責任者を務めており、1867年のベイチの死後には部長の座を彼から引き継いでいる(ERH, 107–10, 244–46)。

(54) 1835年にカナダのノヴァスコシア州に生まれたサイモン・ニューカムは、18歳のときに米国へ渡り、メリーランド州の学校で教師として数年間働いたのちにワシントンDCの近郊へ移った。そして米国の首都において彼は、スミソニアン・インスティテューションの事務局長を務めるジョゼフ・ヘンリー(本章註27および註51参照)と知りあった。ニューカムが数学に深い関心を抱いていることを知ったヘンリーは、沿岸測量部に職を求めることを彼に勧め、沿岸測量部は彼に航海暦編纂部を勧めた。かくしてニューカムは、ラッツァローニの縁を辿るかたちでワシントンDCからケンブリッジへ移り、1857年から航海暦編纂部に勤めはじめたわけである(Albert E. Moyer, *A Scientist's Voice in American Culture: Simon Newcomb and the Rhetoric of Scientific Method* [Berkeley: University of California Press, 1992], chap. 2)。

なお彼はその後、1861年から1877年まで合衆国海軍天文台で働いている。本文で述べたとおり、海軍天文台の初代台長はラッツァローニの敵であるマシュー・モーリーが務めたのだが、ヴァージニア州出身の彼は1861年に、南北戦争に南軍として参戦すべく海軍天文台を辞めたため、台長はラッツァローニと親和的なジェイムズ・メルヴィル・ジリス(1811–65)へ代わった。ニューカムの移籍はそのあとのことである(Dick, *Sky and Ocean Joined*, chaps. 4 and 8)。

(55) “Four Hundred and Sixtieth Meeting: February 8, 1859—Adjourned Stated Meeting,” *PAmAc* 4 (1860): 165–66. それにしても、パースがどれほどエリート主義的であるにせよ、メルツ社からのレンズの到着をともに喜んだ仲間への弔辞にこの一節を挿むのはあまりに場違いではないか――たしかにそう思われもするのだが、本章註48で述べた出来事を念頭に置けば印象はいくらか改められるだろう。

1859年1月29日のウィリアム・ボンドの死によってハーヴァード・カレッジ天文台の台長が空席となったため、パースはその座を引き継ぐことへの関心を内外に示しはじめた(彼がアメリカ芸術科学アカデミーの会合で弔辞を読

んだのは2月8日である)。しかしハーヴァード・コーポレーションは2月26日にボンドの息子のジョージ・ボンドを第2代台長に指名し、監督会もこれを承認した。パースとしては、ジョージ・ボンドに一度ならず二度までも煮え湯を飲まされたと感じないわけにはいかなかった。1863年に米国科学アカデミーの会員50名の顔ぶれが発表されたとき、そこにジョージ・ボンドの名前は含まれておらず、多くの科学者たちが彼の不在は不当であると感じた。創設時の会員選抜の過程に、ジョージ・ボンドに対するパースの個人的な恨みがまったく影響していないと考えることは難しい (J&B, 110–15, 126–31; ERH, 196–98, 232)。

(56) LeRoy E. Doggett, "Celestial Mechanics," in *HAE*, 131–37; Dick, *Sky and Ocean Joined*, 284–90.

(57) Glenn A. Walsh, "Langley, Samuel Pierpont," in *BEA*, 1275–77; Jones, *Lighthouse of the Skies*, 115; Smith, *Lowell Institute*, 79.

(58) Samuel P. Langley, "The New Astronomy," pt. 1, *Century Magazine* 28, no. 5 (September 1884): 712.

(59) Ibid., 712–13. この連載は同年のうちに単行本化され、より高い人気を得た。ラングリーはその後、1887年にスミソニアン・インスティテューションの第3代事務局長となり、1890年からは新設されたスミソニアン天体物理天文台の台長も務めている。また彼は、航空力学のパイオニアのひとりとして、1896年に無人機による動力飛行をはじめて成功させた。1903年には有人動力飛行の実験を2度おこなったもののこちらはいずれも失敗に終わった。ライト兄弟――兄のウィルバー (1867–1912) と弟のオーヴィル (1871–1948)――が有人動力飛行を成功させたのは、ラングリーの2度目の失敗の9日後であった (Jones, *Lighthouse of the Skies*, chaps. 5–7; Peter L. Jakab, *Visions of a Flying Machine: The Wright Brothers and the Process of Invention* [Washington, DC: Smithsonian Institution Press, 1990], chaps. 2 and 9)。

(60) Helen Wright, *Explorer of the Universe: A Biography of George Ellery Hale* (1966; repr., New York: AIP Press, 1994), chaps. 1–4.

(61) JBH, 17–20; Jackson, *Spectrum of Belief*, 70–74. 太陽光のスペクトルに暗線が見られることは、英国の化学者ウィリアム・ハイド・ウォラストン (1766–1828) が1802年に発表した論文ですでに指摘されていた (JBH, 16–17)。

(62) JL, 35–36. "新しい天文学" の台頭に伴うアメリカ天文学の構造の変化を主題としているJLは、本書の第4章および第5章の重要な着想源のひとつである。

(63) JBH, 25–31, 50–52. 本文では説明を割愛したが、スペクトルには、虹色の帯のなかに暗線(吸収線)があるというかたちの「吸収スペクトル」(absorption spectrum) に加えて、特定の波長の光だけが離散的に輝く「輝線スペクトル」(emission spectrum) もある。名前のとおり、前者は「吸収」(absorption)、後者は「放射」(emission) というプロセスによって生じるものであり、あらゆる元素に関してその原子が吸収する波長と放射する波長とは等しいという対称性が成り立っている。これは「キルヒホフの法則」と呼ばれるけれども、キルヒホフはスペクトル分析以外の領域でも数々の重要な業績を残したため同じ名前の法則がほかにもいくつかある (JBH, 28; Paul Charbonneau, "Kirchhoff, Gustav Robert," in *BEA*, 1220–21; 小暮『現代天文学史』、20–26頁)。

(64) J&B, 178–82.

(65) Simon Newcomb, *The Reminiscences of an Astronomer* (Boston: Houghton, Mifflin, 1903), 212–13. 本章註54に記したように、エリオットからの打診の手紙を受けとったときニューカムは合衆国海軍天文台で働いていた。また当時、具体的には1868年から1878年まで、

チャールズ・サンダース・パースが変則的なかたちでハーヴァード・カレッジ天文台の仕事をおこなっていた(J&B, 149, 185–87, 464n16)。

(66) Miller, *Dollars for Research*, chap. 5; JL, 193–94.

(67) エドワード・ピッカリングの生涯をもっとも詳しく知ることのできる文献は、本章の註ですでに何度も挙げているJ&Bである。誕生から第4代台長までのハーヴァード・カレッジ天文台の歴史を綴っている同書は、全12章のうちの7章(第4–10章)をピッカリングの業績の紹介に費やしている。ただし、1902年に台長就任25周年を祝って以降のピッカリングの、国際的なスケールの活躍ぶりについては、同書の記述は薄いため以下も参照のこと。Howard Plotkin, "Edward Charles Pickering," *Journal for the History of Astronomy* 21, no. 1 (February 1990): 47–58.

ピッカリングに関してよく知られているのは、彼がハーヴァード・カレッジ天文台の計算士に多くの女性を雇い、「ピッカリングのハーレム」と総称された彼女たちがその後、天文学上の偉業をいくつも達成したことである。「ピッカリングのハーレム」については、J&Bの第11章に加えて以下も参照のこと。Dava Sobel, *The Glass Universe: How the Ladies of the Harvard Observatory Took the Measure of the Stars* (New York: Viking, 2016).

(68) JBH, chap. 5; David DeVorkin, "Stellar Evolution and the Origin of the Hertzsprung-Russell Diagram," in *GHA4A*, 99–100.

(69) J&B, 211–31.

(70) J&B, 246–66, 287–97.

(71) J&B, 297–312; Jordan D. Marché II, "Pickering, William Henry," in *BEA*, 1712–13; MJC, 497–98/3:813–14.

(72) J&B, 325–26; DS, 177–78/220–21.

(73) J&B, 179; DS, 175/218; "Proceedings of the Club," *Appalachia* 14, no. 1 (December 1916): 104.

(74) DS, 178/220–21.

(75) DS, 179–80, 184/222–23, 228. ローエルが火星観測に乗り出してからローエル天文台が恒久化されるまでの経緯を、DSの第9章は史料の精査によって最大限明らかにしている。その成果に、1894年時点のローエル天文台に関する本文中の記述も多くを負っている。

(76) "To Have a New Observatory: Expedition to Leave Harvard for Arizona at Once," *Boston Herald*, February 13, 1894.『ボストン・ヘラルド』の1894年2月13日の記事はJ&B, 327とDS, 180/223においても紹介されているが、どちらも記事の見出しを"Another Harvard Observatory"と記している。私が調べたかぎりでは、この見出しの記事は——少なくとも2月13日の『ボストン・ヘラルド』には——発見できなかった。

(77) Marché, "Pickering, William Henry," 1713; ALL, 64; GEW, 14–15.

(78) Percival Lowell to A. E. Douglass, telegram, March 15, 1894, PLC.

(79) US Department of the Interior, Census Office, *Report on Population of the United States at the Eleventh Census: 1890*, pt. 1 (Washington, DC: Government Printing Office, 1895), 60. 同じ国勢調査では、1890年のボストンの人口は448,477人、ケンブリッジの人口は70,028人となっている(ibid., 180–81)。フラグスタッフの初期の歴史に関しては以下を参照のこと。Platt Cline, *They Came to the Mountain: The Story of Flagstaff's Beginnings* (Flagstaff: Northern Arizona University with Northland Press, 1976).

(80) Percival Lowell to A. E. Douglass, telegram, April 21, 1894, PLC.

(81) ALL, 64–65; WGH, 33–38; GEW, 15–19; *EMH*, 13–16; Cline, *They Came to the Mountain*, 103.

(82) W. W. Campbell, review of *Mars*, *Science* 4,

no. 86 (August 21, 1896): 231–32. 引用中のブラケット内の補足および省略はキャンベルによるものである。

(83) Edward S. Holden, "The Lowell Observatory, in Arizona," *PASP* 6, no. 36 (June 1894): 160, 166.

(84) リック天文台の設立の経緯に関しては以下を参照のこと。Helen Wright, *James Lick's Monument: The Saga of Captain Richard Floyd and the Building of the Lick Observatory* (Cambridge: Cambridge University Press, 1987).

(85) DS, 183–88/228–32. ローエルが『アストロノミー・アンド・アストロフィジックス』と『ポピュラー・アストロノミー』に発表した文章とは以下である。Percival Lowell, "Mars," pts. 1–4, *Astronomy and Astro-Physics* 13, no. 7 (August 1894): 538–53; no. 8 (October 1894): 645–50; no. 9 (November 1894): 740; no. 10 (December 1894): 814–21; Percival Lowell, "Mars," pts. 1–6, *Popular Astronomy* 2, no. 1 (September 1894): 1–8; no. 2 (October 1894): 52–56; no. 3 (November 1894): 97–100; no. 4 (December 1894): 154–60; no. 6 (February 1895): 255–61; no. 8 (April 1895): 343–48.

ちなみにウィリアム・ピッカリングは、1894年6月4日に母親へ送った手紙に「ローエル氏のことはとても好きです、本当に。〔…〕我々はうまくやっています」と記している(William H. Pickering to Charlotte H. Pickering, June 4, 1894, quoted in DS, 183/227)。家族を安心させようという配慮がこれを書かしめたとも考えられるが、少なくとも同年夏のあいだは、彼の言葉どおりローエルとの関係は良好だったようである(DS, 183–84/227–28)。

(86) キャンベルの2本の論文の書誌情報は以下のとおり。W. W. Campbell, "The Spectrum of Mars," *PASP* 6, no. 37 (August 1894): 228–36; W. W. Campbell, "Concerning an Atmosphere on *Mars*," *PASP* 6, no. 38 (December 1894): 273–83. これらの論文が引き起こした反応については以下を参照のこと。W. W. Campbell, "A Review of the Spectroscopic Observations of Mars," *Astrophysical Journal* 2, no. 1 (June 1895): 28–44; MJC, 502–5/3:839–42.

(87) "The Latest about Mars," *Popular Astronomy* 2, no. 2 (October 1894): 92. このジョークはMJC, 504/3:841–42でも紹介されており、引用に際してその訳文から裨益を得た。

(88) *WW*, 5/19.

(89) Edward S. Holden, "Bright Projections at the Terminator of *Mars*," *PASP* 6, no. 38 (December 1894): 285.

(90) *Mars*, 86.

(91) "死につつある惑星"としての火星像がいかにして発展し、それがフィクションとどのような関係を結んできたのかについては、RMで詳しく論じられている。

(92) [Agnes Mary Clerke], "New Views about Mars," *Edinburgh Review* 184, no. 378 (October 1896): 368. この書評は無記名であるが、書いたのはアグネス・メアリ・クラーク(1842–1907)だと以下で述べられている。Alfred Russel Wallace, *Is Mars Habitable? A Critical Examination of Professor Percival Lowell's Book "Mars and Its Canals," with an Alternative Explanation* (London: Macmillan, 1907), 21.

(93) ここまでの議論を踏まえ、さらにベンジャミン・パースが数学を人間の精神を向上させる学問と見なしていたことも考えあわせれば(ERH, 100–101)、1843年に巨大な彗星が訪れた際に彼がおこなった講演がひとつの転換点に位置していたことも浮き彫りになるだろう。言うなれば、数学——および、宇宙の数学的な真理を明らかにする学問としての天体力学——の精神的な価値を信じるパースは、聴衆がひしめくボストンの講堂において天文学の大衆的な

価値をうまく活用してみせたことによって、研究上の価値を生み出す工場へとのちに変貌する天文台の設立資金を獲得したわけである。

(94) 本文のこの段落から章の終わりまでの記述は以下に多くを負っている。GEW, 29–38; WGH, 103–14; DS, 187–94/232–39.

(95) ALL, 92.

(96) *EMH*, 65–67.『アトランティック・マンスリー』での連載の書誌情報は第3章註117に掲げてある。アパラチアン・マウンテン・クラブでの発表とローエル・インスティテュートでの連続講演については、以下をそれぞれ参照のこと。"Proceedings of the Club," *Appalachia* 7, no. 4 (June 1895): 367; Smith, *Lowell Institute*, 90.

(97) Quoted in WGH, 79, 329n62. フラマリオンからローエルへの讃辞はたとえば以下にある。Camille Flammarion, "La planète Mars," *L'astronomie* 13, no. 9 (September 1894): 328–29. 1895–96年のローエルのヨーロッパ滞在に関しては以下も参照のこと。ALL, 92–94; MJC, 514–16/3:855–58.

なお、ローエルとスキアパレッリが交わした手紙の多くは以下に収められている。Alessandro Manara and Franca Chlistovsky, "Giovanni Virginio Schiaparelli, Percival Lowell scambi epistolari inediti (1896–1910)," *Nuncius* 19, no. 1 (2004): 253–96. これを見ればわかるように、ふたりは主にフランス語でやりとりしていた。

(98) DS, 41–42/65–66.

(99) *EMH*, 27–31; Wright, *Explorer of the Universe*, 118–19; WGH, 105, 119–23; Ronald A. Schorn, "See, Thomas Jefferson Jackson," in *BEA*, 1972–73. シーによる『火星』の書評の書誌情報は以下のとおり。T. J. J. See, "The Red Planet Mars," *Dial* 21, no. 242 (July 16, 1896): 42–43.

(100) Percival Lowell to A. E. Douglass, April 21, 1897, PLC.

第5章

火星

(1) Seth C. Chandler to Edward S. Holden, September 4, 1894, quoted in DS, 182/225–26.

(2) Kunitomi Sakurai, "Chandler, Seth Carlo, Jr.," in *BEA*, 402–3; J&B, 194–95.

(3) Trudy E. Bell, "Gould, Benjamin Apthorp," in *BEA*, 833–34; ERH, 127, 168–69.

(4) ダドリー天文台をめぐる騒動に関しては、何よりもまず、以下の優れた研究を参照のこと。Mary Ann James, *Elites in Conflict: The Antebellum Clash over the Dudley Observatory* (New Brunswick, NJ: Rutgers University Press, 1987).

(5) 本文で言及した論文および投稿の書誌情報は以下のとおり。Seth C. Chandler, "On the Observations of Variable Stars with the Meridian-Photometer of the Harvard College Observatory," *Astronomische Nachrichten* 134, no. 3214 (February 28, 1894): 355–59; "Harvard Observatory Arraigned," *BET*, March 17, 1894. この騒動に関する本文中の記述はJ&B, 334–43に多くを負っているが、そこでは「学生」の正体はジョン・リッチー・ジュニアであろうと推測されている(J&B, 335)。

(6) Edward C. Pickering, "The Photometric Catalogues of the Harvard College Observatory," *Astronomische Nachrichten* 135, no. 3229 (May 16, 1894): 217. 当該の箇所はきわめて回りくどく書かれているため、"animus"が登場する2文を以下に、まず原文で、次いで意訳ぎみの拙訳で引いておく。

> Whatever animus underlies the attack can only be important in so far as, if it exists, it tends to weaken the force of sweeping assertions and deductions sought to be drawn from scanty premises.

Animus unfortunately is not unknown in scientific discussion, and may exist, as we believe it exists, if at all, in this case, without the person whom it dominates being aware of its presence.

この攻撃の底にどんな敵意があるにせよ、それを問うことが重要でありうるのは、かりに敵意が存在するとして、乏しい前提から導かれようとしている最終的な主張および推論の力がその敵意によって弱められかねない場合においてのみである。残念ながら、科学の論争は敵意と無縁でありつづけてきたわけではなく、ときには、敵意に駆られた当人がその存在を自覚していないというパターンも見られる。我々としては、かりに今回の件に敵意が介在しているとすれば、まさしくこのパターンが当てはまるだろうと考えている。

天文学における測光の歴史に関しては以下を参照のこと。John B. Hearnshaw, *The Measurement of Starlight: Two Centuries of Astronomical Photometry* (Cambridge: Cambridge University Press, 1996). 同書でも述べられているとおり、1894年の論争でピッカリングが擁護している星表は、ポツダム天体物理天文台の天文学者たちからも批判されている(ibid., 79–92)。測光の基準に関して国際的な合意が形成されたのは第一次世界大戦後のことであり、それまでは複数の流派が並立していて論争が絶えなかった。

(7) "Here's a Mess: Harvard's Astronomer Declared Incompetent," *Boston Sunday Post*, June 24, 1894.

(8) "Dr. B. A. Gould and Harvard Observatory," *BET*, June 30, 1894.

(9) Charles William Eliot to Edward C. Pickering, November 22, 1894, quoted in J&B, 473n2.

(10) DS, 184–85/229. ピッカリングの報告書は以下のとおり出版された。Edward C. Pickering, *Forty-Ninth Annual Report of the Director of the Astronomical Observatory of Harvard College for the Eleven Months Ending September 30, 1894* (Cambridge, MA: Harvard University, 1894). ここではハーヴァード・カレッジ天文台とローエル天文台とのあいだにはいかなる関係もないと述べられている (ibid., 12)。

(11) William James to Henry Pickering Bowditch, May 22, 1869, in *Correspondence of William James*, 4:379. この手紙を宛てられたヘンリー・ピッカリング・ボーディッチ (1840–1911) は、第4章第2節に登場したナサニエル・ボーディッチの孫であり、ベンジャミン・パースと同窓のインガーソル・ボーディッチの息子であり、そして——ミドルネームから明らかなとおり——ピッカリング兄弟の親戚でもあった。ローレンス・サイエンティフィック・スクールにおけるジェイムズの同級生だった彼は、1868年に、すなわちジェイムズより1年早く、ハーヴァードから医学博士の学位を授与された。修了後にヨーロッパへ留学した彼は、エリオット学長の求めに応えて1871年に帰国しハーヴァード・メディカル・スクールで生理学を教えはじめている。1883年から1893年までは同校の校長 (dean) も務めた (Walter Bradford Cannon, "Henry Pickering Bowditch, 1840–1911," *Biographical Memoirs* [National Academy of Sciences] 17, no. 8 [1922]: 181–96)。

(12) "Rev. Mr. Eaton's Club: What the Breakfast Table Autocrat Knows about It," *Boston Daily Advertiser*, April 13, 1887. 本文で言及した案内状もこの記事のなかで引用されている。

(13) DS, 72–73/101–2. 現存するボストン作家クラブの創設時から1966年までの会員は以下でリスト化されている。Mildred Buchanan Flagg, *Boston Authors Now and Then: More Members of the Boston Authors Club, 1900–1966*

(Cambridge, MA: Dresser, Chapman and Grimes, 1966), 259–68.

(14) Richard B. Hovey, *John Jay Chapman: An American Mind* (New York: Columbia University Press, 1959), 43–48; DS, 35–36, 79/58–59, 110. 以下では、チャップマンの未完の自伝に綴られた、この件についての彼自身の説明が引用されている。M. A. DeWolfe Howe, *John Jay Chapman and His Letters* (Boston: Houghton Mifflin, 1937), 56–60.

(15) George Santayana to William James, Easter 1900, in *The Letters of George Santayana*, ed. William G. Holzberger, bk. 1, *[1868]–1909*, The Works of George Santayana 5 (Cambridge, MA: MIT Press, 2001), 212.

(16) 米国を離れるまえのサンタヤナとカトリシズムとの関係については以下を参照のこと。John McCormick, *George Santayana: A Biography* (1987; repr., New Brunswick, NJ: Transaction, 2003), 50, 56. サンタヤナの生涯に関する本文中の記述は同書に多くを負っている。

(17) George Santayana, "The Genteel Tradition in American Philosophy," *University of California Chronicle* 13, no. 4 (October 1911): 357.

(18) 入江哲朗「ジョージ・サンタヤナとアメリカ文化——あるいは「お上品な伝統」と反知性主義」、『ユリイカ』第49巻第1号、青土社、2017年1月、172–82頁。

(19) Frank Norris, "Zola as a Romantic Writer," in *Novels and Essays*, ed. Donald Pizer (New York: Library of America, 1986), 1106.

(20) William Dean Howells, "A Case in Point," in *Frank Norris: The Critical Reception*, ed. Joseph R. McElrath Jr. and Katherine Knight (New York: Burt Franklin, 1981), 39.

(21) John W. Crowley, *The Dean of American Letters: The Late Career of William Dean Howells* (Amherst: University of Massachusetts Press, 1999), chaps. 1–2; Van Wyck Brooks, *New England: Indian Summer, 1865–1915* (New York: E. P. Dutton, 1940), chap. 18; 邦訳『小春日和のニュー・イングランド』石川欣一訳、ダヴィッド社、1953年、第18章。ハウエルズのキャリアに関してはこれらに加えて以下も参照のこと。John W. Crowley, *The Black Heart's Truth: The Early Career of W. D. Howells* (Chapel Hill: University of North Carolina Press, 1985).

(22) Henry Childs Merwin, "On Being Civilized Too Much," *Atlantic Monthly* 79, no. 476 (June 1897): 838–39.

(23) 米国におけるノルダウの『退化』の流行については以下を参照のこと。John Higham, "The Reorientation of American Culture in the 1890's," in *Writing American History: Essays on Modern Scholarship* (Bloomington: Indiana University Press, 1970), 92–93; Jennifer Ratner-Rosenhagen, *American Nietzsche: A History of an Icon and His Ideas* (Chicago: University of Chicago Press, 2012), 58–59; 邦訳『アメリカのニーチェ——ある偶像をめぐる物語』岸正樹訳、法政大学出版局、2019年、86頁。イーデスの講演の原稿は以下に掲載されている。Robert T. Edes, "The New England Invalid," pts. 1–3, *Boston Medical and Surgical Journal* 133, no. 3 (July 18, 1895): 53–57; no. 4 (July 25, 1895): 77–81; no. 5 (August 1, 1895): 101–7.

(24) ビアードの業績や世紀転換期米国における神経衰弱の流行に関しては以下を参照のこと。F. G. Gosling, *Before Freud: Neurasthenia and the American Medical Community, 1870–1910* (Urbana: University of Illinois Press, 1987); David G. Schuster, *Neurasthenic Nation: America's Search for Health, Happiness, and Comfort, 1869–1920* (New Brunswick, NJ: Rutgers University Press, 2011).

(25) George M. Beard, *American Nervousness:*

Its Causes and Consequences; A Supplement to Nervous Exhaustion (Neurasthenia) (New York: G. P. Putnam's Sons, 1881), vi–vii, 7–8.

(26) Schuster, *Neurasthenic Nation*, 3.

(27) ALL, 98.

(28) TJJL, 236/325.

(29) TJJL, 17/20.

(30) TJJL, 25/31.

(31) TJJL, 55, 218–19/75, 299–300. フロイトは以下において、「大洋感情〔das ozeanische Gefühl〕」という語を彼の「友人」の手紙から引くかたちで導入している。Sigmund Freud, "Das Unbehagen in der Kultur," in *Gesammelte Werke*, ed. Anna Freud et al., vol. 14, *Werke aus den Jahren 1925–1931*, 7th ed. (Frankfurt am Main: S. Fischer Verlag, 1991), 421–22; 邦訳「文化の中の居心地悪さ」嶺秀樹＋高田珠樹訳、『フロイト全集』第20巻（高田珠樹編）所収、岩波書店、2011年、67–68頁。1931年に追加された註でフロイト自身が明かしているとおり、この「友人」とはロマン・ロラン（1866–1944）のことである（ibid., 422n1; 邦訳、69頁註1）。

(32) Lowell, "Augustus Lowell," 652. この文章の書誌情報は第1章註59に掲げてある。ローエルがこれを読み上げたアメリカ芸術科学アカデミーの会合については第2章註66を参照のこと。

(33) TJJL, 225–28/309–14. ビゲローの生涯に関する本文中の記述は、同書に加えて以下にも多くを負っている。Akiko Murakata, "Selected Letters of Dr. William Sturgis Bigelow" (PhD diss., George Washington University, 1971); 山口静一『三井寺に眠るフェノロサとビゲロウの物語』、宮帯出版社、2012年。

(34) ビゲローが横浜を発ったのが1889（明治22）年10月29日であることは以下で確かめられるが、前註に挙げた文献の記述はいずれもこれと齟齬をきたしている。"Latest Shipping," *JWM*, 4th ser., 12, no. 18 (November 2, 1889): 410.

(35) TJJL, 232/319.

(36) TJJL, 232/320.

(37) TJJL, 53, 55–56, 58/72, 74–75, 79.

(38) ローエルは、御嶽山から東京へ戻った直後にウィリアム・ローエル・パトナムへ送った1891（明治24）年8月16日付の手紙のなかで、憑依儀礼を目にしたことの興奮を伝えつつこう記している。「神道のメスメリック〔mesmeric〕なショーは、僕の知りうるかぎりでは、まだ誰にも書かれていないし話を聞いたこともない。ビゲローも仏教もここには存在しない！」(Percival Lowell to William Lowell Putnam, August 16, 1891, ELWLP)。「メスメリック」とは、催眠療法の先駆者として知られるドイツ生まれの医師フランツ・アントン・メスマー（1734–1815）に由来する形容詞であり、「催眠術の」とか「魅惑的な」といった意味を持つ。ローエルのこの書きぶりは、彼が『神秘の日本』を、ビゲローというライヴァルとの棲みわけを意識しながら執筆していたことを窺わせる。ここからさらに踏み込んで、インパーソナルなものに対するローエルの戦いにおいてはビゲローと父オーガスタス・ローエルとがほぼ同じ位置を占めていたとする解釈が、以下で提出されている。Christopher Reed, *Bachelor Japanists: Japanese Aesthetics and Western Masculinities* (New York: Columbia University Press, 2017), 153–58.

(39) TJJL, 236/325.

(40) ALL, 98–99; WGH, 114; DS, 22–23, 49–52/42, 74–78; GEW, 37–41.

(41) ALL, 99.

(42) CB, 195–204/247–58; Mabel Loomis Todd, *Corona and Coronet: Being a Narrative of the Amherst Eclipse Expedition to Japan, in Mr. James's Schooner-Yacht Coronet, to Observe the Sun's Total Obscuration, 9th August, 1896* (Boston: Houghton, Mifflin, 1899), chaps. 25–30. 本文で言及した富士登山の記録の書誌情報は以下のとおり。Mabel

Loomis Todd, “The Ascent of Fuji-San,” *Nation* 45, no. 1163 (October 13, 1887): 291–93; Mabel Loomis Todd and David P. Todd, “An Ascent of Fuji the Peerless,” *Century Magazine* 44, no. 4 (August 1892): 483–94; 邦訳「比類なきフジの登山」山本秀峰訳、山本秀峰編訳『富士山に登った外国人——幕末・明治の山旅』所収、露蘭堂、2012年、107–46頁。

トッド夫妻に関してはほかにも、詳細に記録されたふたりの性生活、およびメイベル・トッドとウィリアム・オースティン・ディキンソン（1829–95）——エミリー・ディキンソンの兄——との不倫関係がよく知られている。詳しくは以下を参照のこと。Polly Longsworth, *Austin and Mabel: The Amherst Affair and Love Letters of Austin Dickinson and Mabel Loomis Todd* (New York: Farrar, Straus and Giroux, 1984); Peter Gay, *Education of the Senses*, vol. 1 of *The Bourgeois Experience: Victoria to Freud* (1984; repr., New York: W. W. Norton, 1999), 71–108; 邦訳『官能教育』篠崎実＋鈴木実佳＋原田大介訳、みすず書房、1999年、第1巻77–120頁。

(43) CB, 204–6/259–60.

(44) William James to Margaret Mary James, April 1, 1900, in *Correspondence of William James*, 9:178. ジェイムズのコート・ダジュール滞在に関しては以下を参照のこと。Fredson Bowers, “The Text of *The Varieties of Religious Experience*,” in *The Varieties of Religious Experience*, The Works of William James (Cambridge, MA: Harvard University Press, 1985), 529–31. このとき延期されていたジェイムズのギフォード・レクチャーは結局、1901年5月から翌月にかけて第1部が、翌年の同じ時期に第2部が実施され、その内容は『宗教的経験の諸相』として1902年6月に出版された（ibid., 539–50, 555–56）。

(45) William James to Henry James, April 11, 1900, in *Correspondence of William James*, 3:113.

(46) Mabel Loomis Todd, Journal for June 13, 1900, quoted in CB, 206/261. 引用中のブラケット内の省略はクリストファー・ベンフィー（CBの著者）によるものである。

(47) ALL, 101–2.

(48) GEW, 41, 44, 48.

(49) GEW, 47–48; WGH, 123–24; William Sheehan, *Planets and Perception: Telescopic Views and Interpretations, 1609–1909* (Tucson: University of Arizona Press, 1988), 227–29.

本文では説明を割愛したが、ローエルは1896年から水星と金星の観測もおこなっており、例によって両者の表面にも複数の直線から成る模様を見出していた。水星に関する彼の主張はほとんど波紋を投じなかったが、金星表面にスポーク状の模様を見たとする彼の観測結果に対しては多くの天文学者たちが批判を寄せた。そして1902年にローエルは、金星のその模様が実在のものではないことを認める旨の文章を以下のとおり『アストロノミシェ・ナハリヒテン』に発表している。Percival Lowell, “The Markings on Venus,” *Astronomische Nachrichten* 160, no. 3823 (October 22, 1902): 129–31. このことから、1900年に人工惑星の実験をダグラスに再開させたのは、金星観測の結果に対してローエル自身が疑念を抱きはじめたためであろうと推測できる（WGH, 108–12; DS, 193, 198–99/238, 244–45）。

(50) A. E. Douglass to William Lowell Putnam, March 12, 1901, quoted in *EMH*, 33.

(51) Ibid., 34, 36.

(52) Ibid., 38.

(53) GEW, 49; WGH, 124–25, 128–29.

(54) ダグラスの生涯は、すでに何度も参照しているGEWで詳細に論じられている。

(55) Richard Baum, “Maunder, Edward Walter,” in *BEA*, 1420.

(56) Ibid., 1420–21; 小暮『現代天文学史』、77–78

頁（書誌情報は第3章註8参照）。エディの論文の書誌情報は以下のとおり。John A. Eddy, "The Maunder Minimum," *Science* 192, no. 4245 (June 18, 1976): 1189–202.

(57) MJC, 490–91, 505/3:820–21, 842–43.

(58) E. Walter Maunder, "The Canals of Mars," *Knowledge* 17, no. 108 (November 1894): 251.

(59) Ibid., 252.

(60) W. W. Campbell, "Recent Observations of the Spectrum of *Mars*," *PASP* 9, no. 55 (April 1897): 112. モーンダーの論文の受容についてはMJC, 506, 519–22/3:844, 862–68を参照のこと。

(61) *Mars*, 189. スキアパレッリによる二重化の観測についてはMJC, 488–89, 500–502/3:818, 835–38を参照のこと。

(62) MJC, 519–20/3:862–63. アントニアディの生涯に関する本文中の記述は以下にも多くを負っている。Richard McKim, "The Life and Times of E. M. Antoniadi, 1870–1944," pts. 1–2, *JBAA* 103, no. 4 (August 1993): 164–70; no. 5 (October 1993): 219–27. 運河説打倒の功績については、たとえばスティーヴン・J・ディックがこう述べている。「同時代の天文学者たちも現代の歴史家たちも、火星の運河という謎の解決にもっとも寄与したのはウージェヌ・M・アントニアディ〔…〕の観測であったということで意見が一致している」（SJD, 91）。

(63) George Ellery Hale, "The Aim of the Yerkes Observatory," *Astrophysical Journal* 6, no. 4 (November 1897): 320–21. ローエルの『アストロフィジカル・ジャーナル』からの締め出しについてはDS, 246/294–95を参照のこと。

(64) Hale, "Aim of the Yerkes," 311.

(65) George Ellery Hale, *The Study of Stellar Evolution: An Account of Some Recent Methods of Astrophysical Research* (Chicago: University of Chicago Press, 1908), 121–22.

(66) Wright, *Explorer of the Universe*, chaps. 10 and 12; JL, 70–73; Albert Van Helden, "Building Large Telescopes, 1900–1950," in *GHA4A*, 134–43.

(67) Asaph Hall, "On the Secular Perturbations of the Planets," *American Journal of Science and Arts*, 2nd ser., 50, no. 150 (November 1870): 372. ホールがこれを書いているときの合衆国海軍天文台には、サイモン・ニューカムも所属していた（第4章註54参照）。

(68) Seth C. Chandler, "Glimpses at the Future of Astronomy," quoted in JL, 42–43. "新しい天文学"への攻撃の他の例については以下を参照のこと。JL, 42, 62–68; A. J. Meadows, "The New Astronomy," in *GHA4A*, 61.

(69) Lorraine Daston and Peter Galison, *Objectivity* (2007; repr., New York: Zone Books, 2010), 18–19, 34, 37, 42.

(70) 天体物理学の発展に対するセッキの貢献に関しては以下を参照のこと。JBH, 36–41; 小暮『現代天文学史』、45–53頁。

(71) この整理からただちに、19世紀後半の天文学界の新旧対決と「自然への忠実さ」対「機械的客観性」というふたつの構図が重なると結論づけるのは早計である。『客観性』では「機械的客観性」に付随する（「認識的」ではない）徳目のひとつとして「自己犠牲」が挙げられているが、たとえばセス・チャンドラーは、繊細な観測と複雑な計算とに長時間従事する"古い"天文学者たちの仕事を――天体物理学者たちの「くだらぬ科学的思弁」と対比するかたちで――「自己犠牲の労働」と表現していた（Daston and Galison, *Objectivity*, 46; Chandler, "Future of Astronomy," quoted in JL, 43）。またダストンとギャリソンは、スペクトル分類（spectral classification）――スペクトルのタイプによって恒星を分類するという作業――を例に引きつつ、科学者が扱う材料《マテリアル》の性質が徳目を決定するわけではないことに注意を促している。彼らによれば、『ヘンリー・ドレイパー星表』（第4章

第4節参照）に繋がるハーヴァード・カレッジ天文台でのスペクトル分類のプロジェクトにおいては「機械的客観性」が尊ばれた一方で、1943年に米国で出版された別のスペクトル分類の表では、直観の導きに頼りながら下される「熟練の判断」こそが分類において重要であることが強調されていた。すなわち、スペクトルのイメージという同じマテリアルを扱っていても、その扱われ方は「機械的客観性」志向であったり「熟練の判断」志向であったりしうるわけである（Daston and Galison, *Objectivity*, 331–35, 340–42）。

以下の労作は、19世紀初めから20世紀初めまでの、スペクトルを扱う科学者たち（および科学教育の従事者たち）の実践をひとつの視覚文化と見なしたうえで、その内実をきわめて詳細に論じている。Klaus Hentschel, *Mapping the Spectrum: Techniques of Visual Representation in Research and Teaching* (Oxford: Oxford University Press, 2002). ただし同書は、『客観性』が差異を強調したふたつのスペクトル分類の表の連続性をむしろ重視している（ibid., 351–60）。

(72) Percival Lowell, “The Canals of Mars—Photographed,” *Astronomische Nachrichten* 169, no. 4035 (July 24, 1905): 47.

(73) *EMH*, 70–71; DS, 193–94, 259/238–39, 309.

(74) DS, 56–57/83; Massachusetts Institute of Technology, *Twenty-First Annual Catalogue of the Officers and Students, with a Statement of the Courses of Instruction, and a List of the Alumni, and of the Members of the Society of Arts, 1885–1886* (Boston: Franklin, 1885), 9; Prescott, *“Boston Tech,”* 183. 最後に挙げた本の書誌情報は第2章註40に掲げてある。

(75) プラネトロジー三部作の書誌情報は以下のとおり。Percival Lowell, *The Solar System: Six Lectures Delivered at the Massachusetts Institute of Technology in December, 1902* (Boston: Houghton, Mifflin, 1903); Percival Lowell, *Mars as the Abode of Life* (New York: Macmillan, 1908); Percival Lowell, *The Evolution of Worlds* (New York: Macmillan, 1909). 『生命の棲処《すみか》としての火星』は、ローエル・インスティテュートでの連続講演から単行本化までのあいだに、『センチュリー』で以下のとおり連載されていた。Percival Lowell, “Mars as the Abode of Life,” pts. 1–6, *Century Magazine* 75, no. 1 (November 1907): 113–26; no. 4 (February 1908): 499–510; no. 5 (March 1908): 731–43; no. 6 (April 1908): 911–22; 76, no. 1 (May 1908): 127–41; no. 2 (June 1908): 292–303.

なお、プラネトロジー三部作を詳しく論じる際には、密接に関連する文章として以下も俎上に載せる必要があるだろう。Percival Lowell, “The Revelation of Evolution,” *Atlantic Monthly* 104, no. 2 (August 1909): 174–83; Percival Lowell, “The Origin of the Planets,” *Memoirs of the American Academy of Arts and Sciences* 14, no. 1 (June 1913): 2–16.

(76) Lowell, *Abode of Life*, 2. DS, 210–11/257–58でも指摘されているように、ローエルが“planetology”という語を最初に用いたのはおそらく、1905年に英国の王立天文学会へ送られたものの出版されることのなかった「惑星進化の研究の手段、方法、そして過ち」（“Means, Methods and Mistakes in the Study of Planetary Evolution”）という文章においてである（上記の経緯についてはDS, 309n6を参照のこと）。この文章の草稿はLOAに収められている（PLLUM, box 1U, folder 12）。

プラネトロジーという構想がどれほど先駆的であったかを知るうえでは、スティーヴン・J・ディックによる以下の記述が参考になる。「「惑星科学〔planetary science〕」という用語は宇宙時代《スペース・エイジ》の産物である。1900年には、惑星の

物理学的な研究は「惑星および衛星」とか「太陽系天文学」といった見出しのもとで議論されていた。なかには、それを天体物理学——すなわち、〔天体の〕運動を扱う天体力学、測地天文学、航海天文学などと対立するもの——の一部と見なす者もいた」(SJD, 59–60n4)。

(77) Lowell, *Solar System*, 130.

(78) チェンバリン゠モールトン説の陣営との論争については以下を参照のこと。WGH, chap. 13; DS, 154–65/194–205. チェンバリン゠モールトン説に関する本文中の記述は以下にも多くを負っている。Stephen G. Brush, *Fruitful Encounters: The Origin of the Solar System and of the Moon from Chamberlin to* Apollo, A History of Modern Planetary Physics 3 (Cambridge: Cambridge University Press, 1996), pt. 1.

(79) 太陽系形成の理論の現状に関する本文中の記述は以下に多くを負っている。井田茂『系外惑星と太陽系』、岩波新書、2017年。

(80) I. S. Shklovskii and Carl Sagan, *Intelligent Life in the Universe* (San Francisco: Holden-Day, 1966), 276. 同書はソ連の天文学者ヨシフ・サムイロヴィチ・シクロフスキー(1916–85)とセーガンとの共著であるが、引用した箇所を著したのがセーガンであることは文中の表記によって確かめられる。世紀転換期の火星運河論争を扱うMJCの第10章は、最後にセーガンのこの見解を紹介したうえで、「証拠の大半はセーガンの評価に味方している」と結論づけている(MJC, 545/3:901)。

(81) DS, 205–7/252–53; Dorothy G. Wayman, *Edward Sylvester Morse: A Biography* (Cambridge, MA: Harvard University Press, 1942), 392–97; 邦訳『エドワード・シルベスター・モース』蜷川親正訳、中央公論美術出版、1976年、下巻188–94頁。

(82) 石川千代松「序——モース先生」、E・S・モース著/石川欣一訳『日本その日その日』第1巻所収、東洋文庫、1970年、3–4頁。

(83) Edward S. Morse, *Mars and Its Mystery* (Boston: Little, Brown, 1906), 162, 164, 181.

(84) 自らの陣営を身近なところから広げようとするローエルの努力についてはDS, 203–10/249–57を参照のこと。

(85) Lester F. Ward to Percival Lowell, March 31, 1907, PLC. 1901年にウォードがローエル天文台を訪れた経緯はこの手紙に詳しく書かれているが、以下も参照のこと。WGH, 28, 217–19; DS, 207–8, 214–15/253–54, 261–62.「火星とその教訓」の書誌情報は以下のとおり。Lester F. Ward, "Mars and Its Lesson," *Brown Alumni Monthly* 7, no. 8 (March 1907): 159–65. ブラウン大学でのローエルの講演に関して、およびウォードの生涯に関しては、以下をそれぞれ参照のこと。"Topics of the Month," *Brown Alumni Monthly* 7, no. 7 (February 1907): 147; Edward C. Rafferty, *Apostle of Human Progress: Lester Frank Ward and American Political Thought, 1841–1913* (Lanham, MD: Rowman and Littlefield, 2003).

(86) Percival Lowell to C. O. Lampland, May 16, 1904, PLC.

(87) WGH, 173–82. 1905年の火星の写真を得るために駆使された技術は、ランプランド自身が以下で解説している。C. O. Lampland, "On Photographing the Canals of Mars," *Lowell Observatory Bulletin* 1, no. 21 (1905): 136–37.

(88) WGH, 182–83; Jennifer Tucker, *Nature Exposed: Photography as Eyewitness in Victorian Science* (Baltimore: Johns Hopkins University Press, 2005), 221–22.

(89) Percival Lowell, "The Canals of Mars—Photographed," *Lowell Observatory Bulletin* 1, no. 21 (1905): 135.

(90) "Report of the Annual Meeting of the Association Held on October 25, 1905, at Sion College, Victoria Embankment," *JBAA* 16,

no. 1 (November 1905): 5. クロンメリンのキャリアに関しては以下を参照のこと。Thomas R. Williams, "Crommelin, Andrew Claude de la Cherois," in *BEA*, 483–84. クロンメリンの名前はしばしば"A. C. D. Crommelin"と表記されている。

(91) E. Walter Maunder, "Progress of Astronomy in 1906," *Popular Astronomy* 15, no. 1 (January 1907): 5. 1905年の火星の写真が引き起こした反応についてはWGH, 179–86を参照のこと。

(92) *Mars*, 160.

(93) Percival Lowell, foreword to *Drawings of Mars, 1905* (Flagstaff, AZ: Lowell Observatory, 1906). 同書にはノンブルが付されていない。

(94) Daston and Galison, *Objectivity*, 231.

(95) 本文のこの段落と続く2段落の記述は、WGH, 189–99に多くを負っている。

(96) 1907年の火星の写真が掲載された『センチュリー』の記事の書誌情報は以下のとおり。Percival Lowell, "New Photographs of Mars: Taken by the Astronomical Expedition to the Andes and Now First Published," *Century Magazine* 75, no. 2 (December 1907): 303–10. ここに載せる写真のレタッチに関してローエルが交わしたやりとりは、WGH, 195–96で詳しく説明されている。

本章註88に挙げたTucker, *Nature Exposed*は、ヴィクトリア時代の（主に英国の）科学において写真がどう用いられたかを主題としており、火星の運河の写真をめぐる論争も扱っている。同書によれば、「ヴィクトリア時代の科学のプロトコルはレタッチを一定の条件のもとで許容し」ており、ローエルが火星の写真を『センチュリー』に発表するまでのプロセスも「科学のプロトコルの範囲内に完全に収まっていた」(ibid., 220, 227)。またマーティン・ウィリスは以下において、天文学者としてのローエルを中心的に論じつつ、ダストンとギャリソンのローエル解釈への直接の反論を試みている。Martin Willis, *Vision, Science and Literature, 1870–1920: Ocular Horizons* (London: Pickering and Chatto, 2011), chap. 3. 「ローエルによる観測の実践」が「自然への忠実さを機械的客観性と結びつけていた」というウィリスの主張 (ibid., 69) が同書の議論によって十分に支えられているとは私には思われないけれども、本章註76で言及した「惑星進化の研究の手段、方法、そして過ち」をはじめとするローエルの複数の草稿に光を当てている点において同書は貴重である。ただし、本書がより重視する『火星とその運河』にはウィリスはまったく目配せしていない。

(97) トッドの記事の書誌情報は以下のとおり。David P. Todd, "Professor Todd's Own Story of the Mars Expedition: First Article Published from the Pen of the Leader of the Party of Observation," *Cosmopolitan Magazine* 44, no. 4 (March 1908): 343–51.

(98) H. G. Wells, "The Things That Live on Mars," *Cosmopolitan Magazine* 44, no. 4 (March 1908): 335.

(99) Ibid., 335–36.

(100) *MC*, 202–3. モーンダーが王立グリニッジ病院学校の生徒たちに対しておこなった実験は以下で報告されている。J. E. Evans and E. Walter Maunder, "Experiments as to the Actuality of the 'Canals' Observed on Mars," *Monthly Notices of the Royal Astronomical Society* 63, no. 8 (June 1903): 488–99. この論文の共著者のジョゼフ・エドワード・エヴァンズ (1855–1938) は、王立グリニッジ病院学校の校長である。エヴァンズとモーンダーの実験を踏まえてローエルは、「視覚の限界〔the limit of vision〕」で錯覚が生じる可能性を肯定しつつも、火星の運河はその「限界」のはるか手前に位置するものであり、「大気の条件が良好な場合には、火星の運河の明白さは、広く認められているフラウンホーファー線の多くに匹

敵するものとな」ると主張している（*MC*, 203）。

(101) *MC*, 289.

(102) *MC*, 5.

(103) *MC*, viii, 382.

(104) *MC*, v. ローエルは『火星』においても、火星表面に観測される諸特徴を手がかりに火星の地質を考察するという営みを旅になぞらえていた。「我々はしたがって、家から出ずに長い旅路を歩むことができ、アームチェアに深く腰掛けながら、肉体が辿り着ける見込みのない土地へ精神を旅立たせることができる」（*Mars*, 92）。「家から出ずに長い旅路を歩むことができ」るのなら、わざわざフラグスタッフまで赴く必要もなかったのではないか――すなわち、旅というモチーフのこうした使い方は“来た、見た、勝った”式のロジックに沿わないのではないか――と思われもするが、旅にまつわる修辞上の戦術が『火星』において必ずしも一貫していない事実からは、そうした戦術への注意が疎かになるくらいにまで高まったローエルの自信（自分はフラグスタッフに“来た”という前提があるからこその隙）を読みとるべきなのだろう。いずれにせよ、旅が空想上のものであることを認めているように読めるこの一文と、「なじみのない光景を見る」だけで「現実の」旅が始まり眼は「我々が探し求めていた海岸」に到達してしまうのだという『火星とその運河』の記述とを較べれば、ローエルの表現がラディカルな方向へ変化していることが明瞭に見てとれるだろう。

他方で『火星とその運河』は、フリトヨフ・ナンセン（1861–1930）が1890年代半ばに北極点を目指しておこなった遠征――最北到達点の記録は更新したものの、北極点には辿り着けなかった――を引きあいに出して、それと較べれば「天文学者がおこなう火星の極への遠征」は3つの点でより意義深いと述べている。すなわち、「困難が比較的少ないこと、当初の計画は成し遂げてきたこと、そこから得られた知識が、この惑星〔火星〕の現在の物理的状態を理解するうえで必須のものであると証明されていること」という3点である（*MC*, 54–55）。「天文学者がおこなう火星の極への遠征」がたしかに意義深いのだとしても、そのことを強調するために北極点という未踏の地を目指すナンセンの遠征を劣位の比較対象として持ち出すローエルはもはや、「まだ知られていないという、ただそれだけの理由で能登へ行こうと思ってもよいではないか!」と語っていたころの彼から遠く離れている（第3章第3節参照）。言い換えれば、望遠鏡をとおしておこなわれる旅とナンセンの遠征との差異をわざわざ強調している事実に、“来た、見た、勝った”式のロジックがもはや（そのままのかたちでは）使えないことへのローエルの自覚が現れているとも考えられる。

なお以下は、ヴィクトリア時代における北極探検を文化史の観点から考察している。谷田博幸『極北の迷宮――北極探検とヴィクトリア朝文化』、名古屋大学出版会、2000年。

(105) Ward to Lowell, March 31, 1907, PLC.

(106) H. G. Wells, “Popularising Science,” *Nature* 50, no. 1291 (July 26, 1894): 301. 本章註96に挙げたWillis, *Vision, Science and Literature* の第4章は、ウェルズのこの文章も俎上に載せながら、世紀転換期における天文学の文献と大衆的なフィクションとの相互作用を解明しようとしている。しかし、本章註96でも述べたように、同書はローエルの複数の草稿を引用している一方で刊行され（かつ広く読まれ）たローエルの著作への参照は少なく、こうした視野の限定などのゆえに、同書第4章はローエル論としては十分な効力を備えていない。

(107) WGH, 153–54; ウラジーミル・レーニンよりマリア・アレクサンドロヴナ・ウリヤーノヴァ宛て書簡、1908年夏、ソ同盟共産党中央委員会付属マルクス゠レーニン主義研究所編訳『レーニン全集』第37巻所収、大月書店、1960年、350–51頁。

(108) Mark Wicks, *To Mars via the Moon: An Astronomical Story* (London: Seeley, 1911), vii.

同書はたとえば、世紀転換期の火星運河論争に伴って生じた英国天文学協会内のアマチュアとプロフェッショナルとの対立を扱う以下の論文で取り上げられているが、ここにもウィックスの素姓はほとんど記されていない。Norriss S. Hetherington, "Amateur versus Professional: The British Astronomical Association and the Controversy over Canals on Mars," *JBAA* 86, no. 4 (June 1976): 303–8.

(109) バローズがローエルから受けた影響についてはたとえば以下を参照のこと。John Taliaferro, *Tarzan Forever: The Life of Edgar Rice Burroughs, Creator of Tarzan* (New York: Scribner, 1999), 66–68; SJD, 239–40. バローズが登場してから火星探査が始まるまでの火星SF史はRMの第5章で論じられている。

(110) Edgar Rice Burroughs, *A Princess of Mars* (New York: Grosset and Dunlap, 1917), 21; 邦訳『火星のプリンセス』小笠原豊樹訳、小学館文庫、2012年、35頁。正確に言えば、カーターが火星へ渡るのは、アリゾナの洞窟で幽体離脱のような現象を経験したあとのことである。自らの肉体を洞窟に残したまま「アリゾナの澄みきった夜の星明かりへ」飛び出した彼は、「物思いにふけりながらたたず」むうちに「遠い地平線の近くの大きな赤い星」に魅了されはじめる。「それ〔火星〕を見つめているときの私には、それが想像もつかない虚空のかなたから私を呼び、自らのもとへ誘い、磁石が砂鉄を引きつけるがごとく吸いよせているように思われた」。火星への「憧れ」を抑えきれなくなった彼は、「両眼を閉じ、自分の天職をつかさどる神に向かって両手を差しのべ、道もない無限の空間へただちに吸いこまれるのを感じた」(ibid., 19, 21; 邦訳、33、35頁)。カーターの惑星間旅行を説明する描写はほぼこれだけである。ちなみに火星が「自分の天職をつかさどる神」と呼ばれているのは、(本文でも後述するように)"Mars"が戦《いくさ》の神の名前でもあり、前年に終結した南北戦争——すなわち物語の舞台は1866年に設定されている——においてカーターが南軍の大尉を務めていたからである。

なお、映画研究者の川本徹によれば、映画『ジョン・カーター』では「レイクパウエルなどアメリカ西部の実景が火星のイメージの素材として利用された」。彼はこの事実を、火星が「アメリカ西部とまさに交換可能」であることの例として挙げている(川本徹『荒野のオデュッセイア——西部劇映画論』、みすず書房、2014年、23頁)。

(111) W. W. Campbell to George Ellery Hale, May 11, 1908, quoted in DS, 222/268; George Ellery Hale to W. W. Campbell, May 20, 1908, quoted in DS, 222/269.

(112) Lowell, "New Photographs of Mars," 309. この記事においてローエルは、誌面上の写真ではディテールが判別しづらいことを認めながらも、最後にはこう記している。「しかしカメラからはいかなる事実も逃れられない。それら〔運河〕はそこにあり、それらがあるということ以外の事柄を語ることをフィルムは拒否している」(ibid., 310)。この書きぶりは、少なくとも「機械的客観性」という徳目の持ち出し方においては模範的と言えるかもしれない。

(113) DSの第11章は、主流派の天文学者たちとローエルとのあいだに生じた摩擦を包括的に論じており、キャンベルの波状攻撃についても詳しく説明している。ローエル天文台とキャンベル率いるリック天文台との争いは、熾烈をきわめたこともあって、ほかにも以下のとおり多くの文献で論じられている。WGH, 140–45; MJC, 528–29/3:877–78; SJD, 88–91; JL, 200–203; RM, 106–8.

また、キャンベルが断続的に取り組んだ火星のスペクトル分析については、第4章第5節でも少し触れたが、詳しくは以下を参照のこと。David H. DeVorkin, "W. W. Campbell's Spectroscopic Study of the Martian At-

mosphere," *Quarterly Journal of the Royal Astronomical Society* 18, no. 1 (March 1977): 37–53; Donald E. Osterbrock, "To Climb the Highest Mountain: W. W. Campbell's 1909 Mars Expedition to Mount Whitney," *Journal for the History of Astronomy* 20, no. 2 (June 1989): 77–97. これらでも説明されているとおり、1908年初めのローエル天文台でのスペクトル分析によって火星上の水蒸気の存在を示唆する結果を得たV・M・スライファーが、キャンベルをはじめとする複数の天文学者たちにスペクトルの解釈に関して相談し、また同年12月の『アストロフィジカル・ジャーナル』でその結果を発表したことが、キャンベルに火星観測を再開させるトリガーとなったのであった。スライファーの当該論文の書誌情報は以下のとおり。V. M. Slipher, "The Spectrum of *Mars*," *Astrophysical Journal* 28, no. 5 (December 1908): 397–404.

(114) ローレンス・ローエルが兄へ送った1909年11月12日付の手紙に、「ローエル、ハーヴァードをないがしろにする」("Lowell Slights Harvard")と題する『ボストン・ポスト』の記事の切り抜きが同封されているが、記事の日付は特定できなかった(A. Lawrence Lowell to Percival Lowell, November 12, 1909, PLC)。デイヴィッド・シュトラウスは、第5章第1節に登場したジョン・リッチー・ジュニアがこの騒動に深く関わっていたことを明らかにし、さらに『ボストン・ポスト』の記事がリッチーの手になるものである可能性も指摘している(DS, 234–37/282–85)。

(115) 世界の複数性を否定するウォレスの思想は、1903年に刊行された『宇宙における人間の位置』(*Man's Place in the Universe*)と1907年の『火星は居住可能か』(*Is Mars Habitable?*)で展開されており、後者(書誌情報は第4章註92参照)の副題は「パーシヴァル・ローエル教授の著書『火星とその運河』の批判的検討と代替的説明」である。これら2冊の内容に関しては以下も参照のこと。SJD, 38–49; KSG, 361–65; MJC, 530–31/3:879–81; WGH, 214–17; RM, 97–101.

(116) DS, 223–24/270–71; MJC, 525–26/3:873; JL, 69–70. そもそもニューカムには、天文学者としての輝かしいキャリアのほかにも多くの側面があり、1884年に発足したアメリカ心霊研究協会(第3章第5節参照)の初代会長を務めたにもかかわらずそれまでの心霊研究の成果をことごとく否定したり、1885年に『政治経済の諸原理』という(タイトルどおり政治経済の)教科書を上梓したり、1900年に『英明なる守護者閣下』というSF小説——*His Wisdom the Defender*が原題だが、これは"His Majesty the King"(「国王陛下」)というフレーズを念頭に置いたものである——を著したりしていた。ニューカムの八面六臂の活躍ぶりは、第4章註54に挙げたMoyer, *Scientist's Voice*で論じられているものの、そこでは彼の錯覚説へのコミットメントはカヴァーされていない。

(117) DS, 224–25/271–72.

(118) Simon Newcomb, "The Optical and Psychological Principles Involved in the Interpretation of the So-Called Canals of *Mars*," *Astrophysical Journal* 26, no. 1 (July 1907): 2, 8–9.

(119) Percival Lowell, "The Canals of Mars, Optically and Psychologically Considered: A Reply to Professor Newcomb," *Astrophysical Journal* 26, no. 3 (October 1907): 138–39.

(120) Charles Sanders Peirce, "Questions concerning Certain Faculties Claimed for Man," in *The Essential Peirce: Selected Philosophical Writings*, vol. 1, (*1867–1893*), ed. Nathan Houser and Christian Kloesel (Bloomington: Indiana University Press, 1992), 15; 邦訳「直観主義の批判」山下正男訳、上山春平編『世界の名著48　パース　ジェイムズ　デューイ』所収、中央公論社、1968年、108頁。盲点をめぐる

パースの議論は以下でわかりやすく解説されており、本文のこの段落の記述も以下から多くの裨益を得ている。石田正人「プラグマティズムの暗い背景——C・S・パースの場合」、『現代思想』第43巻第11号、青土社、2015年7月、48–49頁。

ちなみに、チャールズ・サンダース・パースとサイモン・ニューカムとのあいだには実は並々ならぬ因縁があり、また、第5章第3節に登場したジョゼフ・ジャストローはジョンズ・ホプキンズ大学におけるパースの教え子であった。これらの関係は以下で説明されている。Joseph Brent, *Charles Sanders Peirce: A Life*, rev. ed. (Bloomington: Indiana University Press, 1998), 127–30, 150–54, 196–202, 288–90; 邦訳『パースの生涯』有馬道子訳、新書館、2004年、226–30、264–70、337–46、490–93頁。ただし同書に関しては、パース研究者として著名なコーネリス・ド・ヴァールが次のような評価を下していることにも注意しなくてはならない。「〔ブレントの本は〕英語で書かれた唯一の完全な伝記であるが、パースの人生を彼の著作に結びつけることに失敗しており、無責任なことに、ほとんど、あるいはまったく証拠のない人格的および精神的な問題をパースに帰している」(Cornelis de Waal, *Peirce: A Guide for the Perplexed* [London: Bloomsbury, 2013], 165n12; 邦訳『パースの哲学について本当のことを知りたい人のために』大沢秀介訳、勁草書房、2017年、19頁註12)。

(121) E. M. Antoniadi to Percival Lowell, September 9, 1909, PLC. アントニアディが天文学の研究を再開したきっかけのひとつはおそらく、ローエルがA・C・D・クロンメリンへ送った1907年の火星の写真を見せてもらったことにあった。以下のとおり、アントニアディは王立天文学会の月報の1908年12月号に、火星の写真を仔細に検証する論文を発表している。E. M. Antoniadi, "Note on Some Photographic Images of Mars Taken in 1907 by Professor Lowell," *Monthly Notices of the Royal Astronomical Society* 69, no. 2 (December 1908): 110–14. ここでは、17本の運河が「多少なりとも識別可能」であったがそれらはすべて「ぼんやりしていた」と結論づけられており (ibid., 112)、ローエルとのあいだに相当な距離をとっているものの、錯覚説の主張が前面化しているとまでは言えない。

(122) E. M. Antoniadi to Percival Lowell, October 9, 1909, PLC.

(123) Percival Lowell to E. M. Antoniadi, November 2, 1909, copybook 10, p. 108, LOA. アントニアディとローエルとの手紙のやりとりに関しては、本章註49に挙げたSheehan, *Planets and Perception*の239–43頁も参照のこと。

(124) *EMH*, chap. 5; DS, 41–44/65–68; NS, 265–66, 272–73; WGH, 233. ローエルの性的関係についてはDS, 34–41/56–65も参照のこと。たとえば以下のローエルの日誌からは、1904年の夏から秋にかけてのヨーロッパ旅行においてイーディス・ペティットという女性との情事を楽しんだことがわかる。Percival Lowell, "Journal—July 1904," MS Am 2018, HL.

ルイーズ・レナードは、ローエルの死後の1921年に以下の本を出版した。Louise Leonard, *Percival Lowell: An Afterglow* (Boston: Richard G. Badger, 1921). ここには、ローエルをめぐる彼女の思い出が綴られているばかりでなく、彼女へ送られたローエルの手紙も数多く掲載されている。なお、レナードの名前は複数の文献で「レクシー・レナード」と表記されているが、本書では彼女の出版物に基づき「ルイーズ」をファーストネームと見なした。

1908年9月にローエルが気球に乗りつつ抱いていた、地球の諸特徴を足がかりにして火星の風景を考察しようというアイデアは、同年12月に刊行される『生命の棲処としての火星』で展開されている。以下は、そうした両惑星間の

地質学的な類比関係が世紀転換期に前面化した事実に注目しながら火星運河論争を読み解くユニークな研究である。K. Maria D. Lane, *Geographies of Mars: Seeing and Knowing the Red Planet* (Chicago: University of Chicago Press, 2011).

(125) DS, 209–10/256; *Mars*, iii; "Specialists at Clark: Wide Range of Scientific Topics Discussed," *BET*, September 9, 1909; "More Interest at Clark: It Increases Every Day of the Celebration," *BET*, September 10, 1909; "Clark Confers Degrees: Feature of End of Week of Celebration," *BET*, September 11, 1909. このときのローエルの講演の原稿は以下に掲載されている。Percival Lowell, "The Planet Venus," *Popular Science Monthly* 75 (December 1909): 521–36.

当時のクラーク大学の学長は、第3章第5節に登場したスタンリー・ホールである。彼がウィリアム・ジェイムズにこの学術会議への出席を呼びかけたことが、ジェイムズとフロイトおよびユングとの交流のきっかけとなった（Richardson, *William James*, 514–15［書誌情報は第2章註62参照］）。

(126) Sheehan, *Planet Mars*, 227; WGH, 187–89; *EMH*, 128–31.

(127) E. M. Antoniadi, "Fifth Interim Report for 1909, Dealing with the Fact Revealed by Observation That Prof. Schiaparelli's 'Canal' Network Is the Optical Product of the Irregular Minor Details Diversifying the Martian Surface," *JBAA* 20, no. 3 (January 1910): 136–37. この箇所は箇条書きがなされすべてイタリックになっているが、引用ではイタリックを再現しなかった。

(128) "Report of the Meeting of the Association, Held on Wednesday, December 29, 1909, at Sion College, Victoria Embankment, E.C.," *JBAA* 20, no. 3 (January 1910): 123. 1909年以後のアントニアディの火星論に関して、およびその受容に関しては、以下を参照のこと。MJC, 534–40/3:885–94; SJD, 93–99; RM, 153–57.

(129) George Ellery Hale to E. M. Antoniadi, January 3, 1910, quoted in E. M. Antoniadi, "Sixth Interim Report for 1909, Dealing with Some Further Notes on the So-Called 'Canals,'" *JBAA* 20, no. 4 (February 1910): 192. 前註に挙げた議事録の119–23頁に、英国天文学協会の会合でヘイルの写真が披露されたときの様子が記録されている。ヘイルによる火星の観測については以下も参照のこと。Wright, *Explorer of the Universe*, 257–58; DS, 230–31/277–79.

この手紙の時点で、100インチのフッカー望遠鏡の建設計画はすでに始動していた。そしてそのさきには、口径200インチ（約5メートル）への挑戦という運命がヘイルを待ち受けていた。かくも巨大な反射望遠鏡を建てるための資金をヘイルは1928年にロックフェラー財団から獲得し、のちに建設地をカリフォルニアのパロマー山（ウィルソン山の南東約150キロメートル）に定めた。しかし計画は難航をきわめ、ヘイルの死から10年経った1948年にようやく、パロマー天文台のヘイル望遠鏡として完成した（Wright, *Explorer of the Universe*, chaps. 19–20; Van Helden, "Building Large Telescopes," 144–52）。

(130) "Report of the Meeting of the Association, Held on March 30, 1910, at Sion College, Victoria Embankment, E.C.," *JBAA* 20, no. 6 (April 1910): 289. ホリス会長はローエルの参加を会員たちに告げる際に、「彼は王立研究所〔the Royal Institution〕で講演するために大西洋のこちら側へいらっしゃった」と述べており（ibid., 285）、じじつローエルは4月8日に「ローエル天文台の惑星写真」と題する講演をおこなっている。その要旨は以下に掲載されている。Percival Lowell, "Lowell Observa-

tory Photographs of the Planets," *Notices of the Proceedings at the Meetings of the Members of the Royal Institution of Great Britain with Abstracts of the Discourses Delivered at the Evening Meetings* 19, no. 104 (November 1912): 815–22.

(131) 前註に挙げた議事録の286頁および290頁。

(132) [Benjamin Peirce], "Le Verrier's Planet," *Sidereal Messenger* 1, no. 11 (March 1847): 86.

(133) 海王星発見の経緯に関しては以下を参照のこと。Morton Grosser, *The Discovery of Neptune* (1962; repr., New York: Dover, 1979); 邦訳『海王星の発見』高田紀代志訳、恒星社厚生閣、1985年。なお「ル・ヴェリエ」(Le Verrier)という名前は「ルヴェリエ」(Leverrier)と表記されることもあるが、本書では*BEA*などに倣って前者で統一し、引用の原文が"Leverrier"となっている場合でも「ル・ヴェリエ」と表記した。

(134) "Two Hundred and Ninety-Third Meeting: March 16, 1847—Special Meeting," *PAmAc* 1 (1848): 65.

(135) ERH, 15–20.『アストロノミシェ・ナハリヒテン』には、前註に挙げた議事録におけるパースの発言がそのまま転載されている。書誌情報は以下のとおり。[Benjamin Peirce], "On the New Planet Neptune," *Astronomische Nachrichten* 25, no. 597 (May 20, 1847): 375–87.

(136) ERH, 20–27. 同書は、パースとル・ヴェリエのどちらが正しかったのかという問いに、もろもろの先行研究を踏まえたうえでこう答えている。「議論に必要とされる複雑な数学をひとまず措いて言えば、ひとつの惑星が、純粋な偶然によって、そこにあるだろうとル・ヴェリエが予想した場所に見つかる可能性はきわめて低いように思われる。なにしろ宇宙はとてつもなく大きいのだから。しかし他方で、海王星の軌道および質量がル・ヴェリエの予想からだいぶずれていたこともすでに明らかになっている」(ERH, 350n73)。「議論に必要とされる複雑な数学」を措くことなくパースとル・ヴェリエとの対立を評価した研究としては以下が重要である。John G. Hubbell and Robert W. Smith, "Neptune in America: Negotiating a Discovery," *Journal for the History of Astronomy* 23, no. 4 (November, 1992): 262–91.

(137) Lowell, *Solar System*, 17. 彗星の軌道と未知の惑星との関係についてフラマリオンが述べているのはたとえば以下においてである。Camille Flammarion, *Astronomie populaire: Description générale du ciel*, rev. ed. (Paris: C. Marpon et E. Flammarion, 1890), 599–601.

(138) Lowell, *Abode of Life*, 137.

(139) ローエル天文台で遂行された惑星Xのプロジェクトに関しては、以下がもっとも詳しく解説している。William Graves Hoyt, *Planets X and Pluto* (Tucson: University of Arizona Press, 1980), chaps. 3–10. 本文のこの段落から章の終わりまでの記述も同書に多くを負っている。ウィリアム・ピッカリングのアメリカ芸術科学アカデミーでの発表については以下を参照のこと。"Records of Meetings," *PAmAc* 44, no. 26 (September 1909): 729; "A Search for a Planet beyond Neptune," *Harvard College Observatory Circular*, no. 144 (November 30, 1908): 2. これらは発表のタイトルと梗概しか載せていないが、その内容を発展させた以下の論文に「惑星O」という名前が現れている。William H. Pickering, "A Search for a Planet beyond Neptune," *Annals of the Astronomical Observatory of Harvard College* 61, pt. 2 (1909): 113–62.

(140) ALL, 192. ローエルのアメリカ芸術科学アカデミーでの発表については以下を参照のこと。"Records of Meetings," *PAmAc* 50, no. 13 (August 1915): 365. この発表の内容は以下のとおり出版された。Percival Lowell, "Memoir on a Trans-Neptunian Planet," *Memoirs of the Lowell Observatory* 1, no. 1 (1915): 1–105.

(141) 冥王星が発見されたからといって、ローエルによる惑星Xの研究が確証されたことにはならない（海王星の発見からル・ヴェリエの計算の正しさが無条件に導かれるわけではないのと同様に）。それどころか、1978年に発見された冥王星の衛星カロンは、冥王星の質量は海王星の軌道にほとんど影響を与えられないくらい小さいという計算結果をもたらした。すなわち、実は1930年にはすでに上がっていた、ローエルの惑星Xと冥王星との同一視を疑問視する声がこれによって裏づけられたのである。しかし他方で、トンボーはローエルの研究を指針（のひとつ）にして1年近く惑星Xを探しつづけたすえに成果を得たのだから、それまでの蓄積をすべて「幸福な事故」で片づけるわけにもいかない。ではローエルは冥王星の発見にどの程度まで貢献したと言えるのか——残念ながらいまのところ、私の能力ではこの問いに（最新の研究を踏まえたうえで）厳密に答えることはできず、回答の例として以下を挙げるに留めざるをえない。Hoyt, *Planets X and Pluto*, chap. 11; *EMH*, chap. 10.

周知のとおり冥王星は、2006年の国際天文学連合（IAU）の総会で惑星の定義が決められたことに伴い、惑星から準惑星（dwarf planet）へ地位が変更された。その経緯に関しては以下を参照のこと。Mike Brown, *How I Killed Pluto and Why It Had It Coming* (New York: Spiegel and Grau, 2010); 邦訳『冥王星を殺したのは私です』梶山あゆみ訳、飛鳥新社、2012年。2006年1月19日にNASAが打ち上げた探査機ニューホライズンズが2015年7月14日に冥王星に到達したというニュースも記憶に新しい。冥王星をながらく包んできた謎のヴェールの多くはきっと、いままさに剝がされつつあるのだろう。

結論
イマジナリー・ライン

(1) Basil Hall Chamberlain to Lafcadio Hearn, January 25, 1894, in *More Letters from Basil Hall Chamberlain to Lafcadio Hearn, and Letters from M. Toyama, Y. Tsubouchi and Others*, comp. Kazuo Koizumi (Tokyo: Hokuseido, 1937), 123. この箇所の邦訳は『ラフカディオ・ハーン著作集』（書誌情報は第3章註112参照）の第15巻188頁にある。

(2) ALL, 194.

(3) "Dr. Percival Lowell Laid to Rest Sunday on Mars Hill," *Coconino Sun*, November 24, 1916; DS, 121–22, 259–62/158–59, 309–12; *EMH*, 71. 世紀転換期のブラーミン社会におけるユニテリアニズムの影響力低下に関しては以下を参照のこと。Amory, *Proper Bostonians*, 105–7; 川島『都市コミュニティと階級・エスニシティ』、87–89頁。これら2冊の書誌情報は第1章註2と同章註16にそれぞれ掲げてある。

ちなみにローエルは、フラグスタッフ近郊の植物学的な調査も何度かおこなっていた。彼が発見した楢《なら》の新種は、のちに*Quercus lowelli*と命名された（C. S. Sargent, "Botanical Activities of Percival Lowell," *Rhodora* 19, no. 218 [February 1917]: 21–24; DS, 260/310）。彼自身の手になる植物学の論文も以下のとおりひとつだけ存在する。Percival Lowell, "The Plateau of the San Francisco Peaks in Its Effect on Tree-Life," pts. 1–2, *Bulletin of the American Geographical Society* 41, no. 5 (1909): 257–70; no. 6 (1909): 365–82.

(4) Camille Flammarion, "Percival Lowell," *L'astronomie* 30, no. 12 (December 1916): 422.

(5) Ibid., 423. ローエルのジャンサン賞受賞については以下を参照のこと。Camille Flammarion, "La Société astronomique de France," *Bulletin de la Société astronomique de France*

18, no. 5 (May 1904): 211.

(6) Maurice Fouché, "La Fête du Soleil," *Bulletin de la Société astronomique de France* 18, no. 7 (July 1904): 297–305; WGH, 273–74.

(7) George R. Agassiz, "Percival Lowell," unspecified newspaper clipping, n.d., Barrett Wendell Papers, bMS Am 1907.1 (829), HL. 上記のとおり、アガシによる追悼文「パーシヴァル・ローエル」は、HLに収められている、ローエルからバレット・ウェンデル（1855–1921）——彼はローエルの親しい友人であり、ハーヴァードで英米文学を教えていた——へ送られた書簡をまとめた一連のフォルダのなかから、新聞の切り抜きというかたちで発見された。追悼文の掲載紙と日付は特定できなかった。

(8) H. P. Lovecraft, "December Skies," in *Collected Essays*, ed. S. T. Joshi (New York: Hippocampus, 2004–6), 3:207.

(9) ラヴクラフトの生涯に関する本文中の記述は以下に多くを負っている。S. T. Joshi, *A Dreamer and a Visionary: H. P. Lovecraft in His Time* (Liverpool: Liverpool University Press, 2001).

(10) H. P. Lovecraft, "No Transit of Mars," in *Collected Essays*, 3:16; 邦訳「火星に太陽面通過なし」福岡洋一訳、矢野浩三郎監訳『定本ラヴクラフト全集』第8巻所収、国書刊行会、1986年、179頁。

(11) H. P. Lovecraft to Reinhardt Kleiner, February 19, 1916, in *Selected Letters*, vol. 1, *1911–1924*, ed. August Derleth and Donald Wandrei (Sauk City, WI: Arkham House, 1965), 21–22.

(12) H. P. Lovecraft, "The Truth about Mars," in *Collected Essays*, 3:319–20; 邦訳「火星に関する真相」小林勇次訳、『定本ラヴクラフト全集』第8巻所収、182頁。

(13) 森瀬繚「訳者解説」、H・P・ラヴクラフト著／森瀬繚訳『新訳クトゥルー神話コレクション1　クトゥルーの呼び声』所収、星海社FICTIONS、2017年、450–51頁。

(14) H. P. Lovecraft to Farnsworth Wright, July 5, 1927, in *Selected Letters*, vol. 2, *1925–1929*, ed. August Derleth and Donald Wandrei (Sauk City, WI: Arkham House, 1968), 150. この箇所の邦訳は『定本ラヴクラフト全集』第9巻（福岡洋一ほか訳、1986年）の106頁にある。「宇宙的恐怖」については以下も参照のこと。H. P. Lovecraft, "Supernatural Horror in Literature," in *Collected Essays*, 2:82–135; 邦訳「文学における超自然の恐怖」、大瀧啓裕訳『文学における超自然の恐怖』所収、学研プラス、2009年、5–136頁。この有名な評論においてラヴクラフトは、西洋文学への深い造詣を活かしながら、いわば「宇宙的恐怖」の表現史を紡ぎ出そうとしている。

(15) Michel Houellebecq, *H. P. Lovecraft: Contre le monde, contre la vie* (1991; repr., Paris: J'ai lu, 2010), 30, 131; 邦訳『H・P・ラヴクラフト——世界と人生に抗って』星埜守之訳、国書刊行会、2017年、59、177頁。

(16) Ibid., 127; 邦訳、173頁。

(17) John Higham, *Strangers in the Land: Patterns of American Nativism, 1860–1925* (1955; repr., New Brunswick, NJ: Rutgers University Press, 2011), 139–40. ただしボストンだけを見れば、人口に占める外国出身者（白人）の割合は世紀転換期をとおしてほぼ35パーセント前後のままである（Stephan Thernstrom, *The Other Bostonians: Poverty and Progress in the American Metropolis, 1880–1970* [Cambridge, MA: Harvard University Press, 1973], 112–14）。ブラーミンたちが抱いた移民への不安に関しては以下も参照のこと。Barbara Miller Solomon, *Ancestors and Immigrants: A Changing New England Tradition* (Cambridge, MA: Harvard University Press, 1956).

(18) 1897年末から翌年初めまでの『ニューヨーク・イヴニング・ジャーナル』にも『宇宙戦争』が、

同様に「火星から来た戦士たち」へ改題され舞台がニューヨーク周辺に移されたうえで連載されていた。自作の無断改変を知ったウェルズは苦情を表明したが、連載の成功ぶりに味を占めた『ニューヨーク・イヴニング・ジャーナル』および『ボストン・ポスト』は、ギャレット・パトナム・サーヴィス（1851–1929）に続篇の執筆を依頼して「エディソンの火星征服」（"Edison's Conquest of Mars," 1898）を書かせることとなった（Beck, *War of the Worlds*, chap. 11［書誌情報は序論註2参照］）。

(19) ローエルが天文学的な議論から政治的な教訓を（安易に）引き出している珍しい例のひとつは、1911年10月23日にアリゾナ準州キングマンでおこなった講演「ふたつの星」（"Two Stars"）である。その草稿はLOAに収められているが（PLLUM, box 3U, folder 2）、あわせて以下も参照のこと。"Mars and Arizona, the Two Stars," *Mohave County Miner*, October 28, 1911; WGH, 288–90.

キングマンの鉱山で働く者たちが多く来聴していたこの講演においてローエルは、火星の巨大な運河体系を効率的に運営できる政体は知的エリートによる寡頭制だけだと説き、惑星規模の統率という美徳の強調をとおして労働運動の弊害を印象づけようとしていた。彼が講演後にルイーズ・レナードへ送った手紙は、「大成功」だという友人の感想を伝え、さらにこう続く。「たしかに、何人かと友情を結ぶことができた。しかも、僕が狙いを定めた、社会主義者の坑夫たちとの友情を。きわめて反体制的な考えの持ち主である彼らのうちのひとりは、いまや僕を愛してくれている――これには僕も大いに驚いた」（Percival Lowell to Louise Leonard, n.d., in Leonard, *Percival Lowell*, 94［書誌情報は第5章註124参照］）。もしかしたら「坑夫たち」は、ローエルの意図とは裏腹に、火星ないし地球が一丸となるために必要なイデオロギーは社会主義にほかならないと考えたのかもしれない。

(20) Higham, *Strangers in the Land*, 132.

(21) Percival Lowell, *Immigration versus the United States: An Address Delivered at Phœnix, Arizona, February 17, 1916* (Lynn, MA: Thos. P. Nichols, 1916), 8.

(22) Higham, *Strangers in the Land*, 195–212; Christopher Capozzola, *Uncle Sam Wants You: World War I and the Making of the Modern American Citizen* (New York: Oxford University Press, 2008), 181–85. 晩年のローエルの政治的発言としてはほかにも、1910年12月8日にボストンのヴィクトリアン・クラブ――英国にゆかりのある人びとのためのクラブ――の晩餐会でおこなった「社会主義の前兆」と題する演説がある。彼はそこで、前月の中間選挙でアメリカ社会党が連邦議会にはじめて議席を得た事実への危機感を煽り、「あらゆる社会主義的立法は、不適者生存〔the survival of the unfittest〕を保証するための企てである」と批判的に断定している（Percival Lowell, "The Portent of Socialism," PLLUM, box 2U, folder 17, p. 27）。この演説は、社会進化論に基づく自由放任《レッセ・フェール》主義と保守主義とがローエルのなかでどう結びついていたのかを示す点では興味深いものの、同時代の米国における反ラディカリズムの言説のパターンから大きく逸脱していたわけではない（Higham, *Strangers in the Land*, 175–78）。

日露戦争後に米国で昂進した黄禍論（the Yellow Peril）へのローエルの反応を伝える史料は、いまのところ見つけられていない。なお、最晩年のローエルは一時期、共和党の上院議員候補としてアリゾナから連邦議会選挙に出馬する可能性を検討してもいた（DS, 261/312）。

(23) 革新主義の時代についての研究は無数に存在するが、ここでは、優れた概観を提供している以下の1冊を挙げておく。Robert H. Wiebe, *The Search for Order, 1877–1920* (New York: Hill and Wang, 1967).

(24) 火星探査の歴史は、RMの第6章と第8章で論じられており、また以下において多くの画像とともに解説されている。佐々木晶「火星探査」、宮本英昭ほか編『惑星地質学』所収、東京大学出版会、2008年、133–40頁。

(25) Carl Sagan and Paul Fox, "The Canals of Mars: An Assessment after Mariner 9," *Icarus* 25, no. 4 (August 1975): 609. 前註に挙げた佐々木「火星探査」の133頁には、マリナー9号についてこう記されている。「この探査機は、1年近くの観測により7000枚以上もの火星表面の画像を取得し、大きな火山や大洪水の跡とみられる地形が明らかになった。そこには想像の産物だった人工の運河はなかったが、たしかに火星には大量の水が存在したらしいと確信させるに足るものであったため、火星での生命の存在への興味が高まった」。

(26) 北田暁大「社会学的忘却の起源――社会学的プラグマティズムの帰結」、『現代思想』第43巻第11号、青土社、2015年7月、172–73、175–76頁。引いた箇所の一部は、原文では太字のゴシック体となっているが、引用においては再現しなかった。ちなみにローエルも、1905年以後に得られた火星の写真を人びとに――ディテールが失われた誌上の複製をとおしてではなく(第5章第4節参照)――直接見てもらうべく、展示という方法を積極的に用いていた(Tucker, *Nature Exposed*, 222–23〔書誌情報は第5章註88参照〕)。

(27) W. W. Campbell, "The Problem of Mars," *PASP* 30, no. 174 (March 1918): 146.

(28) SJD, 101. ロバート・マークリーは、火星運河論争の終盤には「熱狂がいつしか不可知論に陥り、断続的に懐疑論へ落ちぶれるという複雑で両義的なプロセス」が生じたと述べているが(RM, 113)、キャンベルの1918年の見解からもこの「プロセス」が垣間見える。

(29) Peter L. Berger and Thomas Luckmann, *The Social Construction of Reality: A Treatise in the Sociology of Knowledge* (1966; repr., New York: Anchor Books, 1967), 147–63; 邦訳『現実の社会的構成――知識社会学論考』山口節郎訳、新曜社、2003年、222–46頁。

(30) H. P. Lovecraft, "The Whisperer in Darkness," in *Tales*, ed. Peter Straub (New York: Library of America, 2005), 421; 邦訳「闇に囁くもの」、大西尹明訳『ラヴクラフト全集1』所収、創元推理文庫、1974年、206頁。

(31) Ibid., 472–73; 邦訳、304–5頁。

(32) Marjorie Nicolson, *Science and Imagination* (Ithaca, NY: Great Seal Books, a division of Cornell University Press, 1956), 18–21.

(33) 巽孝之『アメリカ文学史のキーワード』、講談社現代新書、2000年、16–18頁。コロンブスの誤認は『火星とその運河』でも言及されている。ローエル曰く、コロンブスによる発見とスキアパレッリによる発見は、「重要性の全容」が発見者自身からすら隠されていた点で、また「それに続くもろもろの発見をとおしてのみ、他なる感覚世界〔another sentient world〕の認識にしだいに帰着する」ような発見であった点で共通していた(*MC*, 11)。

(34) この最終的な分析を組み立てるうえで私は、いまや古典的なSF論であるダルコ・スーヴィンの『SFの変容』(1979)からさまざまなインスピレーションを得ている。同書にはたとえば、「SFとは、したがって、異化〔estrangement〕と認識〔cognition〕との現前および相互作用を必要十分条件とする文学ジャンルであり、その形式上の主たる装置は、作家の経験的環境を代替する想像的枠組みである」とある。スーヴィンによれば、代替的《オルタナティヴ》な「想像的枠組み」が読者にもたらす新しさの感覚はSFにとって本質的であり、これを概念化するために彼はエルンスト・ブロッホ(1885–1977)の「ノーヴム〔novum〕」という用語を借りている。「SFは、認識的論理に裏づけられた虚構的「ノーヴム」(新奇性、革新)が物語上の優位ないし覇権を担うことをもっ

て〔他のジャンルから〕区別される」(Darko Suvin, *Metamorphoses of Science Fiction: On the Poetics and History of a Literary Genre*, ed. Gerry Canavan [Oxford: Peter Lang, 2016], 20, 79; 邦訳『SFの変容――ある文学ジャンルの詩学と歴史』大橋洋一訳、国文社、1991年、42、115頁［原文の強調は再現しなかった］)。私の分析で用いられた「視差」および「代替的《オルタナティヴ》な信憑性構造」という言葉は、SF論としてであれば、スーヴィンの「異化」と「ノーヴム」にそれぞれ置換可能かもしれない。

にもかかわらず本文で『SFの変容』を引かなかったのは、端的に、ローエルがSF作家ではないからである。スーヴィンはSFの十分条件を「科学的に秩序立った認識によって新奇性を裏づけること」とも表現しているが (ibid., 82; 邦訳、118頁)、これはまさしくローエルが結果的におこなったことであり(ゆえに作家たちはローエルの著作からSFの可能性を引き出すことができた)、しかし彼はそれを科学としておこなおうとしたのである。したがって本書の議論においては、ローエルが提供した「枠組み」を、それが現実(「経験的環境」)か虚構(「ノーヴム」)かをひとまず問わない仕方で指示するために、スーヴィンの用語法から離れてかわりにバーガーとルックマンの「信憑性構造」を採用することとした。

なお私の分析に含まれる「ロマンティック・サイエンス」というフレーズは、たとえば以下ですでに用いられている。Noah Heringman, ed., *Romantic Science: The Literary Forms of Natural History* (Albany: State University of New York Press, 2003). 同書には、英国の文学史のうち「ロマン主義の時代」と呼ばれる18世紀末から19世紀初めまでに属するさまざまな文学テクストが、同時代の自然史という学問分野とどう相互作用していたかを考察する論文が集められている。同書が論じるような文学的な言説と科学的な言説との絡まりあいが、プロフェッショナライゼーションを経た(すなわちロマン主義の時代とはまったく条件の異なる)世紀転換期においても可能だったとすればそれはいかにしてか――このようなかたちで、ロマンティック・サイエンスという概念にまつわる問題意識を私は同書から引き継いでいる。しかしもちろん、ローエルを焦点とする本書は"世紀転換期の文学と科学"という巨大なテーマに対してせいぜい部分的にしか寄与できていないため、より包括的な議論は今後の課題としたい。

(35) WGH, 294–97; MJC, 541/3:894–95.

(36) Lowell, *Immigration versus the United States*, 6, 11.

(37) *Chosön*, 1.

(38) *Chosön*, 4.

(39) *EMH*, 57; DS, 241–48/289–97. ローエルは(つねにとは言えないにせよ)しばしば、繊細な心配りをスタッフに示した。たとえば1904年6月6日付のV・M・スライファーへの手紙にはこうある。「天文台ではほかのすべてもうまくいっていますか？　たとえば、あなたに仕える使用人はいるのか、などなど。ランプランド氏は待遇に満足していますか？〔…〕万端行き届いた状態が私の望みですから、あなたが必要だと思うものがもしあれば、それは当然私が欲するものでもあります」(Percival Lowell to V. M. Slipher, June 6, 1904, PLC)。なお、この手紙もそうであるように、スタッフとの文通においてローエルは最期まで、相手をファーストネームで呼ぶことはなかった。

(40) *EMH*, 47–48; William Graves Hoyt, "Vesto Melvin Slipher," *Biographical Memoirs* (National Academy of Sciences) 52 (1980): 416, 421.

(41) V・M・スライファーの生涯および業績に関する本文中の記述は、前註に挙げたHoyt, "Vesto Melvin Slipher"に加えて、小暮『現代天文学史』(書誌情報は第3章註8参照)の412–19頁にも多くを負っている。アンドロメダ星雲の視

線速度測定の結果は以下にまとめられている。V. M. Slipher, “The Radial Velocity of the Andromeda Nebula,” *Lowell Observatory Bulletin* 2, no. 8 (1913): 56–57.

(42) Edwin Hubble, *The Realm of the Nebulæ* (New Haven, CT: Yale University Press, 1936), 105; 邦訳『銀河の世界』戎崎俊一訳、岩波文庫、1999年、164頁。

(43) Hoyt, “Vesto Melvin Slipher,” 412, 426–27; DS, 254–55/304–5. スライファーの発表の草稿はLOAに収められており(V. M. Slipher Published Manuscripts, box 14, folder 11)、またその要旨は以下に掲載されている。V. M. Slipher, “Spectrographic Observations of Nebulae,” *Popular Astronomy* 23, no. 1 (January 1915): 21–24.

(44) Hoyt, “Vesto Melvin Slipher,” 414–15, 428; *EMH*, 81–95.

(45) DS, 43, 281n46/68; *EMH*, 55–62, 95–98.

(46) ハッブルの業績に関する本文中の記述は以下に多くを負っている。Donald E. Osterbrock, Ronald S. Brashear, and Joel A. Gwinn, “Self-Made Cosmologist: The Education of Edwin Hubble,” in *Evolution of the Universe of Galaxies: Edwin Hubble Centennial Symposium*, ed. Richard G. Kron (San Francisco: Astronomical Society of the Pacific, 1990), 1–18; 小暮『現代天文学史』、140–44、400–401、420–30頁。リーヴィットによるセファイドの周期光度関係の発見については、第4章註67に挙げたSobel, *Glass Universe*の150–53頁も参照のこと。

(47) 「ハッブルの法則」(the Hubble law)に関しては、2018年の国際天文学連合(IAU)の総会において、「ハッブル＝ルメートルの法則」(the Hubble-Lemaître law)への名称変更を推奨する旨が議決された。詳しくは以下を参照のこと。“IAU Members Vote to Recommend Renaming the Hubble Law as the Hubble-Lemaître Law,” International Astronomical Union, October 29, 2018, https://www.iau.org/news/pressreleases/detail/iau1812.

ベルギー人のジョルジュ・ルメートル(1894–1966)は、1927年に「銀河系外星雲の視線速度を説明しうる、一定の質量と増大する半径とを備えた一様な宇宙」と題するフランス語の論文を『ブリュッセル科学協会年報』に発表した(Georges Lemaître, “Un univers homogène de masse constante et de rayon croissant, rendant compte de la vitesse radiale des nébuleuses extra-galactiques,” *Annales de la Société scientifique de Bruxelles* 47A [1927]: 49–59)。のちにハッブルの名を冠せられる法則は、彼の発表に2年先立つこの論文においてすでに示されていたものの、ルメートルの功績は当時の天文学者たちからほとんど気づかれなかった。IAUの議決の趣旨は、こうした経緯を法則の名称に正しく反映させることにある。

(48) 1950年前後のローエル天文台の停滞ぶりとそこからのブレイクスルーについては、以下を参照のこと。Joseph S. Tenn, “Lowell Observatory Enters the Twentieth Century—in the 1950s,” *Journal of Astronomical History and Heritage* 10, no. 1 (March 2007): 65–71. ローエル天文台の歴史を誕生から21世紀まで扱った文献は、すでに何度も参照している*EMH*のほかにも以下がある。Kevin Schindler, *The Far End of the Journey: Lowell Observatory's 24-Inch Clark Telescope* (Flagstaff, AZ: Lowell Observatory, 2015). 副題が示すとおり、厳密に言えば同書が綴るのはローエル天文台史ではなく、マーズ・ヒルにある24インチ屈折望遠鏡が歩んだ3つの世紀にまたがる歴史である。

火星の旅人

パーシヴァル・ローエルと世紀転換期アメリカ思想史

2020年1月20日　第1刷印刷
2020年1月30日　第1刷発行

著者｜入江哲朗

発行人｜清水一人
発行所｜青土社
東京都千代田区神田神保町1-29　市瀬ビル　〒101-0051
［電話］03-3291-9831（編集）　03-3294-7829（営業）
［振替］00190-7-192955

印刷・製本｜シナノ印刷

装幀・本文組版｜北岡誠吾

ISBN 978-4-7917-7245-2　Printed in Japan